Harald Böckl (Text)
Kati Martinek (Fotos)

# Mit dem Hausboot durch Irland

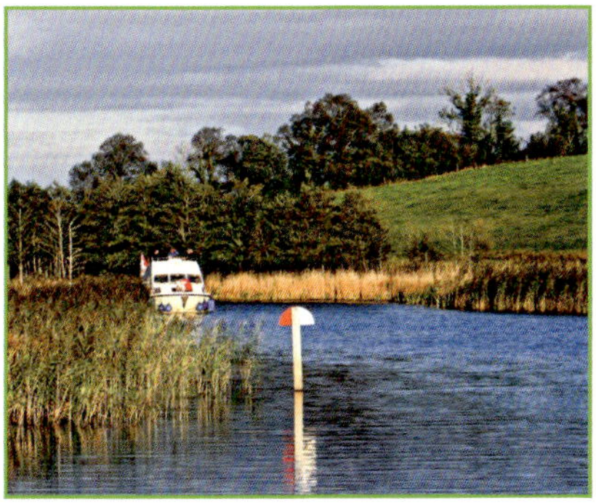

**Text:** Harald Böckl
**Fotos:** Kati Martinek
**Flugaufnahmen:** Harald Böckl
**Layout und Gestaltung:** Kati Martinek (Die Werkstatt vom Böckl)
**Karten:** Die Werkstatt vom Böckl

Alle Angaben wurden sorgfältig recherchiert und überprüft. Dennoch können Autor und Verlag keine Haftung für die Richtigkeit sowie für eventuelle Schäden oder Unfälle übernehmen.



**ISBN 978-3-901309-37-3**

Printed in Austria 2019

**Online-Update siehe Seite 3**

**Titelbild:** Garrykennedy
**Bild oben:** Am Link

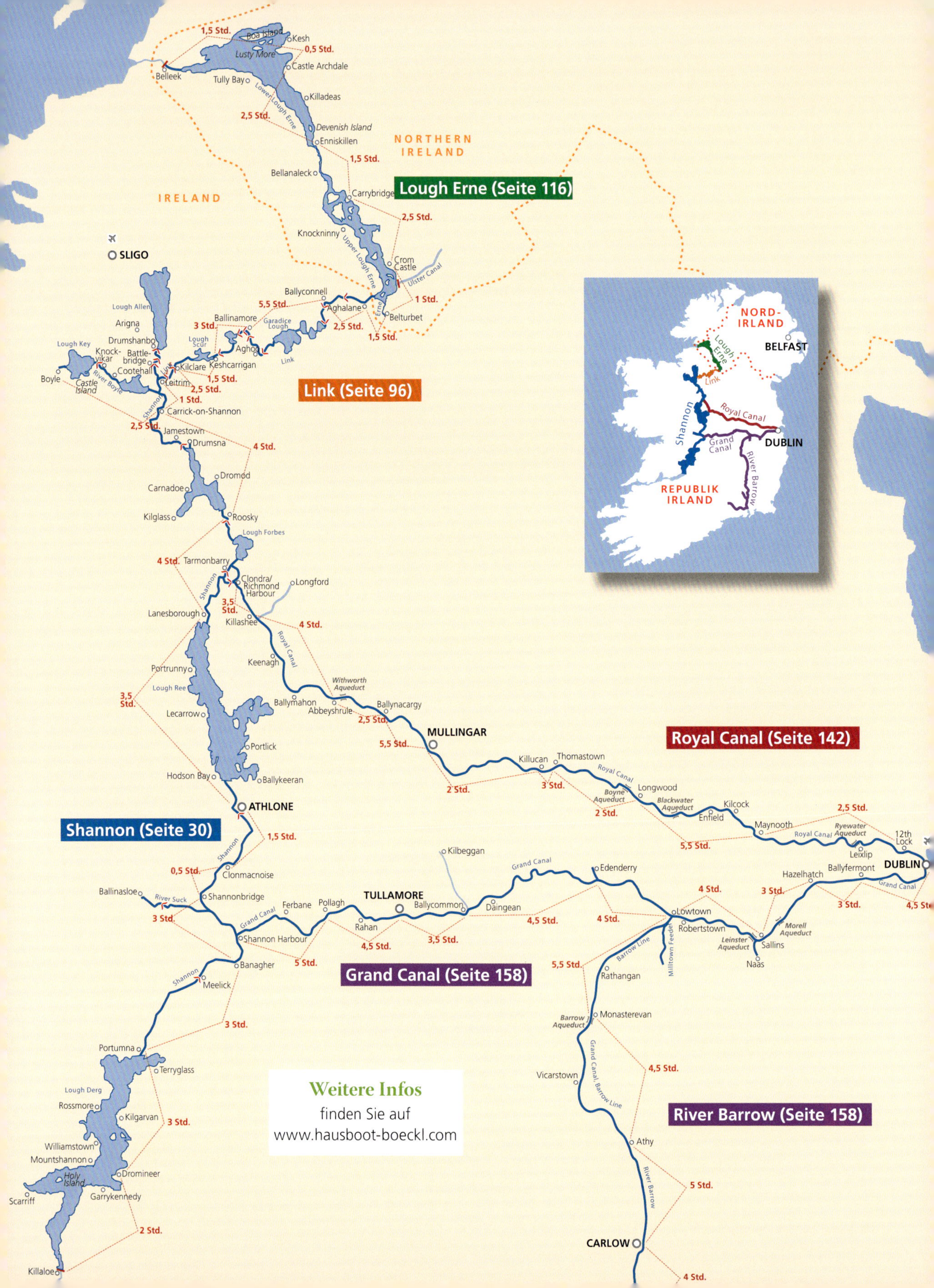
Lough Erne (Seite 116)
Link (Seite 96)
Shannon (Seite 30)
Royal Canal (Seite 142)
Grand Canal (Seite 158)
River Barrow (Seite 158)
NORTHERN IRELAND
IRELAND
NORD-IRLAND
REPUBLIK IRLAND
BELFAST
DUBLIN
SLIGO
ATHLONE
MULLINGAR
TULLAMORE
CARLOW
Kesh
Boa Island
Lusty More
Castle Archdale
Belleek
Tully Bay
Killadeas
Lower Lough Erne
Devenish Island
Enniskillen
Bellanaleck
Carrybridge
Knockninny
Upper Lough Erne
Crom Castle
Ulster Canal
Belturbet
Aghalane
Ballyconnell
Ballinamore
Garadice Lough
Aghoo
Lough Scur
Keshcarrigan
Kilclare
Lough Allen
Arigna
Drumshanbo
Battlebridge
Knockvikar
Cootehall
Lough Key
Boyle
Castle Island
River Boyle
Leitrim
Carrick-on-Shannon
Jamestown
Drumsna
Dromod
Carnadoe
Kilglass
Roosky
Lough Forbes
Tarmonbarry
Clondra/ Richmond Harbour
Longford
Lanesborough
Killashee
Royal Canal
Keenagh
Portrunny
Lough Ree
Lecarrow
Withworth Aqueduct
Ballymahon
Abbeyshrule
Ballynacargy
Portlick
Hodson Bay
Ballykeeran
Killucan
Thomastown
Boyne Aqueduct
Longwood
Blackwater Aqueduct
Enfield
Kilcock
Maynooth
Ryewater Aqueduct
12th Lock
Leixlip
Ballyfermont
Hazelhatch
Clonmacnoise
Kilbeggan
Edenderry
Ballinasloe
River Suck
Shannonbridge
Ferbane
Pollagh
Rahan
Ballycommon
Daingean
Shannon Harbour
Banagher
Lowtown
Robertstown
Leinster Aqueduct
Sallins
Morell Aqueduct
Naas
Barrow Line
Milltown Feeder
Rathangan
Meelick
Monasterevan
Barrow Aqueduct
Portumna
Terryglass
Vicarstown
Grand Canal, Barrow Line
Lough Derg
Rossmore
Kilgarvan
Williamstown
Mountshannon
Holy Island
Dromineer
Scarriff
Garrykennedy
Athy
River Barrow
Killaloe
1,5 Std.
0,5 Std.
2,5 Std.
1,5 Std.
2,5 Std.
1 Std.
5,5 Std.
3 Std.
2,5 Std.
1,5 Std.
1,5 Std.
2,5 Std.
1 Std.
2,5 Std.
4 Std.
4 Std.
3,5 Std.
4 Std.
3,5 Std.
2,5 Std.
5,5 Std.
2 Std.
3 Std.
2 Std.
5,5 Std.
2,5 Std.
1,5 Std.
0,5 Std.
3 Std.
5 Std.
4,5 Std.
3,5 Std.
4,5 Std.
4 Std.
4 Std.
3 Std.
3 Std.
4,5 Std.
5,5 Std.
3 Std.
4,5 Std.
3 Std.
5 Std.
2 Std.
4 Std.
Weitere Infos
finden Sie auf
www.hausboot-boeckl.com

# Inhalt

## Allgemeines



## Der Shannon



## Link (Shannon-Erne-Waterway)



## Lough Erne



## Royal Canal



## Grand Canal und River Barrow



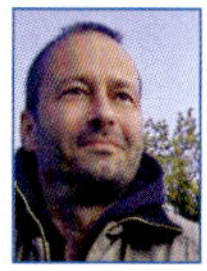

*Oft werde ich gefragt: „Wo in Irland ist es am schönsten?" Und ebenso oft gebe ich zur Antwort: „Welche Farbe ist am schönsten oder welche Musik?"*

*Irland hat mehr Unterschiede hinsichtlich Landschaft und Wasserweg zu bieten, als man glauben sollte. Ich habe versucht, die jeweiligen Besonderheiten herauszuarbeiten und alle so objektiv wie möglich darzustellen.*

*Ganz habe ich mir es aber nicht verkneifen können, die für mich schönsten und interessantesten Strecken auch als solche zu benennen – aber Vorsicht: es sind* ***meine*** *Favoriten. Sie müssen die Ihren erst herausfinden.*

*Dieses Buch soll Ihnen dabei helfen.*

Harald Böckl

**UPDATE**

Ergänzungen, Aktualisierungen und neue Tipps finden Sie auf
**www.hausboot-boeckl.com**
Code für den Download: d19ir
Ich bedanke mich für Ihre Anregungen, Ergänzungen und Korrekturen!
Schreiben Sie mir bitte: hausboot@hausboot-boeckl.com

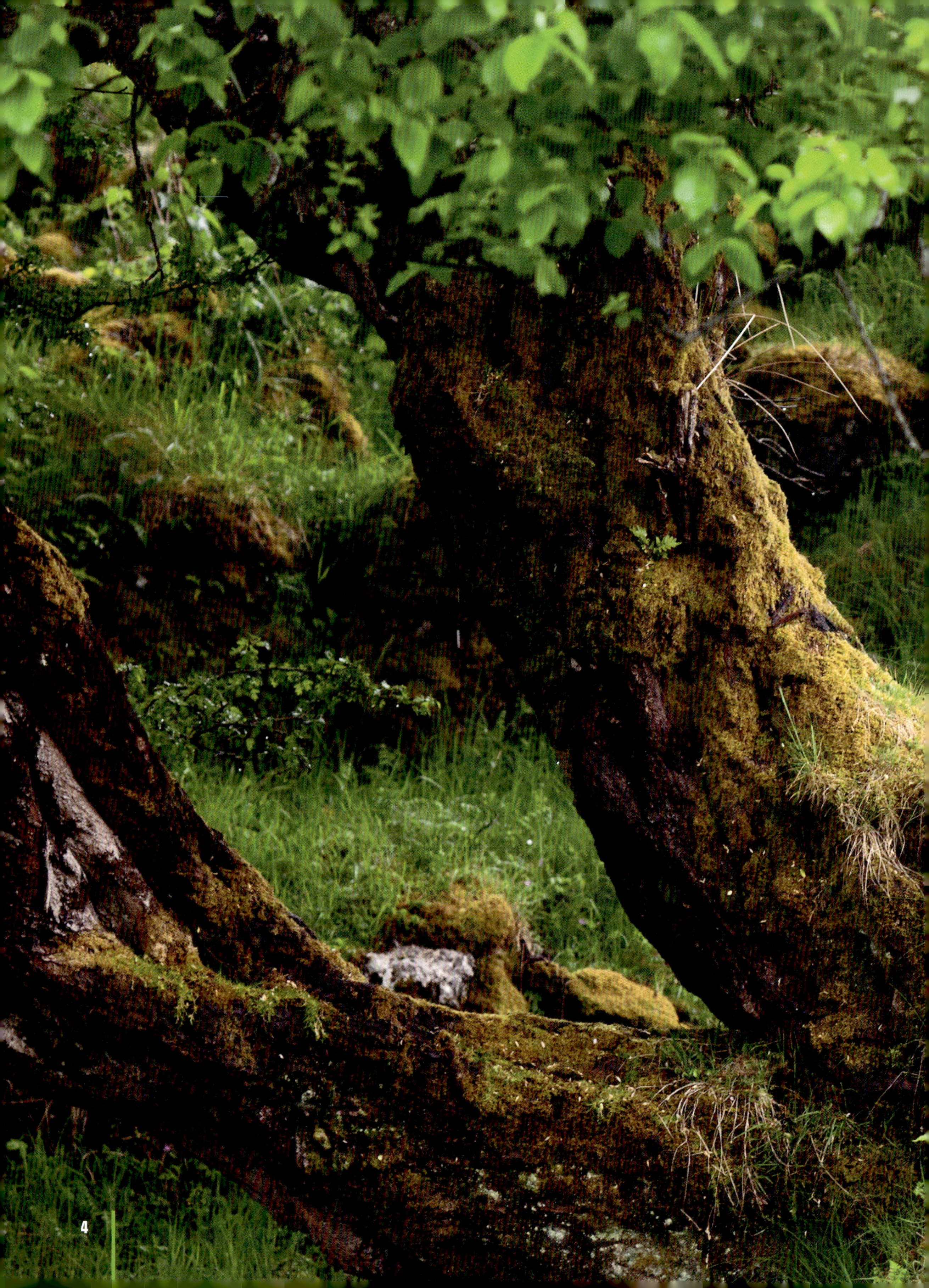

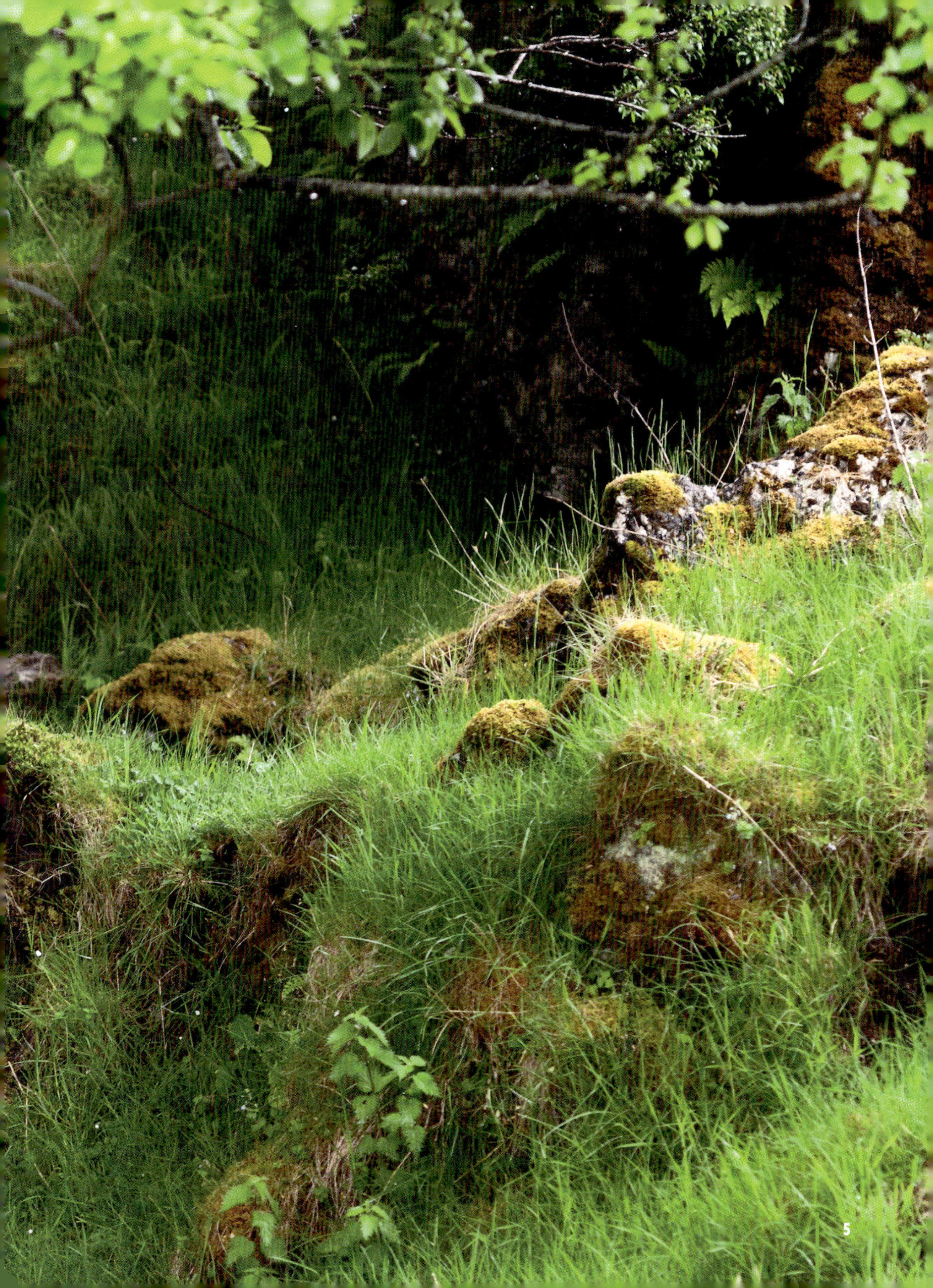

# Irlands Regionen – ein Überblick

**Für alle, die ihren Hausboot-Urlaub noch mit weiteren Aktivitäten auf der grünen Insel verbinden wollen, hier ein kurzer Überblick über die Regionen. Als County bezeichnet man eine Grafschaft (Verwaltungseinheit).**

## Nordirland

Nordirland gehört zum „Vereinigten Königreich Großbritannien und Nordilrand", was sich schon auf den ersten Blick durch eine wesentlich bessere Infrastruktur (Straßen, technische Einrichtungen etc.) bemerkbar macht. Die Währung ist das englische Pfund, es werden meist aber auch Euro akzeptiert. Grenzformalitäten zwischen der Republik Irland und dem Norden gibt es nicht mehr.

Der Lough Erne liegt praktisch zur Gänze in Nordirland, dessen Hauptstadt Belfast ist.

Die herausragende Sehenswürdigkeit Nordirlands ist der an der nördlichen Küste befindliche Giants Causeway, den einer Sage zufolge ein Riese als Straßenverbindung nach Schottland errichtet hatte. Geologen hingegen sind der Meinung, die Basaltblöcke sind vulkanischen Ursprungs – weltweit einzigartig ist die Steinformation jedenfalls (ca. 160 km nordöstlich von Enniskillen am Lough Erne).

Nicht so weit vom Erne entfernt sind die Marble Arch Caves, die in einer sehenswerten Landschaft zu finden und leicht per Taxi erreichbar sind.

**Counties**: Antrim, Armagh, Down, Fermanagh, Londonderry, Tyrone.

## Der Osten

Das ist die Region der Burgen und Schlösser und der Ursprung der Christianisierung, charakterisiert durch Rundtürme und Kloster-Ruinen. Dublin ist das geschäftige Zentrum, das Hinterland mit seinen Torfstechereien, Brauereien und Hügeln ist teils unberührt und einsam.
Der seit Kurzem wieder befahrbare Royal Canal verbindet Dublin mit dem Shannon. Selbiges tut auch der Grand Canal, über den der südwärts führende River Barrow erreichbar ist.

**Counties**: Cavan, Dublin, Kildare, Laois, Longford, Louth, Monaghan, Offaly, Westmeath, Wicklow.

## Der Süden

Die Südküste ist für ihre Strände und für geschichtsträchtige Häfen bekannt. Im Landesinneren hat Cashel eine herausragende Bedeutung für die Christianisierung Irlands, wovon heute noch Reste von Klöstern und Kirchen zeugen – ganz abgesehen von der landschaftlichen Einmaligkeit des Felsens, auf dem die alte Anlage liegt.

**Counties**: Carlow, Cork, Kerry, Kilkenny, Tipperary, Waterford, Wexford

## Der Westen

Diese Region erstreckt sich vom Atlantik bis (grob gesprochen) zum Shannon. Die senkrecht ins Meer abfallenden Klippen von Moher, der Glenveagh und der Connemara National Park sind neben Bunratty Castle die Highlights dieser Region.

**Counties**: Clare, Donegal, Galway, Leitrim, Limerick, Mayo, Offaly, Roscommon, Sligo.

# Dublin, das „andere Irland"

Die meisten Hausboot-Urlauber kommen über Dublin ins Land – und täten gut daran, hier kurz inne zu halten, um das „andere Irland" kennen zu lernen: ein pulsierendes, mit Leben erfülltes Irland, in dem Tradition und Moderne, Beschaulichkeit und Großstadt-Hektik eine interessante Mischung ergeben.

Dublin gilt als Metropole, die man bequem zu Fuß erwandern kann. Zumindest für das Zentrum gilt dies, und der Rest ist eigentlich uninteressant. Erfrischung auf Ihren Streifzügen bieten rund 1.000 Pubs.

Hier, im Zentrum, treffen Grand Canal und Royal Canal zusammen, und wer mit dem Boot in die Hauptstadt Irlands reist, wird Zeuge eines gigantischen Erneuerungsprozesses: Die Docklands wurden systematisch „verjüngt" und modernisiert. In dem ehemals verrufenen Viertel sitzen in den gestylten neuen Pubs und Restaurants Bauarbeiter, Bankdirektoren und Studenten einträchtig nebeneinander. Wo früher Abbruchhäuser standen, wetteifern moderne Bauten mit gelungenen Renovierungen um die Gunst künftiger Bewohner. Im Ringsend Basin (Grand Canal) wurden ein attraktiver Hafen für Privatboote und das Waterway Visitor Centre geschaffen.

### KURZ GEFASST

Dublin hat etwa 500.000 Einwohner; inklusive Vorstädte (Region Dublin, Réigiúin Átha Cliath) sind es rund 1,2 Millionen. Das Zentrum befindet sich am Fluss Liffey im Bereich O´Connell Street, Grafton Street und Trinity College.

Die erste urkundliche Erwähnung stammt aus 140 n. Chr. Unmittelbar neben dieser alten Keltensiedlung, die „Áth Cliath" genannt wurde (bedeutet: Hürden-Furt) gründeten die Wikinger 842 ein eigenes Dorf namens „**Dubh Linn**" (Schwarzer Sumpf).

Dieser Teil ist im mittelalterlichen Zentrum (Merchants Quai, Essex Quai, Dublin Castle) noch zu erkennen.

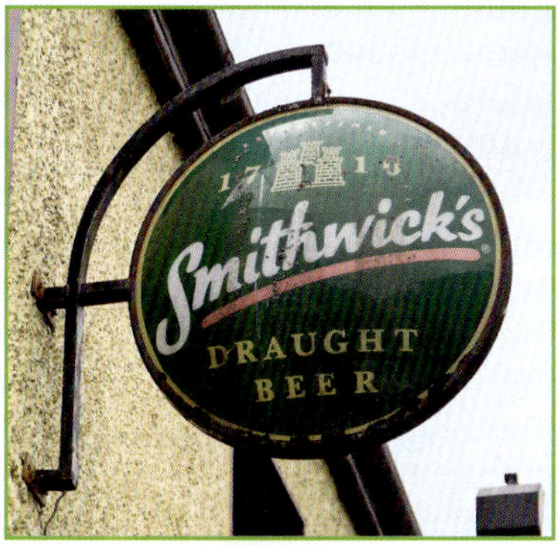
Smithwick's
DRAUGHT BEER
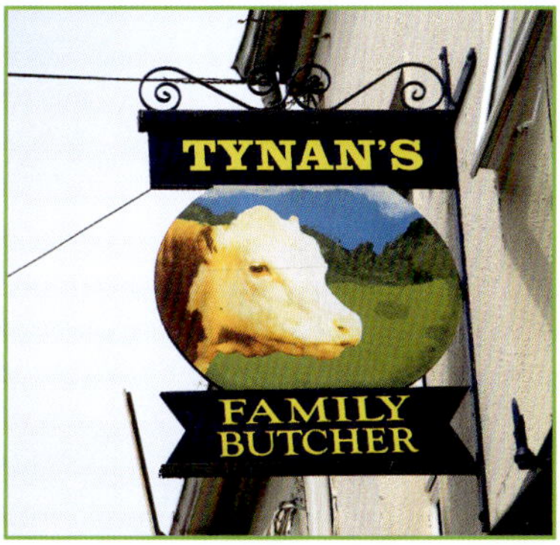
TYNAN'S
FAMILY BUTCHER
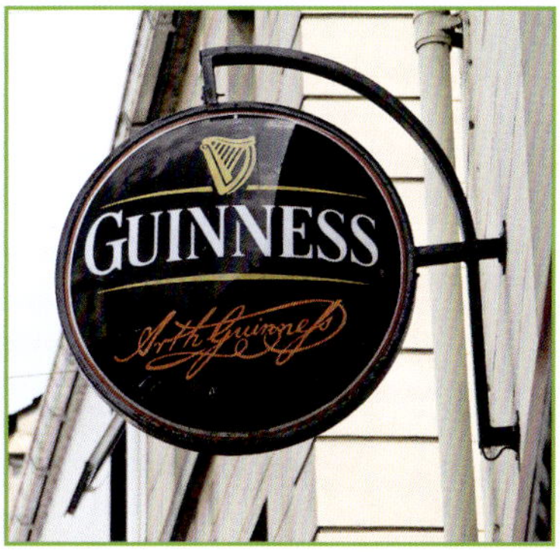
GUINNESS
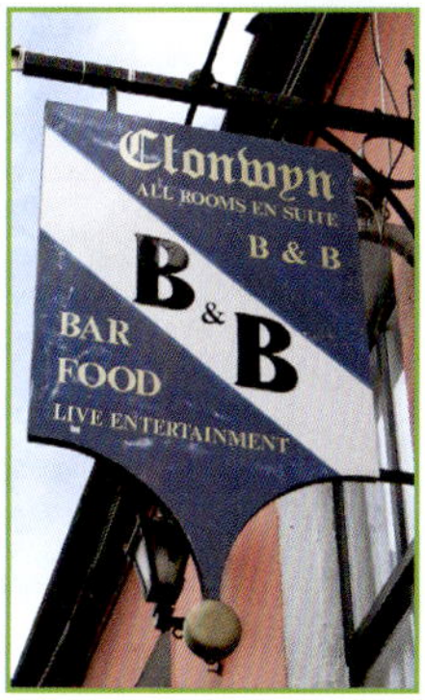
Clonwyn
ALL ROOMS EN SUITE
B & B
B&B
BAR
FOOD
LIVE ENTERTAINMENT
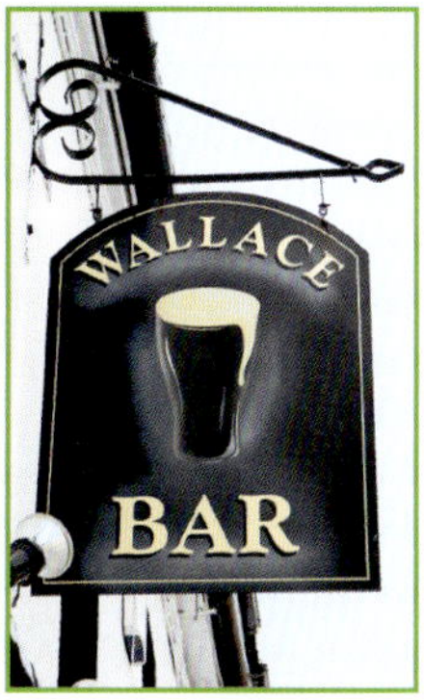
WALLACE
BAR
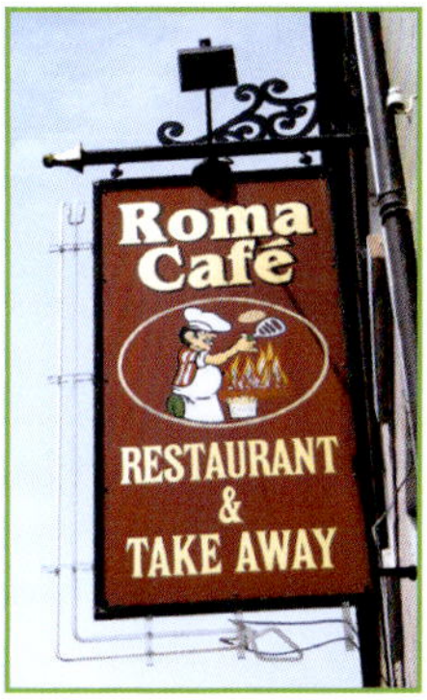
Roma Café
RESTAURANT & TAKE AWAY
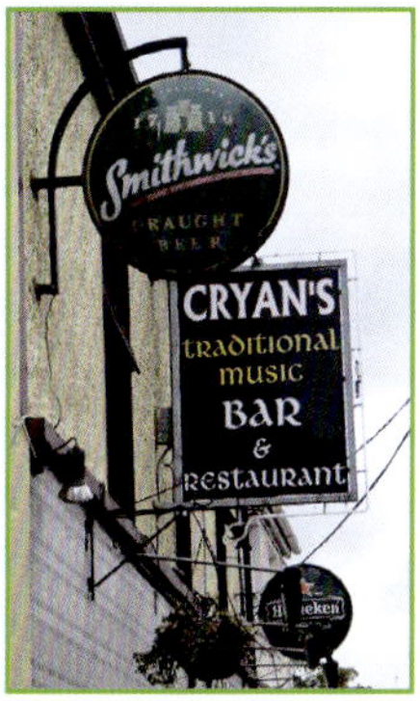
Smithwick's
CRYAN'S
traditional music
BAR
&
RESTAURANT
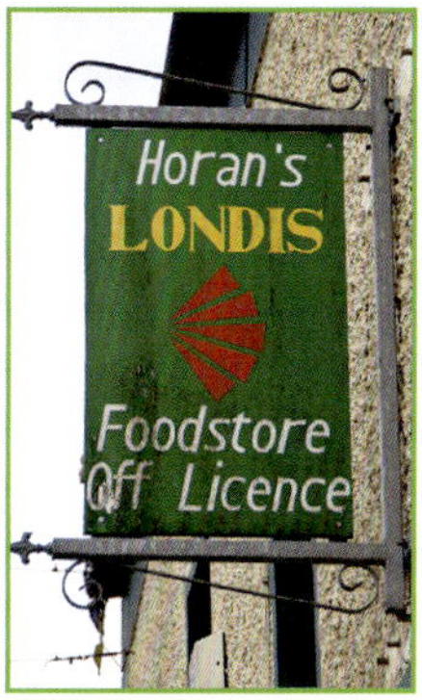
Horan's
LONDIS
Foodstore
Off Licence
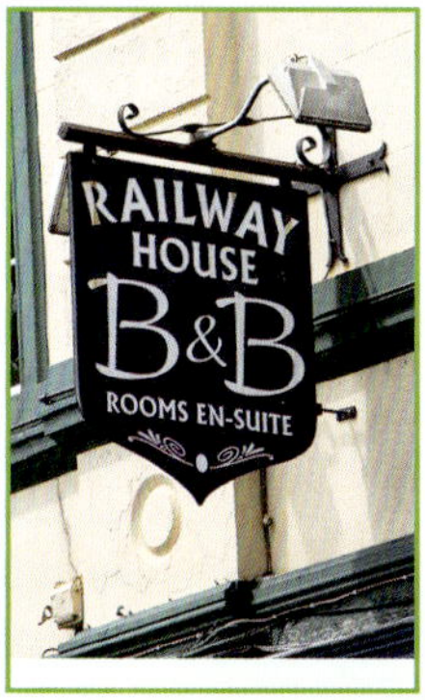
RAILWAY HOUSE
B&B
ROOMS EN-SUITE
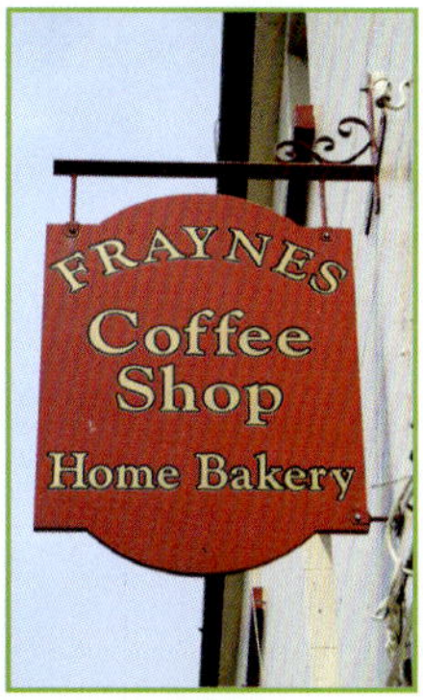
FRAYNES
Coffee Shop
Home Bakery
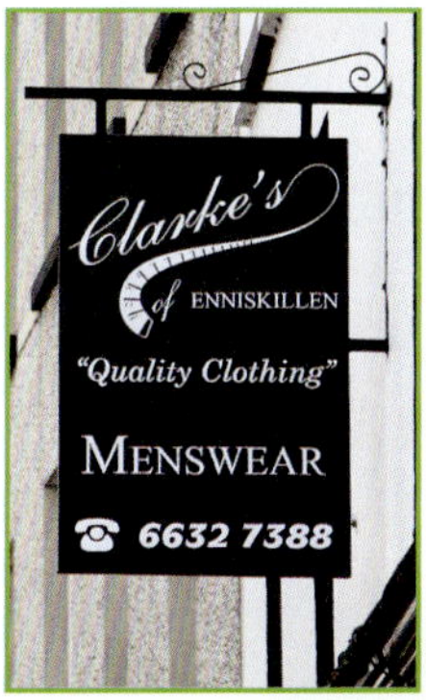
Clarke's of ENNISKILLEN
"Quality Clothing"
MENSWEAR
6632 7388
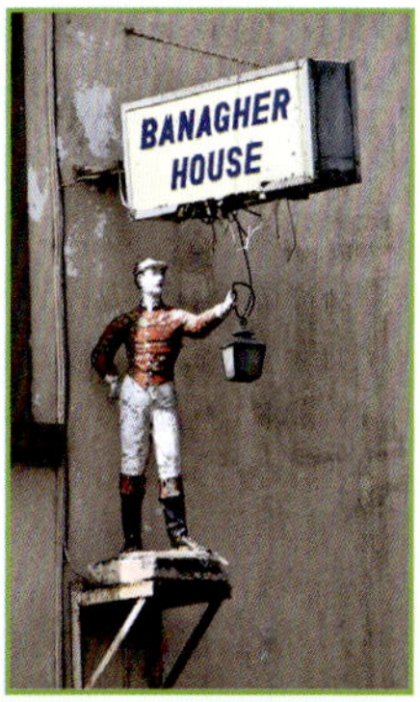
BANAGHER HOUSE
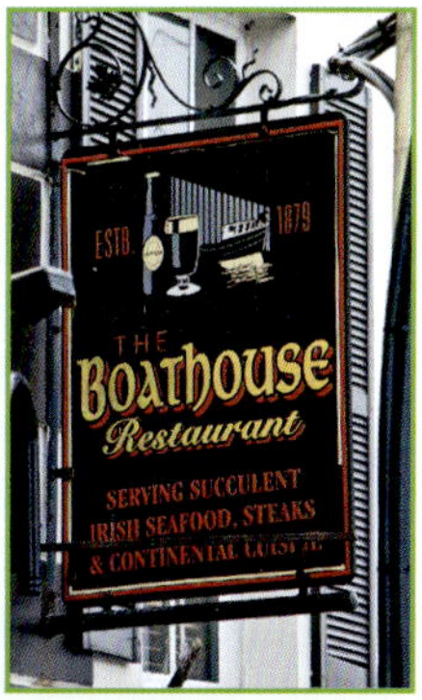
ESTD 1879
THE Boathouse Restaurant
SERVING SUCCULENT
IRISH SEAFOOD, STEAKS
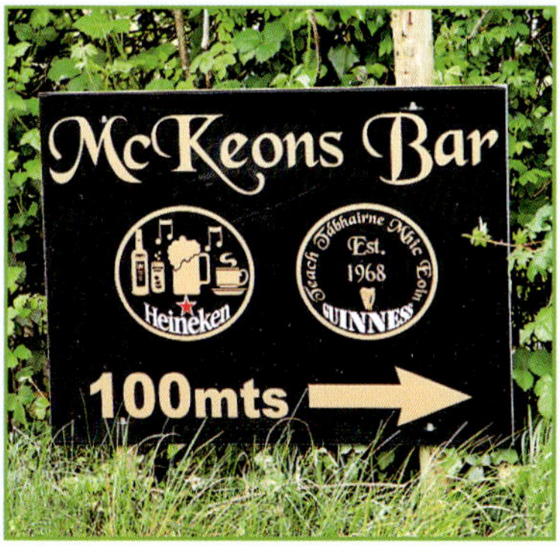
McKeons Bar
Est. 1968
Heineken
GUINNESS
100mts
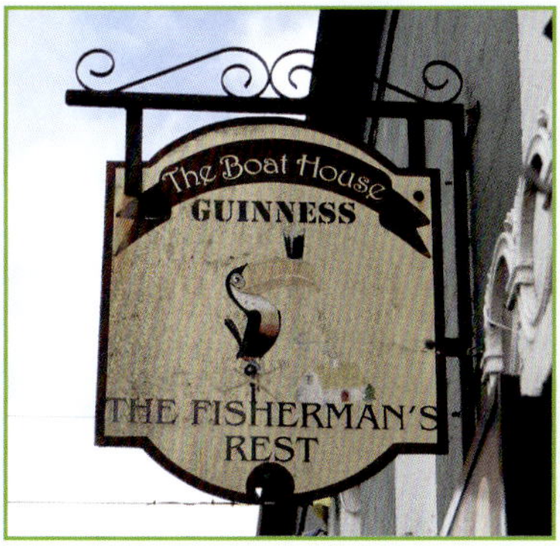
The Boat House
GUINNESS
THE FISHERMAN'S REST
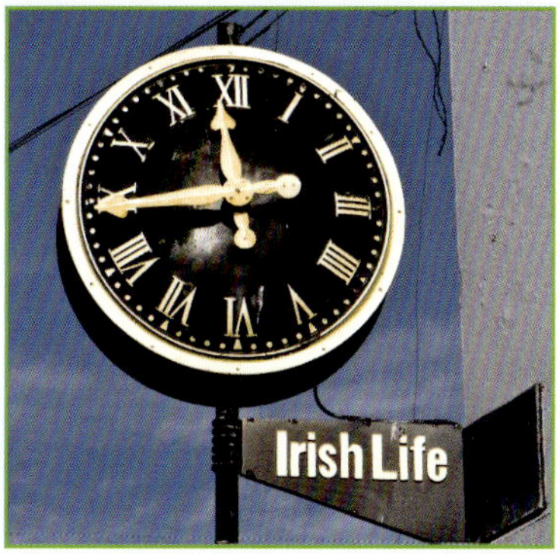
Irish Life

# Irland – Was Sie über die grüne Insel unbedingt wissen sollten ...

Wenn wir von Irland sprechen, meinen wir damit die „Grüne Insel" westlich von England. Genaugenommen unterscheidet man: Der Norden ist das zu Großbritannien gehörende Nordirland, das oft auch als „Ulster" bezeichnet wird, der (überwiegende) Rest ist die eigenständige Republik Irland. Diese „Feinheiten" muss man heute eigentlich nicht mehr wirklich beachten, Grenzformalitäten gibt es ja schon lange nicht mehr.

Apropos Grenzen: Irland gehört nicht zum Schengen-Raum; wundern Sie sich daher nicht, wenn Sie am Flughafen bei der Heimreise in der langen Warteschlange stehen . . .

Wenn nicht extra vermerkt, gelten alle nachfolgenden Hinweise und Tipps für beide Länder.

## Sprache, Geografie und Bevölkerung

Die grüne Insel ist rund 300 km breit, etwa 450 km lang und bedeckt eine Fläche von 84.500 Quadratkilometern. Sie teilt sich in 4 Provinzen: Ulster (= Nordirland), Munster, Leinster und Connacht, die wiederum in 32 Grafschaften (Counties) unterteilt sind.

Derzeit leben rund 6,5 Millionen Menschen in Irland (1,9 Millionen in Nordirland, 4,6 in der Republik).

Die Republik ist eine Demokratie mit einem Präsidenten, Nordirland besitzt zwar eine eigene regionale Regierung, gehört aber zum Vereinigten Königreich (United Kingdom).

Die Amtssprachen der Republik sind Irisch (Gälisch) und Englisch. Alle Dokumente, Verkehrszeichen und Straßenschilder sind in beiden Sprachen abgefasst. Jeder versteht und spricht Englisch, in einigen Gebieten wird zusätzlich noch Gälisch als Hauptsprache gesprochen, das auch in allen Schulen unterrichtet wird.

In Nordirland ist Englisch die Landessprache. Fallweise ist hier auch Ulster Scott zu hören, ein Relikt der von Schottland hierher umgesiedelten Schotten.

Irland war einst eine waldreiche Insel, heute sind als Folge des Schiffsbaus nur noch 5 % der Fläche bewaldet. Es dominieren Weiden und Moore. In Ermangelung von Brennholz ist der reichlich vorkommende Torf zum wichtigsten Brennmaterial geworden – ein unglaublicher Frevel an der Natur, die in riesigen Abbaugebieten industriell und mit System vernichtet wird.

## Die Uhren gehen anders

In Irland gilt die Greenwich Mean Time (GMT), die Sommerzeit dauert von Mitte März bis Ende Oktober. Die Uhren gehen gegenüber Österreich, Deutschland und der Schweiz 1 Stunde „nach" (Uhren um 1 Stunde zurück stellen: Statt 10 Uhr ist es erst 9 Uhr). Im Sommer ist es sehr lange hell, bis deutlich nach 22 Uhr, die Dämmerung verläuft sehr langsam. Und was uns Mitteleuropäer erstaunt: Es ist auch nach Sonnenuntergang noch eine ganze Zeit lang hell, wobei bunte Farbenspiele zu beobachten sind. Der Westen färbt sich orange, während der Osten in kaltem Blau schimmert.

**NOTRUF 112 und 999**

Notruf für Polizei, Rettung und Feuerwehr in der Republik Irland 112 oder 999, in Nordirland nur 999.

## Geschichte im Zeitraffer

**3000 v. Chr.** (Steinzeit): erste Hünengräber

**2000–500 v. Chr.** (Bronzezeit): Funde von Goldschmuck

**300 v. Chr.**: Kelten bringen gälische Sprache und Kultur auf die Insel

**254 v. Chr.**: Cormac Mac Airt wird als Großkönig von Tara Herrscher über ganz Irland

**432**: St. Patrick kommt nach Irland und verbreitet hier das Christentum

**500–800**: Klostersiedlungen wie Clonmacnois (Shannon) oder Devenish (Erne) entstehen

**795**: Erste Wikinger-Invasion. Rundtürme entstehen als Schutz- und Aufbewahrungsräume

**1394**: Irische Herrscher unterwerfen sich Richard II. von England

**1494**: Heinrich IV. schafft die irische Eigenständigkeit ab

**1650**: Aufstände gegen die Engländer

**1782**: England erkennt das Parlament in Dublin an

**1850**: eine verheerende Hungersnot dezimiert die Einwohnerzahl durch Tod und Auswanderung von 8 auf 4 Millionen

**1918–1921**: Unabhängigkeitskrieg, endet mit der Gründung des Freistaates Irland und Nordirlands

**1937**: Irland wird (mit Ausnahme seines nördlichen Teiles) nach einer Volksabstimmung zur Republik Irland, die 1949 offiziell ausgerufen wird

**1973**: Die Republik Irland tritt nach einer Volksabstimmung der EU (damals EG) bei

**1998**: Das „Karfreitagsabkommen" kennzeichnet den Fortschritt im Friedensprozess zwischen der Republik und Nordirland

**2007**: Die einst verfeindeten Protestanten und Katholiken bilden in Nordirland erstmals eine gemeinsame Regierung

### SO RECHNEN SIE UM

Bier wird in Pint gezapft, das sind 0,568 Liter.
1 km entspricht 0,621 Meilen,
1 Meile ist 1,609 km lang.
1 kg = 2,205 (englische) Pfund (lbs),
1 (englisches) Pfund (lbs) = 0,454 kg.
1 Gallone sind 4,546 Liter,
1 Liter sind 0,222 Gallonen.

## Einkaufen

Die Supermärkte haben in der Regel MO bis SA von 9 bis 20 oder 22 Uhr geöffnet, an Sonntagen auch manchmal bis 20 Uhr. Andere Geschäfte schließen meist um 18 Uhr. Außerhalb der großen Städte gibt es einmal wöchentlich einen halben Ruhetag, meist Mittwoch oder Donnerstag nachmittags. Shopping Center schließen Donnerstag oder/und Freitag oft erst um 21 Uhr. Kleine Läden haben in der Regel zu Mittag geschlossen. Alle Angaben gelten für Nord-Irland und für die Republik Irland.

## Maße und Gewichte

Die Republik Irland hat zwar das metrische System übernommen, es wird aber nicht überall strikt angewendet. Und in Nordirland gelten im wahrsten Sinn des Wortes ohnedies andere Maßstäbe.

## Nordirland und der Euro

In jenen Gegenden Nordirlands, die Sie mit dem Boot bereisen, wird neben dem englischen Pfund auch der Euro akzeptiert, allerdings manchmal zu einem schlechten Kurs. Wenn es sich um kleine Beträge handelt, ist dies nicht so schlimm (beim Hin- und Her-Wechseln verliert man ja auch), bei größeren Beträgen kann man meist die Kreditkarte verwenden.

## Banken, Geld und Kreditkarten

Die Banken haben MO bis FR von 10.00 bis 16.00 Uhr geöffnet, in Nordirland fallweise auch samstags. Da man aber überall auch Bankomaten (Automated Teller Machines – ATMs) findet, sind die Öffnungszeiten nicht mehr so wichtig. Geldbehebung an ATMs ist mit EC-Karten und den meisten Kreditkarten möglich. In der Republik Irland gilt der Euro, während in Nordirland das Pfund Sterling die Landeswährung ist. Die meisten Geschäfte akzeptieren alle gängigen Kreditkarten (Mastercard, Visa, American Express). Nur in ländlichen Gebieten und in kleinen Läden muss man Bargeld mitführen.

## Ausweise und Dokumente

Irland gehört nicht zur Schengen-Zone, daher ist auf Flughäfen dieselbe (Ausweis-) Prozedur nötig wie bei Reisen ins Nicht-EU-Ausland. EU-Bürger) benötigen einen Reisepass (oder einen Personalausweis), der auch am Tag der Ausreise gültig sein muss. Schweizer Pässe (oder Identitätskarten) müssen sechs Monate länger gültig sein als der Aufenthalt in Irland.

## Rauchen

In öffentlichen Gebäuden (da zählen neben Ämtern und Flughäfen auch Pubs, Restaurants und Hotels dazu!) ist das Rauchen nicht gestattet. Wer das Verbot missachtet, muss mit empfindlich hohen Strafen rechnen.

## Telefonieren

Die Landesvorwahlen für einen Anruf von Nordirland oder von der Republik Irland: nach Österreich 0043, nach Deutschland 0049; in die Schweiz 0041; dann die Null der Ortskennzahl weglassen.

Um vom Ausland in die Republik Irland zu telefonieren, wählen Sie 00353 (anschließend die 0 der Ortsvorwahl weglassen), für Nordirland wählen Sie 0044 (die 0 anschließend entfällt).

Wer Belfast (Nordirland) von der Republik Irland aus anruft, muss die Ortsvorwahl 028 durch 048 ersetzen.

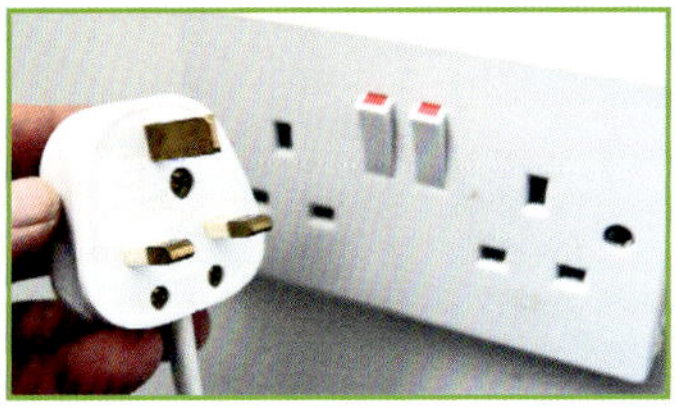

## Strom

Die Spannung beträgt in der Republik Irland 220–230 V (wie bei uns), in Nord-Irland 240 V. Dies bereitet den bei uns üblichen Geräten kein Problem. Die Steckdosen unterscheiden sich allerdings gewaltig von den unsrigen (siehe Foto). Adapter sind unbedingt notwendig (am besten mitbringen). Billige haben meist keine Erdung (für die meisten Ladegeräte von Kameras und Handys ist das aber egal).

Auf Booten gibt es einen 12-V-Stecker, wie wir ihn im Auto als Zigarettenanzünder kennen. Dort können Sie jene Adapter bzw. Ladegeräte anstecken, die auch bei Ihnen im Auto funktionieren. Die meisten Boote sind mit Landstrom-Anschluss (im Hafen hängt man das Boot an eine Steckdose und hat somit 230 V auch an Bord) ausgestattet oder werden nachgerüstet.

Einige ganz neue Boote haben auch schon Converter (Umwandler) für eine beschränkte Leistung eingebaut oder sogar einen Generator.

Das Thema „Elektrizität an Bord" ist sehr komplex, ich verweise Sie für detailliertere Infos auf mein Buch „Hausbootfahren leicht gemacht" (siehe Seite 172–173 dieses Buches).

### WHISKY ODER WHISKEY?

Ein E macht einen großen Unterschied – und sorgt ständig für Verwirrung. Mit e schreibt man ihn, wenn er aus den USA oder aus Irland kommt, ohne e schreibt man den schottischen Branntwein. Alles klar?

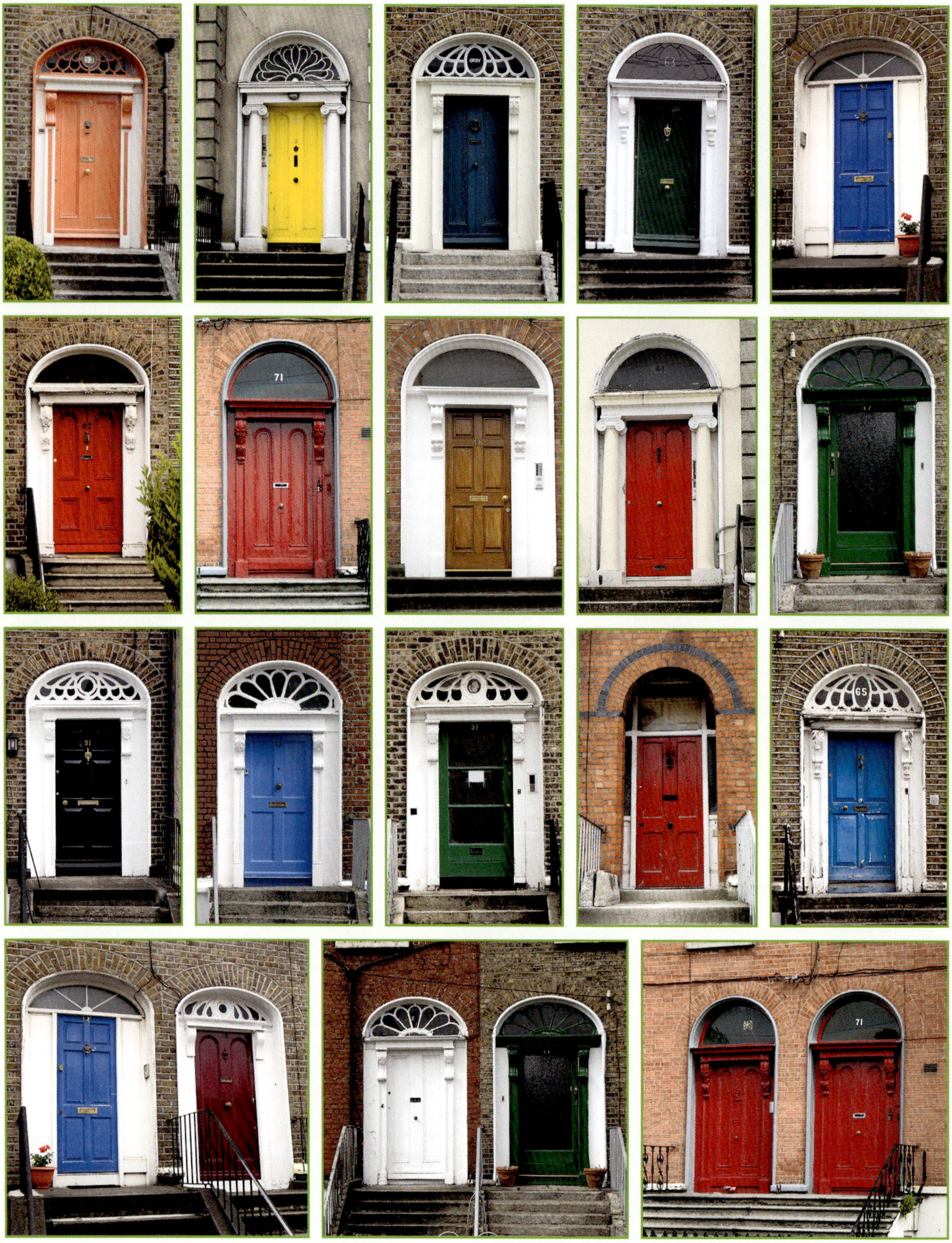

## Feiertage

Die Feiertage haben für die Bootsfahrer praktisch keine Auswirkungen, zumindest was die Navigation betrifft. Freilich sind an diesen Tagen die meisten Geschäfte, Banken und Sehenswürdigkeiten geschlossen. Die Montags-Feiertage werden als Bank-Holiday bezeichnet, Behörden und Banken haben geschlossen, Geschäfte, Museen und Sehenswürdigkeiten sind wie an Sonntagen geöffnet.

**Republik Irland:** 1. 1., St. Patrick's Day (17. 3.), Karfreitag, Ostermontag, jeweils der 1. Montag im Mai, Juni, August und Oktober, Weihnachten (25. und 26. 12.).

**Nordirland:** 1. 1., 17. 3. (St. Patrick´s Day), Karfreitag, Ostermontag, jeweils der letzte Montag im Mai, Juni, August und Oktober, 12. Juli (Union Day), Weihnachten (25. und 26. 12.).

## Trinkgeld

Allgemein gibt man in Restaurants etwa 10 % Trinkgeld. Allerdings nur, wenn dieses nicht als „Bedienungsgeld" schon zur Rechnung dazugezählt und extra ausgewiesen wird.

Beim Taxi rundet man auf und legt in der Republik Irland 1 bis 2 Euro Trinkgeld drauf, in Nordirland gibt man hingegen keines.

## Haustiere

Hunde und Katzen dürfen mit gültigem EU-Reisepass für Haustiere (EU Pet Passport) ohne Quarantäne nach Irland einreisen (gilt sowohl für die Republik wie auch für Nordirland). Sprechen Sie zeitgerecht mit einem Tierarzt! Einige wenige Bootseigner gestatten jedoch keine Tiere an Bord. Wenn Sie mit Hund verreisen wollen, sollten Sie sich sicherheitshalber bestätigen lassen, dass Ihr Vierbeiner auch aufs Boot darf (es wird dann eine zusätzliche Reinigungsgebühr eingehoben).

## Kleidung

Auf jeden Hausboot-Urlaub (auch in Südfrankreich!) nimmt man einen dicken Pullover und eine regenfeste Jacke mit. Dies gilt natürlich auch für Irland, wo Sonne, Wind und Kälte schneller wechseln als sonst wo. Die Klimaerwärmung sorgt nicht nur für un-irische Temperaturen, sondern auch zunehmend für Bademöglichkeiten. Oft unmittelbar neben den Anlegern am Shannon findet sich mittlerweile ein mehr oder weniger idyllischer Strand. Badegewand daher nicht vergessen!

Sie müssen nicht allzu viel Gewand mitnehmen: Unterwegs können Sie in vielen Marinas waschen (Waschmaschinen und Trockner, zu bezahlen mit der Smart Card) .

Legere Freizeitkleidung ist völlig ausreichend, auch für den Restaurant-Besuch.

An Bord trägt man rutschfeste Schuhe mit Gummisohlen (z. B. Sportschuhe); Stöckelschuhe und Schuhe mit hohem Absatz sind gefährlich und verboten.

## Wetter

*„Bei uns kann man die vier Jahreszeiten an einem einzigen Tag erleben – und das täglich",* kann man das irische Wetter auf den Punkt bringen. Es gibt kaum einen Tag ohne Sonnenschein, leichter, kurzer Regen ist aber auch immer wieder dabei. Der stets vorhandene Wind bläst Wolken so schnell davon, wie er sie gebracht hat. In den letzten Jahren gab es immer wieder Wochen ohne jeden Regen und mit 30 Grad. Das Klima ist durch den nahen Golfstrom das ganze Jahr über recht mild. Die beständigsten Monate sind April bis Mitte Juni sowie September und Oktober.

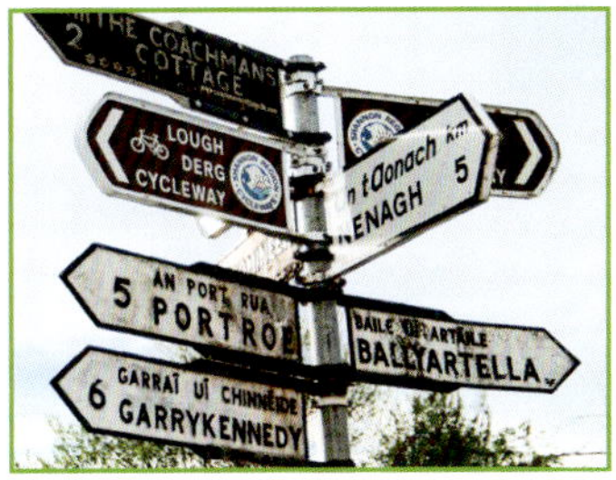


## 1 Ort, 3 Namen

Wundern Sie sich nicht, wenn Sie den einen oder anderen Ort in diesem Buch nicht so geschrieben sehen, wie Sie ihn kennen. Schuld ist nicht der Druckfehlerteufel, sondern die „Vielfältigkeit" der irischen Sprache, gefördert durch die Verflechtung von Englisch und gälischem Irisch.

In Clondra, Cloondara und in Clondara mündet der Royal Canal in den Shannon – nicht mit drei Armen, wie man annehmen könnte, sondern nur mit einem einzigen, denn es handelt sich um ein und denselben Ort.

Und da gäbe es noch eine Reihe ähnlicher Beispiele. Also: nicht verzweifeln, sondern die Phantasie spielen lassen. Selbige brauchen Sie nämlich auch, um die Ortsnamen zu verstehen, wenn sie von Einheimischen ausgesprochen werden. Athy (am River Barrow) wird ungefähr wie Ataai ausgesprochen, und mit Banna-ha bezeichnet man Banagher (Sprachwissenschaftler mögen die vereinfachte Darstellung verzeihen).

## Kill und Bally

In Irland begegnen Ihnen viele Ortsnamen mit den Silben „Kill" und Bally". Kill bedeutet auf Irisch „Kirche", während Bally (Baile) „Stadt" bedeutet. Ich habe vor allem am Royal Canal ständig Probleme, die vielen „Kills" auseinander zu halten.

# Verkehr und Verbindungen

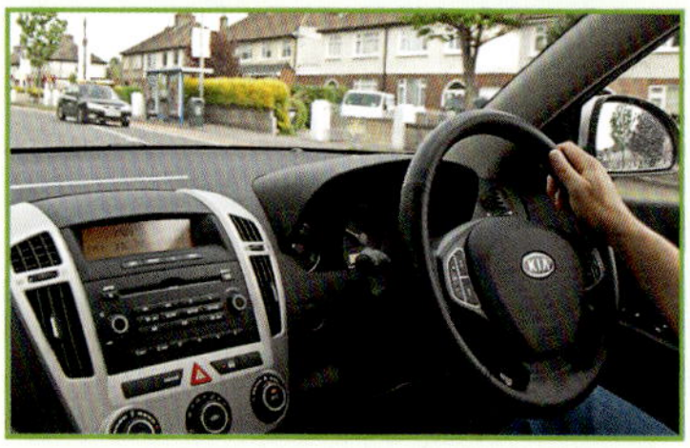

## Autofahren

In Irland fährt man links. Wer mit dem **eigenen Wagen** anreist, muss seine Scheinwerfer mit im Handel erhältlichen Schablonen abkleben, um den Gegenverkehr nicht zu blenden.

Neben einem gültigen Führerschein und dem Fahrzeugschein (Zulassungsschein) sollten Sie auch die grüne Versicherungskarte mitführen. Es herrscht Gurtenpflicht für Fahrer und Beifahrer.

**Mietwagen**fahrer erkennt man daran, dass (vor allem anfangs) die Scheibenwischer betätigt werden, wo eigentlich ein Blinker aufleuchten sollte – denn in den rechts gesteuerten Autos sind die beiden Hebel vertauscht

Beim letzten Mal hat es bei mir schon wieder zwei Tage gedauert, bis das reibungslos geklappt hat. Aber keine Angst: Gas, Bremse und Kupplung sind wenigstens dort, wo man sie erwartet. In der Republik Irland werden Entfernungen in km angegeben, in Nordirland sind es Meilen (1 Meile entspricht ungefähr 1,6 km).

**Höchstgeschwindigkeiten in der Republik Irland:**
Ortschaften 50 km/h, Landstraßen (Regional und Local Roads, beide mit weißen Schildern) 80 km/h, ausgebaute Landstraßen (National Roads, grüne Schilder) 100 km/h, Autobahnen 120 km/h.

**Höchstgeschwindigkeiten in Nordirland**
(angegeben als mph = miles per hour)**:** Ortschaften 30 mph (48 km/h), Landstraßen 60 mph (96 km/h), Autobahnen 70 mph (112 km/h).

## Flug

Irland hat 5 internationale Flughäfen, von denen eigentlich nur Dublin (und mit großem Abstand Shannon Airport) eine Rolle spielen:

- **Dublin**
- **Shannon Airport**.
- **Belfast International**
- **Cork**
- **Kerry**

Am günstigsten bucht man seinen Flug selbst im Internet:

**Aer Lingus**: airlingus.com
**Ryanair**: ryanair.com
**EasyJet**: easyjet.de
**British Airways**: britishairways.com
**KLM**: klm.com
**Czech Airlines**: czechairlines.at

**Straßenverkehr: Entfernung in km**

| | Dublin Airport | Shannon Airport | Belfast Airport |
|---|---|---|---|
| **Enniskillen** | 170 | 267 | 132 |
| **Ballinamore** | 159 | 223 | 165 |
| **Carrick-on-Shannon** | 162 | 187 | 193 |
| **Athlone** | 132 | 134 | 241 |
| **Portumna** | 188 | 99 | 340 |

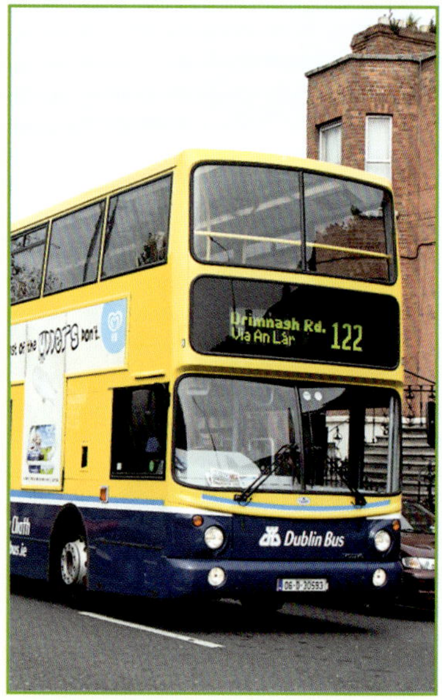


## Bahn und Bus

**Bus in der Republik Irland:**
Irish Bus (Bus Éireann),
Tel. 00353 (0)1 83 66 111,
buseireann.ie

**Zug in der Rep. Irland:**
Irish Rail (Iarnród Éireann),
Tel. 00353 (0)1 83 66 222,
irishrail.ie

**Bus und Zug in Nordirland:**
Translink
0044 (0)28 9066 6630,
translink.co.uk

## Fähren

Wer mit dem Auto nach Irland anreist, kann unter zahlreichen Fährverbindungen wählen, von Holland oder Frankreich über England oder direkt von Roscoff und Cherbourg (Frankreich).

## Transfer

Den Transfer vom Flughafen oder vom Hotel zur Bootsbasis kann man gleich zum Boot dazubuchen.

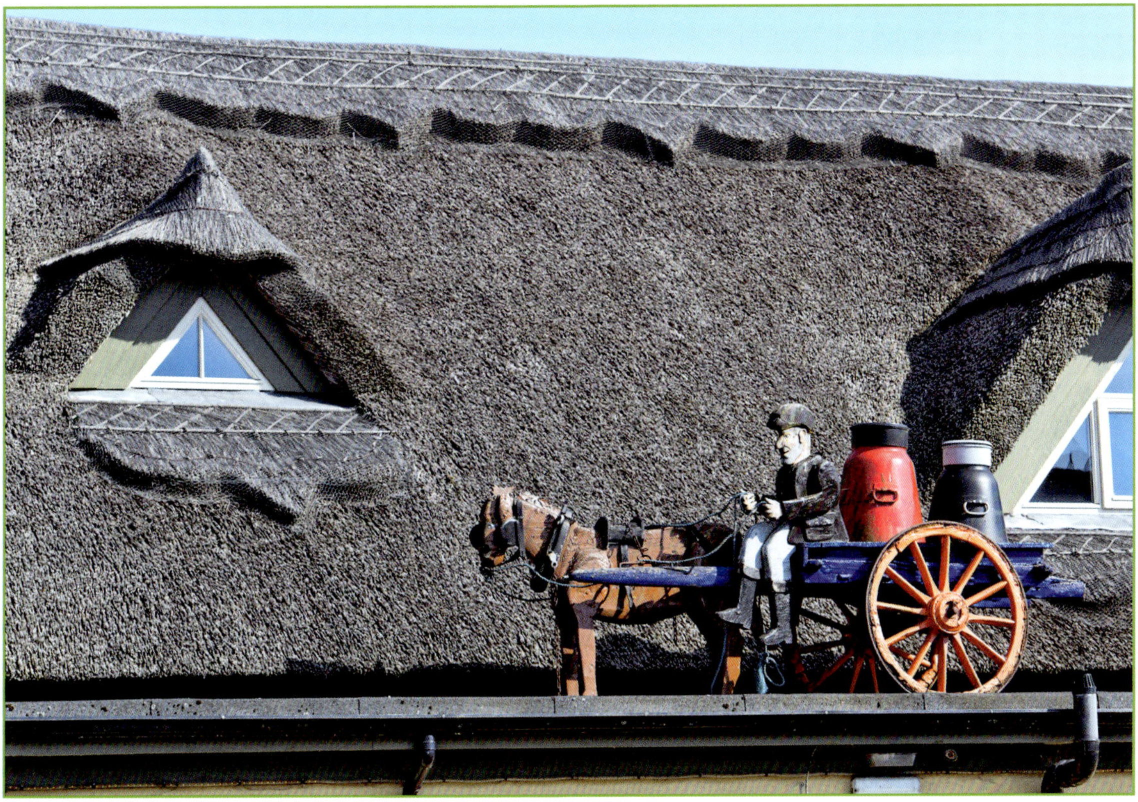

# Kurioses

## Bier-Einkauf? Bitte warten!

Sie gehen in ein Geschäft oder in einen Supermarkt und kaufen so allerlei ein. Unter anderem Bier oder andere Alkoholika. Wenn Ihnen diese an der Kassa wieder abgenommen werden – dann ist es wahrscheinlich noch nicht 10.30 Uhr. Denn erst ab diesem Zeitpunkt dürfen alkoholische Getränke verkauft werden . . .

## Typisch englisch, typisch irisch?

Es gibt Dinge in Irland, die so typisch englisch sind, dass man sich als Nicht-Insel-Europäer nur auf den Kopf greifen kann.

Die kleingedruckte Anmerkung bei manchen Speisekarten beispielsweise: „10% service charge added for parties of 8 or more".

Also praktisch eine Bestrafung für Gäste, die zahlreich kommen und für mehr Umsatz sorgen.

Falls Sie eine Crew von „8 oder mehr Personen" sind und falls Sie in die Lage kommen, in einem derartigen Pub oder Restaurant 2 Tische nebeneinander zu je 4 Personen zu besetzen – dann teilen Sie mir doch bitte mit, wie die Kellner reagiert haben und ob Sie aufgrund der Kommunikation zwischen Ihren beiden 4er-Tischen mit einem 10-prozentigen Aufschlag bedacht wurden.

Kennen Sie noch andere „Blüten", die das „englische Wesen" so herrlich bizarr erscheinen lassen?

Bitte teilen Sie Ihr Wissen mit mir und damit auch mit anderen Hausboot-Urlaubern – ich stelle es ins Update (siehe S. 3).

### VERWECHSLUNG IST GARANTIERT!

Die Toiletten in Pubs und Restaurants sind manchmal nicht mit Piktogrammen, sondern mit Buchstaben gekennzeichnet: M und F. Das ist allerdings nicht die deutsche Abkürzung für Mann und Frau (oder male / female), sondern die gälische für Minà und Fir. Mina bedeutet Frau, Fir heißt Mann. Ist Ihnen jetzt klar, warum Sie anfangs garantiert die falsche Tür öffnen werden?

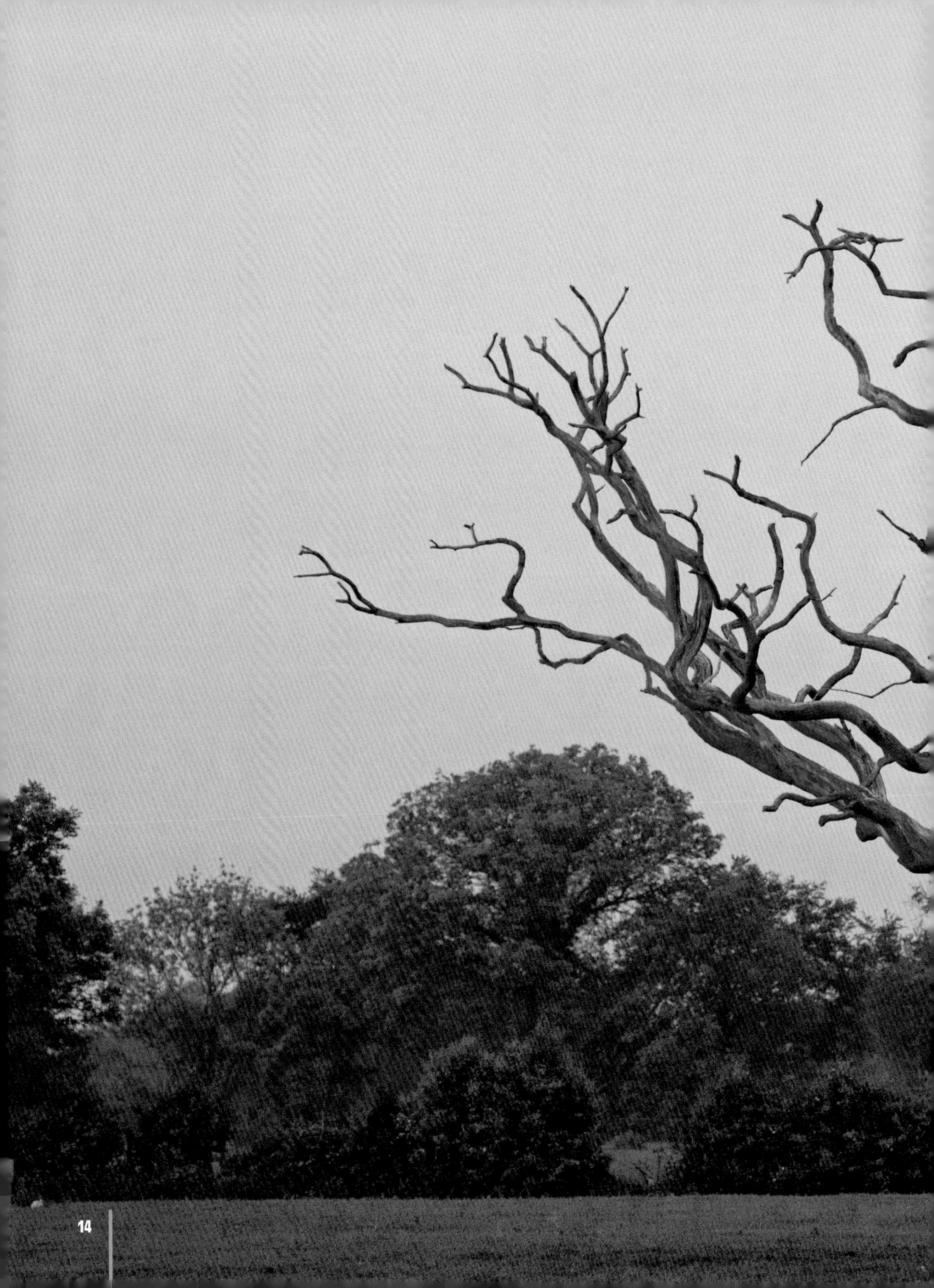

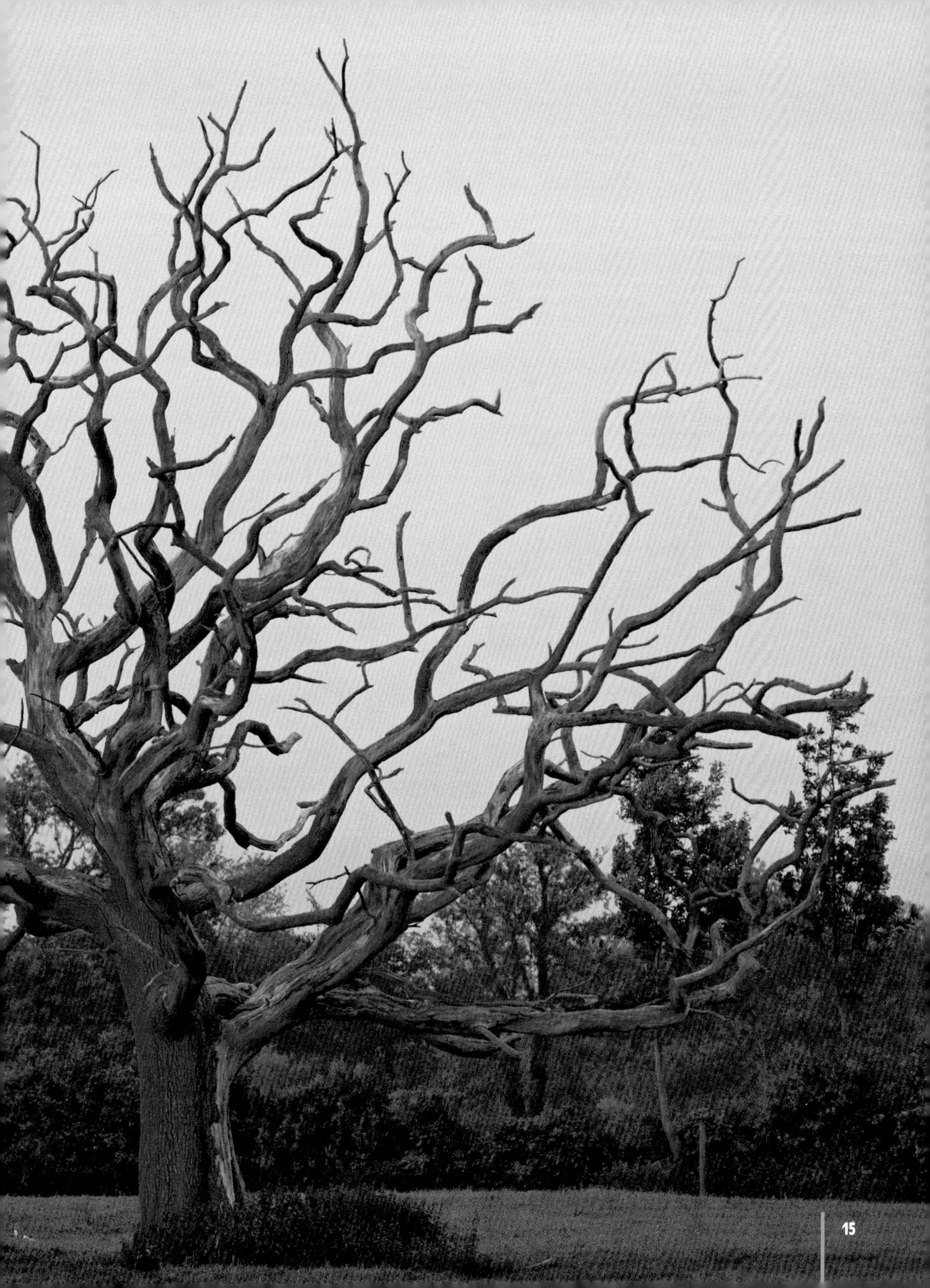

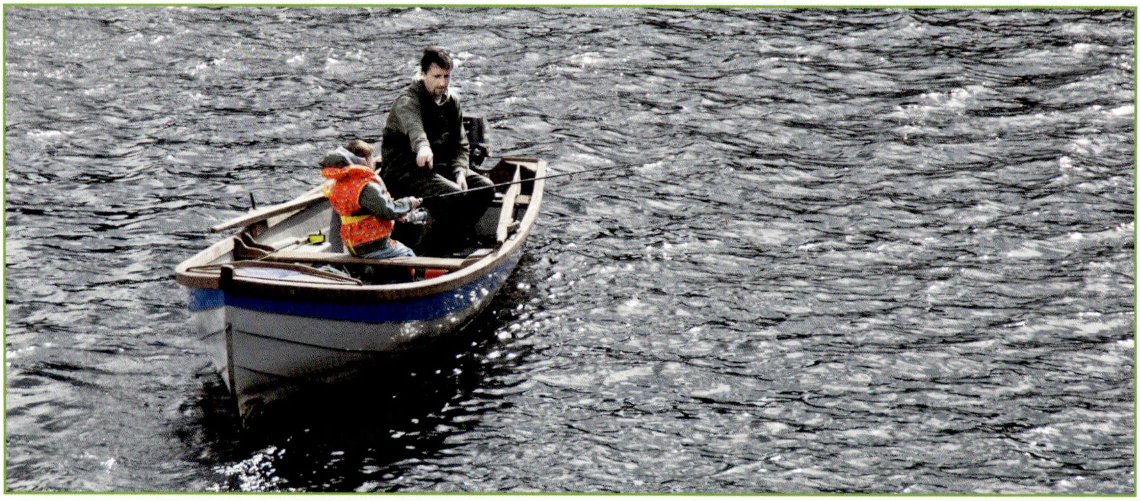

# Irland, das Paradies für Angler

In Irland ist Anglerlatein keine Fremdsprache, denn Irland ist ein Anglerland, in dem der rege Erfahrungsaustausch fester Bestandteil des „craic" ist, dem geselligen Ausklang im Pub. Eine angenehme Begleiterscheinung des Volkssportes: Sie erhalten die notwendige Ausrüstung – und, was noch wichtiger ist: Insider-Tipps – in den zahlreichen kleinen Läden und Bars entlang des Wasserweges. Dort können Sie auch eine Lizenz erstehen.

Angelgerät kann man leider nicht mehr so einfach ausborgen wie früher, als es praktisch in jedem Ort die Möglichkeit dazu gab. Also besser selbst mitbringen.

## Game Fishing (Salmoniden-Angeln)

Zu dieser Gruppe gehören Lachs und Meerforellen(Seeforellen) sowie Bachforellen (irische Forelle, auch Brown Trout genannt). Wer am Shannon angeln will, benötigt für Salmoniden eine Lizenz. Diese erhält man in den Anglergeschäften (von denen es praktisch bei jeder Anlegestelle eines gibt) sowie in den Postämtern.

**Lachse (engl.: salmon)**

Für Lachse ist eine genaue Kenntnis der Köder sowie der Ruheplätze der Fische wichtig.

**Meerforellen (engl.: sea trout)**

In die meisten Lachsflüsse steigen auch Meerforellen auf (Ende Juni bis August).

**Irische Forelle (engl.: brown trout)**

Das Forellenangeln wird vom Schlupf der Insekten bestimmt und beginnt im März, die Hauptsaison beginnt im Mai mit dem Schlupf der Maifliegen.

## Coarse Fishing (Friedfisch- und Raubfisch-Angeln)

Shannon und Lough Erne sind die wichtigsten Gewässer Irlands für das Coarse Fishing. Es gibt für das Coarse Fishing keine Schonzeiten, aber es ist gut zu wissen, dass die Fische in der wärmeren Jahreszeit besser beißen. Brassen, Rotfedern und Schleie sind im Sommer leichter zu fangen, bei Hechten, Rotaugen und Barschen gibt es keinen großen Unterschied. Während in der Republik Irland das Coarse Fishing ohne Lizenz betrieben werden kann (maximal 2 Ruten), benötigt man eine solche für Nordirland (überall erhältlich). Lebender Köder ist beim Coarse Fishing verboten.

**Brasse (engl.: bream)**

Sehr häufiger Fisch, zwischen 1 und 2,5 kg (es wurden aber auch schon Exemplare mit 5 kg gefangen). Lough Derg und der Erne bei Enniskillen gehören zu den bedeutendsten Brassen-Gewässern.

**Schlei (engl.: tench)**

Schleie sind auf allen mit Hausbooten befahrbaren Gewässern verbreitet.

**Rotauge (engl.: roach)**

Wie auch Schleie, sind Rotaugen überall verbreitet.

**Hecht (engl.: pike)**

Die Meinung der Experten ist geteilt, aber viele sagen, dass es die kapitalsten Hechte im Shannon und im Lough Erne gibt, andere schwören auf kleine Seen. Weitere Vorkommen: Grand Canal und Royal Canal.

Als (tote) Köderfische eignen sich Süßwasserfische wie Rotaugen oder Meeresfische wie Hering oder Makrele. Mit Kunstködern kann man vom Boot aus einen großen Bereich absuchen, egal ob im flachen oder im tiefen Wasser.

Für die Republik Irland gelten folgende Vorschriften: Man darf pro Tag nicht mehr als einen Hecht entnehmen oder töten; das Entnehmen oder Töten von Hechten über 3 kg ist verboten, ebenso der Besitz von mehr als 1,5 kg Hechtfleisch pro Person. In Nordirland gilt: maximal 2 Hechte pro Tag; Hechte mit mehr als 4 kg müssen zurückgesetzt werden.

Für Hechte benötigt man in Nordirland eine staatliche Lizenz (erhältlich in allen Postämtern und Angelgeschäften), in der Republik Irland (speziell am Shannon) ist Hechtangeln frei.

**Rotfeder (engl.: rudd)**

Moorige Flüsse wie der Shannon sind bekannt für ihren Reichtum an Rotfedern. Die größten Exemplare mit bis zu 1,5 kg fängt man am besten vom Boot aus.

**Barsch (engl.: perch)**

Der Barsch gehört zu den häufigsten Fischen Irlands, die schwersten Exemplare erreichen etwa 1,5 kg. Das beste Gewässer dafür ist der River Barrow.

**Karpfen, Aale, Hybriden**

Karpfen sind vorhanden, aber auf einige wenige Gewässer beschränkt. Auf Aale geht man in der Dämmerung, als Hybriden bezeichnet man Kreuzungen aus Rotaugen/Brassen bzw. Rotfedern/Brassen, die bis zu 4 kg schwer werden.

## Spezielle Info zum Lough Erne

Oberer und Unterer Lough Erne haben eine Wasserfläche von rund 15.300 Hektar und eine große Vielfalt an Fischen. Wer dort angeln will, muss entsprechende Genehmigungen besitzen, nämlich eine Rutenlizenz und einen Erlaubnisschein.

Für Bootsfahrer empfehlenswert sind die zwei Wochen gültigen „General Game Fishing Rod Licence" und „General Game Fishing Permit". Damit kann man in allen Gewässern auf alle Fischarten angeln. Wer unter 16 Jahre alt ist, benötigt weder Lizenz noch Erlaubnisschein, solange er nicht auf Lachs und Seeforelle (Salmoniden) fischt.

Die Genehmigungen sind in zahlreichen Geschäften und auf Postämtern erhältlich.

**Game fishing**

Lachs, Seeforelle und Brown Trout (irische Forelle). Saison: 1. März bis 30. Oktober.

**Coarse fishing**

Rotauge, Brasse, Hecht, Barsch, Aal. Saison: das ganze Jahr über. Fanggebiet ist der Upper Lough Erne und der Abschnitt des Lower Lough Erne von Enniskillen bis zur Einmündung des Ballicassidy River (nördlich von Devenish Island).

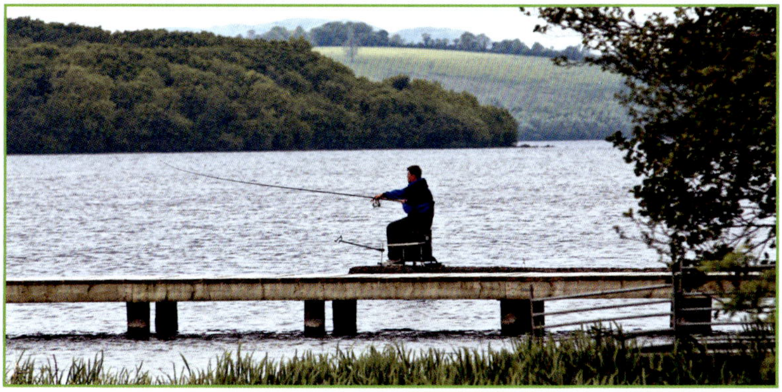

## Gesetzliches auf einen Blick

### REPUBLIK IRLAND

Staatlicher Erlaubnisschein notwendig für das Salmoniden-Angeln (erhältlich in Angelgeschäften und Postämtern); Friedfisch- und Raubfischangeln (Coarse fishing) ist ohne Lizenz möglich.

**Bestimmungen:**

- Man darf mit maximal 2 Ruten fischen.
- Lebender Köderfisch ist beim Coarse fishing verboten.
- Lebende Rotaugen dürfen nicht von einem Gewässer in ein anderes gebracht werden.
- Das Entnehmen oder Töten von mehr als einem Hecht ist verboten.
- Das Entnehmen oder Töten von Hechten über 3 kg (6,6 lbs) ist verboten.
- Der Besitz von mehr als 1,5 kg (3,3 lbs) Hechtfleisch pro Tag und Person ist verboten.

### NORDIRLAND

Staatlicher Erlaubnisschein notwendig sowohl für das Salmoniden-Angeln wie auch für das Friedfisch- und Raubfischangeln (Coars fishing); erhältlich in Angelgeschäften und Postämtern.

**Bestimmungen:**

Die gleichen Bestimmungen wie in der Republik Irland; zusätzlich gilt:

- Die Fangbegrenzung für Hechte ist auf 2 Fische pro Tag angehoben.
- Das Entnehmen oder Töten von Hechten bis 4 kg ist erlaubt.
- Für einige Seen und Flüsse (die allerdings nicht mit dem Hausboot befahren werden können) gibt es zusätzliche Regelungen.

# Kleines Fachwörterbuch für Freizeitkapitäne

**Eine Auswahl von Wörtern, die umgangssprachlich weniger gebräuchlich sind. Zusammengestellt von Gerhard Mayer**

**berth**: *Schlafplatz im Boot; auch: Liegeplatz für ein Boot*

**bank-mooring**: *Anlegen unterwegs, am Ufer*

**bollard**: *Poller; Vorrichtung an Land oder am Boot zum Befestigen der Leinen. Vorsicht – bei den T-förmigen Pollern an manchen Booten genügt es nicht, nur die Endschlaufe einzuhängen; das Boot kann freikommen, auch, wenn man meint, die Leine wäre straff!*

**breast gate**: *Obertor einer Schleuse (auf der Seite mit dem höheren Wasserspiegel), auch: top gate*

**ding(h)i**: *Beiboot*

**fender**: *Fender; „Polster" zum Abhalten von Mauerkanten und anderen Booten, vor allem für die empfindlicheren Kunststoffboote*

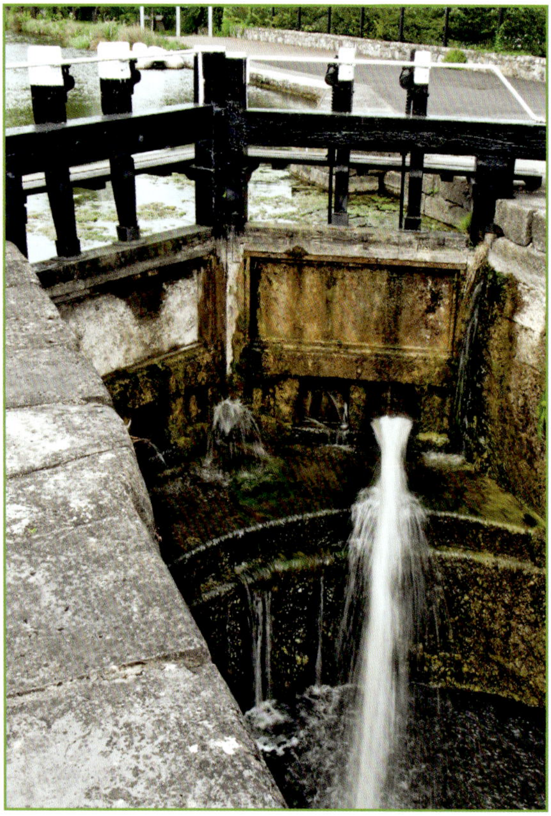

**Im Bild gut zu erkennen: *Heel post* und *mitre post*; durch das halb geöffnete *paddle (rack)* läuft Wasser nach; vor dem *sill* muss man sich beim Abwärtsschleusen in Acht nehmen.**

**fire-extinguisher**: *Feuerlöscher; achten Sie darauf, dass ein gefüllter (!) an Bord ist. Und damit er auch gefüllt bleibt: Achten Sie unbedingt auf die Vorhänge über dem Gasherd!*

**fridge**: *Kühlschrank. Bei manchen Booten wird er aus der Batterie gespeist – über Nacht abschalten; Nachteulen oder Frühaufsteher können ihn ja zwischendurch eventuell mal für eine halbe Stunde einschalten*

**heel post**: *Wendesäule, der senkrechte Balken am Schleusentor, der an der Mauer ist*

**lock**: *Schleuse*

**lock-key**: *kein Schlüssel für die Schleuse, sondern eine Kurbel*

**lock gate beam**: *Betätigungshebel für das Schleusentor*

**mitre post**: *Schlagsäule, der senkrechte Balken am Schleusentor, der in der Mitte ist und bei geschlossenem Tor abdichtet*

**mooring**: *Anlegen, Anlegeplatz*

**mooring hooks**: *Haken, die in den Boden geschlagen werden, um das Tau an ihnen zu befestigen*

**narrow boat**: *nicht irgendein schmales Boot, sondern ein bestimmter Typ eines Kanalbootes. Diese langen und schmalen Boote haben sehr geringen Tiefgang und bestehen aus Stahl. Bei geringer Geschwindigkeit können sie unbeschadet auf eine mit Steinen durchsetzte Sandbank auflaufen, bei höherer Geschwindigkeit kann allerdings das Wiederfreikommen Mühe bereiten. Auflaufen auf Felsen muss jedoch ebenso wie mit einem Polyesterboot vermieden werden*

**paddle**: *siehe Rack*

**rack = paddle**: *Schütz; Klappe, die aufgezogen wird, um Wasser in die Schleuse einzulassen*

**revs** *(genau so gesprochen!): Umdrehungen pro Minute*

**sewage**: *Abwasser*

**sill**: *Schweller oder Schleusendrempel; Schwelle, an der unter Wasser die Schleusentore anliegen. Der Drempel am Obertor, bis zu 1,50 m in die Schleuse ragend, kommt beim Abwärtsschleusen weit über die Wasserlinie – Vorsicht mit dem Heck!*

**sluice**: *Staumauer oder -brett mit regelbarem Ablauf – hier ist nicht die Schleuse (= lock!) gemeint*

**tail gate**: *Untertor einer Schleuse (es befindet sich auf der Seite mit dem niedrigeren Wasserspiegel), auch: bottom gate*

**tiller**: *Steuerruder.*

**weed-hatch**: *Öffnung im Boot, durch die die Schraube gereinigt werden kann*

**weir**: *Wehr (feststehende Kante für Abfluss des Überschusswassers)*

**windlass**: *Kurbel*

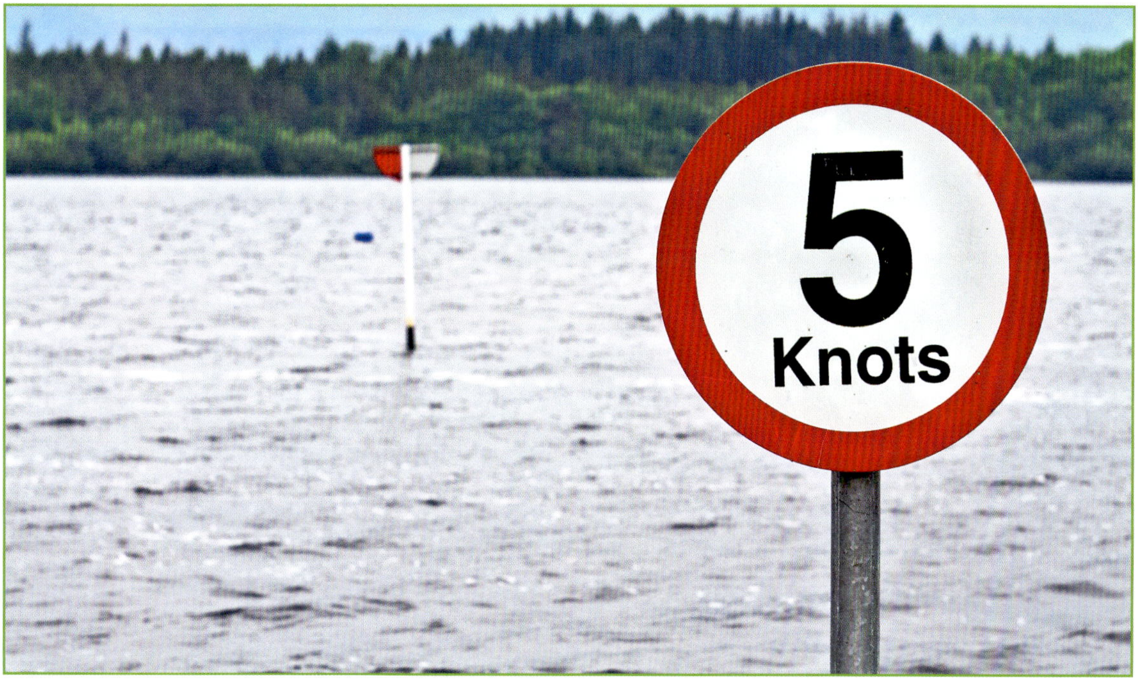


# Noch ein paar Infos rund ums Bootfahren …

## Wie finde ich die richtige Agentur?

Ihre Buchung sollte über die Agentur Ihres Vertrauens erfolgen, nicht direkt beim Bootseigner. Die Agentur hat als Vertreter vieler Bootsurlauber mehr Gewicht gegenüber dem Bootseigner als Sie, falls es einmal Probleme gibt. Und eine gute Agentur macht Sie auch auf Nachteile von Booten aufmerksam, die man nicht aus den Prosekten herauslesen kann.

Und wie findet man die richtige Agentur? Das ist ziemlich einfach. Abgesehen davon, dass Ihnen die Agentur sympathisch sein muss, können Sie mit wenigen Fragen recht schnell herausfinden, ob jemand die Boote und die Regionen wirklich kennt oder Ihnen bloß Informationen aus einem Prospekt oder aus dem Internet vorliest. Ein weiteres Kriterium, das auf Erfahrung und Seriosität schließen lässt, ist die Zeitspanne, die eine Agentur bereits tätig ist.

## Navigationskarten: für die Fahrt unentbehrlich

Navigationskarten sind während der Fahrt unentbehrlich. In ihnen sind die Fahrrinnen und Betonnungen, Orte, Anleger, Schleusen und navigatorische Besonderheiten eingezeichnet). Sie liegen an Bord auf, man muss sie also nicht vorab kaufen.

## Transfer zum Boot

Wer ein Hausboot bucht, kann natürlich gleich den Transfer vom Flughafen zum Abfahrtsort des Bootes dazu buchen. Das ist viel praktischer und schneller, als sich selbst durchs Land zu schlagen – und auch nicht teurer. Man unterscheidet zwischen dem normalen Sammeltransfer (bei dem man schon mit ein bis zwei Stunden Wartezeit zu rechnen hat, bis alle Teilnehmer von unterschiedlichen Flügen beisammen sind) und den teureren Privattransfers, bei denen nur die eigene Boots-Crew direkt zum Boot gebracht wird).

## Abwasser-Entsorgung

In Irland werden die Abwässer der Boote in eigenen Tanks gesammelt, die von Zeit zu Zeit ausgepumpt werden müssen. Auf einer Anzeige (meist mit rotem Lämpchen) sehen Sie, wann es soweit ist. Rechnen Sie alle 2 bis 3 Tage damit. „Pumpouts" (Stationen mit Geräten zum Auspumpen) stehen ausreichend in vielen Häfen bereit (Ausnahmen: Royal Canal und Grand Canal, wo man sehr genau vorausplanen muss).

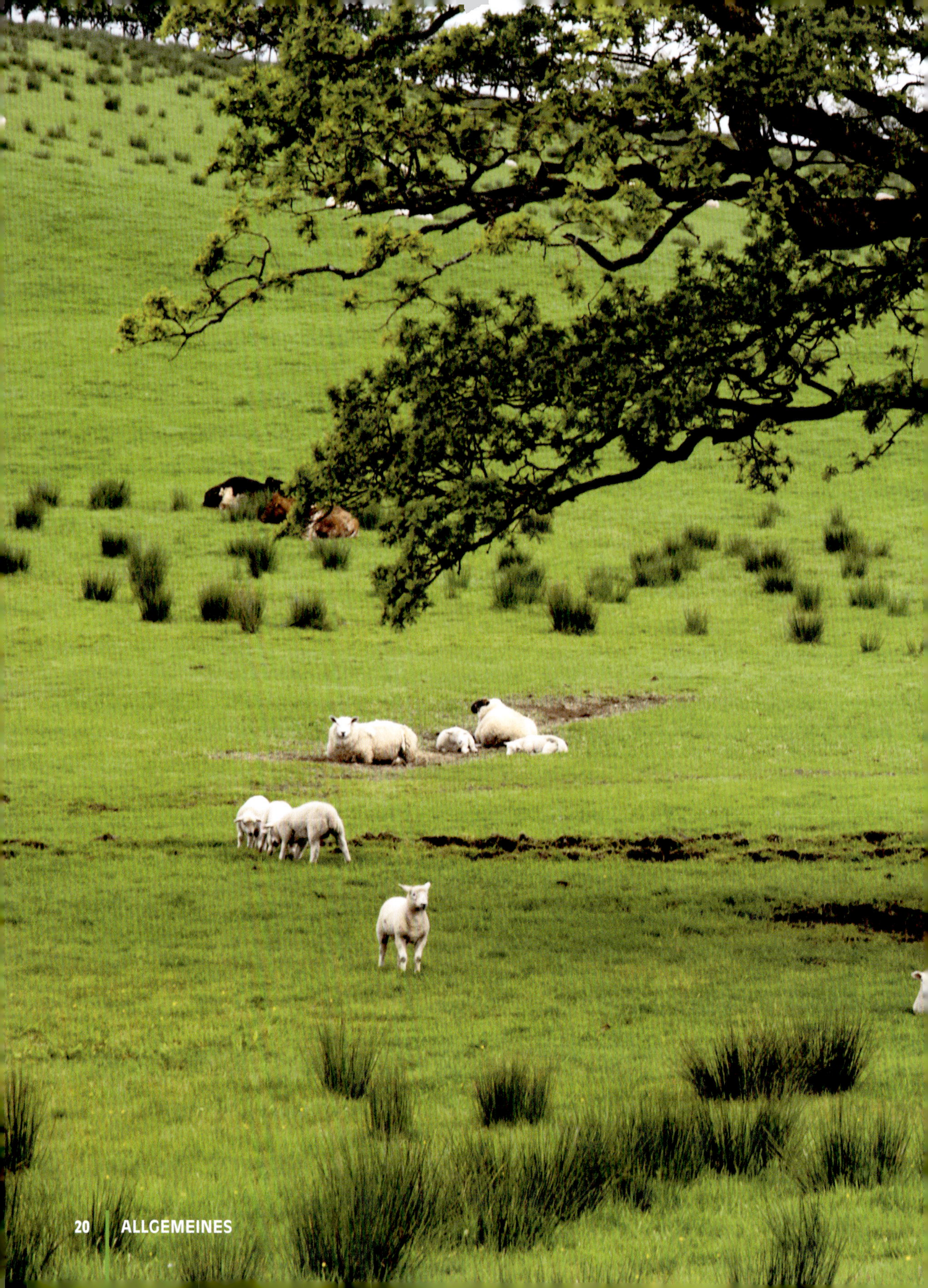

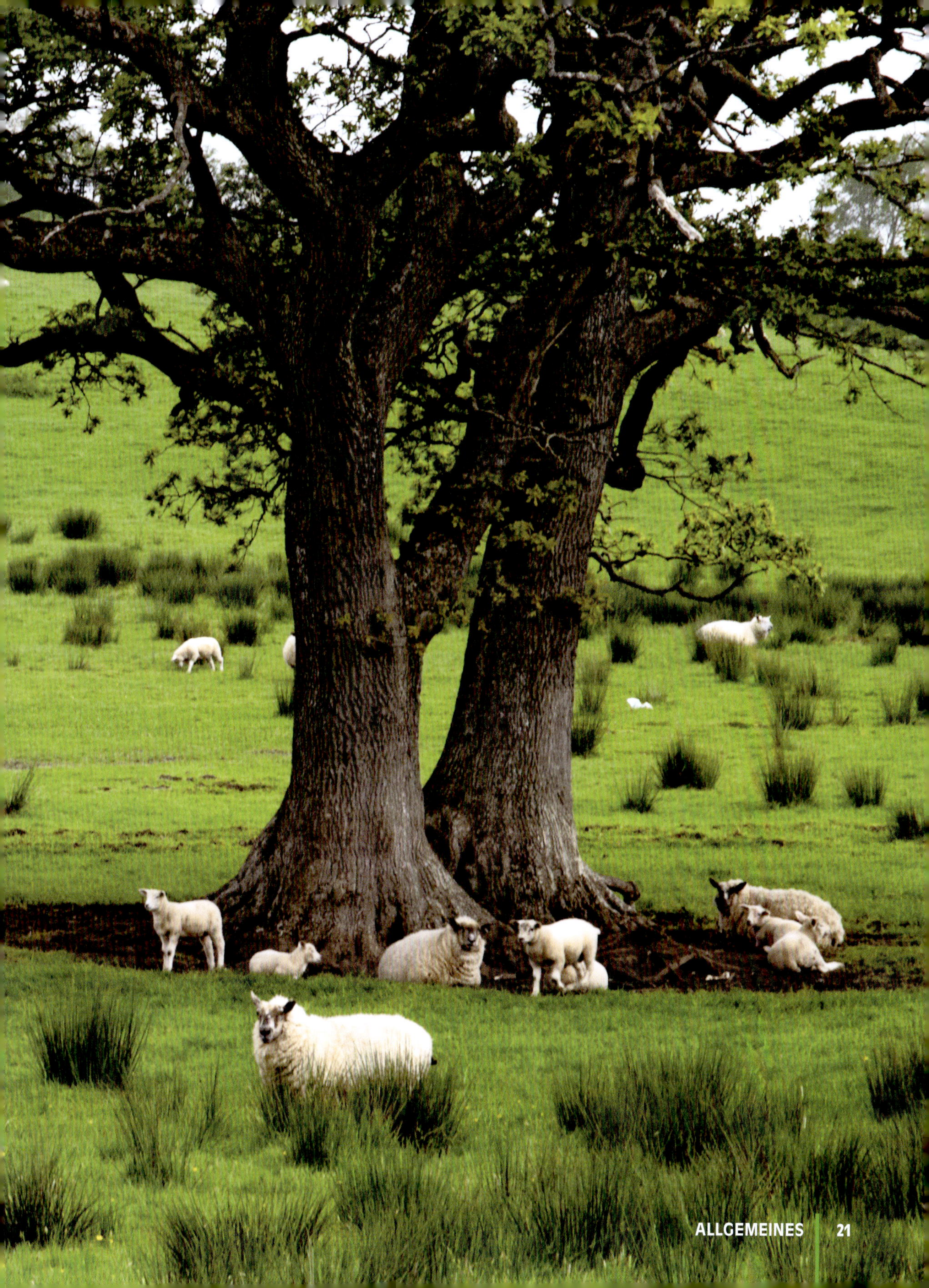

# Über Pubs und Restaurants ...

Wer zu einer billigen Mahlzeit kommen will, kann dies zu Mittag tun. Zum Lunch werden in Pubs und Restaurants kostengünstige und einfachere Mahlzeiten gereicht (zwischen 6 und 12 Euro). Zum Dinner wird es schon etwas teurer: Die Preise schwanken in durchschnittlichen Lokalen zwischen 9 und 20 Euro, je nach Gericht. Auf jeden Fall gibt es sehr große Portionen.

In manchen Reiseführern ist zu lesen, das Essen in Irland wäre in den letzten Jahren besser geworden. Dies ist schlichtweg falsch. Es hat sich lediglich die Möglichkeit erhöht, dass man da oder dort auf ein Restaurant mit brauchbarer oder sogar guter Küche trifft. Im Großteil der irischen Pubs und Restaurants isst man nach wie vor so schlecht wie eh und je (wenn auch geringfügig besser als in England).

Das Problem am irischen Essen ist die Zubereitung, die eine Mischung aus Totkochen und Nichtwürzen ist. Wenn dann noch die verwendeten Zutaten von fragwürdiger Qualität sind (Kartoffel und anderes Gemüse ohne Eigengeschmack, Fleisch voller Sehnen und Flachsen), dann ist die Grenze zur Ungenießbarkeit bald erreicht. Dass die Teller randvoll gefüllt werden, zeigt, dass für die meisten Iren Quantität wichtiger ist als Qualität.

Sie finden trotzdem an allen Wasserwegen einige gute Pubs und Restaurants. Ich habe Ihnen bei den Detailbeschreibungen die aus meiner Sicht besonders empfehlenswerten zusammengestellt.

### Verhalten im Restaurant

Wenn Sie ein Restaurant betreten, warten Sie im Eingangsbereich, bis Sie an einen freien Tisch geleitet werden. Gefällt Ihnen der Tisch nicht und sind noch andere Tische frei, können Sie bitten, anderswo platziert zu werden.

Punkto Tischmanieren werden Sie gelegentlich englische Sitten beobachten können: So versuchen einige Gäste in „feinen" Restaurants beispielsweise, die Gabel mit den Zinken in jeder Situation nach unten zu halten, was vor allem beim Aufnehmen von (üblicherweise) zu weich gekochten Kartoffeln oder gar Erbsen recht amüsante Ergebnisse bringt.

Diese übertriebene Noblesse ist aus verständlichen Gründen im Aussterben, man nähert sich auch in Irland (mittel-)europäischer Tischkultur an und verhält sich weitgehend so, wie wir es als „normal" empfinden.

Die Rechnung wird für den gesamten Tisch ausgestellt, Einzel-Abrechnungen sind unüblich. Wenn Sie getrennt bezahlen wollen, regeln Sie dies besser intern.

### Geld sparen mit dem Early Bird Menu

Einige Restaurants und Pubs bieten „Early Bird Menus" an, meist zwischen 17 und 19 Uhr. Vor den üblichen Essenszeiten werden einige spezielle Gerichte zu einem günstigeren Preis angeboten. Die Mahlzeit muss beendet sein, wenn die Early Bird Hour endet.

### Öffnungszeiten

Pubs haben in der Republik Irland täglich außer SO ab 10.30 Uhr geöffnet. Sie schließen MO bis DO um 23.30 Uhr, FR und SA um 0.30 Uhr. An Sonntagen ist von 12.30 bis 23 Uhr geöffnet.

In Nordirland haben Pubs wochentags von 11.30 bis 23 Uhr und sonntags von 12.30 bis 22 Uhr geöffnet.

### Vegetarisch essen

Vegetarier haben es in Irland (abseits der großen Städte) nicht leicht, da es für sie in Pubs und Restaurants kaum etwas anderes gibt als Salat, Gemüsepizza oder Gemüselasagne (wenn die Auswahl überhaupt so groß ist).

### Pubs und Cafés

Seit 2004 ein striktes Rauchverbot in Pubs und Restaurants eingeführt wurde, gehen mehr Einheimische auch in Pubs zum Essen, was sich positiv auf die bis dahin sehr eingeschränkte Auswahl (und fallweise auch auf die Qualität) ausgewirkt hat.

Viele Pubs haben zwei getrennte Bereiche: einen Raum mit der Bar (und der deswegen auch Bar heißt) und einen, der Lounge genannt wird. Dieser hat zwar auch eine Bar, aber zusätzlich eine „bequemere" Möblierung, meist Sessel und Bänke mit Polsterung. Dem Mitteleuropäer verschließt sich die Sinnhaftigkeit dieser Aufteilung, zumal die „bequemeren" Plätze meist nicht wirklich bequem sind, vor allem nicht, wenn man essen will.

Bestellt wird in Pubs an der Bar, wo man sein Getränk meist auch gleich bezahlt. Wenn man isst, wird meist erst im Nachhinein kassiert. In Pubs und Cafés gibt man eher kein Trinkgeld, oder wenn, dann nur in Form einer Aufrundung auf den nächsten Eurobetrag.

### Trinkgeld

Wenn Sie im Restaurant zufrieden waren, lassen Sie rund 10% der Summe am Tisch liegen. In Pubs ist Trinkgeld nur dann üblich, wenn serviert wird, nicht jedoch, wenn Sie sich Getränke oder Essen selbst an der Bar holen.

# Über das Essen und Trinken …

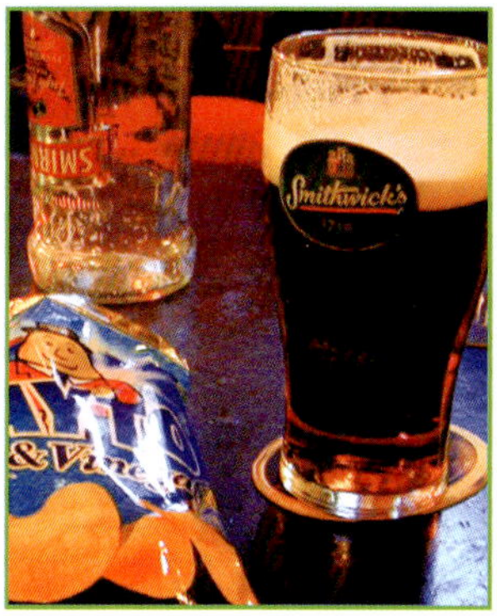


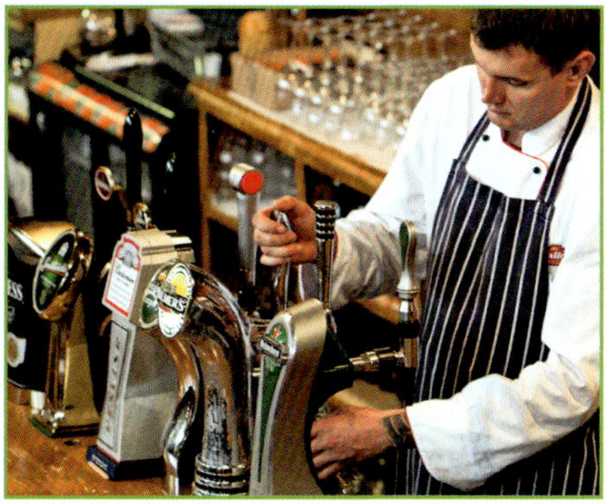

## Grundnahrungsmittel Nr. 1

Mehr Bier als in Irland (und England) geht nicht, hat man fast den Eindruck. Während man im Geschäft das Bier hauptsächlich in Dosen kauft, erwartet einen im Pub das „Draft", frisch gezapftes Bier vom Fass und von einer Vielzahl von Zapfhähnen, ausgeschenkt in den Größen Pint (0,568 Liter) und Halfpint. Dazu nascht man Chips in allen erdenklichen Geschmacks-Varianten.

Als Alternative hat jedes Pub auch Cider (bei uns Most oder Apfelwein, in Frankreich Cidre genannt) im verführerischen Angebot, das ebenso wie Bier gezapft wird. Doch Achtung: Hier gibt es einige, die sich wie Fruchtsaft trinken und den Alkoholgehalt erst (zu) spät merken lassen. Probieren Sie sich durch und entdecken Sie Ihre persönlichen Favoriten.

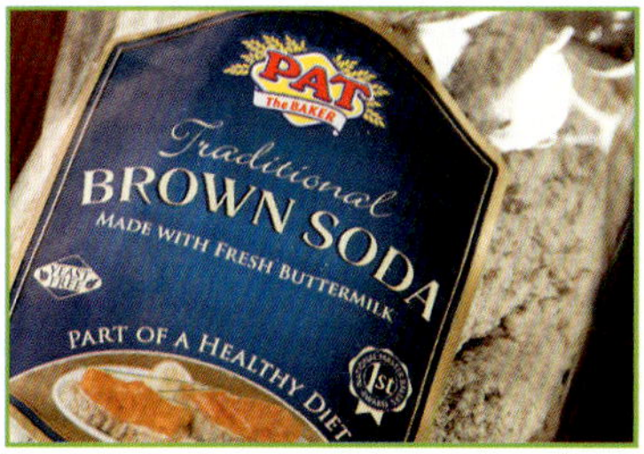


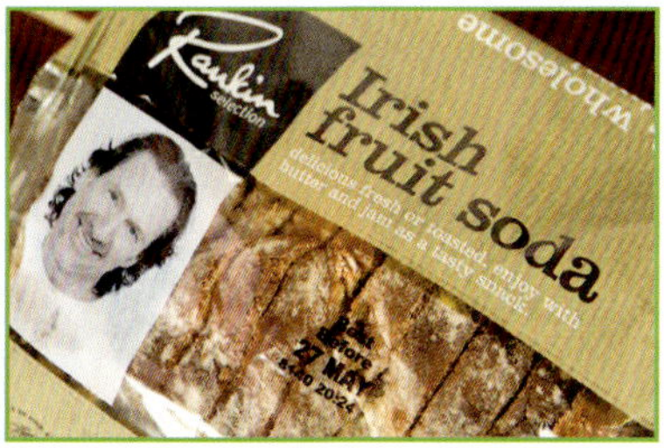


## Grundnahrungsmittel Nr. 2

Brot steht in Irland in unterschiedlichster Art zur Verfügung. Sie werden wahrscheinlich eine Woche brauchen, um alle Varianten und Unter-Varianten durchprobiert zu haben.

Mehl, Buttermilch, Salz und Natriumbikarbonat als Treibmittel sind die Bestandteile des weißen oder braunen Irish Soda Bread, das von den einen heftig geliebt, von den anderen ebenso verabscheut wird. Die Brote erhalten Sie meist in schon geschnittener Form. Vorteil: Das Anrichten hinterlässt keine Brösel an Bord. Nachteil: Das Brot trocknet schneller aus.

Und auf eines sollten Sie noch achten: Im Supermarkt liegen im Brotregal „normale" und süßliche Brote oft wirr durcheinander. Nehmen Sie also sicherheitshalber zwei Sorten, wenn Sie nicht Rosinenbrot zur Wurst essen wollen.

### MEIN TIPP: „SMIDDIX"

Mein Tipp für alle, die nicht andauernd Guinness trinken wollen: Smithwick´s (ausgesprochen wie „Smiddix") erhal-ten Sie beinahe überall. Es ist übrigens in Österreich und Deutschland als Killkenny bekannt und hat eine gewisse Ähnlichkeit mit dem Altbier aus dem Raum Köln.

## Typische Speisen und Nahrungsmittel

### Irish Stew

Das berühmteste Gericht Irlands ist ein Eintopf, den man aber nicht sehr oft in Restaurants oder Pubs findet. Er besteht hauptsächlich aus Lamm (oder Rind) und Rüben.

### Bacon and Cabbage

Kräftiger Speck (gepökeltes Schweinernes) mit Kohl und Kartoffeln.

### Soda Bread

Traditioneller runder Brotlaib, auch „brown bread" genannt. Der Teig wird aus Weizen(vollkorn)mehl hergestellt und mit Backsoda (statt Germ/Hefe oder Sauerteig) hochgetrieben.

### Soup and Sandwich

Für uns ungewöhnlich, in Irlands Pubs aber an der Tagesordnung, ist ein Gericht namens „Soup and Sandwich". Suppe (in der Regel eine gebundene Gemüsesuppe) und Sandwiches (in mehreren Geschmacksrichtungen, meist in Dreiecksform) werden gleichzeitig serviert – und dazu gibt's (ungefragt) Tee. Dumm, wenn man Soup and Sandwich nicht mag, denn manchmal ist es das einzige Gericht, das mittags in einfachen ländlichen Pubs als „Bar food" erhältlich ist.

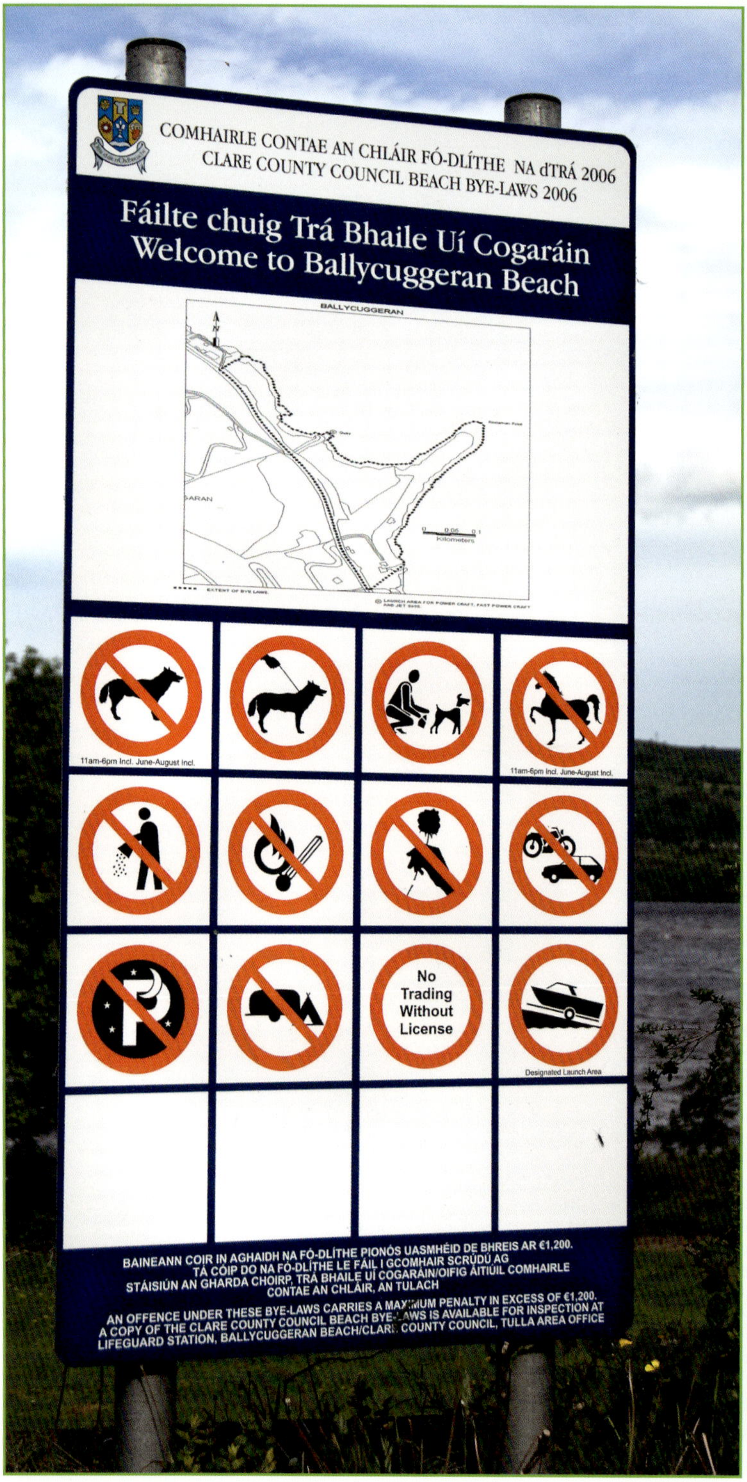
COMHAIRLE CONTAE AN CHLÁIR FÓ-DLÍTHE NA dTRÁ 2006
CLARE COUNTY COUNCIL BEACH BYE-LAWS 2006
Fáilte chuig Trá Bhaile Uí Cogaráin
Welcome to Ballycuggeran Beach
BALLYCUGGERAN
11am-6pm Incl. June-August Incl.
11am-6pm Incl. June-August Incl.
No Trading Without License
Designated Launch Area

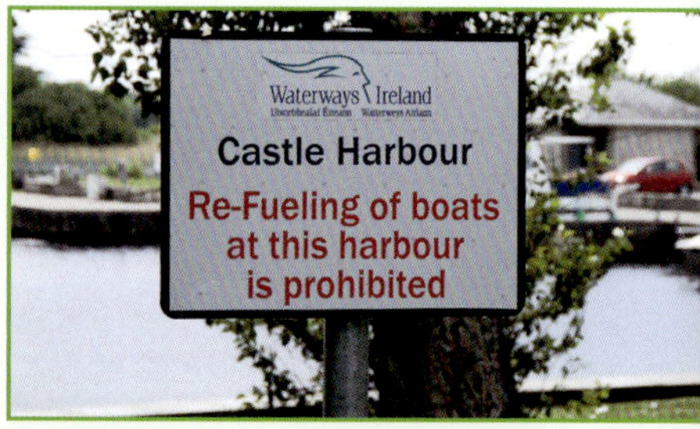
Waterways Ireland
Castle Harbour
Re-Fueling of boats at this harbour is prohibited

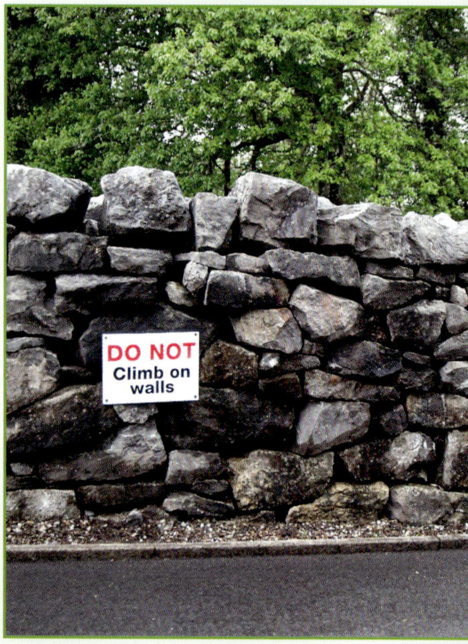
DO NOT
Climb on walls

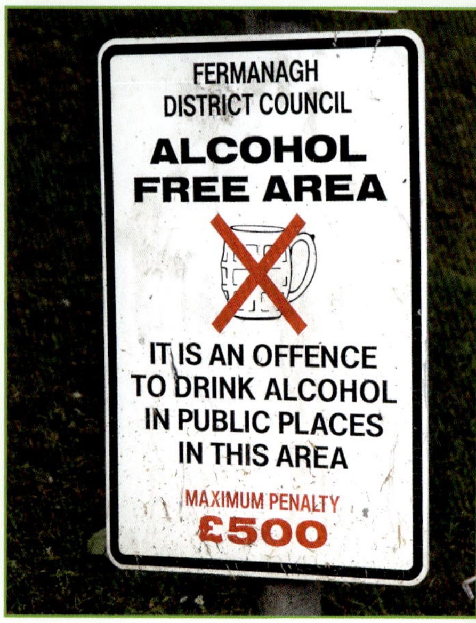
FERMANAGH DISTRICT COUNCIL
ALCOHOL FREE AREA
IT IS AN OFFENCE TO DRINK ALCOHOL IN PUBLIC PLACES IN THIS AREA
MAXIMUM PENALTY
£500

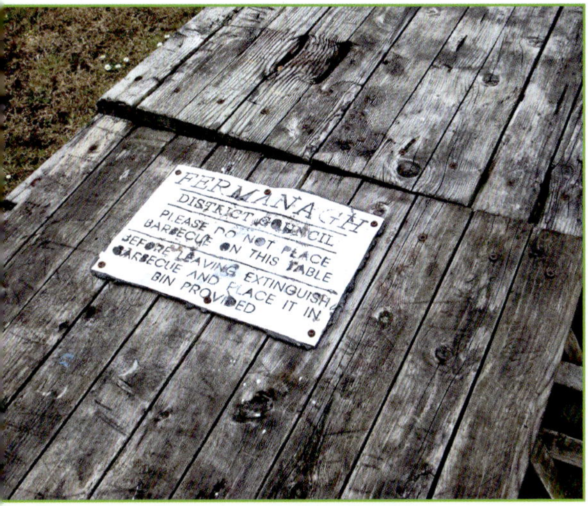


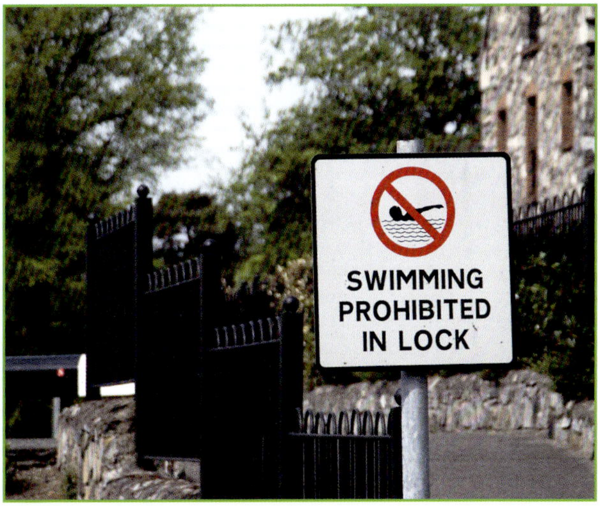


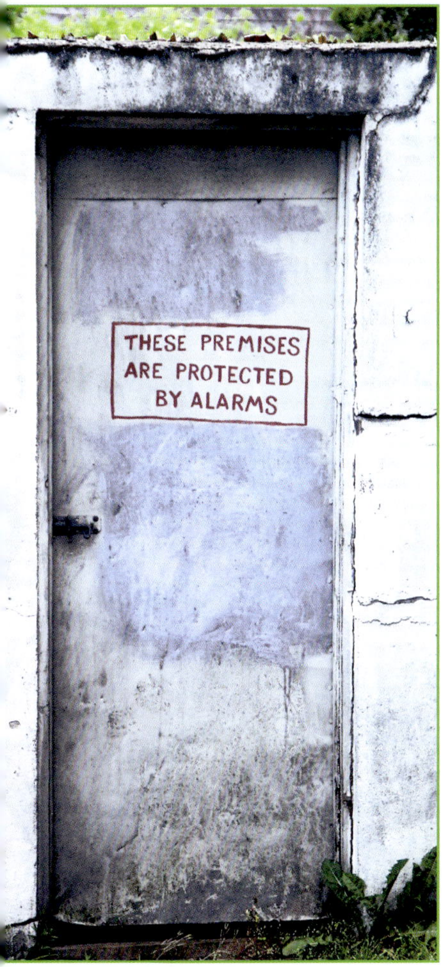


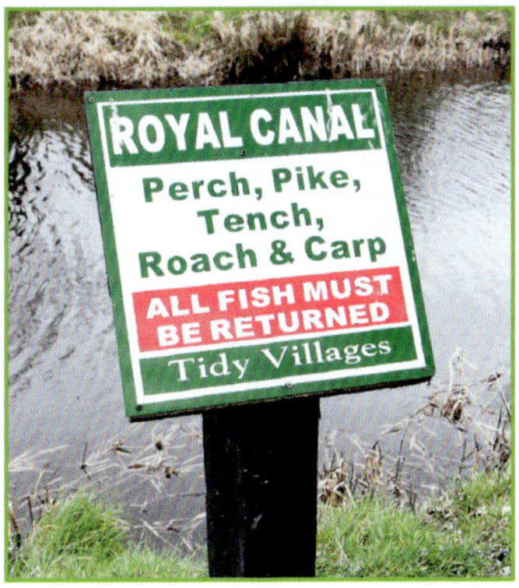


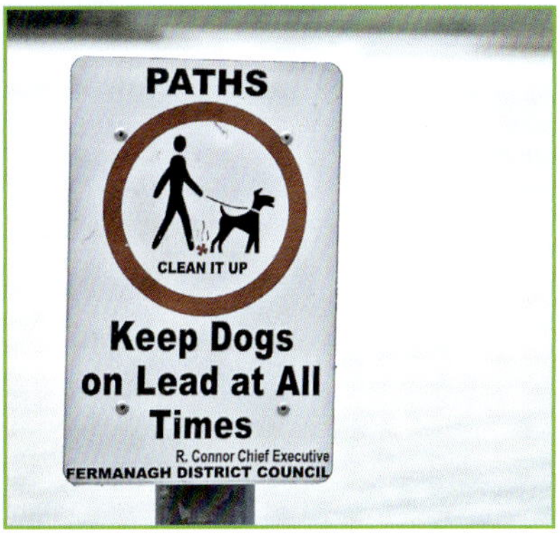


# Verbote, Verbote, Verbote

Wer sich durch Irland bewegt, stößt permanent auf Verbote, deren Deutlichkeit manchmal kuriose Formen annimmt.

Schön, wenn man gleich am Willkommensschild eines Strandes am Lough Derg (Shannon) darauf aufmerksam gemacht wird, dass dort so ziemlich alles verboten ist (großes Bild ganz links). Oder dass man auf einem Holztisch kein Grillfeuer in Betrieb nehmen sollte (oben links).

Weniger erheiternd ist jedoch die Tatsache, dass jeder Quadratzentimeter Boden eingezäunt und abgesperrt ist. Selbst eine simple Weide ist von Hecken, Mauern oder Wällen umgeben und die Einfahrt ist mit einem Tor samt Schloss versperrt. Spazieren gehen kann man also nur auf den gekennzeichneten Wegen, ein Aufenthalt ist ausschließlich auf öffentlichen Flächen möglich, privates Land kann nicht betreten werden.

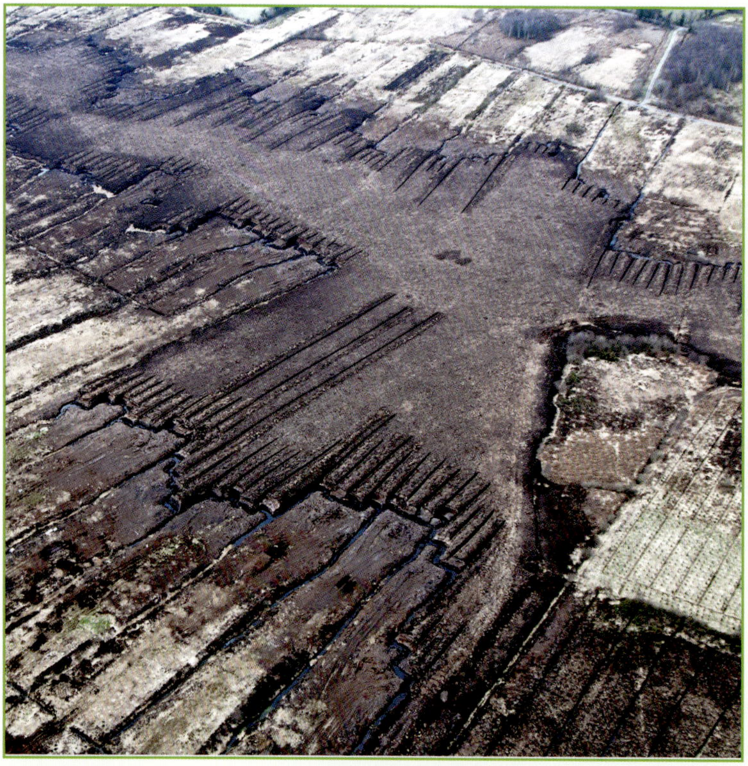
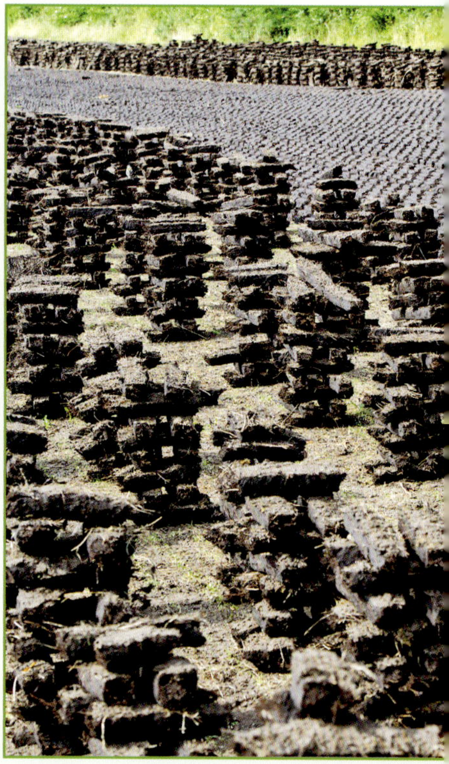
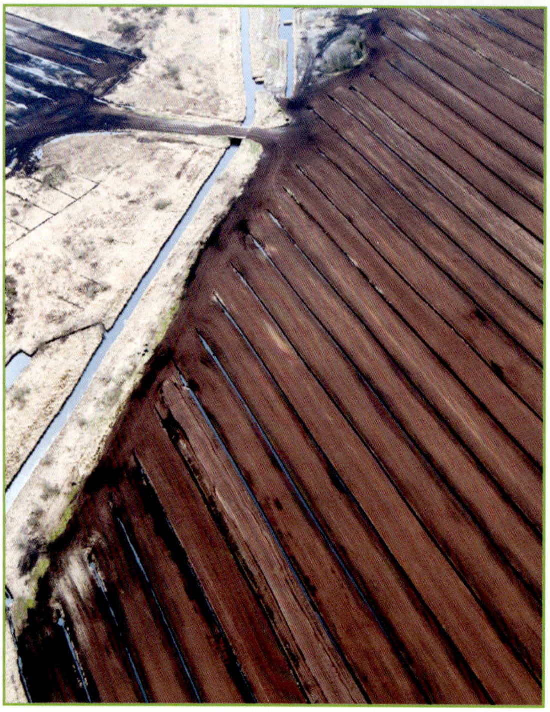
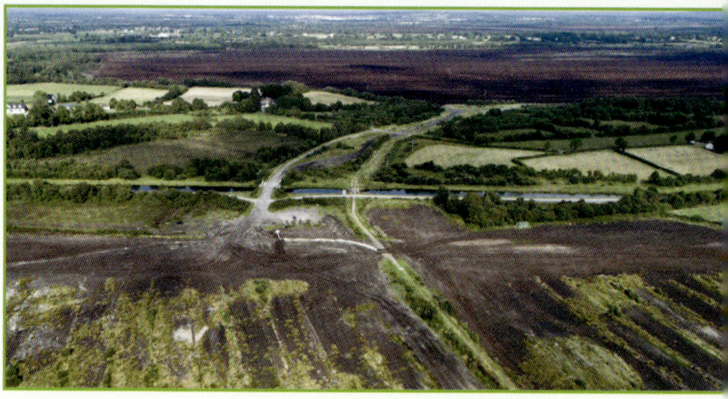
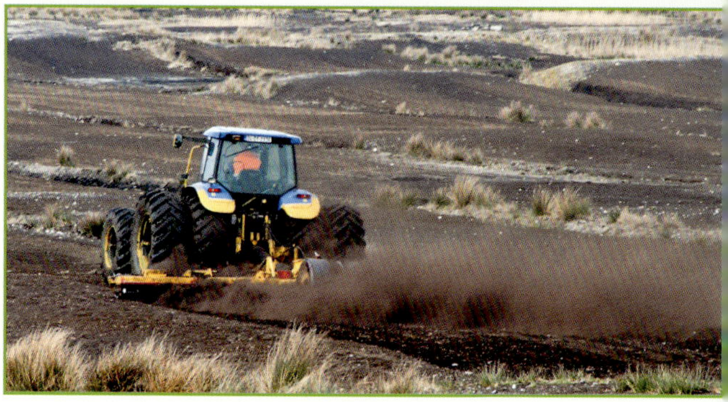

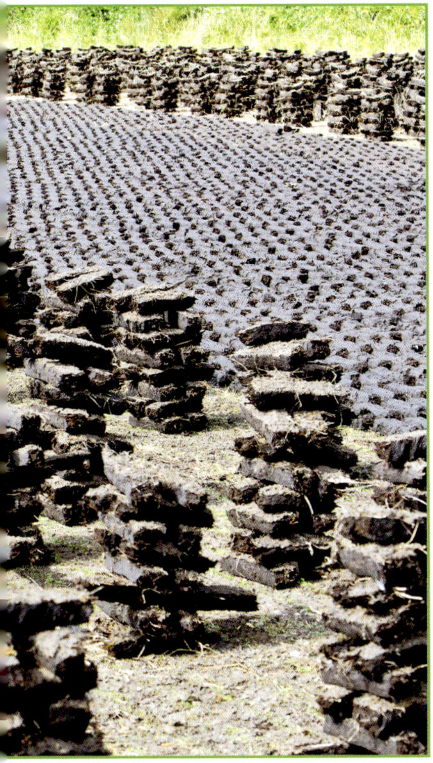

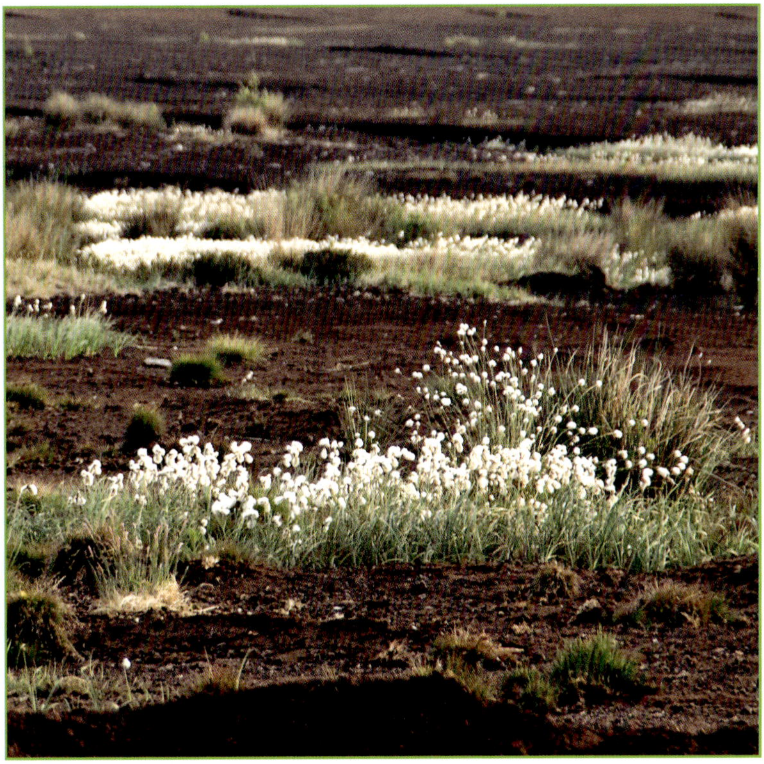

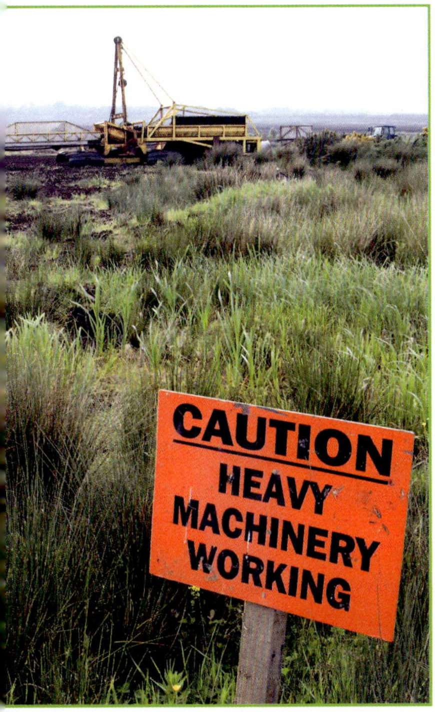


# Torfabbau – ein ökologischer Wahnsinn

Rund 12.000 km², also etwa ein Siebentel Irlands, bestehen aus Moor. Da Wald (und somit Heizmaterial) rar ist (nur 5 % der Fläche Irlands sind Wald), wird Torf schon seit alters her abgebaut, um daraus Brennmaterial zu gewinnen. Früher geschah dies noch per Hand, seit 1950 ist Bord na Móna (das staatliche Torfamt) am Werken, um in industrieller Manier das Material für die Torfkraftwerke zu gewinnen.

Aber auch kleine Landwirte sind als „Selbstversorger" am Abbau beteiligt, um Material für ihre eigenen Öfen zu produzieren.

Zurück bleibt eine verödete Landschaft, Schneisen in einer ehemals intakten Region, aus der die seltenen Moorpflanzen für immer verschwunden sind.

Sowohl der Royal Canal als auch der Grand Canal führen direkt durch Torfstechereien. Die Torfbahnen haben eigene Brücken, die für Boote aufgeklappt werden. Und auch am Shannon kann man bei starkem Wind in den „Genuss" kilometerbreiter brauner Torfwolken zwischen Athlone und Clonmacnoise kommen.

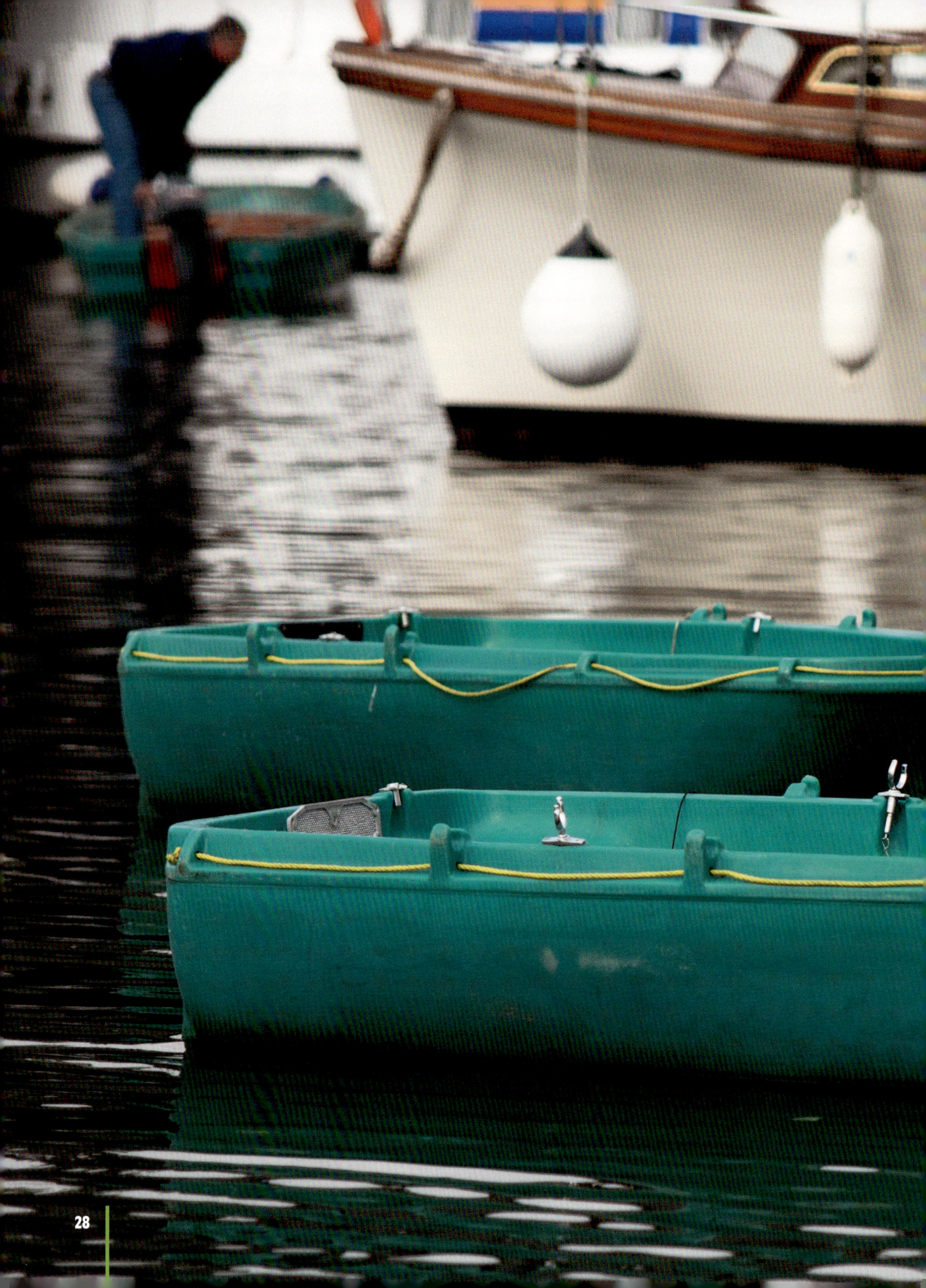

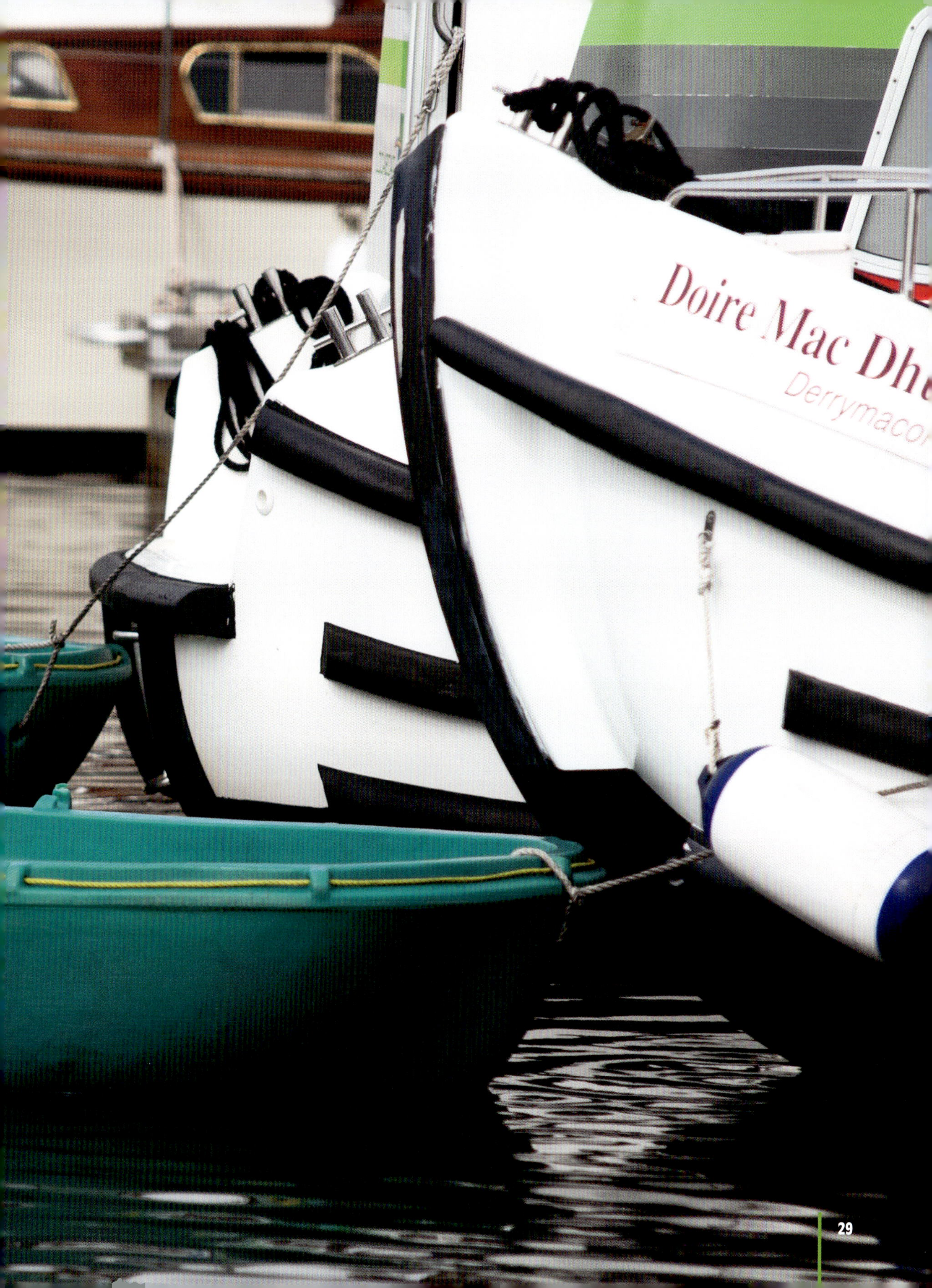
Doire Mac Dhu
Derrymacor

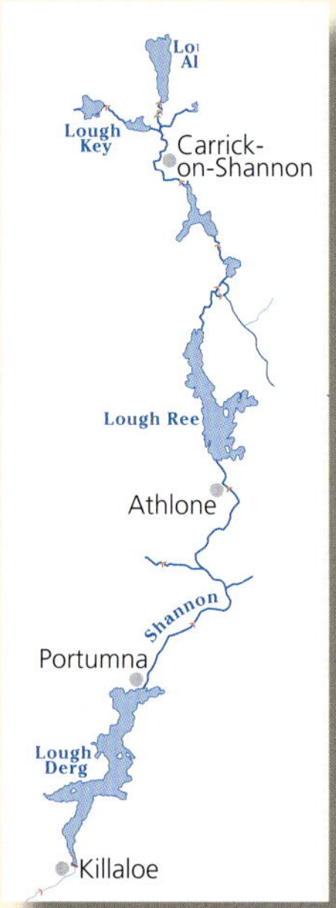


# Der Shannon

Irlands bekanntester Fluss vereint Bootfahren und Angeln, Altertümer und Pubs, Naturerleben und Geselligkeit.

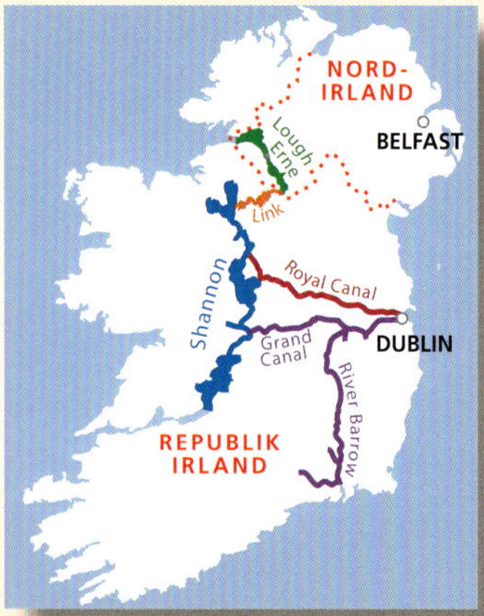


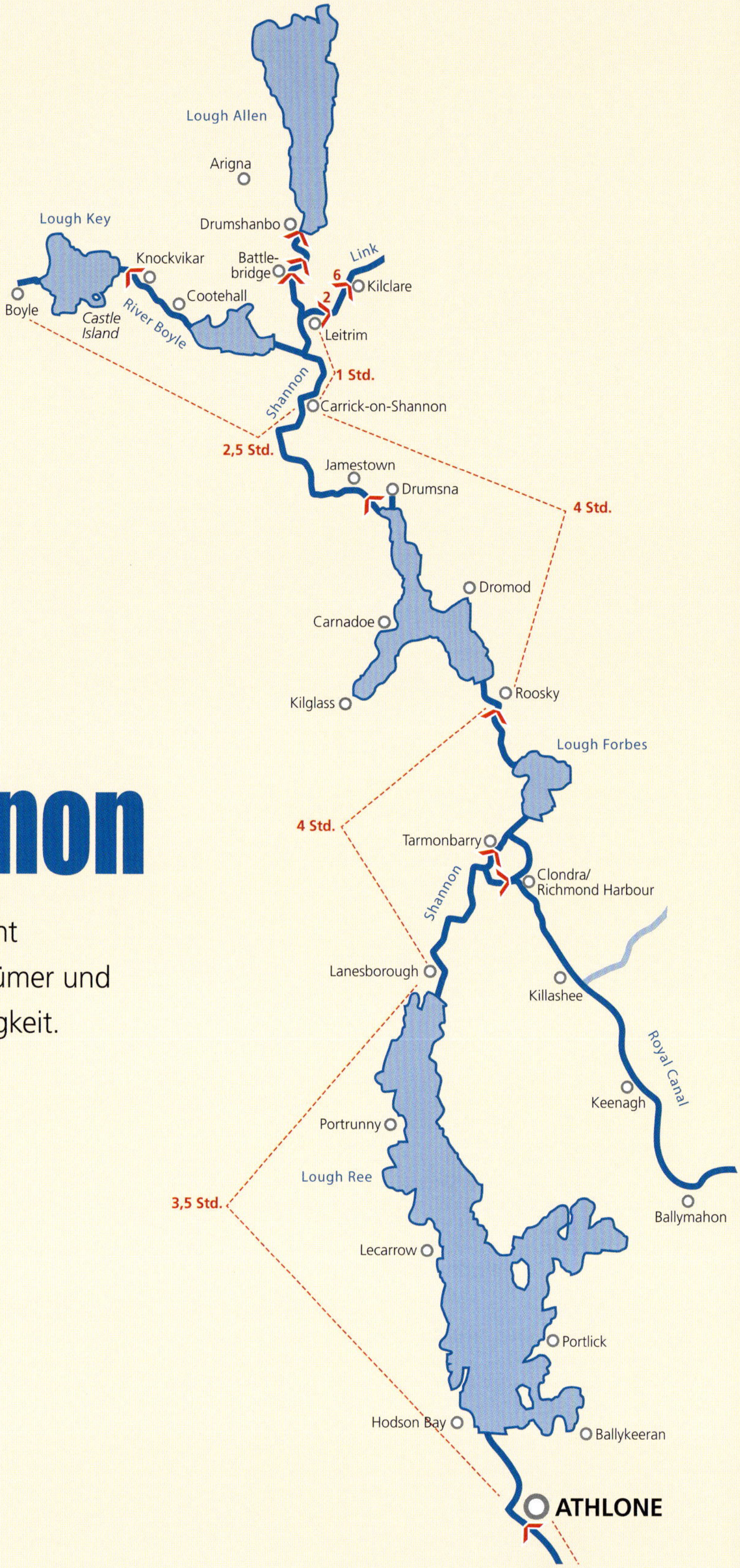


Fortsetzung auf Seite 31

Fortsetzung von Seite 30

## Shannon: Fahrzeit in Stunden

| | Leitrim | Carrick | Roosky | Lanesborough | Athlone | Clonmacnoise | Shannonbridge | Banagher | Portumna | Dromineer |
|---|---|---|---|---|---|---|---|---|---|---|
| **Carrick** | 1 | | | | | | | | | |
| **Roosky** | 5 | 4 | | | | | | | | |
| **Lanesborough** | 9 | 8 | 4 | | | | | | | |
| **Athlone** | 12,5 | 11,5 | 7,5 | 3,5 | | | | | | |
| **Clonmacnois** | 14 | 13 | 9 | 5 | 1,5 | | | | | |
| **Shannonbridge** | 14,5 | 13,5 | 9,5 | 5,5 | 2 | 0,5 | | | | |
| **Banagher** | 17,5 | 16,5 | 12,5 | 8,5 | 5 | 3,5 | 3 | | | |
| **Portumna** | 20,5 | 19,5 | 15,5 | 11,5 | 8 | 6,5 | 6 | 3 | | |
| **Dromineer** | 23,5 | 22,5 | 18,5 | 14,5 | 11 | 9,5 | 9 | 5 | 3 | |
| **Killaloe** | 25,5 | 24,5 | 20,5 | 16,5 | 13 | 11,5 | 11 | 8 | 5 | 2 |

Bitte beachten Sie, dass es sich nur um Näherungswerte handelt. Die tatsächlichen Fahrzeiten sind abhängig vom Bootstyp, vom Wind, vom Verkehr in Schleusen und vor Hebebrücken etc.

## SHANNON
Gesamtlänge ca. 370 km, davon ca. 215 km befahrbar.

***Für Mietboote befahrbarer Abschnitt:***
Killaloe bis Lough Allen Canal: ca. 185 km, 7 Schleusen

***Dimensionen am Shannon***
(Brücke von Killaloe bis Battlebridge/Leitrim):
6 Schleusen (max. Bootsgröße 29,2 x 6,75 m),
Tiefgang 1,35 m,
Höhe über Wasser mind. 3,85 m

## LOUGH ALLEN CANAL
schließt nördlich an den Shannon an
3 Schleusen (max. Bootsgröße 19,5 x 4 m),
Tiefgang 1,2 m,
Höhe über Wasser 3 m
(für einige Mietboote ist dies zu niedrig bzw. zu schmal!)

## RIVER BOYLE
Nördlich von Carrick mündet der River Boyle in den Shannon, der bis Boyle befahrbar ist: 14 km, 1 Schleuse (Bootsgröße wie Shannon)

## RIVER SUCK
Der bei Shannonbridge in den Shannon mündende River Suck ist auf 16 km bis Ballinasloe befahrbar; 1 Schleuse (Bootsgröße wie Shannon)

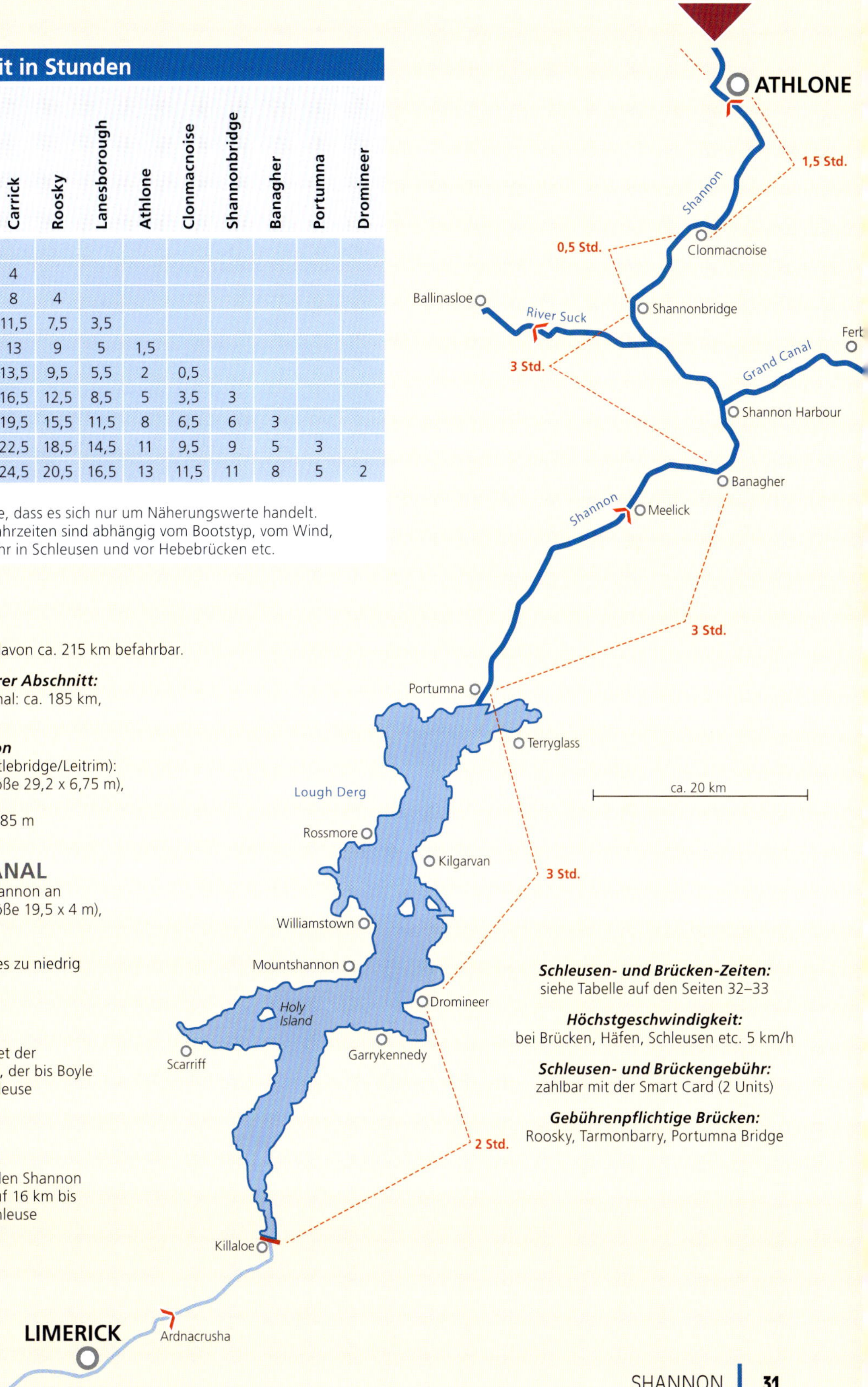


***Schleusen- und Brücken-Zeiten:***
siehe Tabelle auf den Seiten 32–33

***Höchstgeschwindigkeit:***
bei Brücken, Häfen, Schleusen etc. 5 km/h

***Schleusen- und Brückengebühr:***
zahlbar mit der Smart Card (2 Units)

***Gebührenpflichtige Brücken:***
Roosky, Tarmonbarry, Portumna Bridge

| River Shannon, von Limerick bis Battlebridge / Leitrim (ca. 215 km / 129 Meilen) | | | |
|---|---|---|---|
| **Schleusenname (ca. Hub)** | **Maße** | **Unterer Schweller OD *)<br>Oberer Schweller OD *)** | **Standort** |
| Sarsfield Tidal Lock | 53,9 m (76ft 10in)<br>x 12,2 m (40ft) | gezeitenabhängig | Limerick |
| Ardnacrusha (Double) Lock | 32,23 m (105ft 9in)<br>x 5,94 m (19ft 6in) | 12,19 m (40ft) Hub plus<br>18,29 m (60ft) Hub (2 Kammern) | flussaufwärts von Limerick,<br>am Headrace Canal |
| Victoria Lock (ca. 2,5 m) | 43,28 m (142ft)<br>x 12,19 m (40ft) | 30,77 m (100.95ft) OD<br>33,22 m (109ft) OD | Meelick, flussaufwärts<br>von Lough Derg |
| Athlone Lock (ca. 3,0 m) | 38,7 m (127ft)<br>x 12,19 m (40ft) | 33,24 m (109.06ft) OD<br>35,36 m (116.0ft) OD | Athlone, flussabwärts<br>von Lough Ree |
| Tarmonbarry Lock<br>(ca. 2,6 m) | 31,09 m (102ft)<br>x 9,14 m (30ft) | 35,73 m (117.22ft) OD<br>38,36 m (125.85ft) OD | Tarmonbarry, flussabwärts von<br>Lough Forbes |
| Roosky Lock (ca. 1,0 m) | 31,09 m (102ft)<br>x 9,14 m (30ft) | 38,30 m (125.67ft) OD<br>39,30 m (128.95ft) OD | Roosky, flussabwärts<br>von Lough Bofin |
| Albert Lock (ca. 1,7 m) | 31,09 m (102ft)<br>x 9,14 m (30ft) | 39,31 m (128.97ft) OD<br>41,07 m (134.75ft) OD | Jamestown Canal, flussab-<br>wärts von Carrick-on-Shannon |

| Lough Allen Canal, von Battlebridge zum Lough Allen (7 km / 4 Meilen) | | | |
|---|---|---|---|
| **Schleusenname** | **Maße** | **Hub** | **Standort** |
| Battlebridge Lock | 22,4 m (73ft 6in)<br>x 4,1 m (12ft) | variabel, abhängig von<br>Fluss- und Kanalpegel | Battlebridge, am Beginn<br>des Lough Allen Canal |
| Drumleague Lock | 19,68 m (64ft 6in)<br>x 4,2 m (13ft 9in) | variabel, abhängig<br>vom Kanalpegel | Am Lough Allen Canal fluss-<br>abwärts vom Acres Lake |
| Drumshanbo Lock | 21 m (68ft 9in)<br>x 4,5 m (14ft 8in) | Hub (auf oder ab) abhängig<br>vom Lough Allen Pegel | Drumshanbo, am Zugang<br>zum Lough Allen |

| River Boyle, vom River Shannon zum Hafen von Boyle (ca. 14 km / 9 Meilen) | | | |
|---|---|---|---|
| **Schleusenname (ca. Hub)** | **Maße** | **Unterer Schweller OD<br>Oberer Schweller OD** | **Standort** |
| Clarendon Lock (ca. 1,20 m) | 31,09 m (102ft)<br>x 9,14 m (30ft) | 41,18 m (135.11ft) OD<br>42,37 m (139.00ft) OD | Knockvicar, am Zugang<br>zum Lough Key |

| River Suck, von Shannonbridge nach Ballinasloe (ca. 16 km / 10 Meilen) | | | |
|---|---|---|---|
| **Schleusenname** | **Maße** | **Hub** | **Standort** |
| Ballinasloe Lock | 32 m (105ft)<br>x 8,5 m (27ft 10in) | variabel, abhängig vom Flusspegel | River Suck nahe Ballinasloe |

| River Shannon zum Royal Canal über den River Camlin (ca. 1 km / 0,6 Meilen) | | | |
|---|---|---|---|
| **Schleusenname** | **Maße** | **Hub** | **Standort** |
| Clondara Lock | 25,02 m (82ft 1in)<br>x 5,66 m (18ft 6in) | variabel, abhängig vom Flusspegel | Clondra, am River Camlin,<br>Verbindung zum Shannon |

*) OD = Ordonance Datum, Seehöhe, bezogen auf Poolbeg/Dublin
Recherchiert und zusammengestellt von Damien Delaney, Athlone (Quellen: IWAI, Waterways Ireland)

## Schleusen- und Brückenwärter am Shannon (inkl. Nebenflüsse)

| Gewässer | Schleuse | Brücke / Durchfahrtshöhe*) (geschlossener Zustand) | Schleusen-Brückenwärter | Tel. |
|---|---|---|---|---|
| **Lough Allen Canal** | Drumshanbo Lock<br>Schleuse funktioniert in beide Richtungen, je nach Pegel | | Paddy Joe Carty | 071 964 1552 |
| **Lough Allen Canal** | Drumleague Lock | | Paddy Joe Carty | 071 964 1552 |
| **Lough Allen Canal** | | Battlebridge Bridge<br>3,0 m (fix)<br>zu nieder für viele Boote | | |
| **Lough Allen Canal** | Battlebridge Lock<br>schmalste Schleuse (nur für Boote mit weniger als 4 m Breite) | | Paddy Joe Carty | 071 964 1552 |
| **River Boyle (Lough Key)** | Clarendon Lock (Knockvicar) | | Richard Koziol | 071 966 7011 |
| **Jamestown Cut** | Albert Lock | | Michael Bourke | 071 963 7715 |
| **Shannon** | Roosky Lock | | Tom McGarry | 071 963 8018 |
| **Shannon** | | Roosky lifting bridge<br>3,3 m / 11ft | Tom McGarry | 071 963 8018 |
| **Shannon** | Tarmonbarry Lock | | Liam Cox | 043 332 6117,<br>Mob. 087 922 202 |
| **Shannon** | | Tarmonbarry lifting bridge / 2,7 m / 9 ft | Liam Cox | 043 332 6117,<br>Mob. 087 922 202 |
| **Camlin River (Richtung Clondra)** | Camlin River Lock (Clondra) | | Liam Cox | 043 332 6117,<br>Mob. 087 922 202 |
| **Shannon** | Athlone Lock | | Tim Connelly | 090 649 2026 |
| **River Suck** | Pollboy Lock (Ballinasloe) | | David Coyne | 090 964 4938 |
| **Shannon** | Victoria Lock (Meelick) | | Stephan McGarry | 057 915 1359 |
| **Shannon** | | Portumna swing bridge / 1,2 m / 4 ft | Tom McGarry | 090 974 1011 |
| **Shannon** | Ardnacrusha Ships Lock<br>(unterhalb des für Mietboote befahrbaren Abschnittes) | | Gerry Reid | 061 345 515, Mob. 087 997 0131 |
| **Shannon** | Limerick Lock<br>(gezeitenabhängig) | | Dick Sparling | 087 797 2998 |

*) bei normalem Sommer-Wasserstand

## Schleusen- und Brückenzeiten am Shannon (inkl. Nebenflüsse)

**Mittagspause 13:00–14:00**

| | alle Schleusen und Brücken | | Portumna Swing Bridge | |
|---|---|---|---|---|
| | **MO–SA** | **Sonntag** | **MO–SA** | **Sonntag** |
| **14.3.-3.4.** | 09:00-18:30 | 10:30-16:00 | 09:45, 11:00, 12:30, 14:30, 16:30, 17:30 | 11:00, 12:30, 14:30, 16:00 |
| **4.4.-25.9.** | 09:00-20:30 | 09:00-18:00 | 09:45, 11:00, 12:30, 15:00, 17:30, 19:30 | 11:00, 12:30, 15:00, 17:30 |
| **26.9.-1.11.** | 09:00-19:30 | 10:00-16:00 | 09:45, 11:00, 12:30, 15:00, 17:00, 18:30 | 11:00, 12:30, 14:30, 16:00 |
| **2.11.-13.3.** | 09:00-12:30 | 10:00-12:30 | 09:45, 11:00, 12:00 | 11:00, 12:00 |

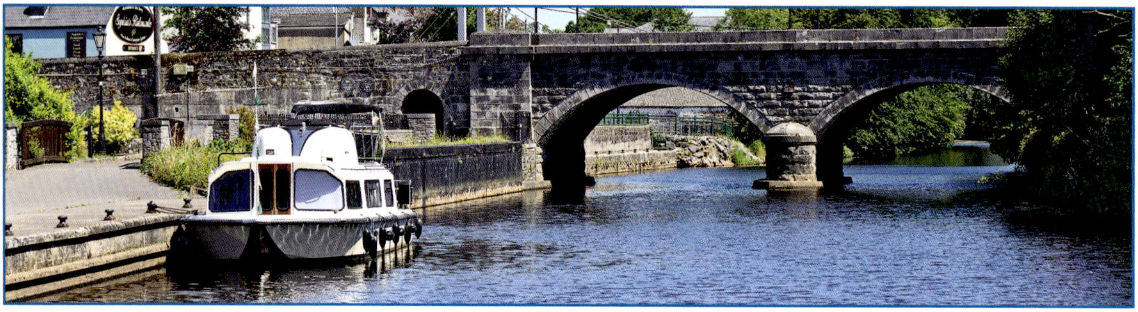

**Anleger in Leitrim.**

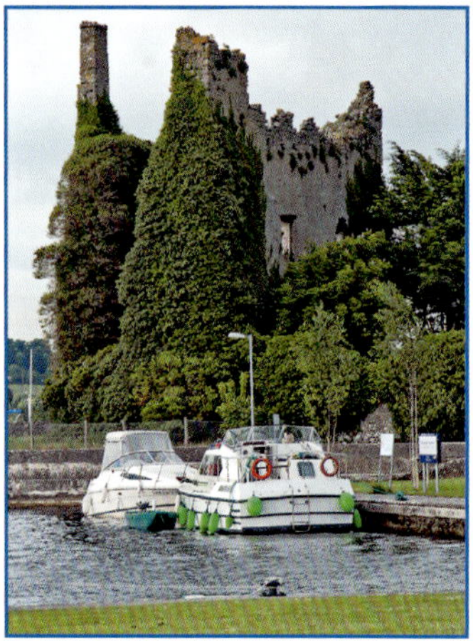

**Anleger in Dromineer.**

## Shannon: Anleger und Versorgung

Wo findet man Pump-outs, Sanitäreinrichtungen, Diesel, Pubs/Restaurants, Einkaufsmöglichkeiten? Welche Häfen sind privat, haben aber dennoch öffentliches Service?

Am Shannon können zahlreiche Einrichtungen bei den Anlegern (vom Landstrom über WC bis zum Wäschetrockner) oft nur mit Smart Card benutzt werden. Sie erhalten diese bei den Bootsvermietern und an einigen weiteren Stellen (siehe unten). Öffentliche Anleger sind stets kostenlos. Sie können also problemlos auch zwei Wochen unterwegs sein, ohne jemals Liegegebühren zahlen zu müssen. Die Anleger werden laufend modernisiert und ausgebaut, die ohnedies sehr gute Versorgung wird also von Jahr zu Jahr noch besser. Derzeit werden viele Anleger mit Landstrom nachgerüstet.

Sollte etwas Wesentliches fehlen oder ich mich irgendwo geirrt haben, bitte ich um Nachsicht und vor allem um Nachricht – ich werde das dann im online-Update entsprechend korrigieren (siehe Seite 3).

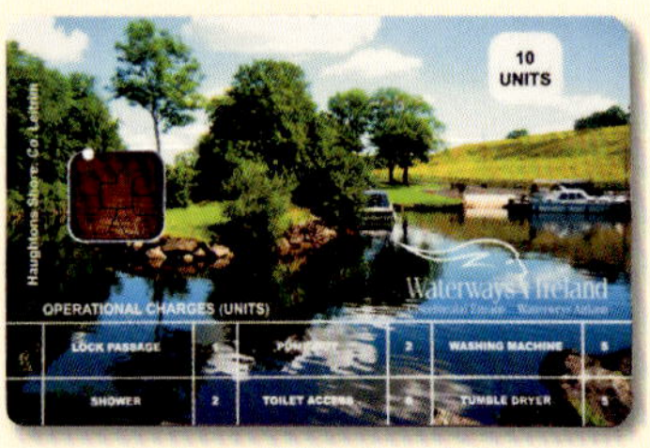


**Units („Punkte") und Gebühren am Shannon**

Karte mit 10 Units EUR 6,35
Karte mit 20 Units EUR 12,70

- Schleuse: 2 Units
- Pump-out, Dusche, WC: 2 Units
- Waschmaschine und Trockner: 5 Units

## Die Smart Card

Die Service Blocks (Waschmaschine, Trockner, WC, Dusche) von Waterways Ireland am Shannon werden mit der Smart Card bezahlt, ebenso die Schleusendurchfahrt. Erhältlich bei allen Bootsvermietern und in diesen Orten:

**Athlone:** Schleuse

**Ballinasloe:** Pollboy Lock

**Ballyleague:** Top Petrol Station

**Banagher:** Bootsvermieter

**Boyle**: Lough Key Forest and Activity Park

**Carrick-on-Shannon:** Bootsvermieter

**Dromineer:** Whiskey Still

**Dromod:** Cox's und Hunt's

**Drumshanbo:** Schleuse

**Garrykennedy:** Larkin's Pub

**Killaloe:** Tourist Office

**Lanesborough:** SuperValu

**Lecarrow:** Coffey's Shop

**Mountshannon:** Galvin's Service Station, Kean's Pub

**Portumna:** Portumna Bridge, SuperValu, Bootsvermieter

**Roosky:** Fishing Tackle Shop

**Scarriff:** Waterways Ireland

**Shannonbridge:** Killeen's Village Tavern, Luker's Bar & Restaurant

**Terryglass:** Paddy's Bar, Derg Inn

## Wichtige Orte, Häfen und Anleger (Shannon und Nebenflüsse)

Derzeit werden viele Anleger erneuert oder ausgebaut. Bitte informieren Sie mich über Veränderungen – siehe Seite 3.

Quellen: Aufzeichnungen Harald Böckl, Fam. Martinek, Damien Delaney, IWAI, Waterways Ireland.

| | Diesel | Pump-out | Wasser | Landstrom | WC | Dusche | Wasch-maschine | Trockner | Einkaufen | Pub | Restaurant | Bankomat | Smart Card (Verkauf) |
|---|---|---|---|---|---|---|---|---|---|---|---|---|---|
| **LOUGH ALLEN (CANAL)** | | | | | | | | | | | | | |
| **Drumshanbo** | | x | x | x | x | x | x | x | x | x | x | x | x |
| **RIVER BOYLE und LOUGH KEY** | | | | | | | | | | | | | |
| **Boyle** | | x | x | | x | x | x | x | x | x | x | x | x |
| **Lough Key Forest Park** | | x | | x | x | x | | | | x | | | x |
| **Knockvicar (Tara Marina)** | x | | x | x | | x | | | | x | x | | |
| **Cootehall** | x | | | | | | | | x | x | x | | |
| **OBERER SHANNON** | | | | | | | | | | | | | |
| **Leitrim** | | x | x | | x | x | x | x | x | x | x | x | x |
| **Carrick-on-Shannon** | x | x | x | x | x | x | x | x | x | x | x | x | x |
| **Jamestown** | | | | | | | | | | x | x | | |
| **Drumsna** | | | x | | | | | | x | x | | | |
| **Dromod** | x | x | x | | x | x | | | x | x | x | | x |
| **Roosky** | x | | x | | x | | | | x | x | | | x |
| **Tarmonbarry** | | | x | | x | | | | x | x | x | | |
| **Clondra/Richmond Harbour** | | x | x | x | x | x | x | x | | x | x | | |
| **Lanesborough / Ballyleague** | x | x | x | | x | x | | | x | x | x | x | x |
| **Portrunny** | | x | x | x | x | x | | | | | | | |
| **Lecarrow** | | x | x | x | x | x | x | x | x | x | x | | |
| **Hodson Bay** | | | x | | x | x | | | | x | x | | |
| **Killinure Point** *(Bootsvermieter)* | x | x | x | x | x | x | | | | x | x | | |
| **Glasson** *(Lough Ree Marina; privat)* | x | | x | x | | | | | | | | | |
| **Athlone** | x | x | x | x | x | x | x | x | x | x | x | x | x |
| **UNTERER SHANNON** | | | | | | | | | | | | | |
| **Shannonbridge** | | x | x | x | x | x | | | x | x | x | x | x |
| **Ballinasloe** *(River Suck)* | | | x | | x | x | x | x | x | x | x | x | x |
| **Shannon Harbour** | | | x | x | | | | | | x | x | | |
| **Banagher** | x | x | x | x | x | x | x | x | x | x | x | x | x |
| **Portumna** *(Castle Harbour)* | | x | x | x | x | x | x | x | x | x | x | x | x |
| **Portumna** *(Bootsvermieter, privat)* | x | x | x | x | x | x | x | x | x | x | x | x | x |
| **Terryglass** | | | x | x | | | | | | x | x | | x |
| **Williamstown** *(privat)* | x | x | x | x | x | x | | | | | | | |
| **Dromineer** | | x | x | x | x | x | | | | x | x | | x |
| **Garrykennedy** | | x | x | x | x | x | x | x | | x | x | | x |
| **Mountshannon** | | x | x | x | x | x | | | x | x | x | | x |
| **Scarriff** | | x | x | x | x | x | | | x | x | x | x | x |
| **Killaloe/Ballina** | | x | x | x | x | x | | | x | x | x | x | x |

**Anmerkungen:** Mit „**Restaurant**" kann auch ein Pub mit Bar Food gemeint sein.; **Diesel** kann eine Bootstankstelle sein oder eine nahegelegene Straßentankstelle, von der man Diesel im Kanister holen muss. Diesel findet man in privaten Häfen, nicht beim öffentlichen Anleger.

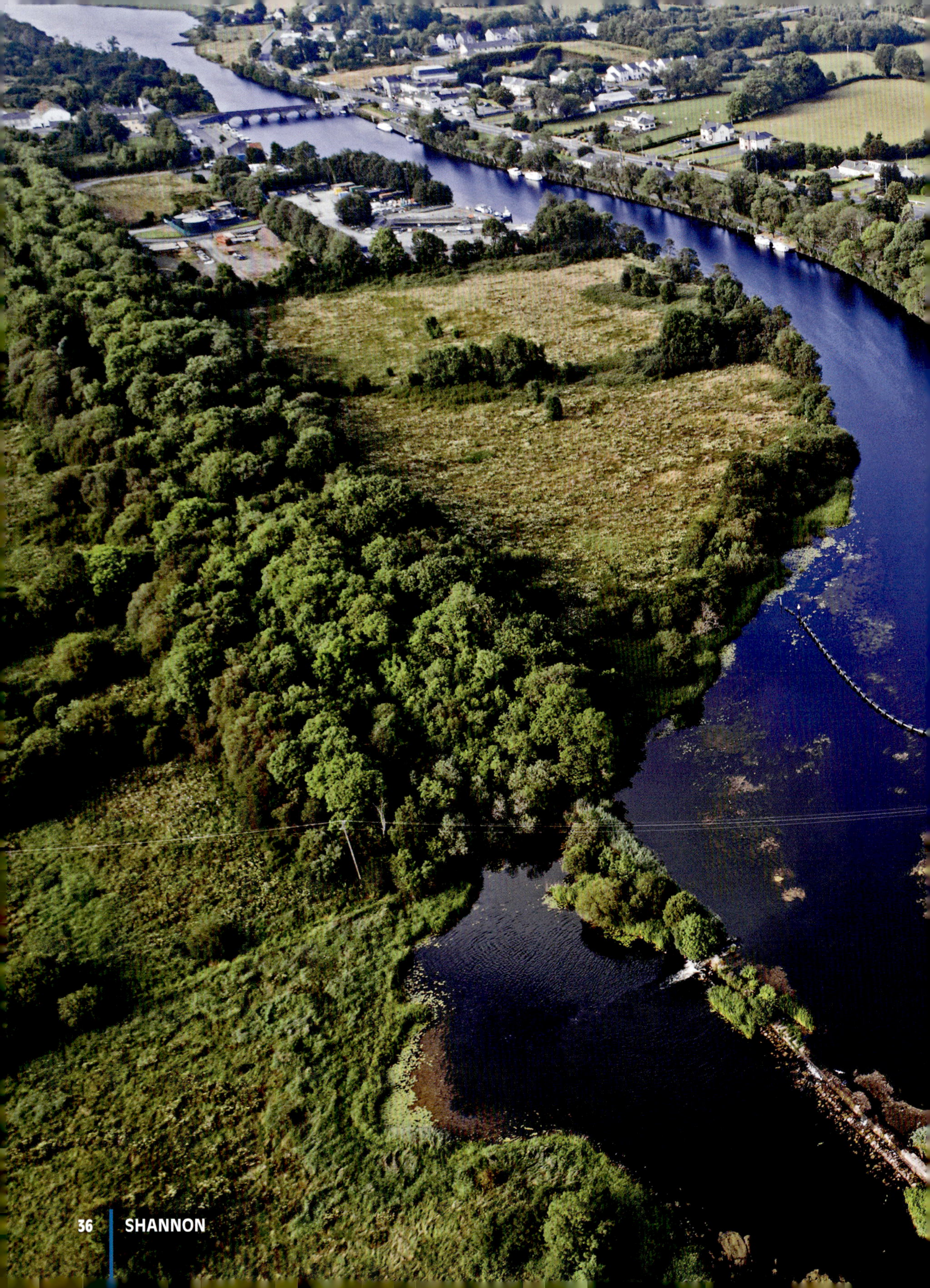

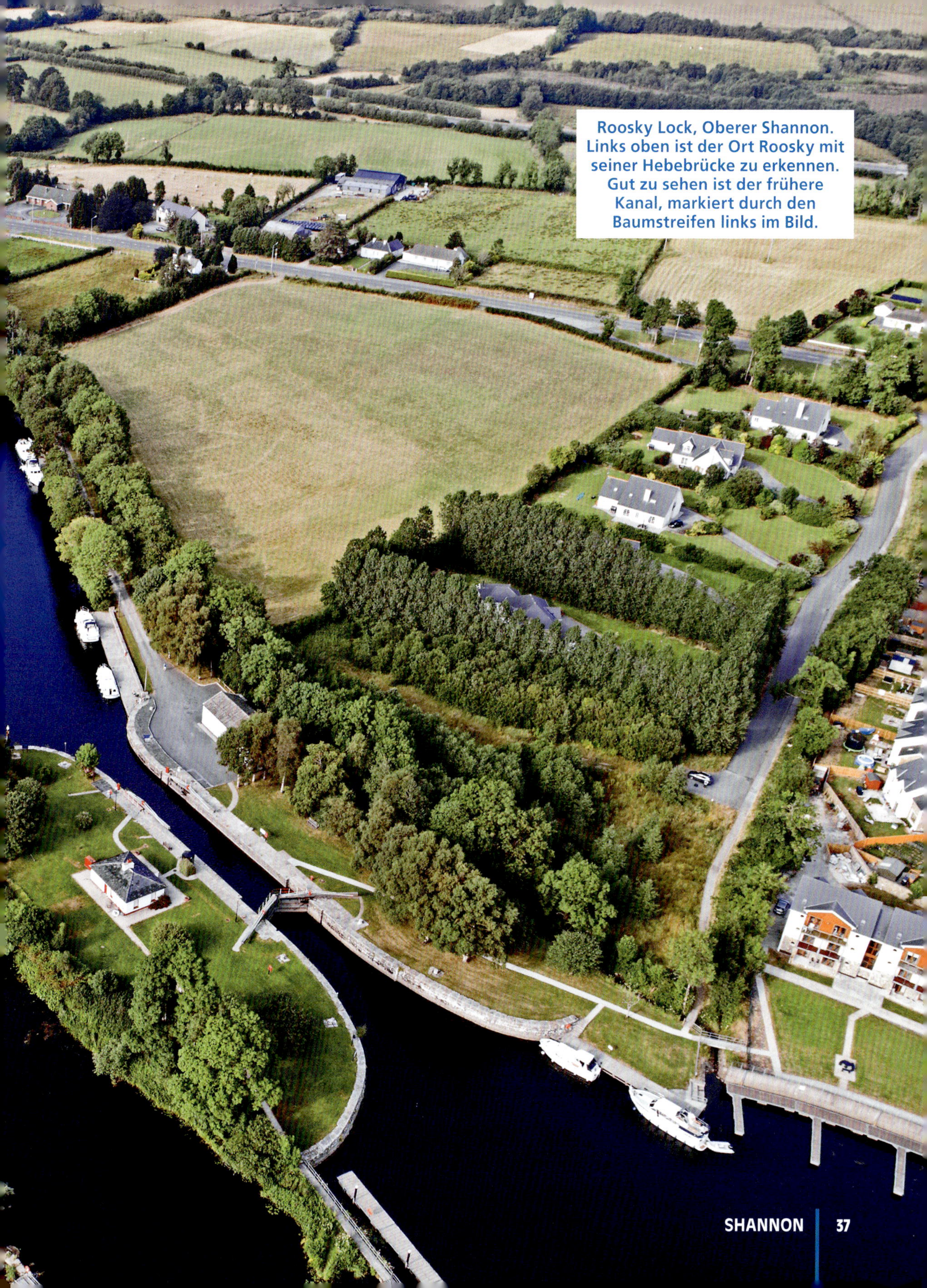

Roosky Lock, Oberer Shannon. Links oben ist der Ort Roosky mit seiner Hebebrücke zu erkennen. Gut zu sehen ist der frühere Kanal, markiert durch den Baumstreifen links im Bild.

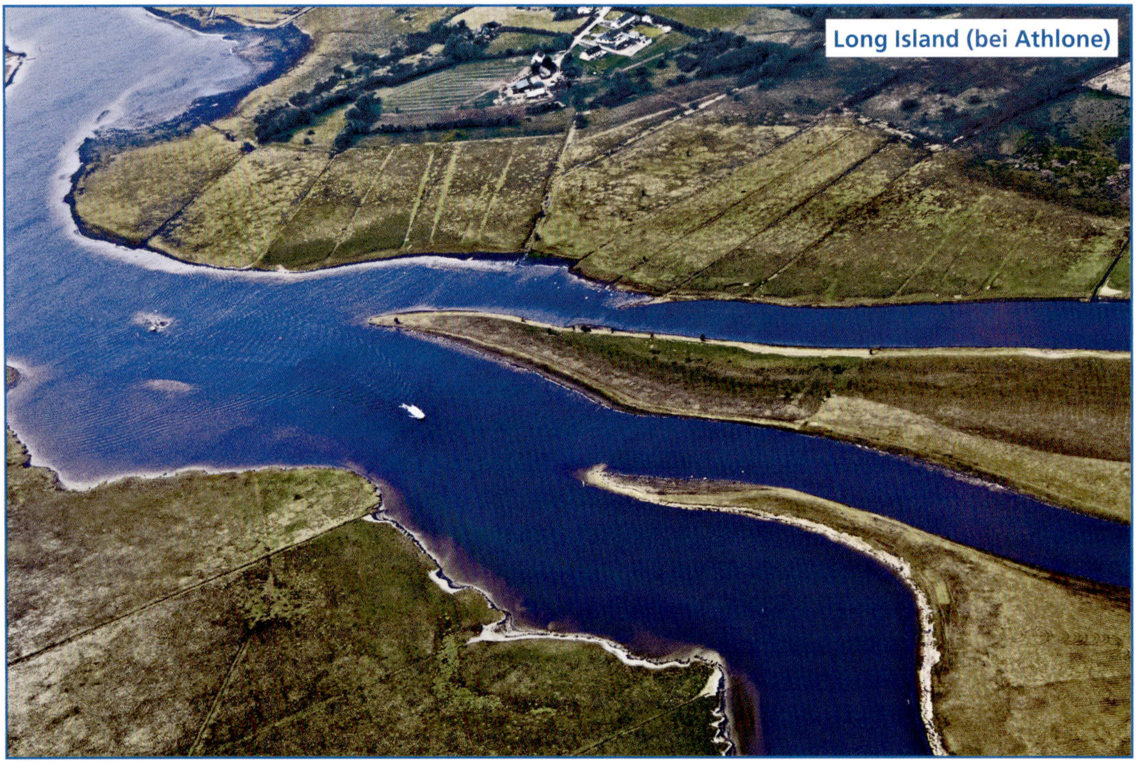


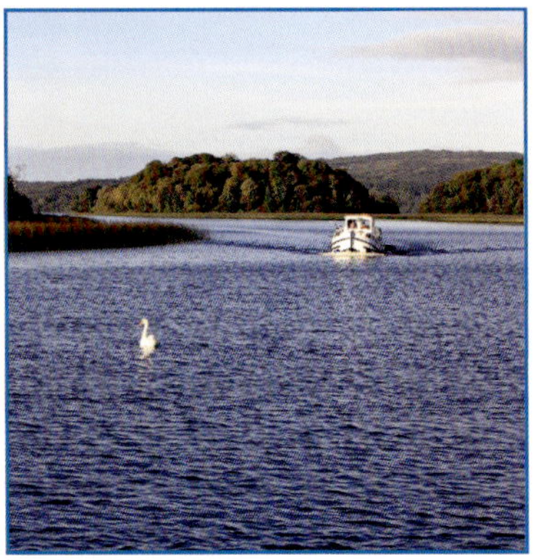

## Der Shannon – Fluss oder See?

Irlands bekanntester Fluss ist der Shannon. 15 seenartige Erweiterungen und zahlreiche Buchten lassen ihn gar nicht wie einen Fluss erscheinen – auch deswegen, weil man keine Strömung spürt. Nur in ganz wenigen Abschnitten wird er eng und gleicht in seiner Breite einem Flüsschen. Er ist insgesamt rund 370 km lang, jedoch „nur" auf etwa 250 km befahrbar (für Mietboote auf rund 185 km).

Da man zahlreiche Buchten befahren sowie Inseln „umrunden" kann, kommen noch einige hundert Kilometer an Fahrstrecke hinzu. Sechs Schleusen sind zu befahren (die 30 m tiefe Schleuse von Ardnacrusha bei Limerick liegt bereits außerhalb des befahrbaren Bereiches). Alle sind von Schleusenwärtern geregelt, der Höhenunterschied ist gering, also ein Kinderspiel. Die Schleusengebühr beträgt rund 1,50 Euro.

„Wildes Anlegen" ist wegen Untiefen und fallweise gefährlichem Wellengang nicht gestattet, man muss ankern oder einen Hafen (Marina) aufsuchen. In den prominentesten Orten herrscht natürlich einiges Getriebe, man sollte also nicht zu spät am Nachmittag dort ankommen, will man einen günstigen Platz ergattern.

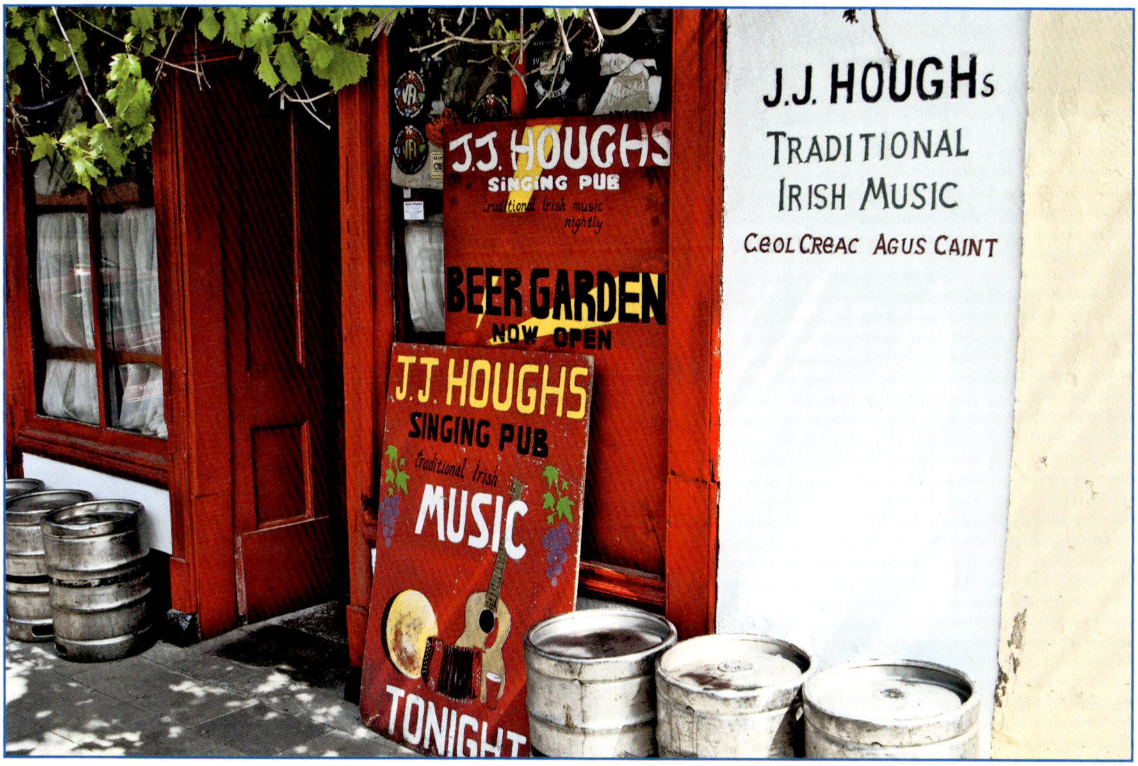


## Festivals, Events und Konzerte am Shannon

### Ende Mai / Anfang Juni

**Mountshannon:** Inishcealtra Art Festival mit Ausstellungen, Filmen und Musik (ganze Woche)

### Ende Juni

**Portumna:** Great Outdoor Festival mit Wettbewerben und Vorführungen rund um Outdoor-Sport und –Freizeit

### Ende Juni / Anfang Juli

**Carrick-on-Shannon:** Beim Carrick Water Music Festival sind eine knappe Woche lang unterschiedlichste Stilrichtungen zu hören: von Jazz über Klassik bis Indie und World Music (071 965 0828)

### 1. Juni-Wochenende

**Drumshanbo:** Straßenkünstler, Musiker, Umzüge beleben den Ort (An Tostal Festival, 086 601 6672)

**Athlone:** Ein Literatur-Festival widmet sich vor allem dem in Irland bekannten Oliver Goldsmith (090 648 5162)

**Killaloe:** The Brian Boru Festival bringt Markt, Straßenkünstler, Musik und Unterhaltung

### Ende Juli

**Boyle:** Beim Boyle Arts Festival trifft Piano auf Kabarett, Umzug auf Jazzquartett – ein bunt gemischtes Festival, bei dem jeder etwas findet (071 966 3085)

### 1. August-Wochenende

**Scarriff:** Harbour Festival mit Kunst, Handwerk, Literatur, Musik und Unterhaltung

### Anfang August

**Birr:** Das Birr Vintage Week Festival bringt Paraden, Ausstellungen und Unterhaltung über eine ganze Woche

### Ende September / Anfang Oktober

**Ballinasloe:** eine der ältesten und größten Pferde-Messen Irlands mit jährlich rund 100.000 Besuchern (087 207 1869)

### 2. Oktober-Wochenende

**Dromineer:** Literatur-Festival mit Lesungen und Workshops

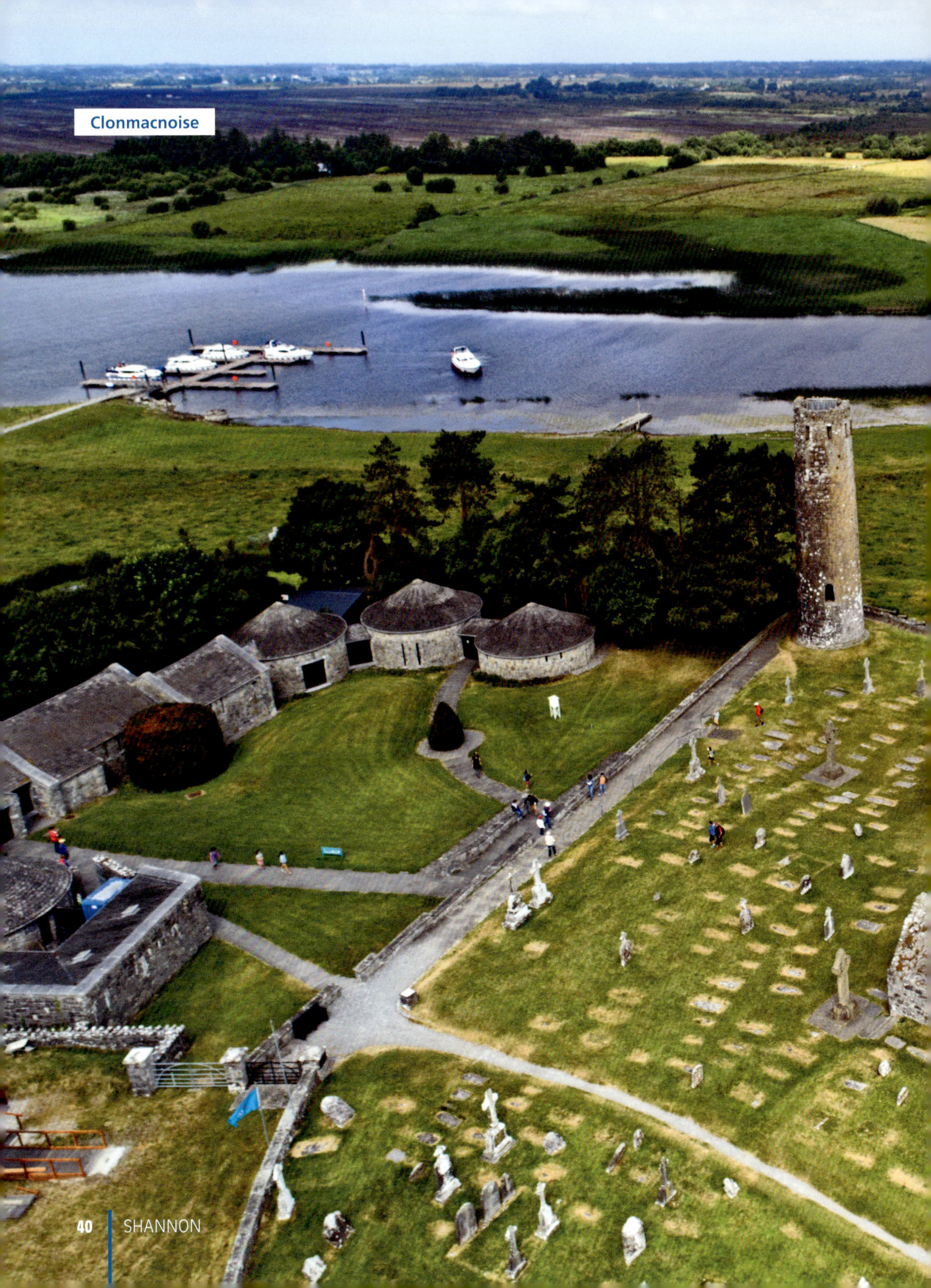
Clonmacnoise

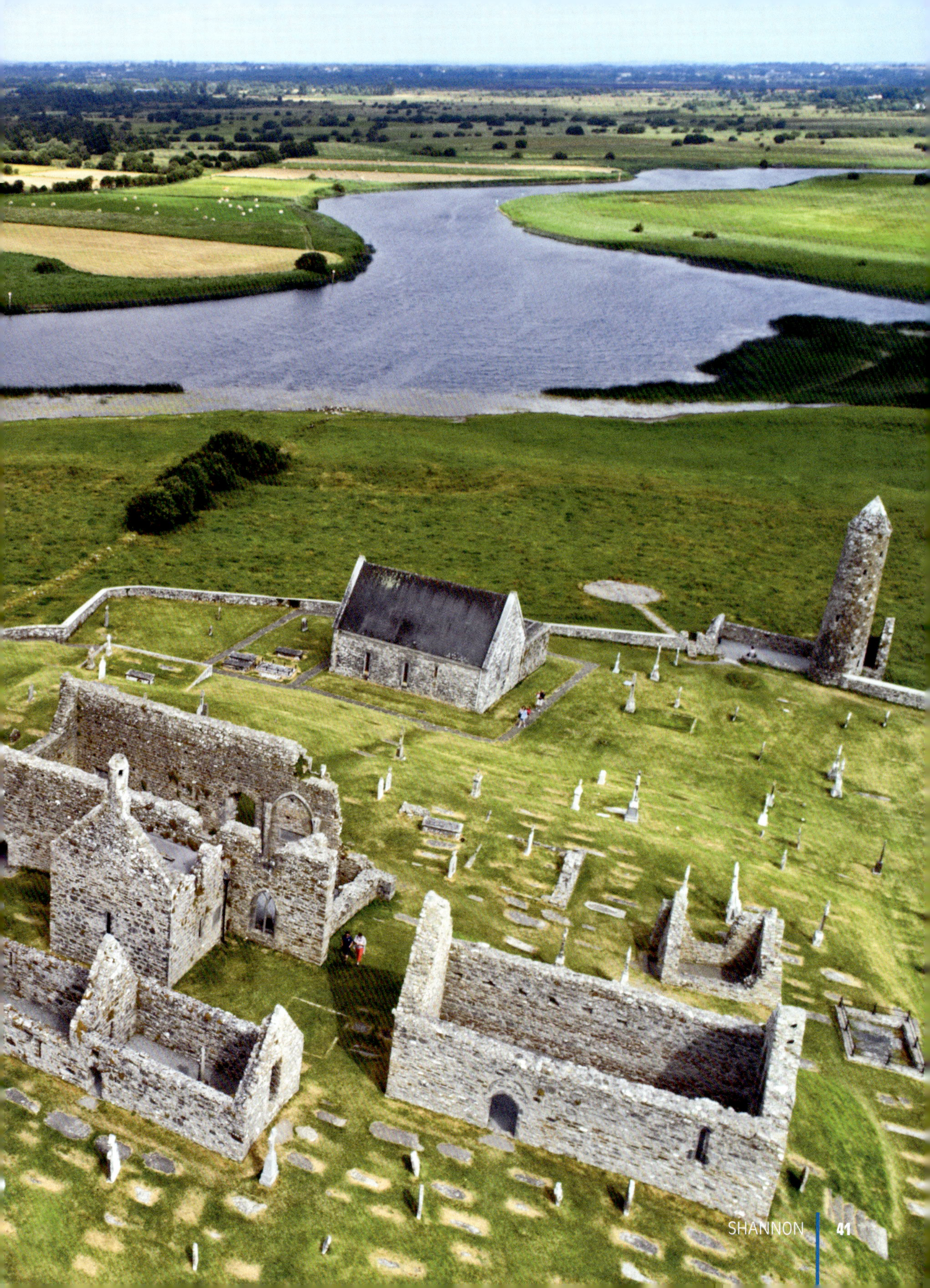

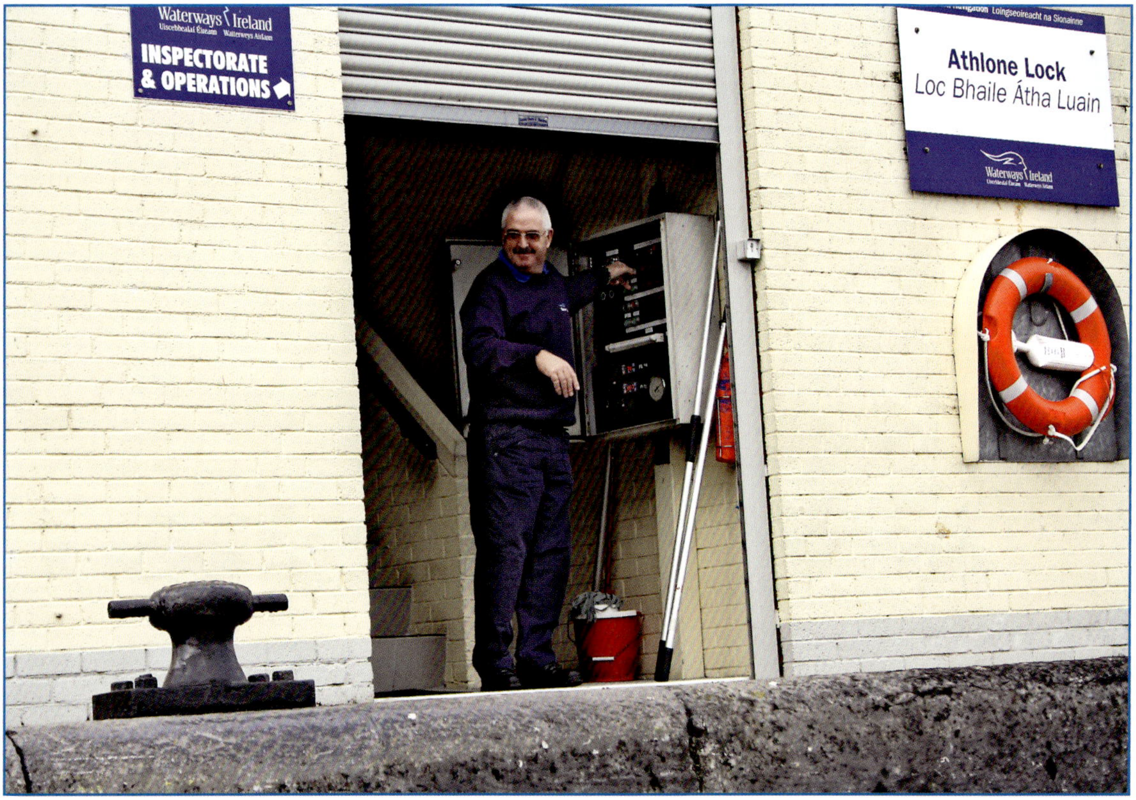


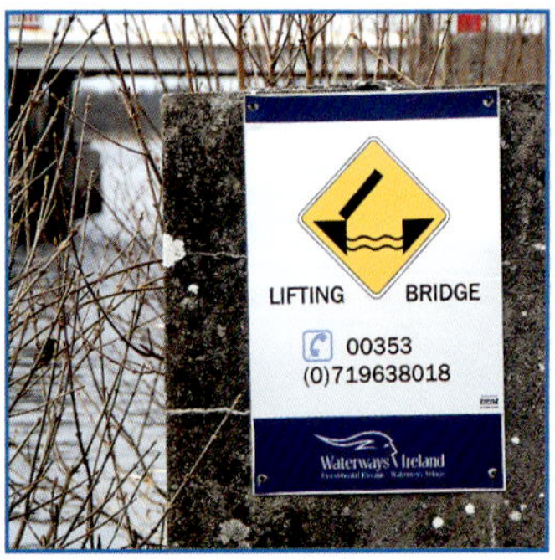


**Die Telefonnummer des zuständigen Wärters ist kurz vor einer Brücke oder Schleuse angeschrieben, beispielsweise wie hier in Roosky beim Wartebereich vor der Hebebrücke.**

Die Fahrrinne ist gut markiert, am besten, man hält sich strikt daran, dann kann eigentlich nichts schief gehen. Um den gesamten Shannon hin/retour zu befahren, sollte man mindestens 10 Tage, besser jedoch zwei Wochen veranschlagen.

## Steuersparende Investitionen

Schon die Wikinger kannten den Shannon als wichtigen Handelsweg. Damals gab es jedoch noch zahlreiche Untiefen, über die die Boote ganz einfach geschleppt wurden. Mit der Schiffbarmachung begann man erst im 18. Jh. Ein glücklicher Zufall spielte dabei eine wichtige Rolle: Irland nahm durch Steuern mehr Geld ein als ausgegeben wurde und sollte eigentlich alle Überschüsse an den (ungeliebten) König in England abliefern.

Doch die Iren wussten den Geldsegen im eigenen Land besser zu nutzen, und so wurde das Geld aus der Staatsschatulle unter anderem auch in den Shannon-Ausbau investiert – Steuersparen anno dazumal.

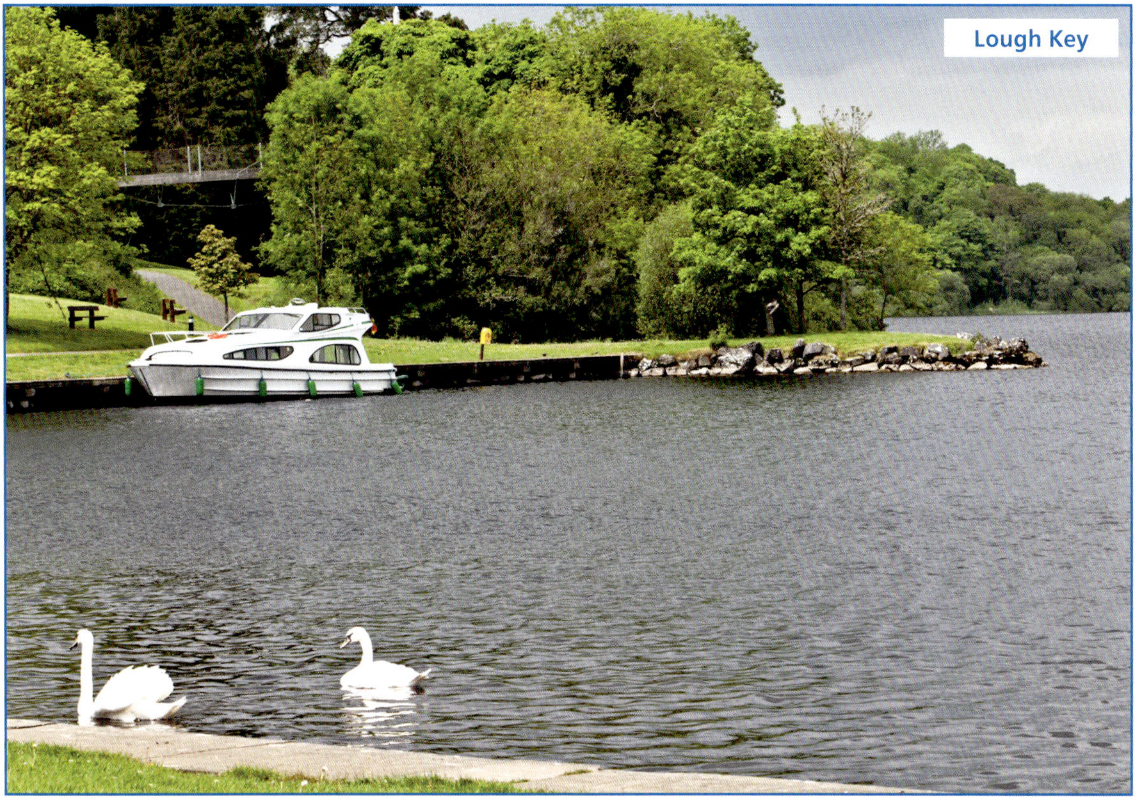
Lough Key

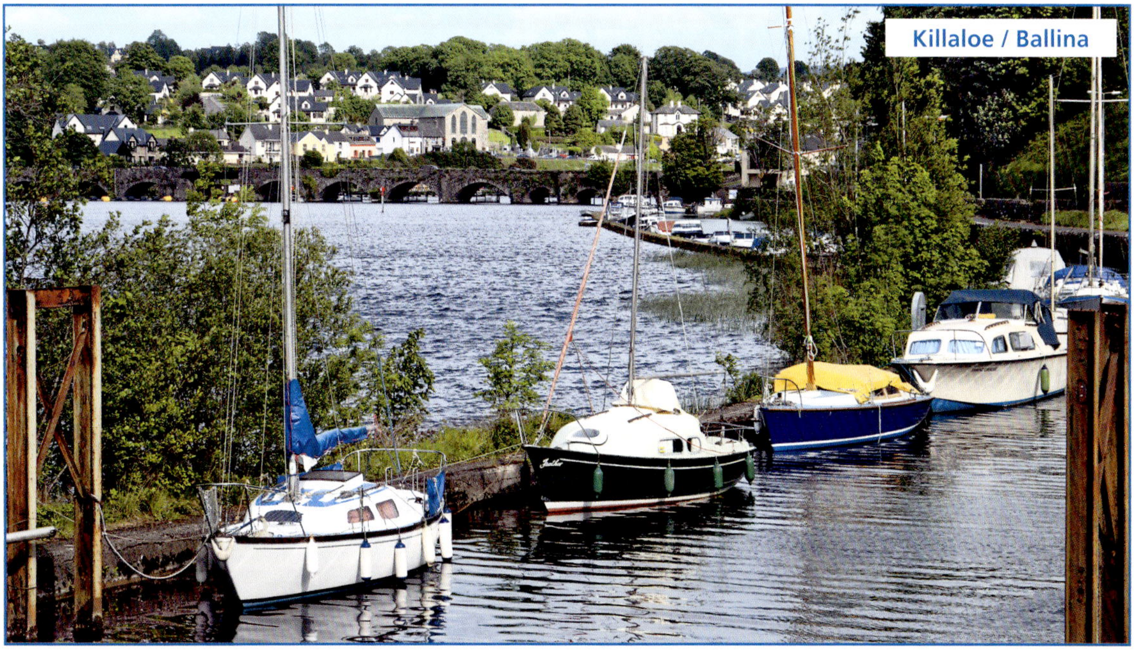
Killaloe / Ballina

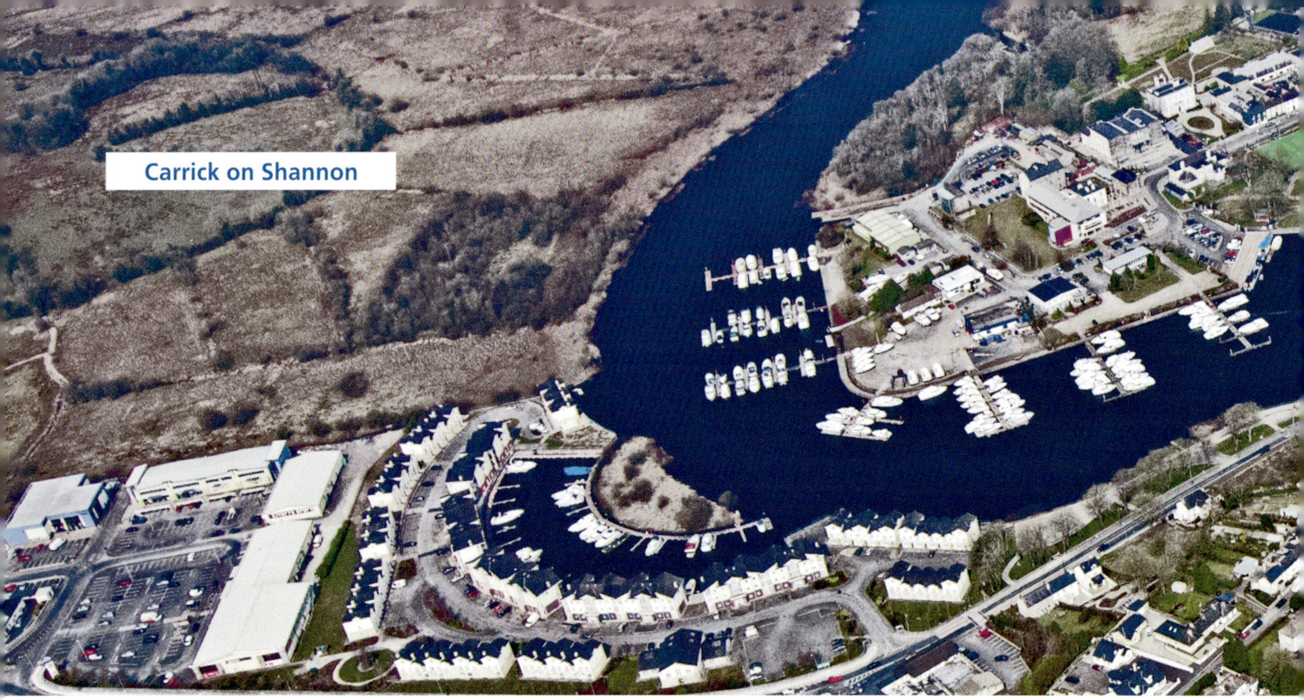

Carrick on Shannon

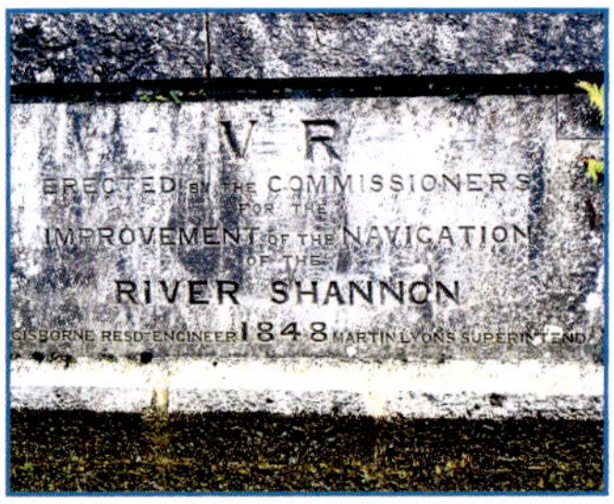


**Roosky Lock wurde 1848 in der heutigen Form errichtet.**

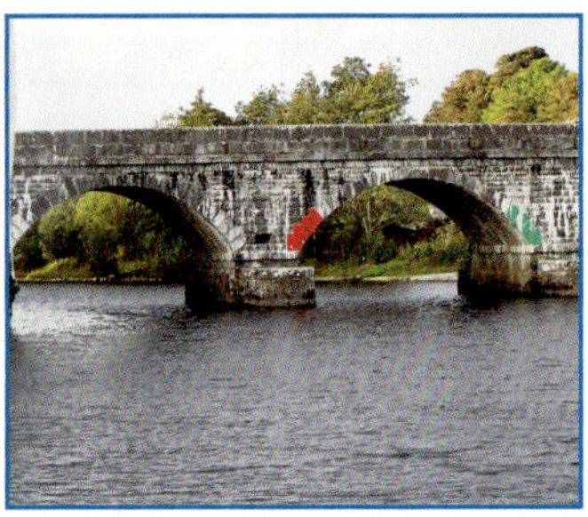

**Rot und Grün markieren den richtigen Bogen für die Durchfahrt.**

## Der Obere Shannon

*Planen Sie für das Befahren des Oberen Shannon rund 5 bis 8 Tage bei Rückkehr zum Ausgangspunkt (abhängig von Fahrtdauer und Ihrem Zeitbedarf für Besichtigungen).*

Der obere Teil des Shannon entsteht durch den Zusammenfluss von River Boyle und River Shannon, die einander in Carrick-on-Shannon treffen. Sie können flussaufwärts in westlicher Richtung auf dem Boyle in den Lough Key fahren, wo Sie einen Naturpark und die Ruinen einer aus dem 12. Jh. stammenden Zisterzienserabtei finden. Vom Shannon nordwärts befährt man den Lough Allen Canal und den Lough Allen, den nördlichsten Punkt der Reise am Shannon.

Von Carrick flussabwärts vorbei an Jamestown und Drumsna erreichen Sie ein Märchenland großer Seen – ein ideales Gebiet für Angler und Vogelfreunde. Nach Lough Trap und Lough Boderg treffen Sie auf geheimnisvolle Schilfgebiete. Südwestlich, Richtung Carnadoe und Kilglass, gelangt man zu den Grange Loughs. Bleiben Sie am Shannon, erreichen Sie den Hafen Dromod und die Anlegestelle Roosky, das einst für besonders gesellige Pubs mit Live-Musik bekannt war. Bei Tarmonbarry können Sie alternativ den Camlin River bis Clondra befahren und gelangen dort zum Royal Canal. Weiter südlich stoßen Sie auf interessante Buchten abseits des Hauptwasserweges und erreichen dann Athlone, die größte Stadt am Shannon, mit ihrem lebendigen und farbenfrohen Zentrum samt Burg aus dem 13. Jh. direkt am Wasser.

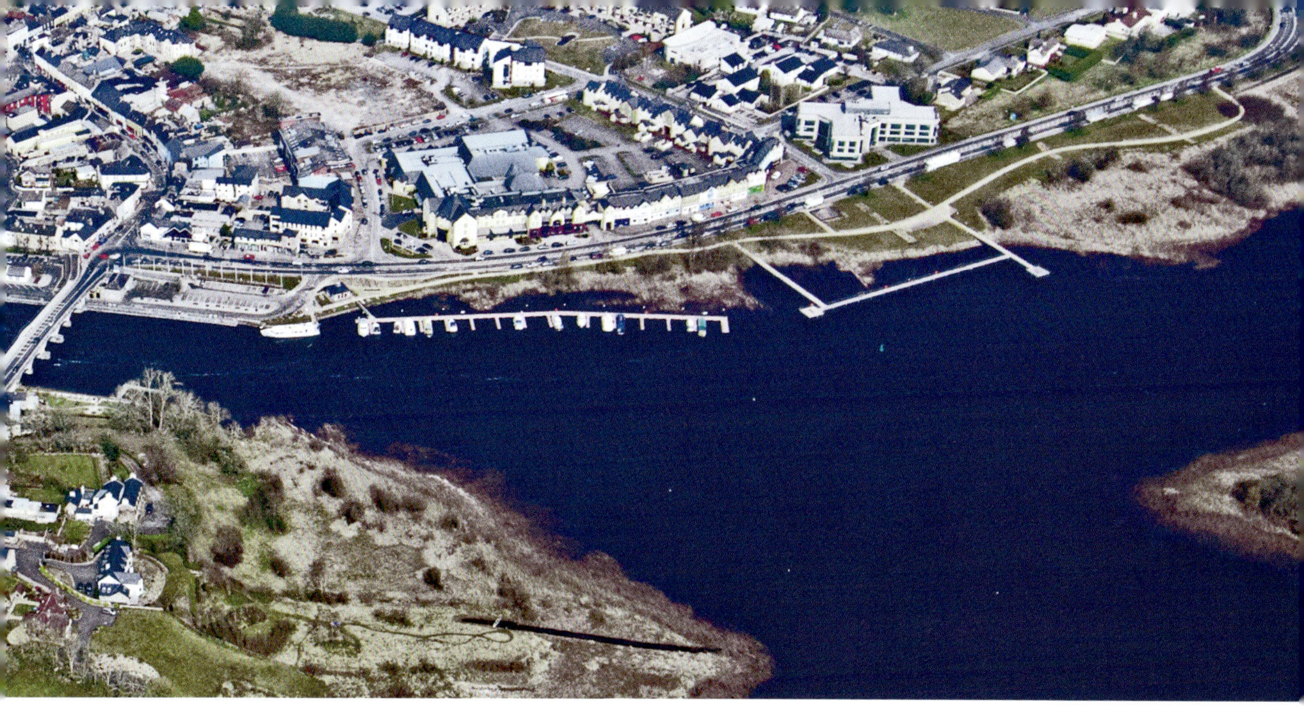

## Der Untere Shannon

*Planen Sie für das Befahren des Unteren Shannon rund 4 bis 7 Tage bei Rückkehr zum Ausgangspunkt (abhängig von Fahrtdauer und Ihrem Zeitbedarf für Besichtigungen).*

Clonmacnoise ist wahrscheinlich der prominenteste und meistbesuchte Platz, den Sie am Shannon finden können: Reste einer christlichen Siedlung, die im Jahre 545 fertiggestellt wurde, sind hier zu sehen. In Banagher, Shannonbridge und Meelick gleiten Sie an Forts vorbei, die zwischen 1812 und 1870 gegen eine mögliche französische Invasion hätten schützen sollen, aber niemals gebraucht wurden.

Mit einer Breite von 12 km (!) nimmt der Lough Derg eine Sonderstellung unter den Seen des Shannon ein. Dieser landschaftlich spektakuläre See mit steilen Bergen rundum ist etwa 35 km lang. Am östlichen Ufer liegt Terryglass, ein beliebter Anlegeplatz für Boote. Vorbei an Garrykennedy und Parker Point fährt man südlich in den schmaler werdenden See. Nach einer landschaftlich schönen Strecke erreichen Sie die Insel Iniscealtra (Holy Island) mit dem runden Turm aus dem 11. Jh. und einer von den Wikingern zerstörten Mönchssiedlung. Killaloe am südlichen Ende ist ein lebhaftes Städtchen in einer hügeligen Landschaft und für Mietboote der südlichste Punkt der Reise.

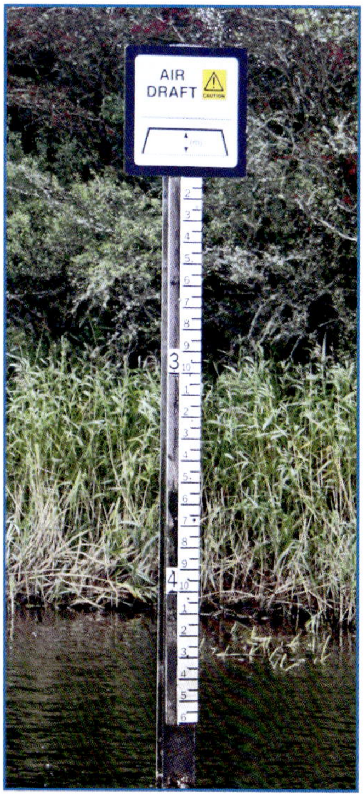


**Da der Wasserstand des Shannon variiert, gibt es Anzeiger für die freie Durchfahrtshöhe vor Brücken.**

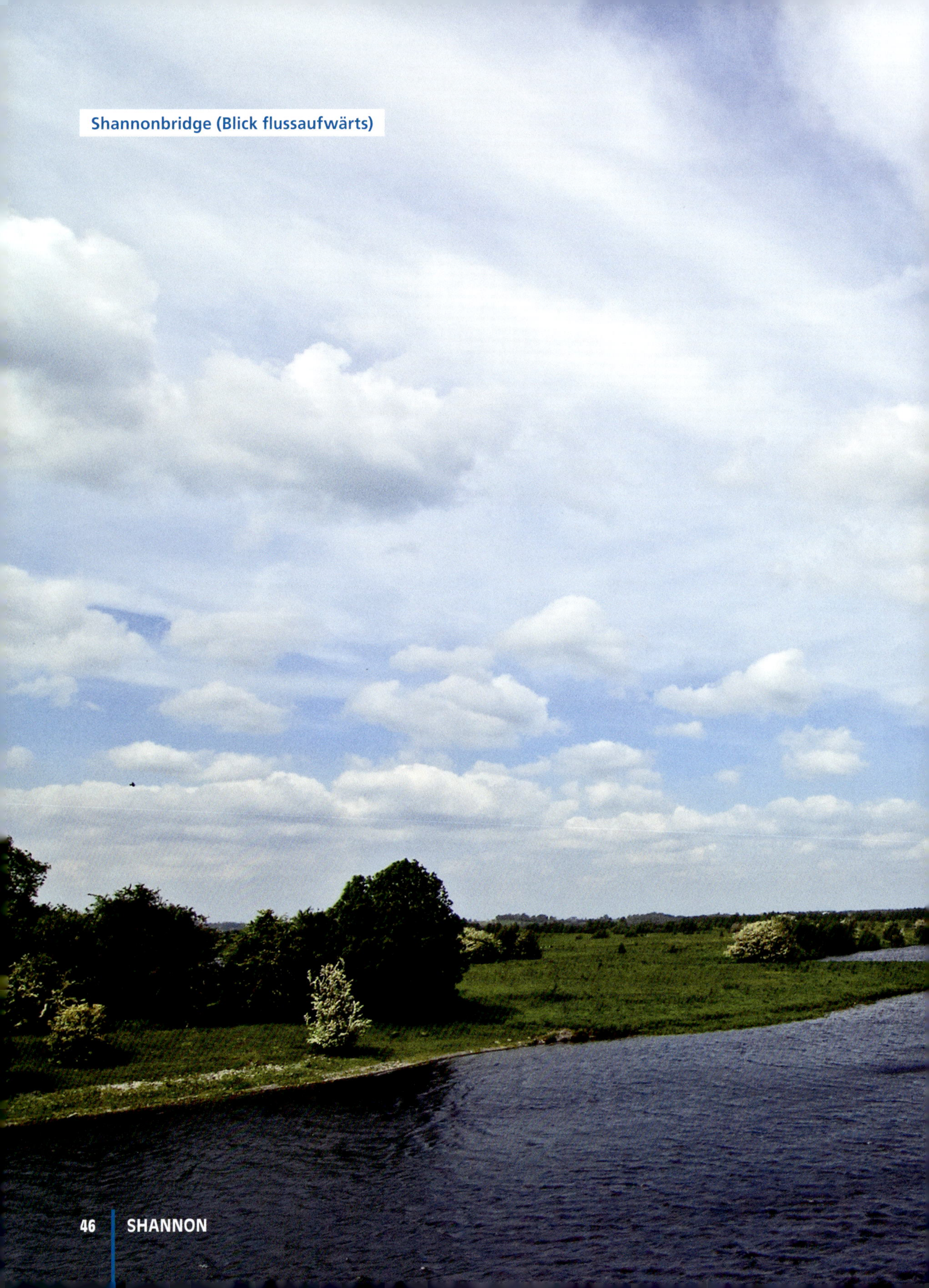

Shannonbridge (Blick flussaufwärts)

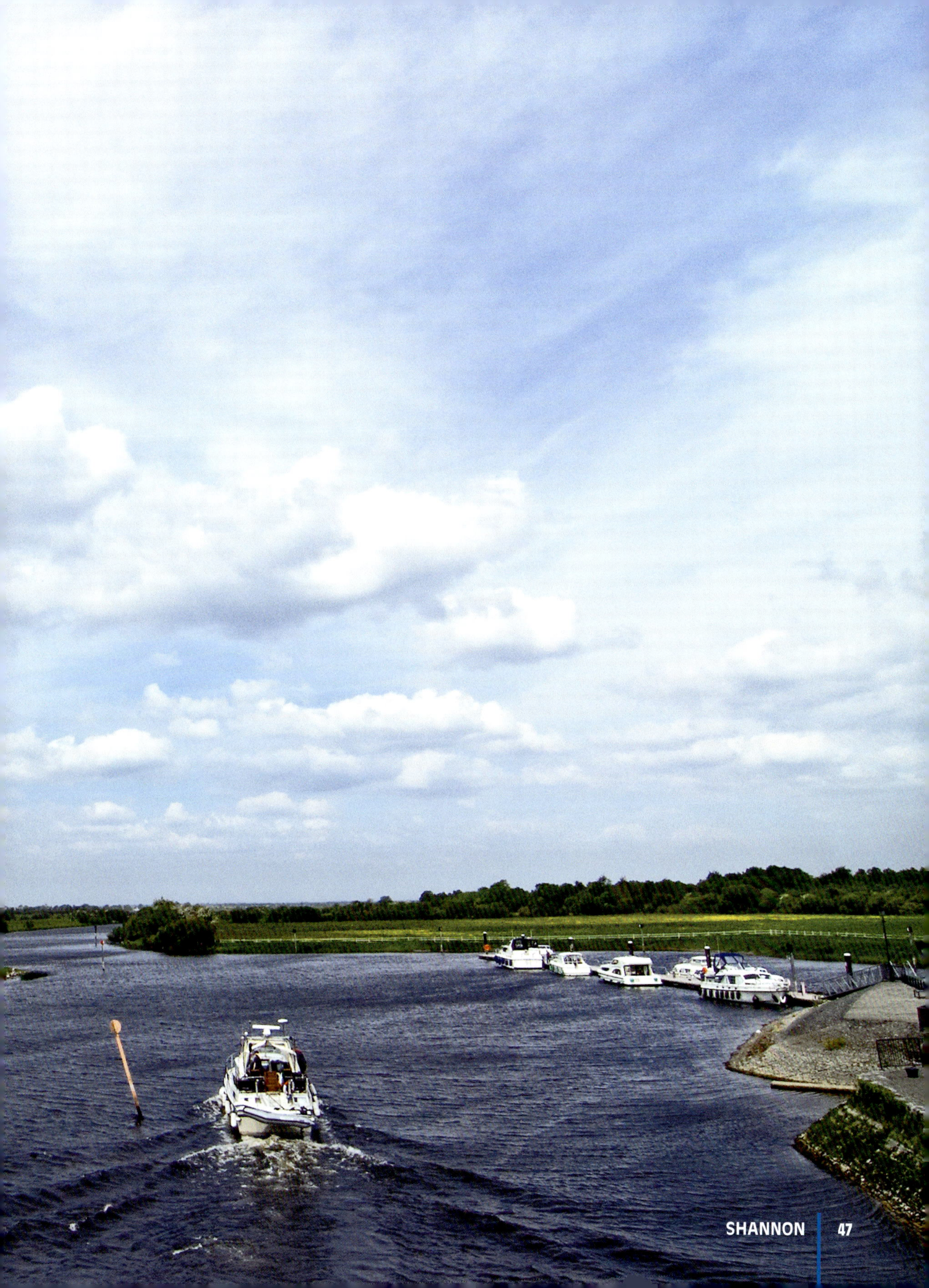

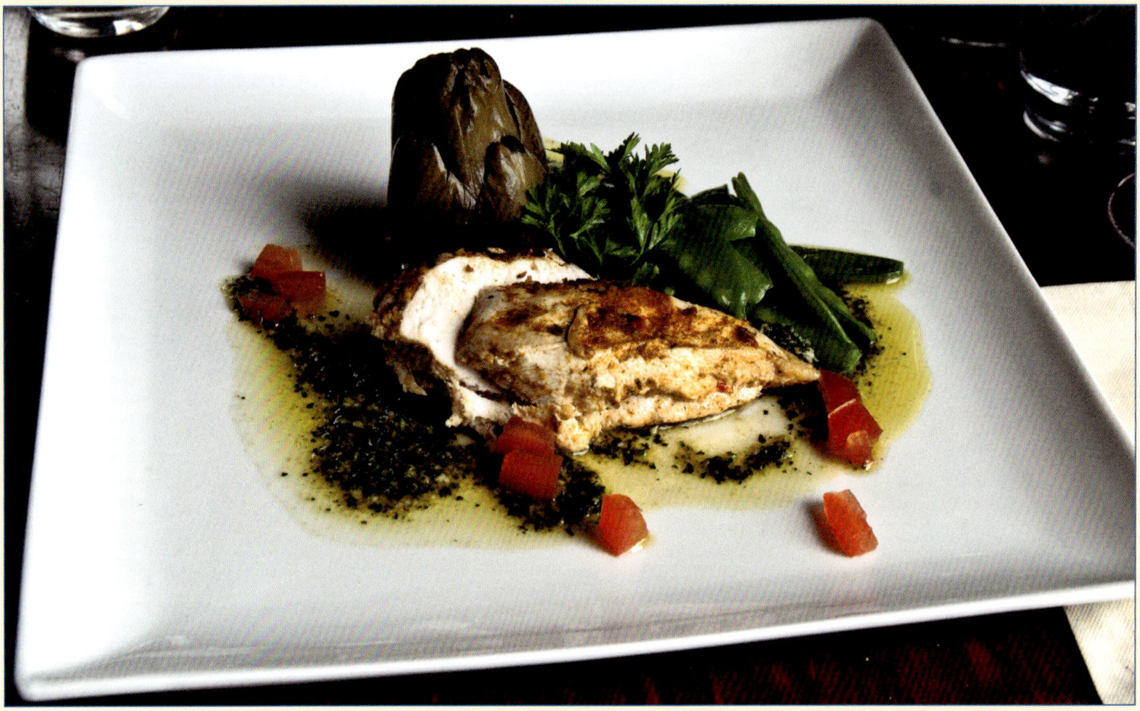

## Wo man am Shannon gut und schön isst

### Carrick-on-Shannon

### Am Oarsman führt kein Weg vorbei

Dort, wo in Carrick-on-Shannon die 3-geschoßige Verbauung des zentrumsnahen Teils der Bridge Street in das niedrigere „Erdgeschoß plus Obergeschoß" (Richtung Brücke) übergeht, dort finden Sie auf der linken Straßenseite eines der berühmtesten Pubs am gesamten Shannon, The Oarsman. Auch wenn es von außen wie so viele andere Pubs aussieht: Im Inneren ist alles anders, seit Ronan und Conor Maher das Pub übernommen und in eine heutige Zeit geführt haben.

Die beiden Brüder stammen aus einer Familie, die dem Tourismus seit sieben Generationen verbunden ist. Vielleicht ist das die Erklärung, warum sie es schaffen, Kaminöfen und unverputzte Steinmauern mit erfrischend zeitgemäßem Design zu vereinen.

Dass die Liebe zum Detail sich ganz besonders auf die Speisen konzentriert, ist für jemanden wie mich, der auch in Irland gut essen möchte, an der ganzen Sache eigentlich das Wichtigste.

Aber, um diesen Aspekt auch gleich anzusprechen: Die Qualität der Zutaten und der Zubereitung und auch die gefällige Präsentation haben natürlich ihren Preis: Vorspeisen kosten 5 bis 9 Euro, Hauptgerichte 20 bis 29 Euro (3-gängige Menüs 35 Euro). Allerdings, und das möchte ich auch betonen, ist das Gebotene diesen Preis auch Wert (gemessen an irischen Verhältnissen – in Frankreich wäre Selbiges natürlich viel billiger). Bar Food bzw. Lunch gibt es deutlich günstiger, nämlich um 10 bis 15 Euro für Hauptspeisen.

Und wenn wir schon bei den „schonungslosen Details" sind: Ein Weinkenner möge sich die Weinkarte geben lassen – eine halbwegs umfangreiche, aber gleichzeitig rührende Dokumentation dessen, was sich in Irland derzeit gut verkaufen lässt.

Sie werden trotzdem etwas für Sie Brauchbares finden! (Mein Tipp: In Irland trinkt man Bier. Falls Sie Wein wollen: Wählen Sie eine „Sicherheitsvariante" eines Ihnen bekannten Weinbaugebietes in der Preisklasse 24–30 Euro.)

The Oarsman, Carrick-on-Shannon (Oberer Shannon), +353 (0)71 962 1733

## Jamestown (Oberer Shannon)

### Das unscheinbare Restaurant

Jamestown, ein kleines Stück unterhalb von Carrick-on-Shannon, hat zwei Besonderheiten: ein altes Festungstor als Rest der Verteidigungsanlagen und ein Restaurant, das außergewöhnliche Qualität bietet. Es heißt The Cottage Restaurant, das sich optisch kaum von den anderen Siedlungshäusern („cottages") unterscheidet. Sie finden es außerhalb des erwähnten Stadttors (unweit des Wehrs).

Zu ganz durchschnittlichen Preisen (Vorspeisen 6–12 Euro, Hauptspeisen 12–27 Euro) erhalten Sie hier Gerichte, die hinsichtlich Geschmack und Präsentation gleichermaßen erfreuen.

Mein Tipp: Unbedingt reservieren! Mittwoch–Samstag 18–22 Uhr, Sonntag 12–16 und 18–22 Uhr.

The Cottage Restaurant, Jamestown (Oberer Shannon), +353 (0)71 962 5933

## Glasson

### Der beste Platz am Lough Ree

Die wahrscheinlich schönste Möglichkeit am Lough Ree, Essen mit Aussicht auf Boote zu verbinden, stellt The Wineport Lodge dar, ein holzbetonter Neubau. Das (2-gängige) Early Bird Menu gibt's um 22 Euro, zu den übrigen Zeiten 2-gängige Menüs um 35 und 3-gängige um 49 Euro. Der Preis ist für das Gebotene (obwohl sehr bemüht gekocht und sehr nett präsentiert) doch etwas (sehr) hoch. Aber man muss auch bedenken, dass man gleichzeitig einen phantastischen Ausblick auf den Lough Ree bezahlt und den Liegeplatz gratis dazu bekommt. Dann schaut's gar nicht mehr so schlimm aus.

Das erklärt auch, warum praktisch alle Kommentare von Hausboot-Urlaubern sehr positiv ausfallen – meiner übrigens auch, zumal ich die gediegene und gleichzeitig zeitgemäße Ausstattung der Räumlichkeiten genauso schätze wie die Hilfsbereitschaft und die Freundlichkeit des Personals. Schön, dass es hier hauptsächlich Einheimische verkehren.

Und so finden Sie hin: The Wineport Lodge versteckt sich förmlich in einer östlichen Bucht des Lough Ree hinter Killinure Island und hat einen eigenen Anleger (ca. 8–10 Boote ohne „Doppelpack").

The Wineport Lodge, Glasson (Oberer Shannon, Lough Ree), +353 (0)90 643 9010

## Kilgarvan

### Der „irische Brie" kommt gleich vom Nachbarn

Das Bekannteste an diesem Dorf ist das Restaurant Brocka on the Water, das sich trotz seines Namens nicht direkt am Wasser befindet, sondern 500 m vom Anleger Richtung Dorf. Gehen Sie einfach die Straße hinauf, schon bald nach dem scharfen Knick sehen Sie das rotbraune Haus zu Ihrer Linken.

Das Service ist freundlich-familiär, bei der Dekoration hat man auf viele Details Wert gelegt, ohne schwülstig zu werden – mit einem Einschlag einer gewissen Exzentrik. Die Besitzer wohnen auch dort und man hat fast den Eindruck, in ihrem privaten Esszimmer zu sitzen.

Man bestellt (die Karte ist handgeschrieben, wenn Sie etwas nicht lesen können, hilft man Ihnen gerne weiter) an der Bar in einer Art Warteraum, und geleitet Sie zu Tisch, wenn die Vorspeise fertig ist. Das kennen Sie ja eventuell aus der gehobenen englischen Gastronomie. Eine Vorspeisen-Spezialität des Hauses ist Cooleeney Croquettes – dieser Brie-ähnliche Käse wird ganz in der Nähe auf einem Bauernhof hergestellt.

Trotz des stolzen Preises von 52 Euro für ein 3-gängiges Menü (Achtung: keine Kreditkarten!) schwärmen die meisten Besucher von Anne und Anthony Gernons ungewöhnlichem Restaurant. Ich kann es Ihnen auch nur wärmstens empfehlen – und Ihnen obendrein den Rat geben, zu reservieren.

Brocka-on-the-Water, Kilgarvan (Unterer Shannon, Lough Derg), Tel. +353 (0) 672 2038

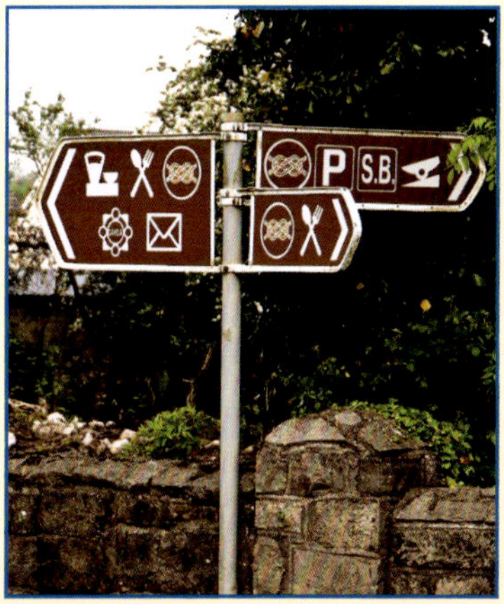

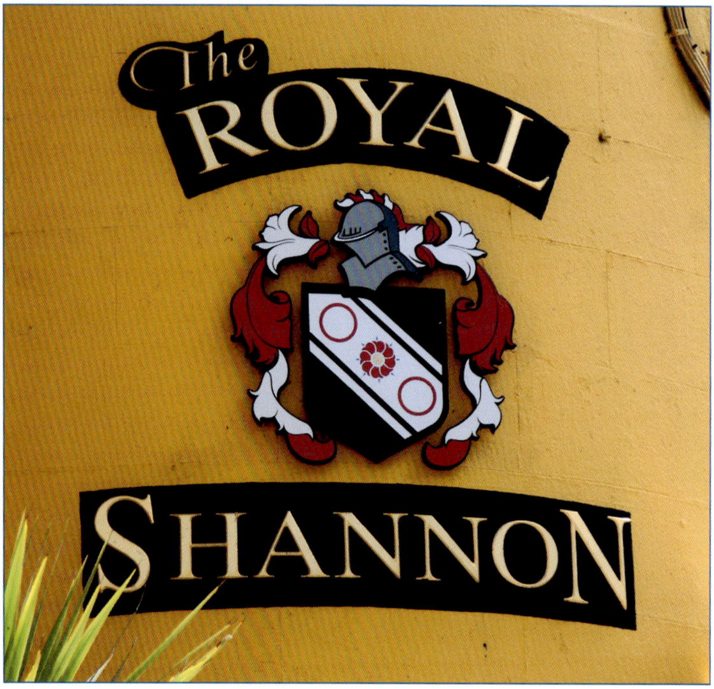


# Die wichtigsten Orte am Shannon

Hier habe ich die wichtigsten Orte, Seen, Inseln und Besonderheiten für Sie zusammengestellt – von Norden nach Süden, unterteilt in Lough Allen, Lough Key (die beiden Seen im Norden), Oberer Shannon und Unterer Shannon.

Sollte etwas Wesentliches fehlen oder ich mich irgendwo geirrt haben, bitte ich um Nachsicht und vor allem um Nachricht – ich werde das dann im online-Update entsprechend korrigieren (siehe Seite 3).

## LOUGH ALLEN CANAL

**Vom Shannon bei Leitrim nordwärts zum Lough Allen**

### Battlebridge Lock und Bridge

**Hier wird es eng und niedrig!**

Die Engstelle für die größeren Boote am Lough Allen Canal heißt Battlebridge Lock. Sie ist nur 4,1 m breit und sollte daher nur von Booten unter 4,0 m Breite benutzt werden (Anweisungen des Vermieters beachten!). Und danach kommt gleich die mit 3,50 m niedrigste (fixe) Brücke am Shannon. Es zahlt sich jedoch nicht aus, extra ein schmaleres oder niedrigeres Boot als geplant zu nehmen – so interessant ist der Lough Allen auch wieder nicht.

Beirnes Pub & Restaurant am Campingplatz (westlich des Shannon, bei Battlebridge Marina), tägl. 9–18 Uhr

### Drumshanbo

**Heilige Quelle und ungewöhnliche Schleuse**

Unweit von Drumshanbo, das am südlichen Ende des Lough Allen liegt, findet man die St. Lasair's Holy Well, die heilige Quelle des St. Lasair. Das Wasser dieser Quelle soll gut gegen Augenleiden sein.

Das auf einem Hügel gelegene Drumshanbo ist bekannt für seine Pubs und vor allem für das An Tostal Musik-Festival, das alljährlich im Juni stattfindet.

Die Schleuse arbeitet übrigens in zwei Richtungen, je nachdem, wo der Wasserstand höher ist. Es ist die einzige dieser Art im Shannon-Revier – bei Enniskillen am Lough Erne finden Sie auch so eine Ausführung.

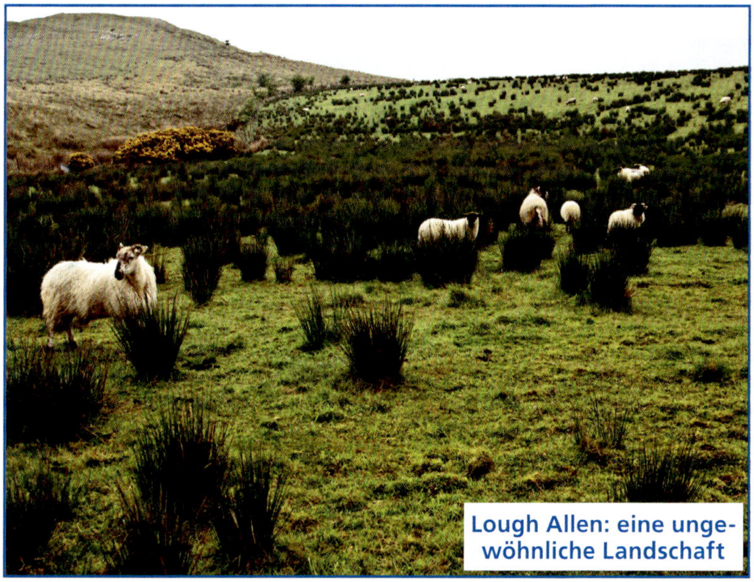

Lough Allen: eine ungewöhnliche Landschaft

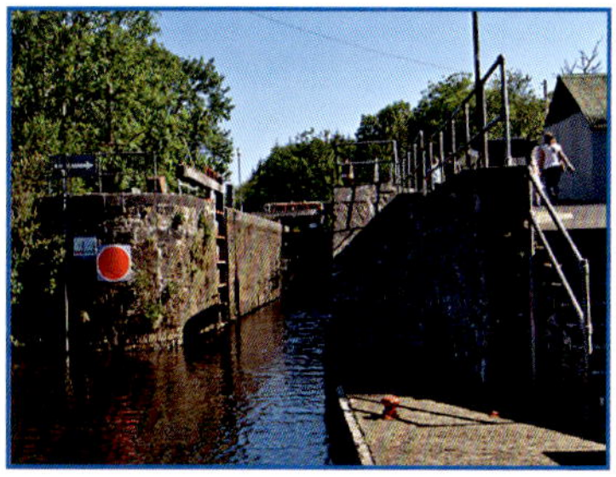

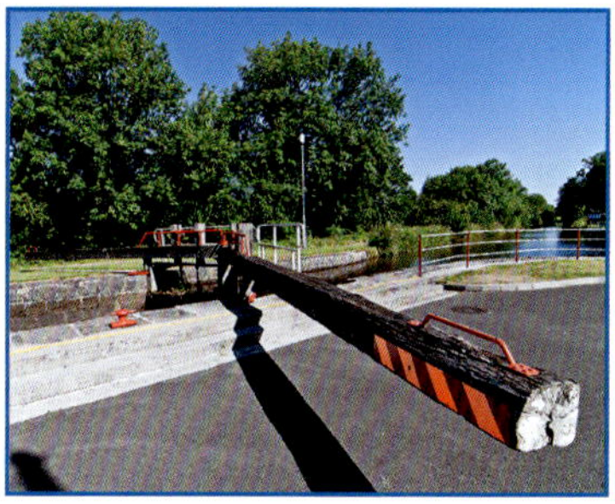

Battlebridge Lock: mit 4,10 m das Hindernis für Boote über 4 m Breite

Arigna Mining Experience (sh. Arigna)

Friedhof mit 500 Opfern der großen Hungersnot, nahe der Kirche am nordöstlichen Ortsrand

Lebensmittel in der Main Street (Centra, tägl. 8–22 Uhr)

Scollan's Restaurant

Geranium Cafe, High Street, Frühstück 9-12, warme Küche 12–17.30 Uhr (6–12 Euro), tägl. 9–17.30 Uhr, 071 964 0781

An Toast Festival am 1. Juni-Wochenende (inkl. MO, June Bank Holiday), Folk-Musik

Joe Mooney Festival Ende Juli, 2 Wochen lang, mit Bauernmärkten, Musik, Tanz

## Arigna

### Die Kohlegruben von Arigna

Rund 5 km nordwestlich von Drumshanbo, am Zugang zum Lough Allen, liegt Arigna. Falls Sie sich für den Kohlebergbau interessieren: Hier finden Sie reichhaltige Informationen und authentisches Anschauungsmaterial. Mit einem Taxi sind Sie im Nu dort und stehen in einer durch den Bergbau geprägten Landschaft.

Die Kohleminen von Arigna waren 400 Jahre lang in Betrieb, ehe sie 1990 eingestellt wurden. Mit viel Liebe zum Detail hat man hier das anstrengende Leben eines Kohle-Bergbau-Arbeiters aufbereitet. Die Führung erfolgt durch ehemalige Kumpel, die aus ihren Erfahrungen berichten.

MO–SA 10–18 Uhr, 071 964 64 66,

## Lough Allen

### Beeindruckende Landschaft

Der Lough Allen ist der nördlichste Shannon-See. Er besitzt hervorragende Wasserqualität, eine gute Hecht- und Forellen-Population und zwei Anleger, allerdings ohne jede Versorgung rundum. Die Ufer sind nur sehr dünn besiedelt, außer einer beeindruckenden Landschaft mit den Hügeln beidseits gibt es hier nichts zu sehen.

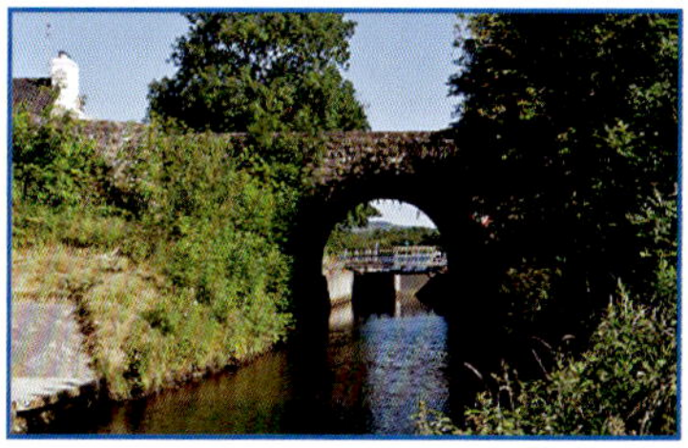

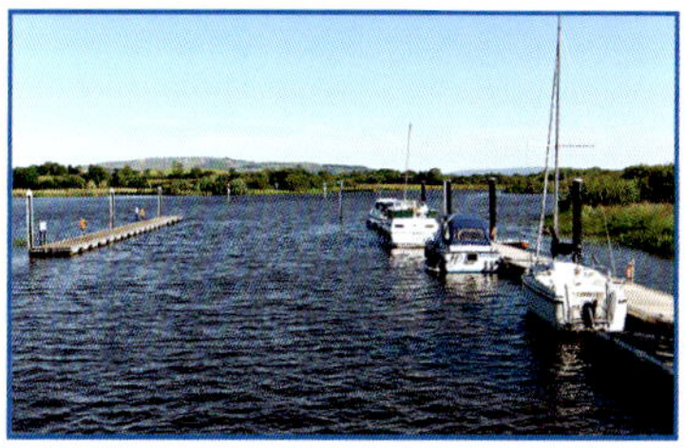

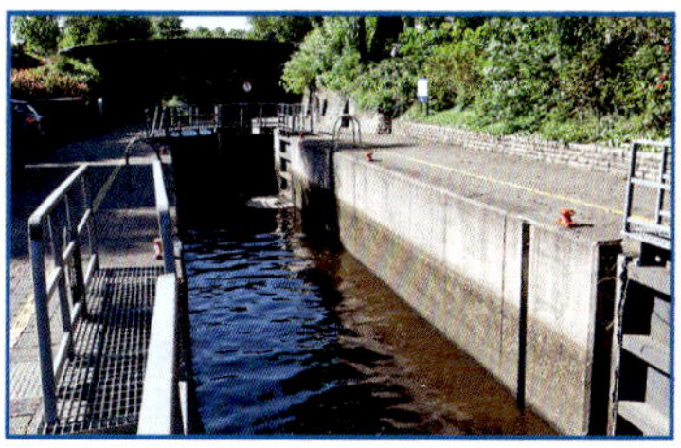

Drumshanbo: Bogenbrücke, Anleger, Schleuse

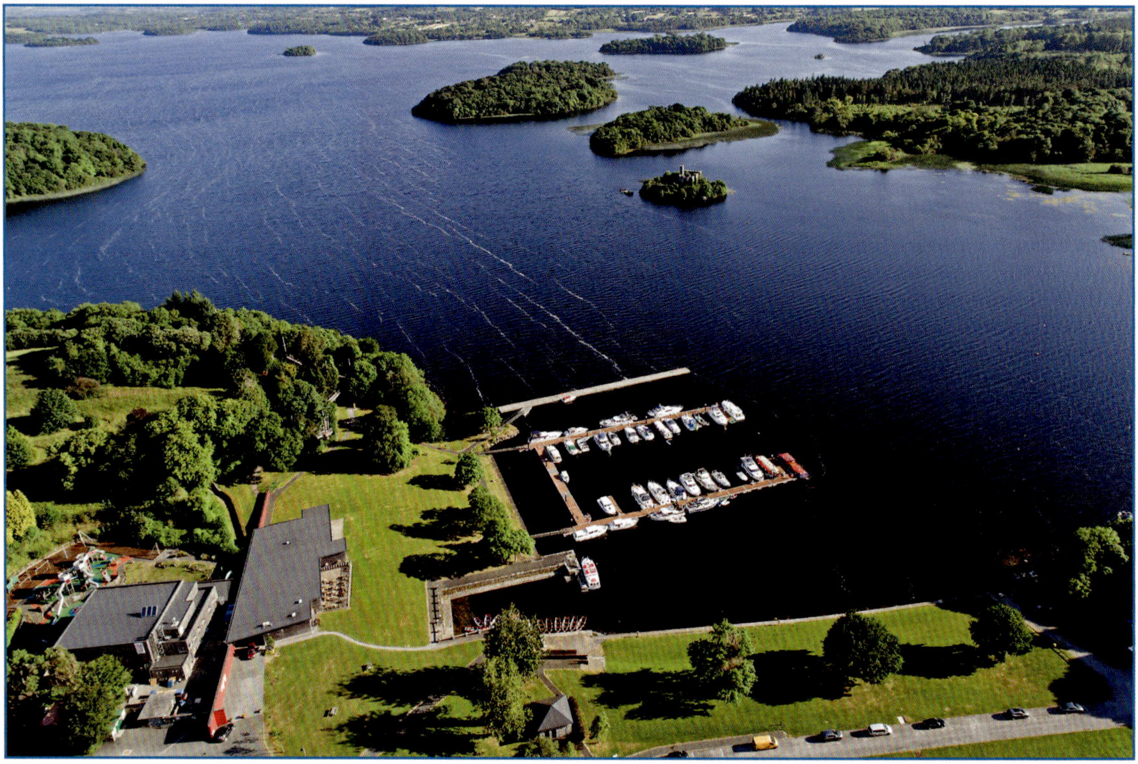

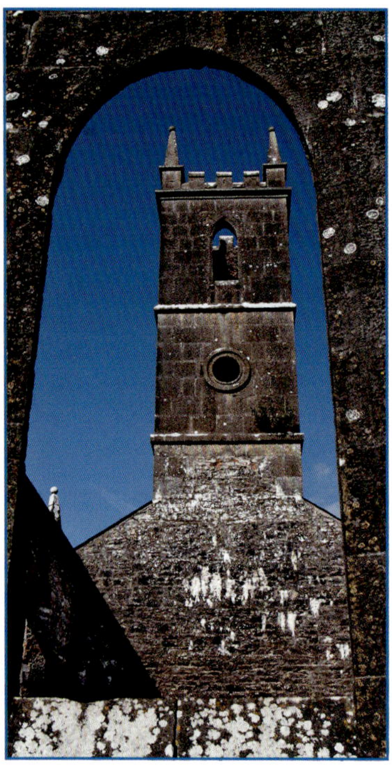

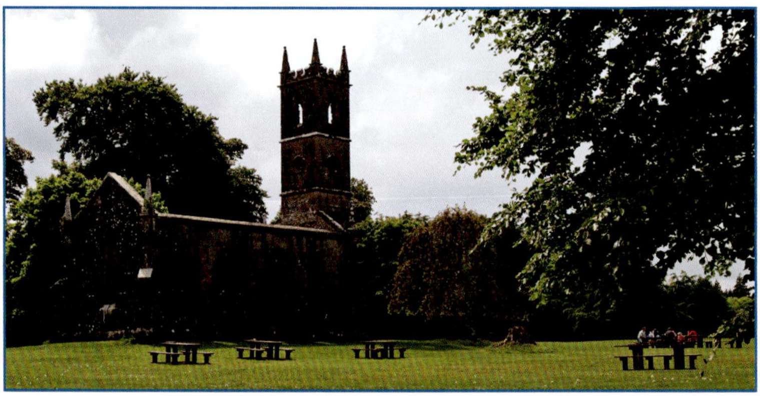

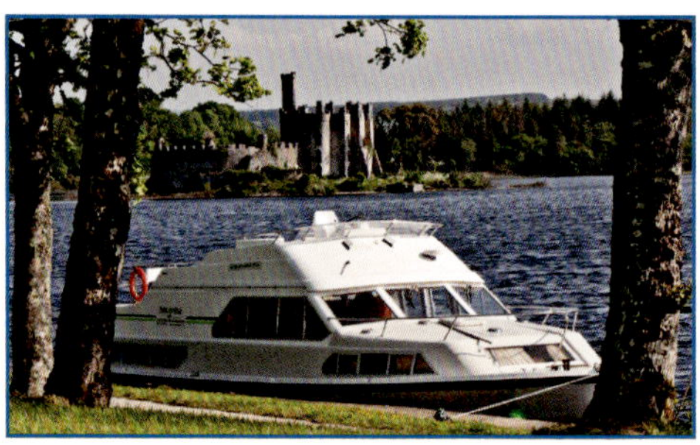

Castle Island und die Ruinen einer Kirche im Lough Key Forest Park. Praktisch: Der Anleger befindet sich gleich vor dem Visitor Centre.

## LOUGH KEY

**Vom Shannon über den Boyle River bei Leitrim / Carrick westwärts nach Boyle**

### Cootehall

#### Vom Schloss zum Bauernhof

Nahe der Brücke befindet sich Cootehall Castle, das einst recht mächtig war, jedoch 1799 abbrannte. Die Reste werden heute in Form eines Bauernhofes genutzt.

Keine Verpflegung

### Knockvicar

Westlich der Drum Bridge in Knockvicar befindet sich eine Moorlandschaft (großteils abgebaut). Vielleicht eine gute Gelegenheit zum Anhalten, um sich das aus der Nähe anzusehen. Der Rundweg beginnt westlich der Brücke (nahe Organic Gardens).

Organic Gardens: am Westufer neben der Brücke, Bio-Gärtnerei mit Gemüse und Obst, Besichtigung möglich. 71 966 7985

Lebensmittel östlich der Brücke, Obst und Gemüse im Organic Gardens (sh. oben)

Tara Marina Restaurant, unterhalb des Ortes, DI–FR 16-23, SA + SO 12–23 Uhr, 071 966 7643

### Lough Key

#### Castle Island und Lough Key Forest Park

Am südlichen Ende des Lough Key treffen Sie auf zwei Besonderheiten. Zum einen sehen Sie hier die Ruinen auf der berühmten Castle Island, zum anderen legen Sie vor dem Lough Key Forest and Activity Park an. Im Park selbst (mit seiner weithin sichtbaren Ruine einer Kirche aus dem 12. Jh.) können Sie sich frei bewegen, für das „Activity Center" ist Eintritt zu bezahlen. Sie könnten dort einen rund 300 m langen Rundweg in Höhe der Baumgipfel begehen und die Reste eines Herrenhauses aus 1810 besichtigen (innerhalb einer Umzäunung – von außen sind selbige jedoch genauso gut zu sehen). Es brannte 1957 aus, heute sind nur noch die Keller und unterirdische Gänge übrig. Anscheinend haben Brände hier Tradition, denn an diesem Platz stand vorher Rockingham House, das 1670 errichtet wurde und 1810 abbrannte.

Zipit heißt ein Abenteuer-Kletterpark für Groß und Klein. Gut gesichert bewegt man sich über Seile, Balken und Netze durch die Baumwipfel. Parcours mit unterschiedlichen Schwierigkeitsgraden kommen allen Altersstufen und Ansprüchen entgegen. Billig ist der Spaß allerdings nicht. Je nach Alter bezahlt man zwischen 17 und 32 Euro.

Castle Island (auch Mac Dermots Island genannt) ist mit dem Boot aufgrund von Untiefen nicht erreichbar, das Betreten der Ruine ist wegen Einsturzgefahr aber ohnedies verboten. Die Aussicht auf das verfallende Gebäude ist von allen Seiten jedoch imposant. Hier stand einst eine Burg; was heute noch zu sehen ist, sind die Ruinen eines Lustschlosses aus dem 19. Jh. Dieses brannte kurz vor dem 2. Weltkrieg aus.

Castle Island, betreten verboten, nur vom Boot aus zu „besichtigen"

Kirchenruine aus dem 12. Jh., frei zugänglich

Lough Key Forest and Activity Park

Zipit Kletterpark: Juli + August 7/7, sonst Wochenende und Feiertage, 9–18 Uhr, 051 858008

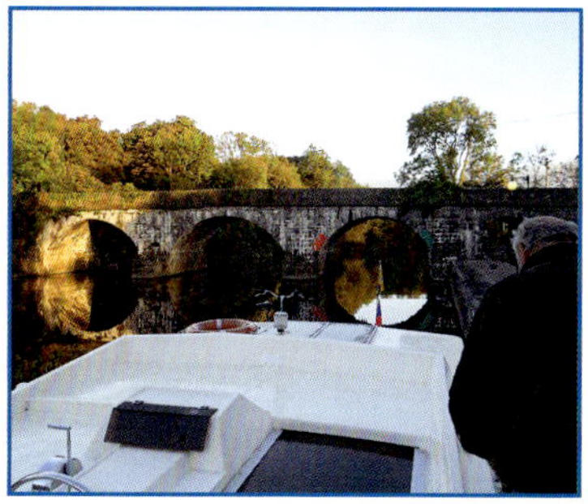

Knockvicar

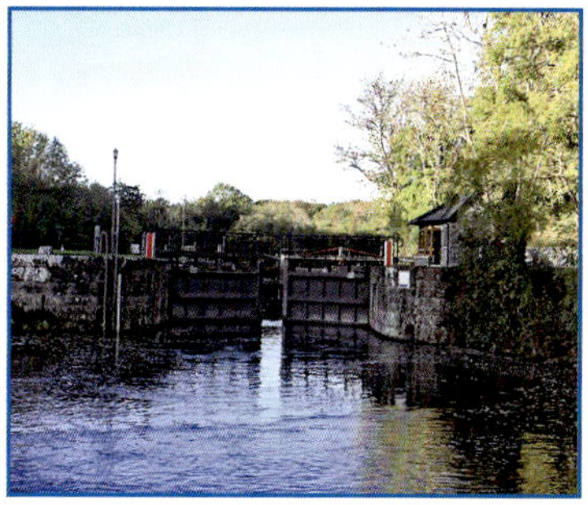

Clarendon Lock (Knockvicar)

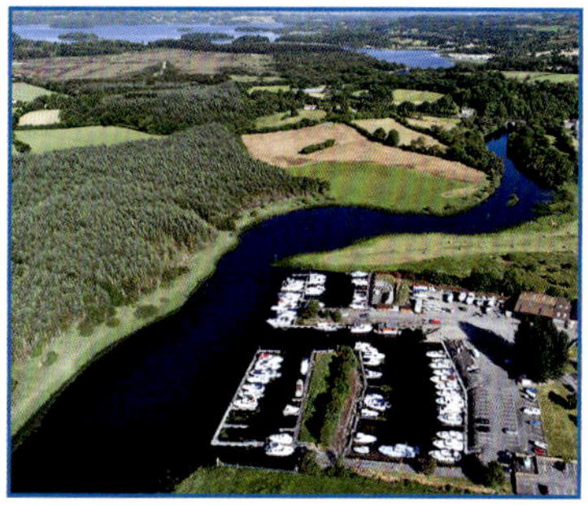

Boyle River: Tara Marina

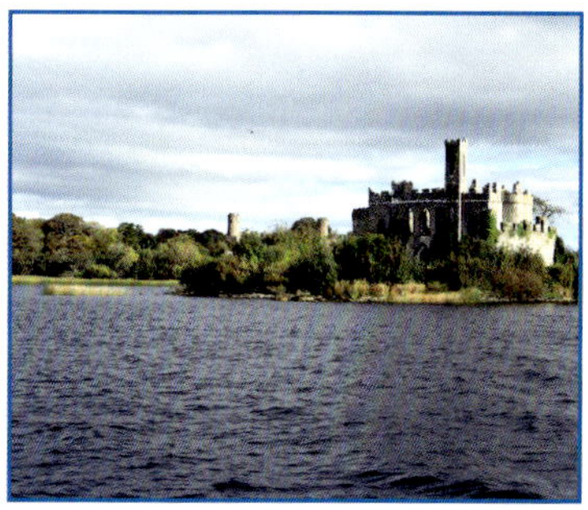

Castle Island

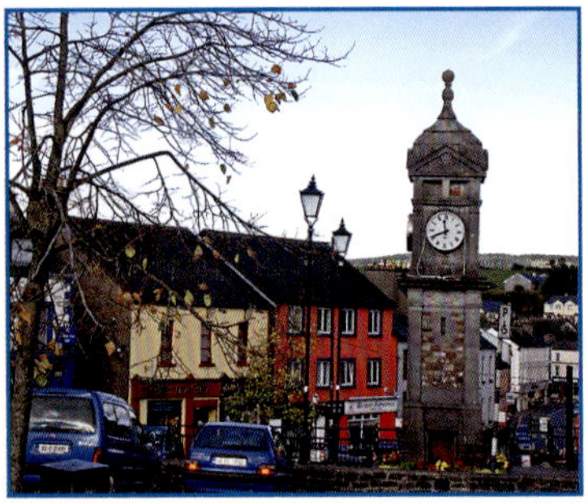

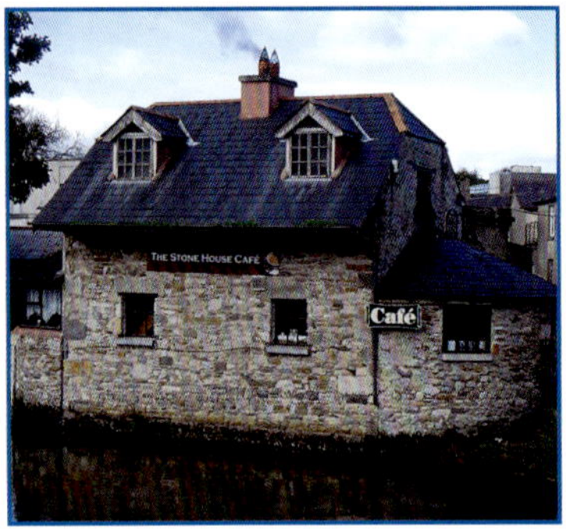


Boyle

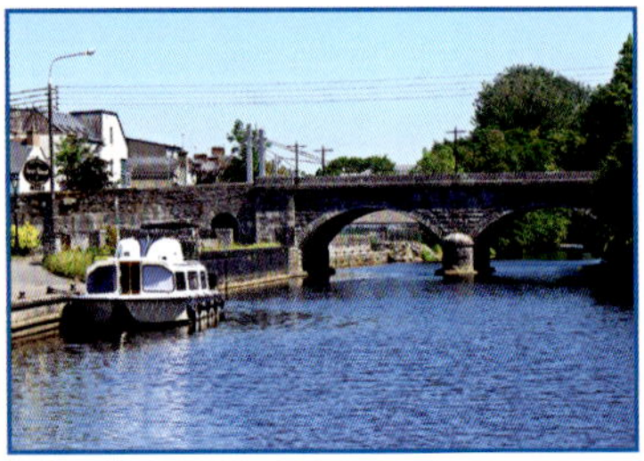

Leitrim

## Boyle

### „Abtrünnige" Boyle Abbey

Wo der Boyle River in den Lough Key mündet, treffen Sie auf eine fantastische Anlage, deren Besuch Sie nicht versäumen sollten: Boyle Abbey. Das Kloster befindet sich rund 1 km von der Marina am östlichen Ortsrand von Boyle.

Boyle Abbey wurde von Mönchen aus Mellifont 1161 gegründet. Dass der Bau nicht so recht voran ging, hat mehrere Gründe: Einerseits wurde das Kloster schon 1202 gründlich geplündert (weswegen das Langhaus erst viel später fertig wurde), andererseits war der Abt eine der Schlüsselfiguren in der „Verschwörung von Mellifont" im Jahr 1227, bei dem sich die irische und die anglo-normannische Linie des Zisterzienserordens einen Machtkampf lieferten. Boyle war führend auf irischer Seite, ehe es sich unterwerfen musste. Echt christliche Zustände eben.

Dass man sich in Boyle schon von jeher nicht besonders um die Regeln des Zisterzienserordens kümmerte, zeigt auch ein Turm, der von Beginn an bestanden hatte – ganz im Widerspruch zum Bescheidenheitsgebot des Ordens. Der heutige Turm stammt übrigens „erst" aus etwa 1300, während die meisten zisterziensischen Türme erst aus dem 15. Jh. stammen, als die diesbezügliche Ordensregel endgültig aufgeweicht wurde.

Als Kloster dürfte Boyle Abbey bis etwa 1589 bestanden haben; später hatte es wechselnde Besitzer, eine Zeit lang wurde es unter der Bezeichnung Boyle Castle als Kaserne für die Armee unter Elisabeth I. verwendet. Vor Ort erhalten Sie ausgezeichnete Informationen (englisch/deutsch), und bemühte Führer stehen für Erklärungen zur Verfügung.

Boyle Abbey, tägl. 10-18 Uhr, Eintritt EUR 5

King House, nahe des Zentrums, Museum und Kunstausstellungen, April-September DI–SA 11–17, SO 11–16 Uhr

Alle Einkaufsmöglichkeiten

Supermarkt Kelly's Londis, südl. der Brücke im Zentrum (The Crescent), tägl. 8–20, SA bis 19 und SO 9–14 Uhr

The Open Table, südl. der Brücke im Zentrum (The Crescent), tägl. 9–21 Uhr (SO nur bis 16 Uhr), durchgehend warme Küche, 086 844 5121

Whistlers Bar and Grill, unweit vom Open Table, MI–SA 16–21 Uhr, SO 12.30–21 Uhr, 071 9662957

Sonst scheinen sich hier hauptsächlich Inder und Chinesen um die Gastronomie zu kümmern

# OBERER SHANNON

**Ab hier führt die Beschreibung von Norden nach Süden in Fließrichtung des Shannon**

## Leitrim

Leitrim ist ein kleiner Ort, der einer ganzen Grafschaft seinen Namen gegeben hat. Hier mündet der Link in den Shannon. Unweit der Brücke sehen Sie die Reste von O'Rourke's Castle, das 1540 erbaut wurde. Vom Castle sind nur noch Reste der Mauer sichtbar (beim Hafen).

Neben Pubs wie Carthy's (Musik SA abends) muss ich vor allem das Leitrim Inn and Waterway Restaurant erwähnen.

Lebensmittel bei der Tankstelle

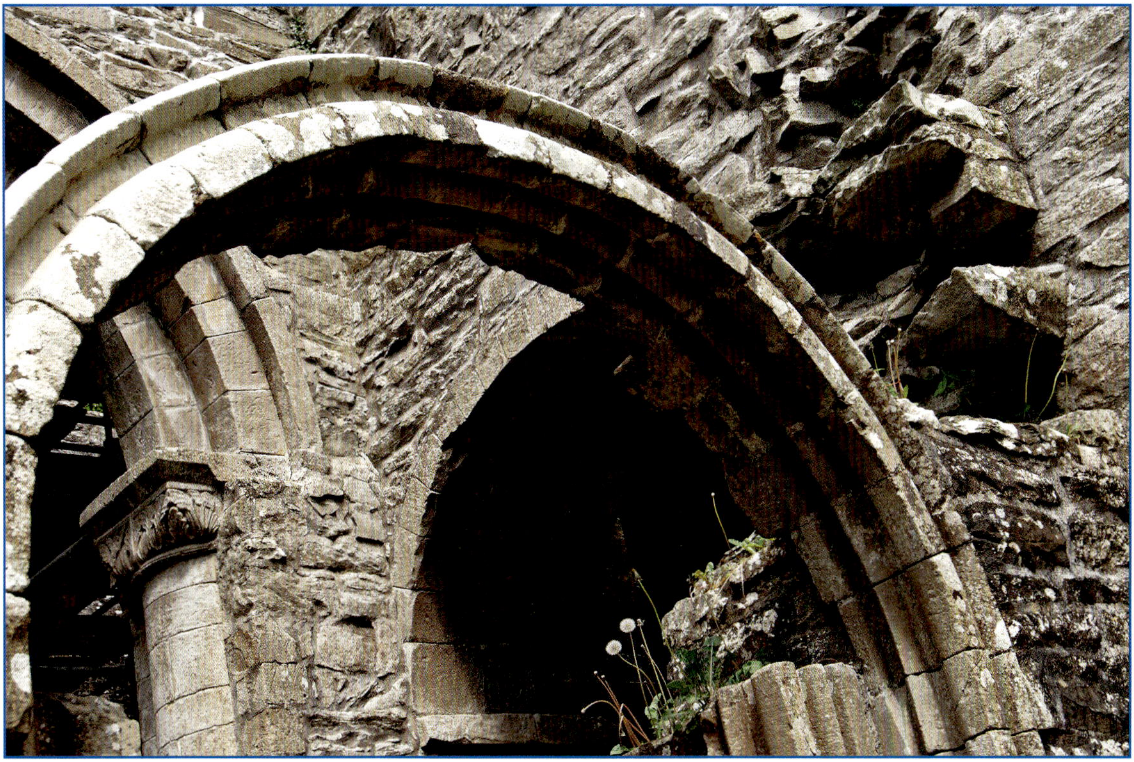

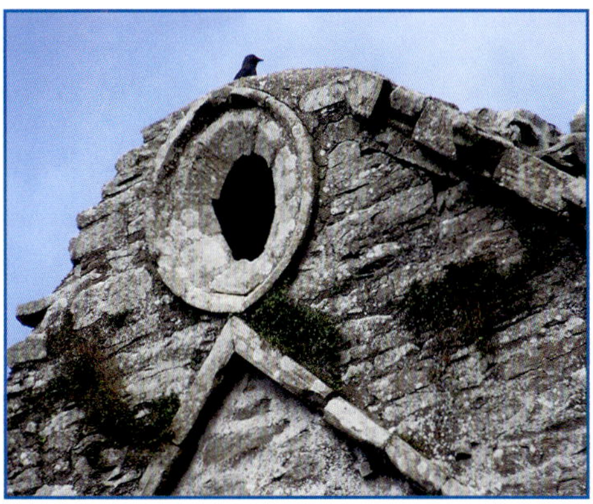

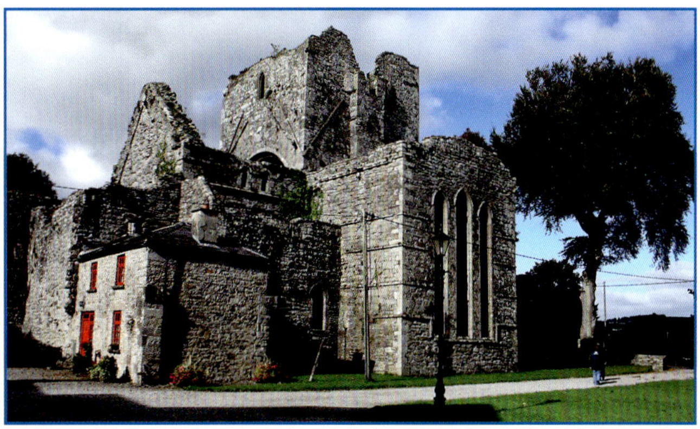

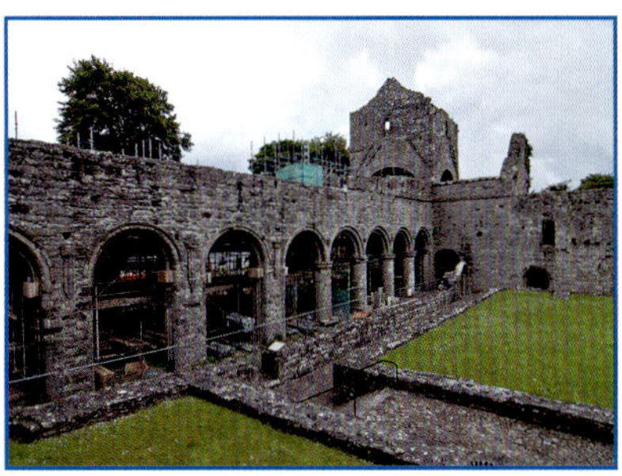

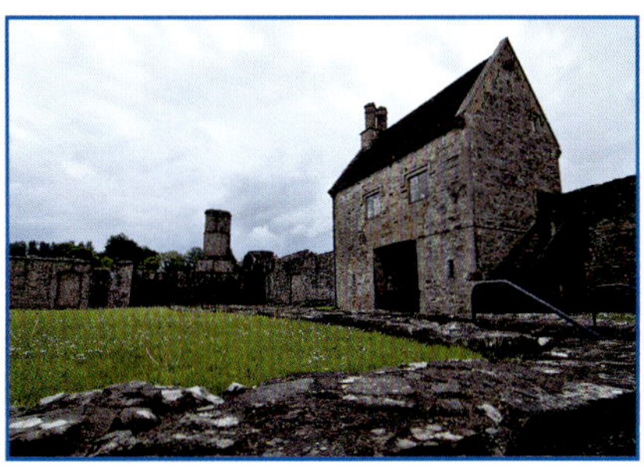

Boyle Abbey liegt etwa 15 Minuten vom Anleger entfernt. Ein Besuch des beeindruckenden Bauwerkes lohnt sich.

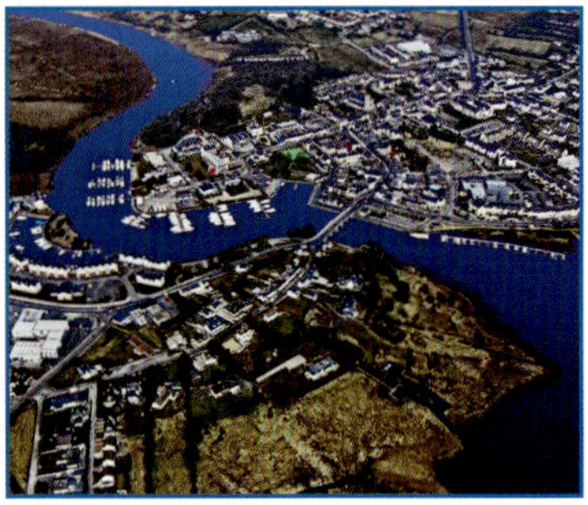

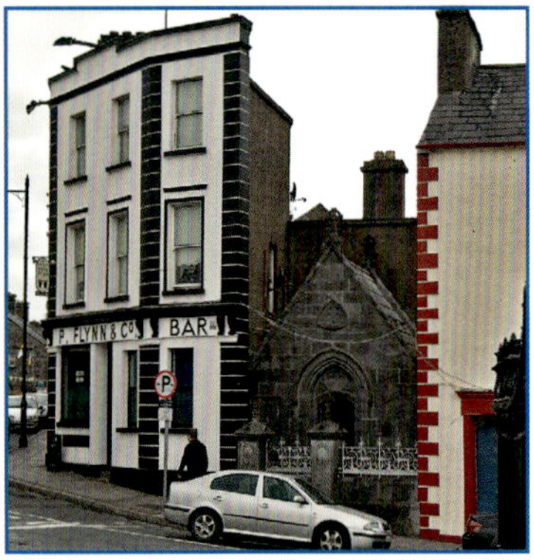

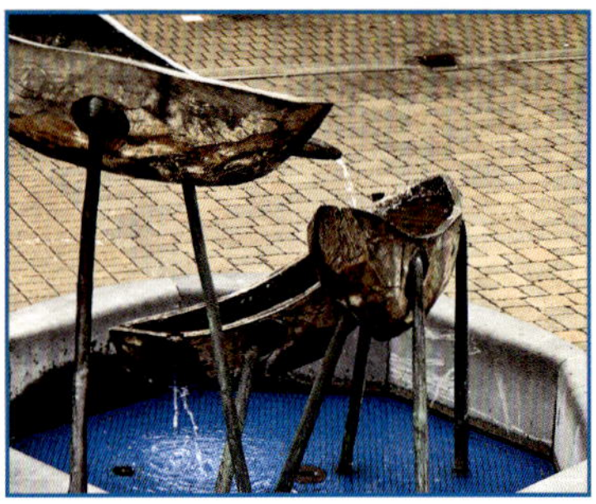

Carrick-on-Shannon

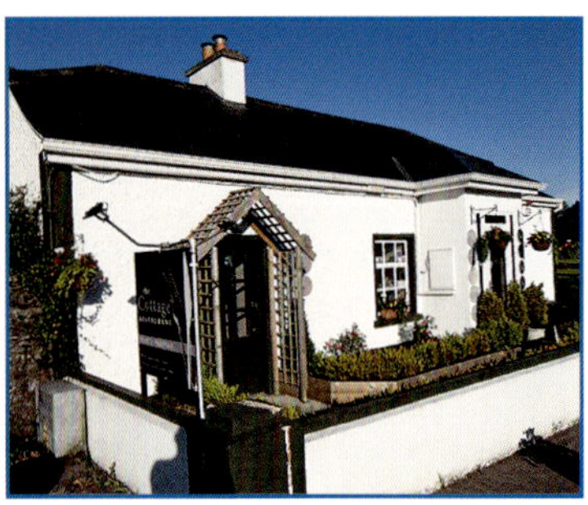

Klein aber fein: The Cottage Restaurant in Jamestown

Litrim Inn, Bar und Restaurant (namens Shannon Bistro Restaurant), täglich 12.30–20 Uhr warme Küche, 086 824 4322

The Barge Steak House, tägl. 12.30–22 Uhr, Vorspeisen 5–7, Hauptspeisen 9–25 Euro, 07196 20807

Waves Restaurant and Bar, im Leitrim Marina Hotel, Vorspeisen 5–11, Hauptspeisen 14-21 Euro, tägl. warme Küche 12–21 Uhr, 071 962 3644

Carthy's Lock 17, tägl. 12–24 Uhr, SA Live-Musik

## Carrick on Shannon

### Kleine Kapelle, große Flotte

Schon in früheren Zeiten war Carrick ein strategisch wichtiger Punkt am Shannon. Heute ist es vor allem als die Stadt mit den meisten Mietbooten am Shannon bekannt, weil hier die beiden größten Vermieter ihre wichtigste Abfahrtsbasis betreiben. Es ist ein belebtes Städtchen mit zahllosen bunten Läden und ebensolchen Bars.

In der Bridge Street findet man die Costello Chapel, die als zweitkleinste Kapelle der Welt gilt (4,8 x 3,6 m). Sie wurde von Edward Costello erbaut, dessen Frau mit 47 Jahren starb und hier ihre letzte Ruhestätte fand.

Die Steinbogen-Brücke, die als Wahrzeichen des Ortes gilt, stammt aus 1840. Der Golfplatz bietet einen guten Ausblick auf den Shannon.

Costello Church bzw. Chapel, die zweitkleinste Kirche der Welt, Bridge Street

The Dock arts centre, hinter der Marina in einem Gerichtsgebäude aus dem 19. Jh. Ausstellungen und Theater, MO–FR 10–18, SA bis 17 Uhr

Alle Einkaufsmöglichkeiten, Apotheke, Bankomat

SuperValu, rechtes Ufer, 500 m von der Brücke, tägl. 8–21 Uhr

Lidl, gegenüber vom SuperValu, tägl. 8–22, SO 9–21 Uhr

The Oarsman, Bridge Street, DI–SA 12–21 Uhr warme Küche, SO + MO zu, Vorspeisen 6–10, Hauptspeisen 16–28 Euro, 071 962 1733

Carrick bietet rund 20 Restaurants (inkl. Fastfood und Take Away) und zahlreiche Pubs, einen großen Teil davon geballt in der Bridge Street und ihrer Verlängerung, der Main Street

## Jamestown

### Tor und Restaurant

Der einzige Überrest der einst 6 m hohen und 1,8 m dicken Stadtbefestigung ist ein Tor, das (in der Nähe des Wehrs) den alten Ort vom neuen Siedlungsgebiet abtrennt. Dort, außerhalb des Tors, finden Sie ein Restaurant, das ich Ihnen wärmstens empfehlen kann: The Cottage Restaurant.

Der Jamestown Canal wurde 1770 gebaut, um die Flussschlinge des Shannon zwischen Jamestown und Drumsna abzukürzen, die seitdem nicht mehr befahrbar ist.

Ruine eines Franziskaner-Klosters im Friedhof (außerhalb des Stadttores)

The Cottage Restaurant, 800 m vom Anleger oberhalb der Brücke. Vorspeisen 10–13, Hauptspeisen 18–28 Euro, DI–SO 18–22, SO zusätzlich auch 12–16 Uhr. Siehe auch „Wo man gut und schön isst, Seite 48–49), 071 962 5933

## Drumsna

### Eine empfehlenswerte Sackgasse

Die Schlinge des Shannon wird zwar durch den Jamestown Canal abgeschnitten, Sie sollten sich trotzdem den Ausflug bis zum „end of navigation" bei der Brücke von Drumsna nicht nehmen lassen, allein wegen des interessanten Streckenabschnittes.

Lebensmittelgeschäft

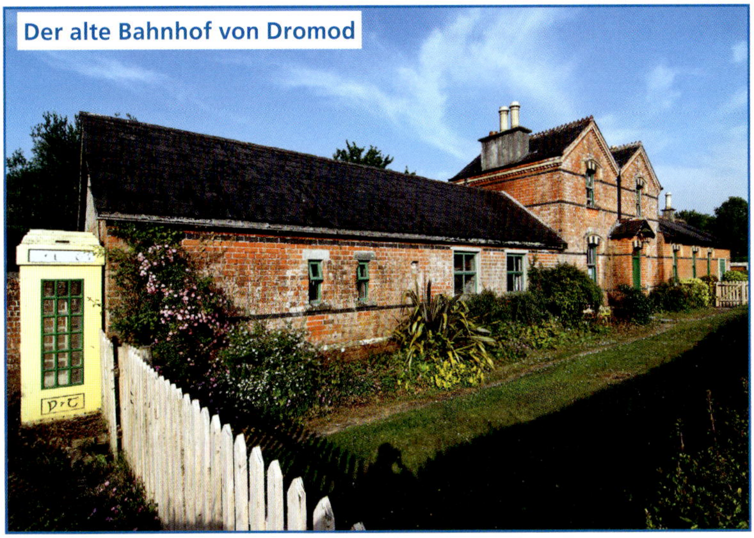


Der alte Bahnhof von Dromod

## Doon of Drumsna

Vor mehr als 2.000 Jahren wurde ein 1,5 km langer Wall zwischen Drumsna und Jamestown errichtet. Er war sechs Meter hoch, bis zu 30 m breit und hatte Gräben, Tore und seitliche Schutzwälle. Mehr als 50.000 Baumstämme und 150.000 m³ Erde waren nötig, um diesen Schutzwall gegen Feinde aus dem Norden zu bauen. Heute sind nur noch sanfte Erhebungen als Reste der einst stolzen Wehranlage zu erkennnen (rund 500 m nördlich des Jamestown Cut, fast parallel dazu).

## Carnadoe, Grange, Kilglass

### Zur Abwechslung einmal ganz schmale Seen

Die schmalen Seen von Carnadoe, Grange und Kilglass mit ihren engen Fahrrinnen sind eine sehenswerte Abwechslung auf der Bootsreise und ein weithin bekanntes Vogelschutzgebiet.

Keine Versorgung

## Dromod

### Schmalspurbahn und Steaks

Reste einer Schmalspurbahn und ein alter Bahnhof warten auf Eisenbahnfreunde; Dampflok-Fahrten gibt es an Sonntagen. Zu finden oben beim „echten" Bahnhof.

Wer Steaks mag: Cox's Steakhouse, eine Mischung aus Pub und Restaurant, befindet sich nur 300 m vom Anleger, an der Hauptstraße.

Harkins am Hafen hat für immer geschlossen, dafür hat The Brandywell Inn wieder geöffnet.

Eisenbahnmuseum (sh. Text), SA und SO 13–17 Uhr, 071 963 8599

Lebensmittel bei The Copper Still (sh. bei Restaurants), Lieferung aufs Boot möglich

Cox's Steakhouse und Bar, tägl. 8–22 Uhr, Steaks (17–28 Euro) 17–21 Uhr, 071 9638234

Brandywell Bar and Restaurant ist unter neuem Besitzer wieder geöffnet. Hauptspeisen 13–26 Euro, 071 963 8278

Bar-Restaurant The Copper Still, nahe des Bahnhofs, Küche 12–21 Uhr, tägl. geöffnet 9–23 Uhr, 071 963 8248

Harkin's Bistro hat dauerhaft geschlossen

## Roosky

### Pubs und eine Ruine

Irische Musik und Pubs – das Synonym dafür heißt Roosky, liest man in vielen Führern. In den 4 Bars des kleinen Ortes ist nicht mehr und nicht weniger los als anderswo, und obendrein fehlt das Shannon Key West Hotel als Motor für größere Events, das Ende 2011 pleite ge-

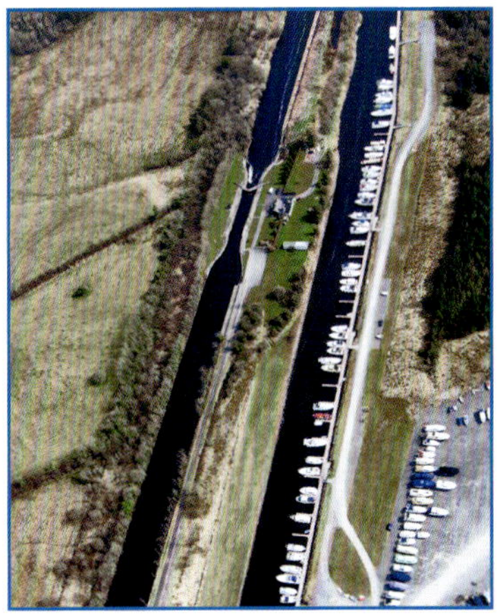

Albert Lock (Jamestown Cut)

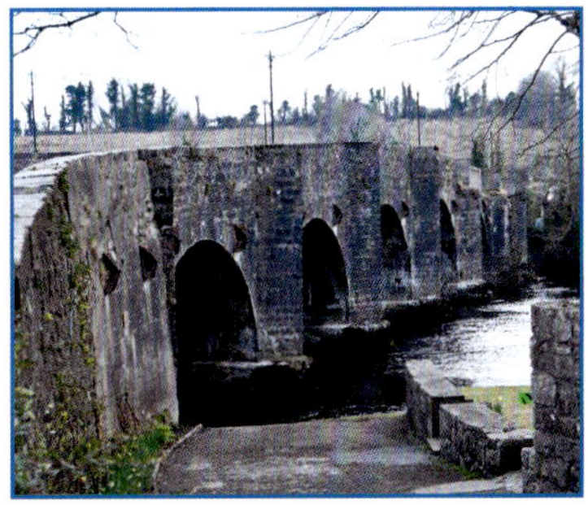

Drumsna

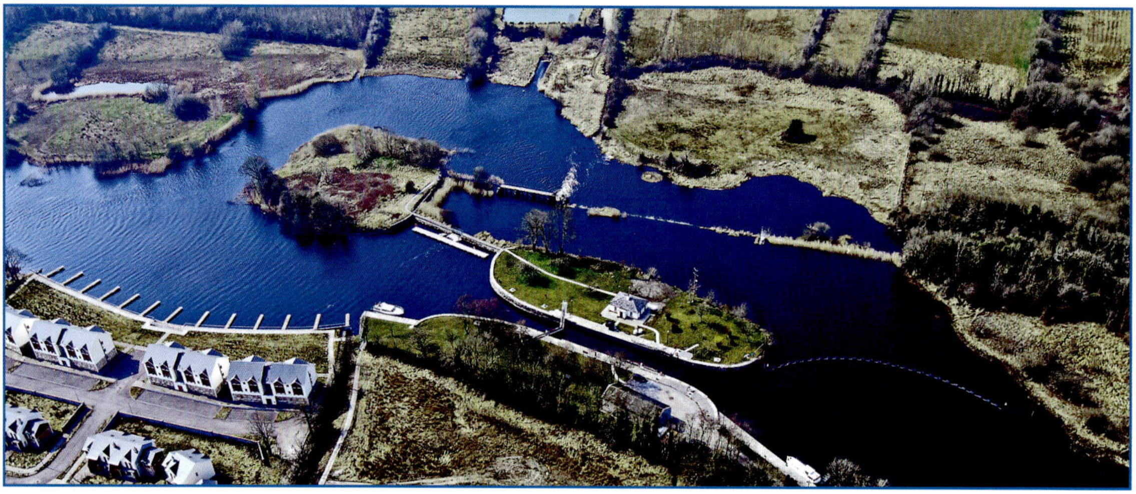

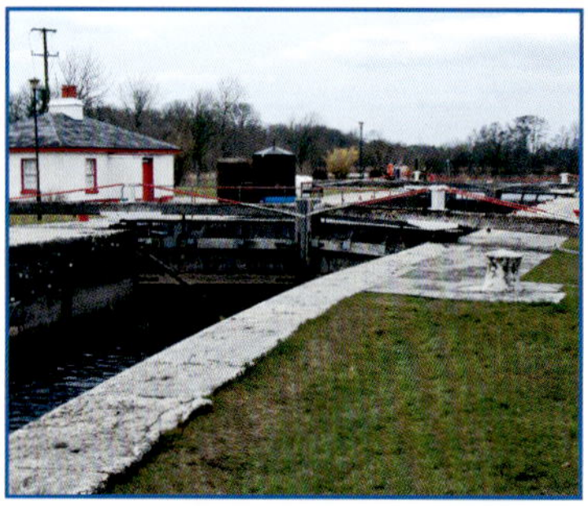

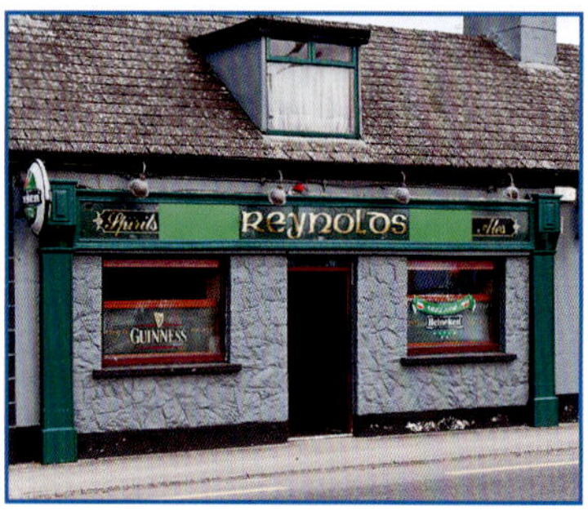


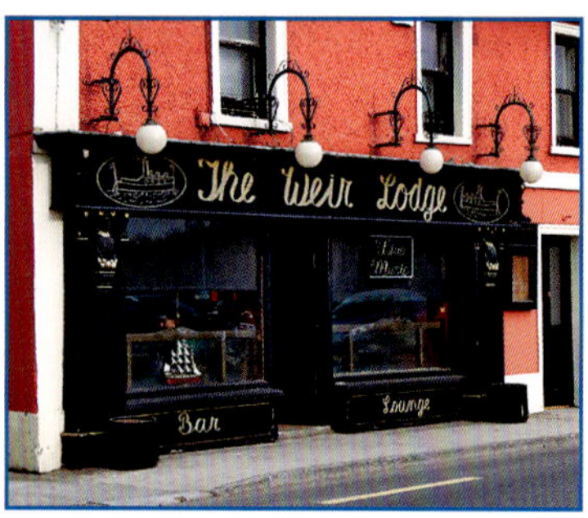


Roosky

macht hat. Es findet sich kein neuer Betreiber, das Gebäude steht nun als Ruine wenig dekorativ neben der Brücke herum.

Lebensmittel (Centra) bei der Brücke, tägl. 7–20, SO 9–18 Uhr

Kebabladen gleich daneben

Die beiden Pubs The Weir Lodge und Reynolds liegen malerisch am Wasserweg, gleich bei der Brücke. Im Ortszentrum jenseits der Brücke finden Sie noch Noel's Bar und gegenüber Cox's Bar

## Lough Forbes

### Ein Moor, ein Schloss und zwei Kirchenruinen

Der Lough Forbes ist mit einer Fläche von 3 km$^2$ einer der kleineren Seen des Shannon.

Benannt ist er nach den Herren von Schloss Forbes, das 1 km landeinwärts zu finden ist. Wenn Ihnen der Name Forbes bekannt vorkommt: Die Vorgänger-Burg wurde von einem Mitglied der schottischen Forbes-Familie vom gleichnamigen Castle errichtet, die für Parfum-Herstellung bekannt ist. Der Großteil des Schlosses stammt aus dem 19. Jh., lediglich der kleine rechte Flügel ist original aus dem 17. Jh.; keine Besichtigung möglich, die Anlage wäre auch nur sehr umständlich zu erreichen. Eine weitläufige Moorlandschaft sehen Sie östlich des Sees.

## Kilbarry

In Kilbarry, am Ostufer des Lough Forbes, befand sich eine frühe Klostersiedlung. Die Reste von zwei Kirchen sind noch zu sehen.

Keine Anlegemöglichkeiten, nur von Tarmonbarry (sh. unten) am Landweg zu erreichen

## Tarmonbarry

Tarmonbarry (auch: Termonbarry) hat, außer der Hebebrücke, nicht viel zu bieten. Die wichtigste „Sehenswürdigkeit" befindet sich ne-

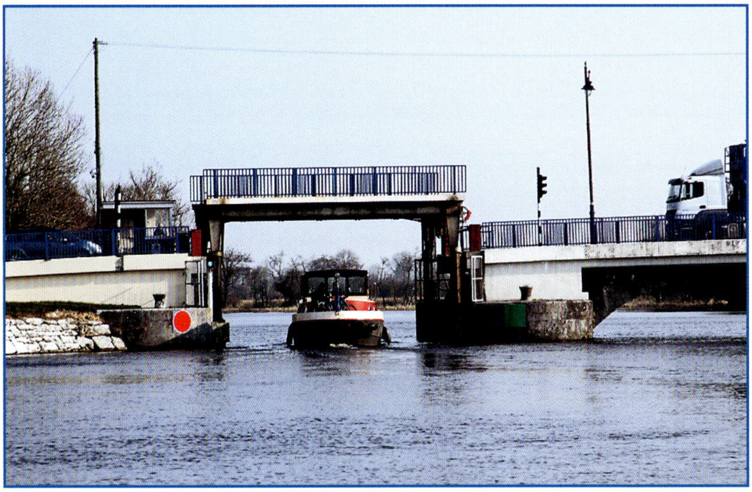

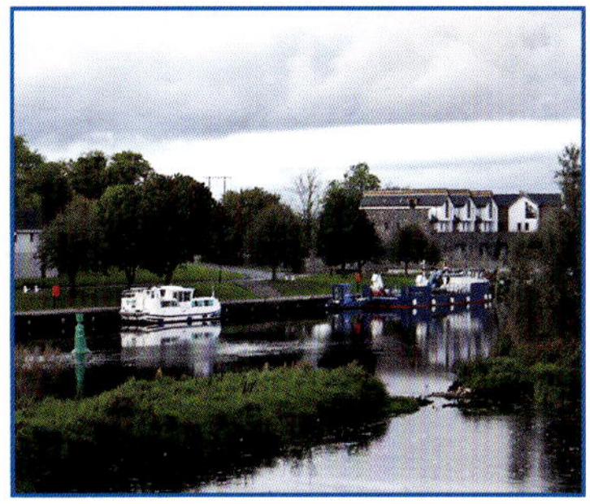

Tarmonbarry

ben der Brücke: Keenans Pub, das auch Bar Food und Speisen à la Carte hat.

Lebensmittel bei der Tankstelle 100 m von der Brücke , tägl. 7–22, SA ab 8, SO ab 9 Uhr

Keenan's Shannonside Restaurant, 3-gängiges Menü 35 Euro, nur abends, Reservierung nötig. 043 332 6098

Keenan's Gastro Bar, Vorspeisen 7–10, Hauptspeisen 12–26 Euro, MO–SA 11–20, SO 11–19 Uhr

Bar-Restaurant The Purple Onion Kitchen, in der Hauptstraße unweit von Keenan's; Vorspeisen 8–10, Hauptspeisen 17–27 Euro, DI–DO nur abends, FR–SO mittags und abends, MO zu, 043 335 9919

## Richmond Harbour / Clondra

### Das sollten Sie sich nicht entgehen lassen

Idyllisches Dorf an der Einmündung des Royal Canal in den Shannon; mit großem Hafen, Trockendock und einem sehenswerten, privat bewohnten und sehr typischen Schleusenwärterhäuschen. Ein beliebtes Pub ist das von Des Mc Partland betriebene „The Richmond Inn", das in einer ehemaligen Flachsmühle untergebracht ist. Auf der anderen Seite der Brücke: eine ehemalige Destil-

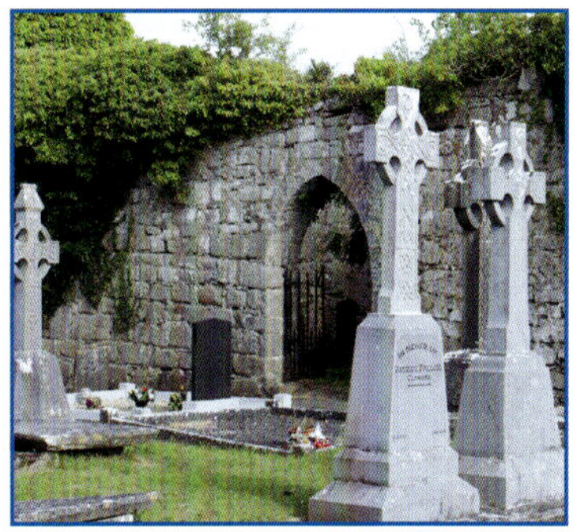

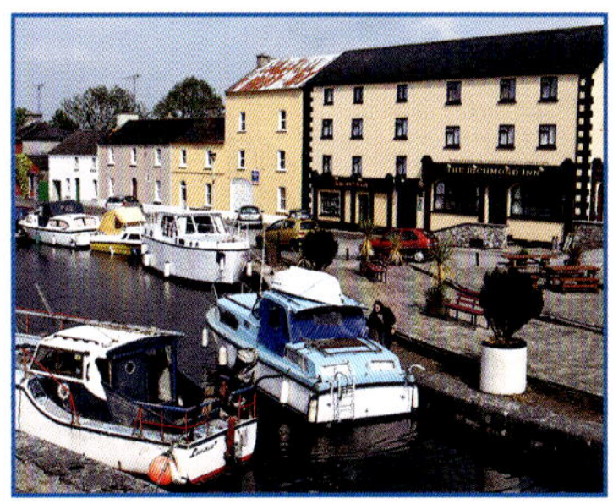

Richmond Harbour: die Kloster-Ruine im Friedhof und der Hafen mit dem Richmond Inn.

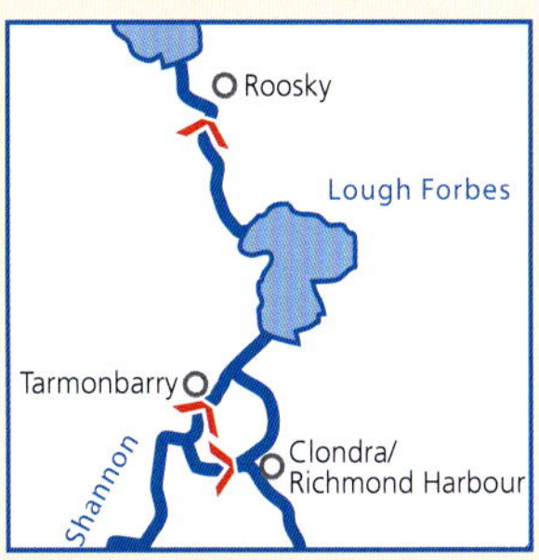


## „Kleine Rundfahrt" am Camlin River

Bei Tarmonbarry mündet der Camlin River und ermöglicht ein kleine Rundfahrt (10 km, Dauer ca. 1,5 Std. plus Schleusenmanöver). Nehmen Sie sich Zeit, fahren Sie die landschaftlich einmalige Strecke mit ihren zahlreichen Kurven (wirkt auf der Wasserkarte gar nicht so spektakulär wie es in der Realität ist). Rundfahrt 10 km, 1,5 Std. + Schleusenmanöver. Oder machen Sie zumindest einen „Umweg" über Richmond Harbour, es sind nur 2 km mehr als über die direkte Strecke am Shannon.

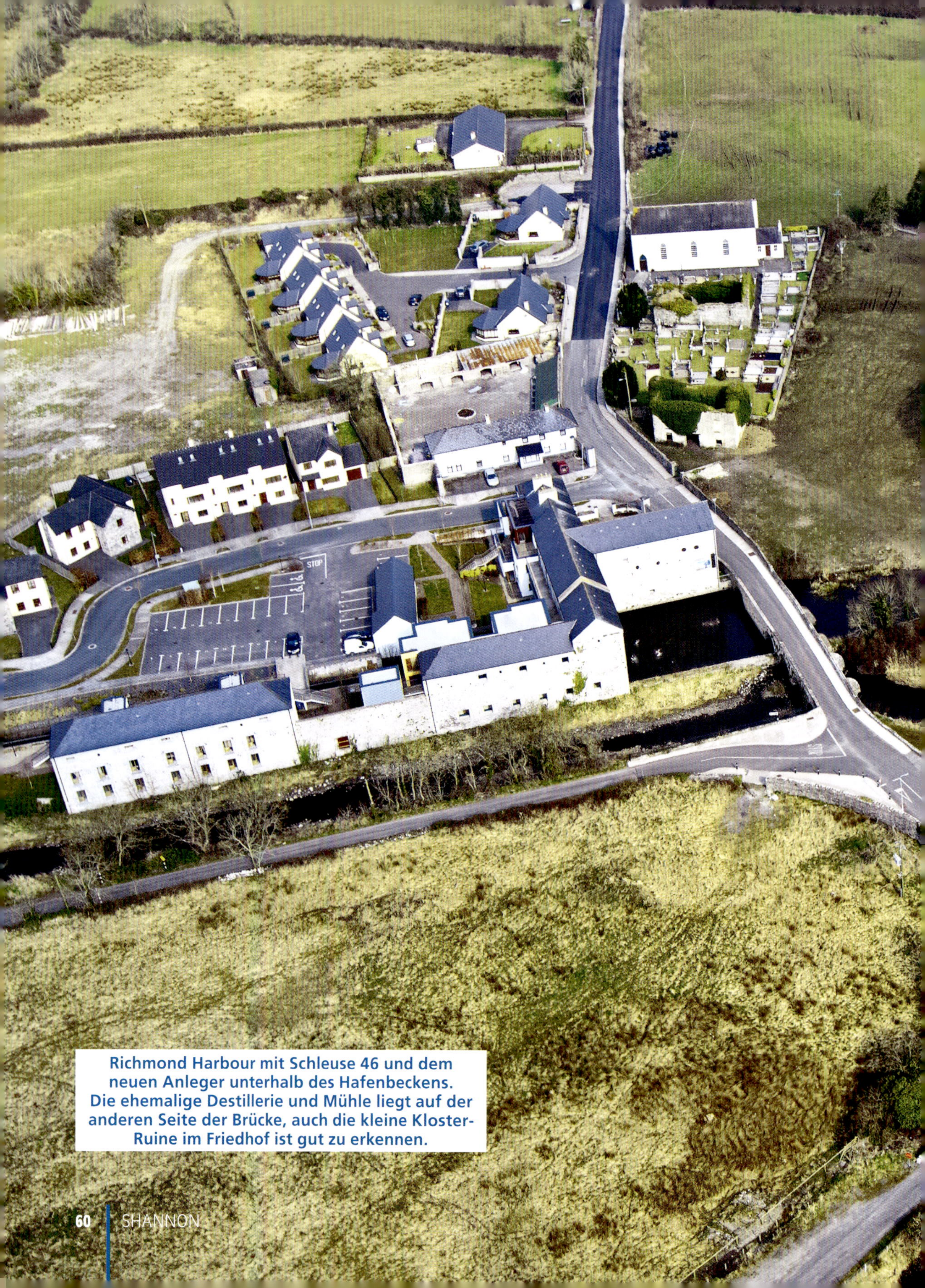


Richmond Harbour mit Schleuse 46 und dem neuen Anleger unterhalb des Hafenbeckens. Die ehemalige Destillerie und Mühle liegt auf der anderen Seite der Brücke, auch die kleine Kloster-Ruine im Friedhof ist gut zu erkennen.

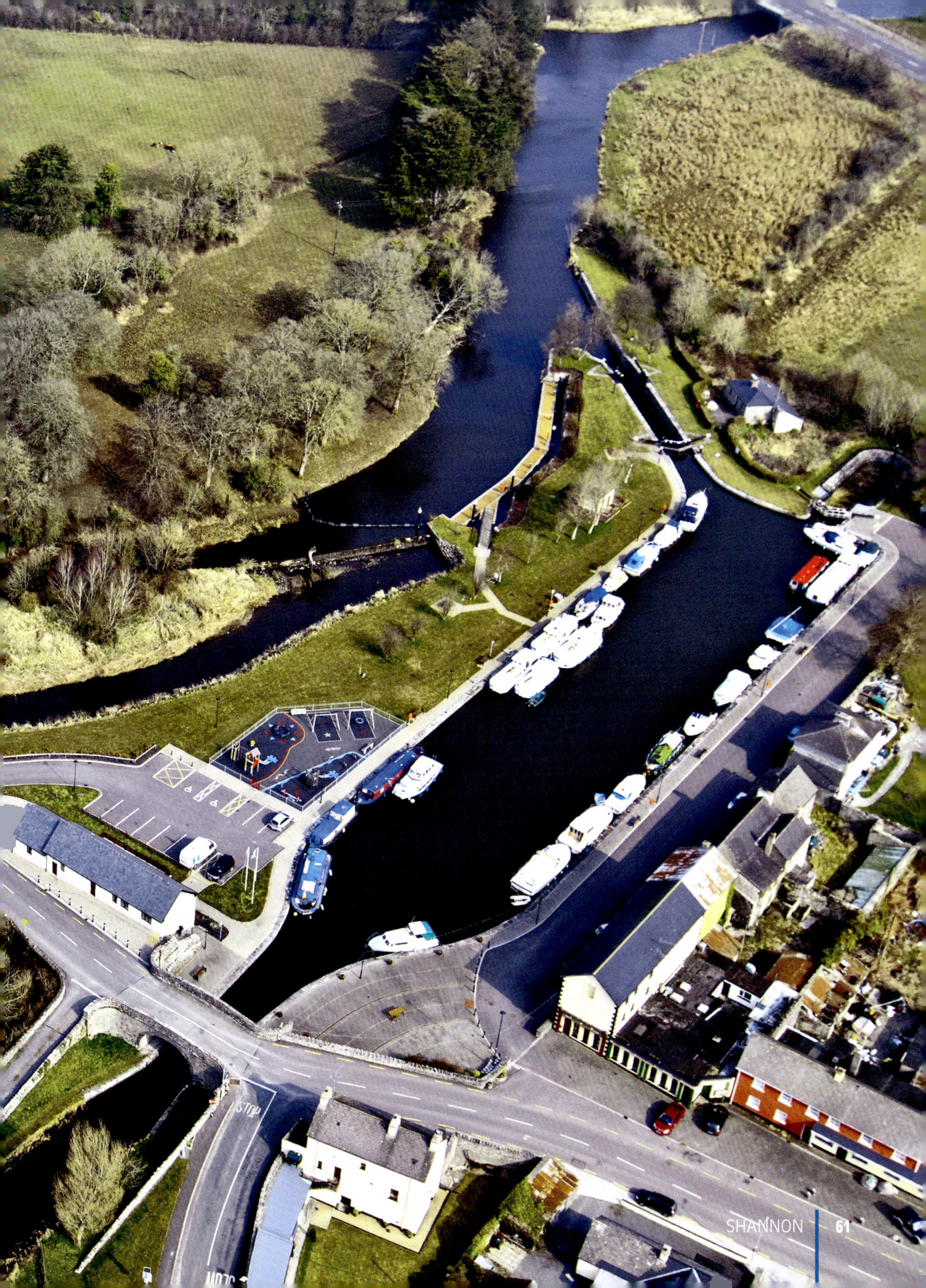

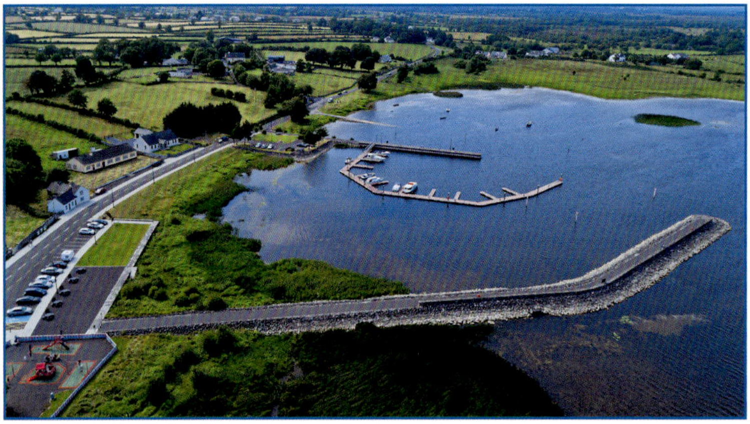

Portrunny

lerie, die 100 Personen Arbeit bot und für großes Frachtaufkommen nach Dublin sorgte. Im Friedhof bei der Kirche: Ruine eines Klosters aus dem 12. Jh. Die Bord na Mona Lifting Bridge (am Royal Kanal 3 km Richtung Dublin) wird von der Torfeisenbahn benutzt. Gute Aussicht auf das Torfabbaugebiet.

Wer sich die Schleuse hinauf ins Hafenbecken des Royal Canal sparen will: Im Fluss gibt es unterhalb (neben der Schleuse) einen Anleger.

The Richmond Inn: kein Ruhetag, Lunch und Dinner, 10–23 Uhr, 043 332 6126

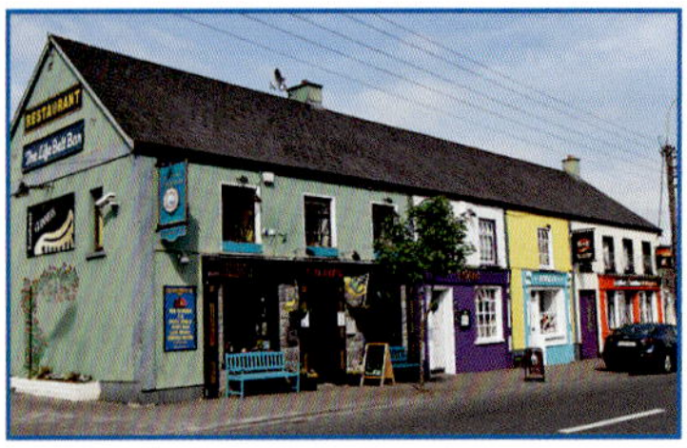

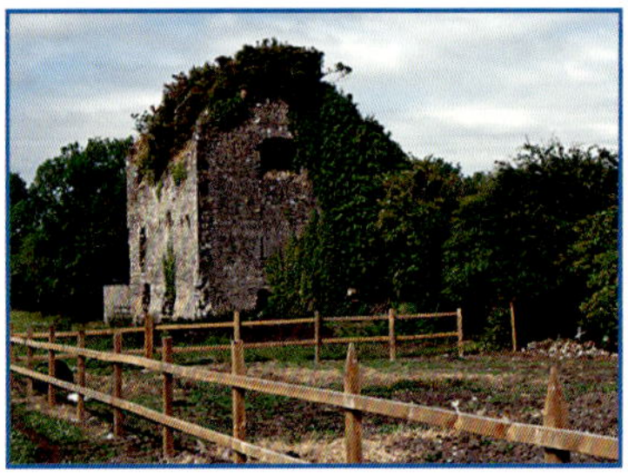

Ballyleague

## Ballyleague

Am Westufer des Shannon gelegen und mit Lanesborough „zusammengewachsen". Nähere Info siehe Lanesborough (unten).

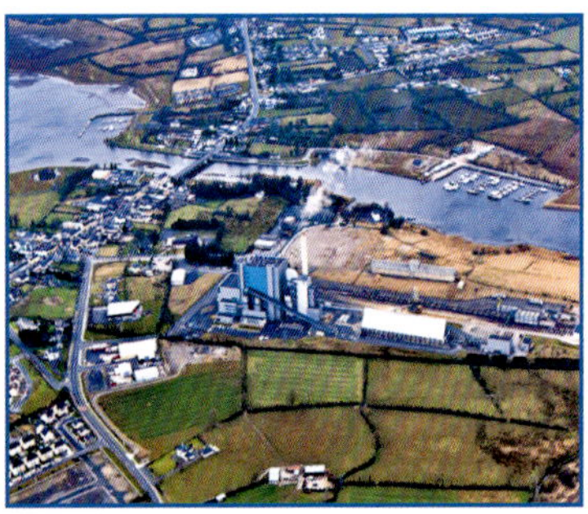

Lanesborough

## Lanesborough

### 300.000 Tonnen und der größte Hecht Irlands

Lanesborough ist eines der Zentren des Torfabbaus, mit einem Wärmekraftwerk am linken Shannon-Ufer. Schade, dass hier hochwertigstes Material zum Befeuern der Öfen des Elektrizitätswerkes benutzt wird. 300.000 Tonnen sollen es pro Jahr alleine hier sein. Fallweise sehen Sie in südöstlicher Richtung große braune Wolken über den Boden fegen, wenn Sturm den trockenen Torf aufwirbelt und Tonnen davon verbläst. (Der Royal Canal führt übrigens genau durch dieses große Torf-Abbaugebiet)

Der Ort hat eine weit zurückreichende Geschichte: Die St. John's Church steht an jenem Platz, wo bereits im 5. Jh. der erste Kirchenbau errichtet worden war.

Vom Rathcline Castle am südlichen Ortsende ist nicht mehr viel übrig, es stehen nur noch die Umfassungsmauern. Sie sind verwachsen und kaum zu sehen.

Im Ort Ballyleague steht der Rest eines Tower House aus dem 13. Jh. Es sind nur noch 2 Geschoße vorhanden, das Gemäuer verkommt unter Wildwuchs.

Lanesborough hat unter Anglern einen gewissen Ruf. Hier wurde der größte Hecht Irlands (28 kg) gefangen. Der „Hotwater Stretch" (ein Abschnitt, der durch das Torfkraftwerk erwärmt wird), ist ein besonderer Magnet für Fische – und lockt daher zahlreiche Angler an.

St. John's Church aus 1861, an der Straße Richtung Kraftwerk. Tagsüber geöffnet, mit einer Beschreibung ihrer Geschichte seit dem 5. Jh.

Reste des Tower House im Ort Ballyleague, hinter dem Parkplatz, 200 m von der Brücke

Supermarkt SuperValu, in Lanesborough, 100 m von der Brücke. Tägl. 7–22, SO 8–21 Uhr

Es gibt 3 Pub-Restaurants und 2 Schnellimbisse

Clarke's Pub, Musik MO, MI, SA (Juni–Sept.), täglich 12–24 Uhr

## Lough Ree

### Goldschatz, Ringfort und altes Gemäuer

Der Lough Ree birgt in seinen sumpfigen und schilfigen Bereichen hinter **Hare Island** (den so genannten Inner Lakes, Richtung Glasson) ein Paradies für Angler sowie eine sehenswerte Vielfalt an Orchideen. Das nördliche Ende des Sees ist als Rückzugsgebiet zahlreicher Tierarten bekannt (Süßwasserhering, Süßwasserkrabben), der am südlichen Ende gelegene Lough Ree Yacht Club wurde 1770 gegründet und soll der zweitälteste der Welt sein.

Von besonderer Bedeutung für die frühe Besiedlung dürften die zahlreichen Inseln des Lough Ree gewesen sein, wie sich aus zahlreichen Resten von Ringwällen, Kirchen und Klöstern ableiten lässt.

Die Reste von vier Kirchen auf **Quaker Island** (**Inchcleraun**, in der Höhe von Portrunny) lassen sich leicht mit dem Dinghy erreichen: Ankern Sie bei der roten Boje mit der Nummer 7 und rudern Sie mit dem Beiboot zur Insel.

Auf **Inchbofin** (was so viel heißt wie „Insel der weißen Kuh") befindet sich eine Klostersiedlung aus dem 6. Jh. Die größte Ruine („Monastery") sieht man am nordöstlichen Ufer. Die Insel finden Sie in der Mitte des Lough Ree, wo sich die Inny Bay weit nach Osten erstreckt. Ankern Sie in der Nähe der Engstelle der Fahrrinne (bei der roten Boje) und rudern Sie mit dem Beiboot zur Insel.

Etwas weiter südlich liegt **Inchmore**, die größte Insel des Lough Ree. An derem südlichen Ende stoßen Sie auf einen ringförmigen Erdwall (Ringfort), der allerdings kaum noch zu erkennen ist.

Auf **Hare Island** (bei Coosan Point in der Nähe von Athlone) wurde 1802 ein bedeutender Goldschatz der Wikinger gefunden, die den Lough Ree eine Zeitlang besetzt hielten.

Achtung: Wenn starker Wind aufkommt, sofort den nächsten Anleger aufsuchen, es wird sonst ungemütlich bis gefährlich!

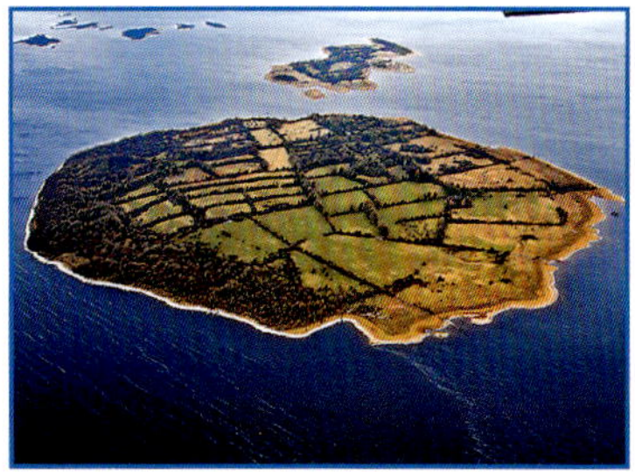

Inichmore

## Portrunny

Portrunny ist nur eine Streusiedlung mit ein paar Häusern, die Bucht entwickelte sich jedoch zu einem Erholungsgebiet mit geschütztem Anleger, Wiesen, Badestrand und großem Spielplatz.

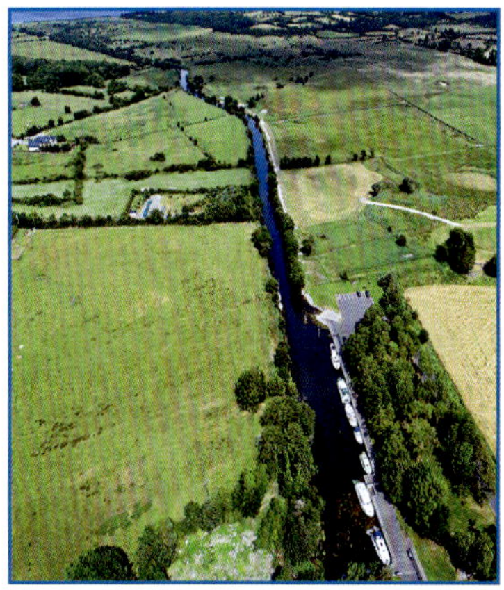

## Lecarrow

### Vielleicht, vielleicht, vielleicht? Aber sicher!

Dieser kleine Hafen ist einer meiner Lieblingsplätze am Oberen Shannon. Vielleicht deshalb, weil der Stichkanal zu einer Wassermühle gegraben wurde, die verträumt und unbenutzt jenseits des Parkplatzes steht; vielleicht wegen des Schattens, den man in dem von Bäumen umsäumten Hafen findet; oder vielleicht wegen der zwei Pubs samt Lebensmittel-Laden (rechts hinauf, an der Straßenkreuzung); vielleicht aber auch wegen des Restaurants The Yew Tree gegenüber – eines von der empfehlenswerten Sorte, mit einer guten Auswahl, einer feinen Kü-

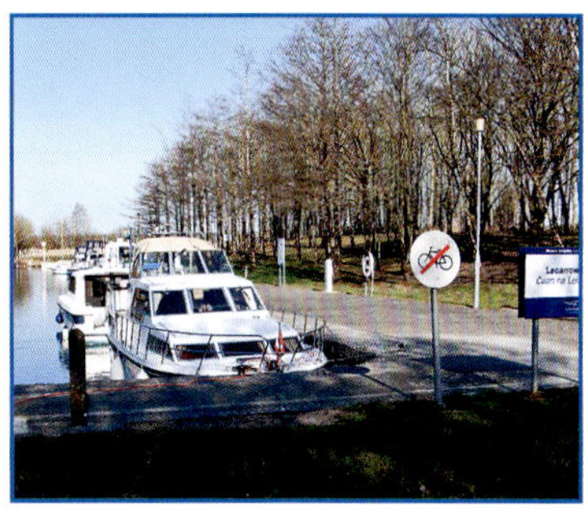

Lecarrow: Liegeplatz unterhalb der alten Mühle

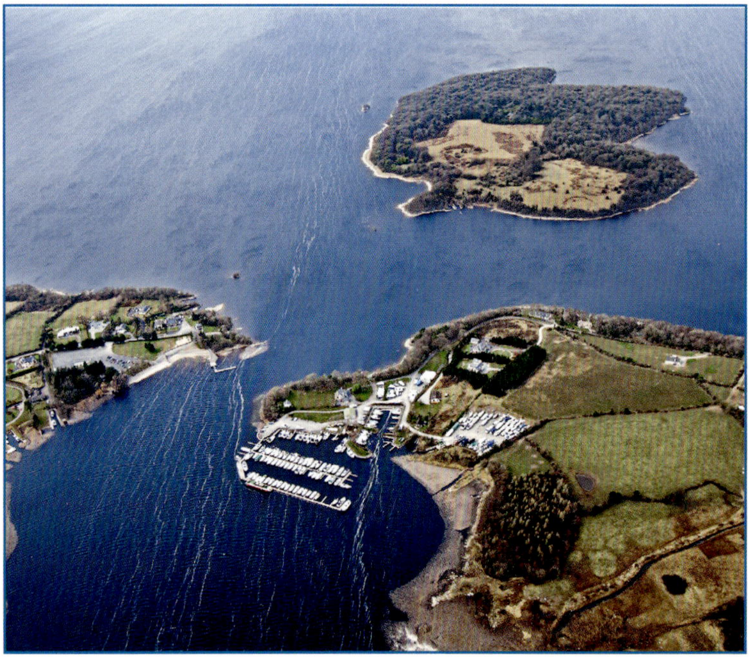

**Coosan Point und Killinure Point bilden die Engstelle am Weg zum Killinure Lough. Im Hintergrund Hare Island.**

che und sehr moderaten Preisen; sicher aber einfach auch deshalb, weil sich nur wenige hierher verirren . . .

Coffeys Foodstore (gehört zum Pub, sh. unten)

The Yew Tree Restaurant, MI–FR 16.30–22, SA SO 12.30–22 Uhr (MO, DI zu), 090 666 1255

Coffey's Bar, neben dem Yew Tree Restaurant

## Rindoon

### Die „Geister-Stadt" aus dem Mittelalter

Bei Rindoon gibt es einen neuen Anleger, der in den meisten Wasserkarten noch nicht verzeichnet ist. Dies ist deshalb erwähnenswert, weil Sie nun bequem Zugang zu dieser aufgelassenen mittelalterlichen Siedlung haben (zu finden gegenüber der Black Islands, bei der roten Markierung 4); Sie können aber auch von Lecarrow einen Spaziergang entlang eines traumhaften Weges mit oftmaligen Ausblicken auf den Lough Ree hierher unternehmen (Zugang beschildert).

Man findet hier auf der Halbinsel alle wesentlichen Elemente einer Siedlung des 13. Jahrhunderts. Sie sind deshalb „original", weil der Ort bereits im 14. Jh. wieder aufgegeben wurde und somit keinen Veränderungen unterworfen war.

Zu sehen sind zwei Kirchen, eine Windmühle, das Spital, der Hafen und natürlich die Burg samt einer Mauer um die gesamte Siedlung (alles als Ruinen und teils nur noch mit geschultem Auge zu erkennen). Die Burg liegt auf einem Hügel über der kleinen Bucht, die einst der Hafen war.

In der Bucht gibt es einen Steg (ohne Verbindung zum Land; Beiboot nehmen). Von Lecarrow ist Rindoon am Landweg 5 km entfernt.

## Killinure Chalets

Ein kleiner Anleger, ein paar Anglerhütten („Chalets") und mittendrin ein kleines Pub-Restaurant, rund 10 Gehminuten nördlich vom Anleger bei Killinure Point

Pub „Killinure Chalets", DI geschlossen, sonst ca. 10–22 Uhr, abends auch Speisen (9–24 Euro), 090 648 5155

## Killinure Lough

Killinure Lough ist ein kleiner See am südöstlichen Ende des Lough Ree, wo Killinure Point und Coosan Point eine Engstelle bilden und ihn vom Lough Ree abtrennen.

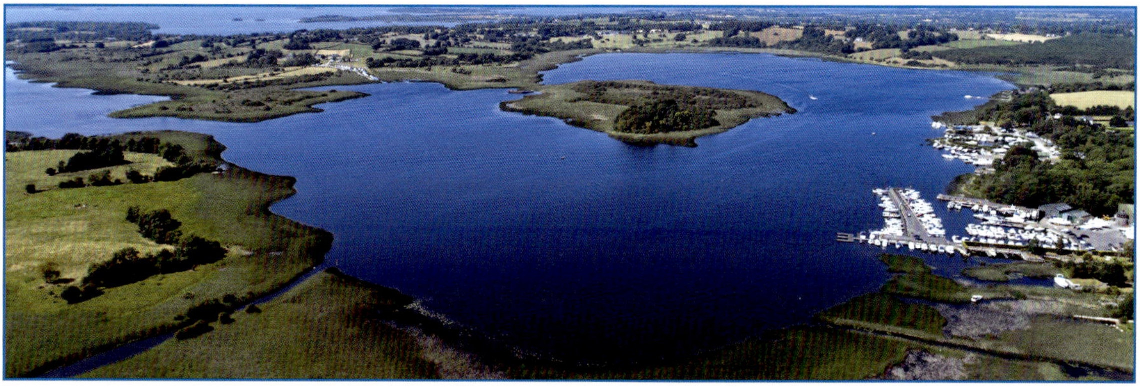

Killinure Lough mit Tempel Island

## Glasson

### Golfen, Essen oder Afternoon Tea?

Im Norden der Bucht: ein Anleger für vielleicht 5, 6 Boote, ein Golfplatz direkt am Shannon und ein paar Gebäude, die zum Hotel gehören; am Ost-Ufer die Wineport Lodge mit ein paar Nebengebäuden: So präsentiert sich Glasson dem Hausboot-Urlauber – der eigentliche Ort liegt nämlich gute 2 km vom Wasser entfernt.

Golfer wird es ans Nordufer ziehen (im Clubhaus ist ein Restaurant auch für Nicht-Golfer untergebracht), alle anderen legen eher bei der Wineport Lodge an (Anleger nur für Gäste). Hier sind Speisen und Aussicht gleichermaßen zu empfehlen, allerdings muss man sich auf ein recht gehobenes Preisniveau vorbereiten; siehe auch „Wo man gut und schön isst". S. 48–49.

Um 30 Euro lässt sich hier übrigens zwischen 13 und 16 Uhr ein sehr typischer und angenehmer „Afternoon Tea" genießen – probieren Sie es aus, wenn Sie das noch nicht kennen (hier gibt es Sandwiches, Käse, Quiche, Pesto, Muffins und eine Menge Süßes hinterher).

500 m südlich von Glasson sieht man ein Gebilde, das an einen versunkenen Kirchturm erinnert. Es handelt sich um einen 1749 errichteten Taubenturm (Pigeon House), der zu dem weiter östlich befindlichen Waterstown House (Ruine) gehört.

Pigeon House: Ungewöhnlicher Taubenturm südlich von Glasson

Wineport Lodge, (Restaurant, Bar und Hotel), Anleger nur für Gäste, Vorspeisen 8–12, Hauptspeisen 18–44 Euro (mittags ab 12 Euro), tägl. geöffnet, 090 643 9010

Glasson Village Restaurant (MO, DI zu, MI–SA abends, SO mittags) und weiter oben Grogan'sBar and Restaurant tägl. 12–21 Uhr) in Glasson (2 km vom Shannon)

Im ehemaligen Fatted Calf (gegenüber von Groger's) wurde The Villager Bar & Restaurant eröffnet; MI–SO 12.30–21.30 Uhr

Das in vielen Führern erwähnte Pub-Restaurant The Fatted Calf ist nach Athlone umgezogen

Golfclub am Nordufer

## Hodson Bay

### Riesen-Hotel mit Pub und einem Golfplatz

Ein riesiger Kasten von einem Hotel, ein durch eine Betonmauer geschützter Anleger – und sonst nichts, sieht man einmal von den vielleicht 100 Autos ab, die hier in der Gegend herumstehen, während

### Vom Boot auf den Golfplatz

Am südlichen Ende des Lough Ree, nördlich von Athlone, haben Sie gleich zweimal die Gelegenheit, vom Boot direkt auf einen Golfplatz zu spazieren: einerseits im Glasson Hotel Golf Course am östlichen Ausläufer (Killinure Lough, Richtung Glasson); und andererseits im Athlone Golf Club, für den Sie im Hafen von Hudson Bay anlegen.

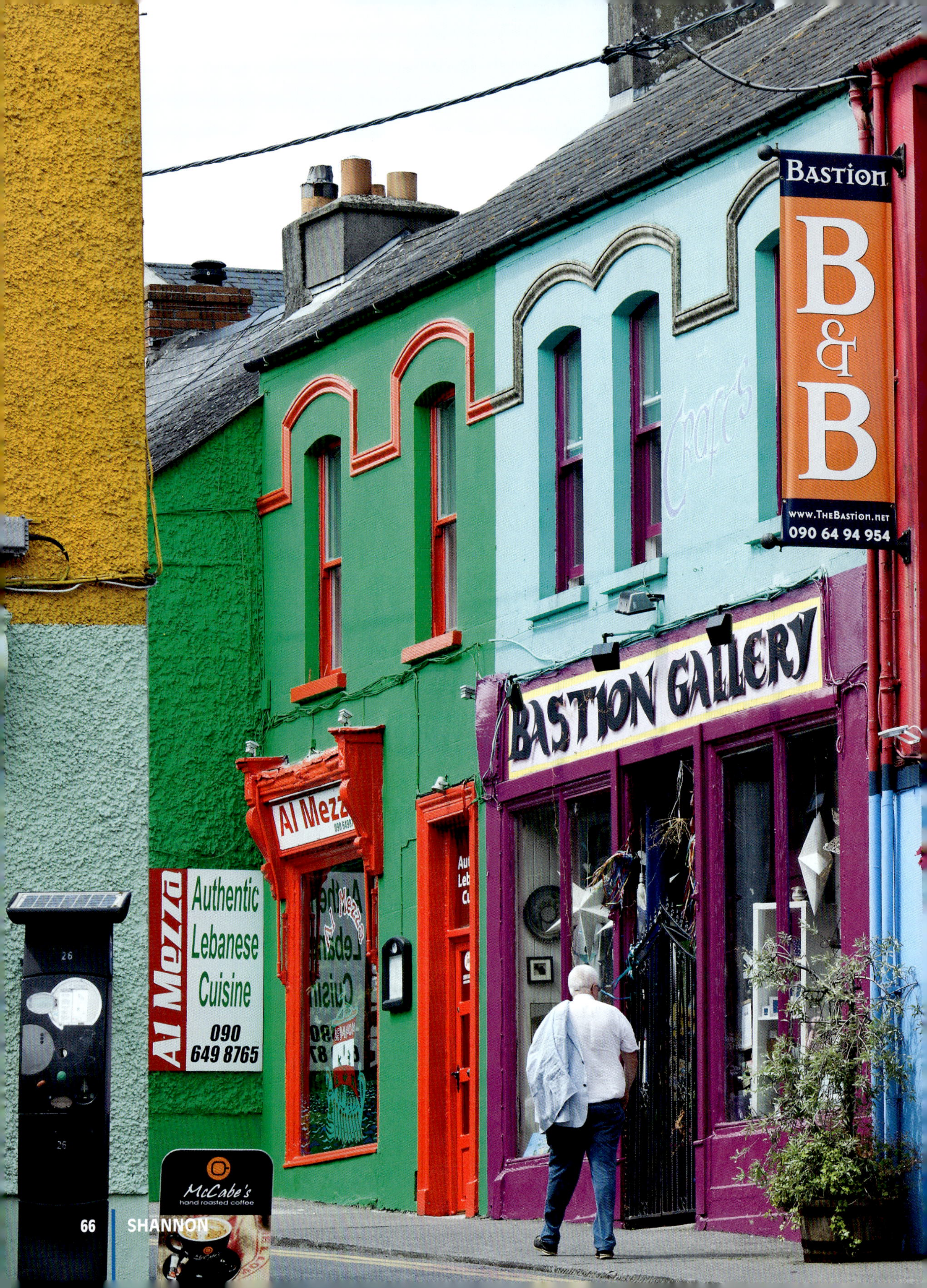
Bastion
B&B
www.TheBastion.net
090 64 94 954
BASTION GALLERY
Al Mezza
Authentic Lebanese Cuisine
090 649 8765
McCabe's
hand roasted coffee

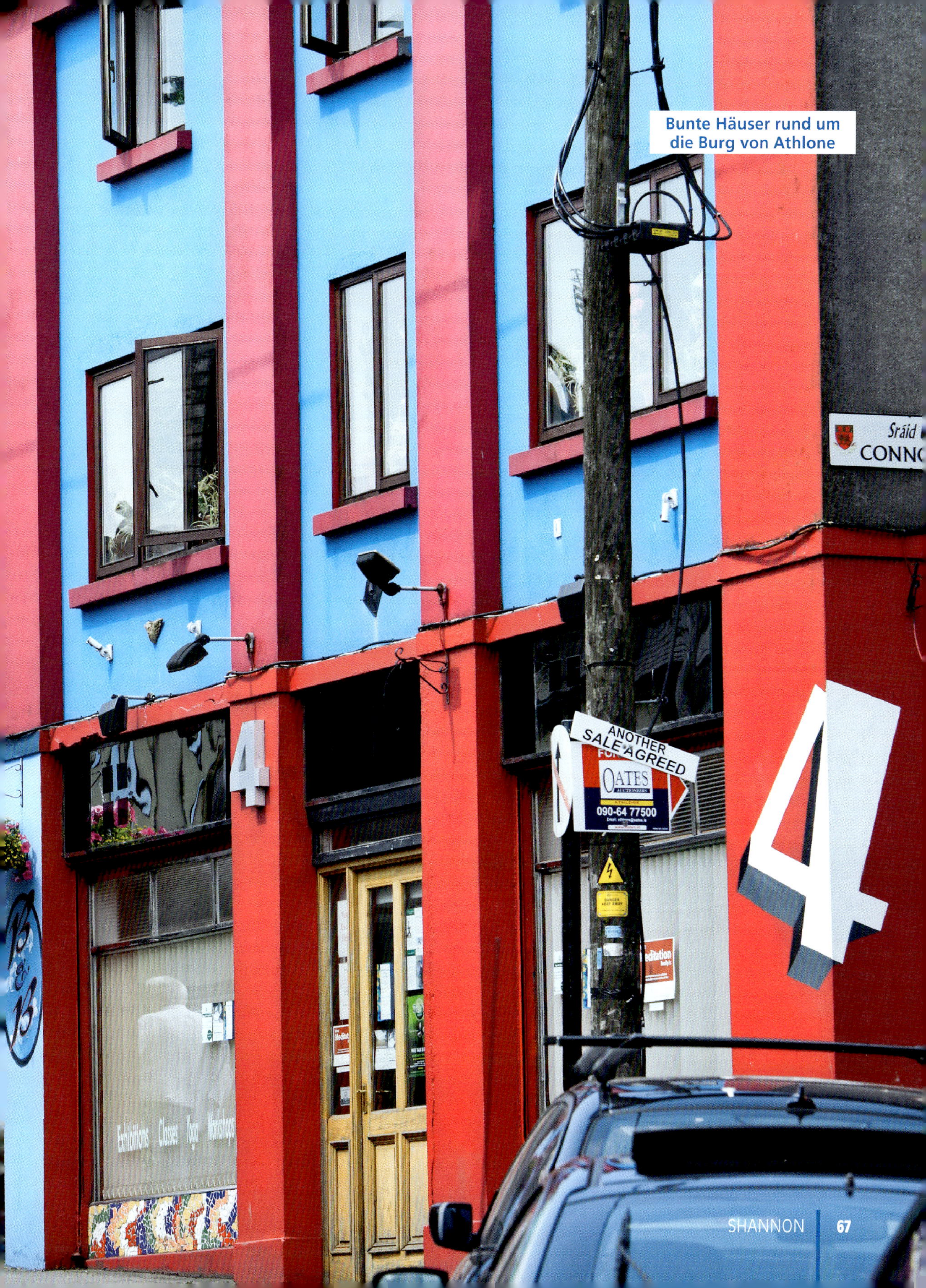


Bunte Häuser rund um die Burg von Athlone

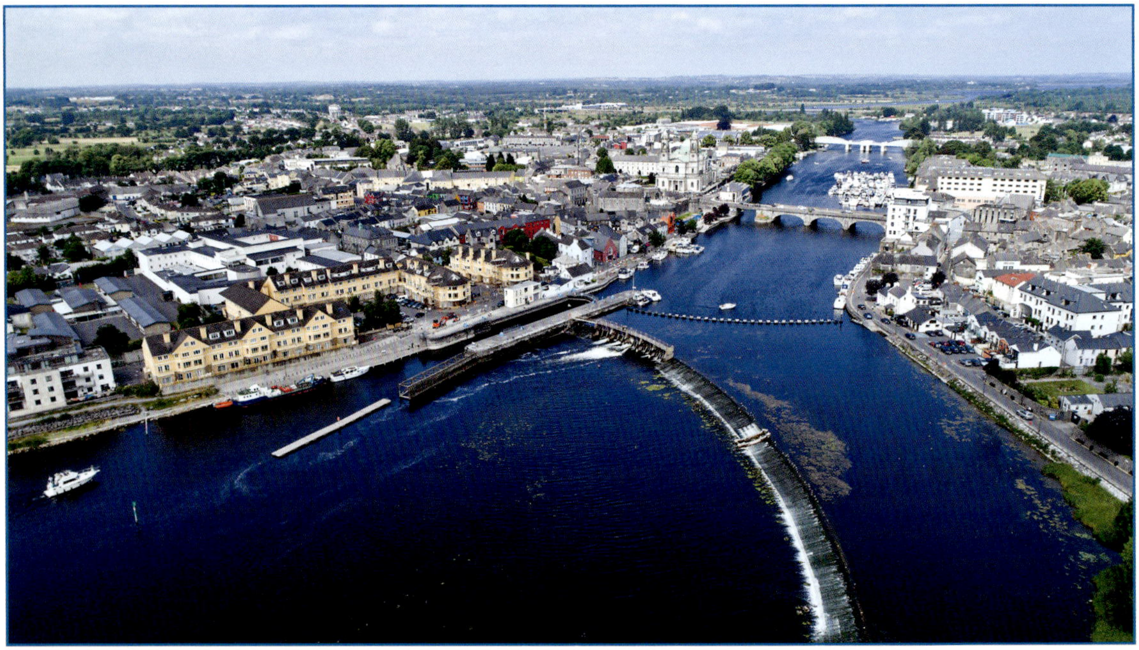

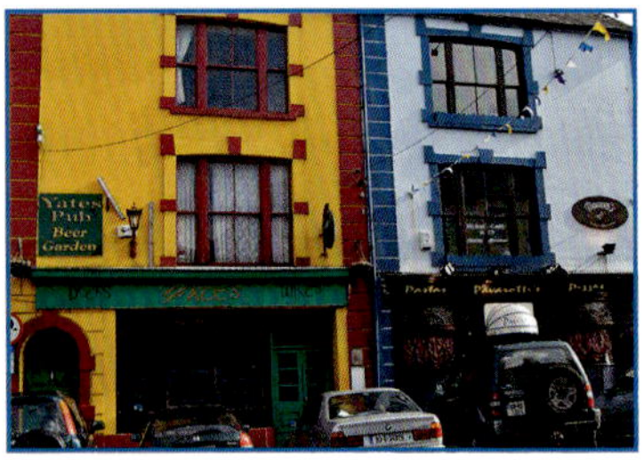


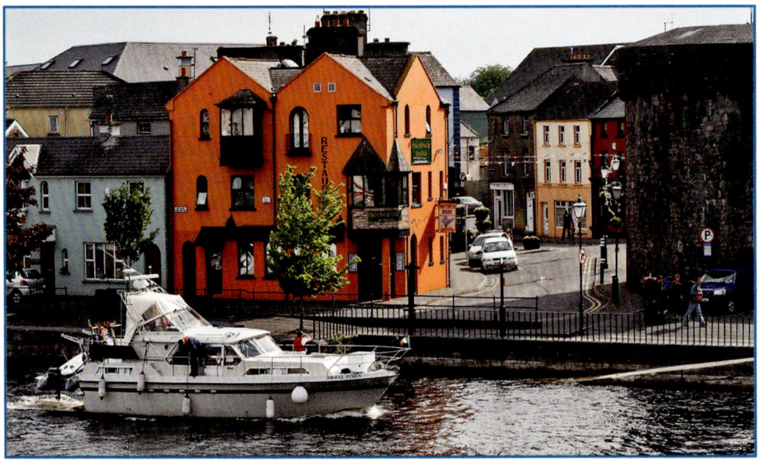

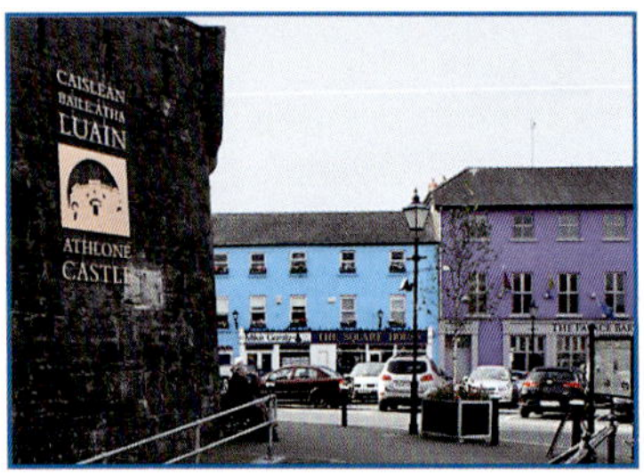


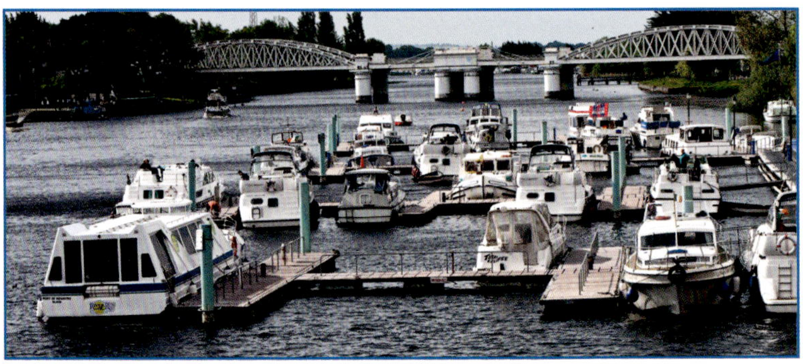

**Die prägnantesten Punkte in Athlone: Wehr, Schleuse, die Burg mit den bunten Häusern rundum und der Hafen unterhalb der weißen Eisenbahnbrücke.**

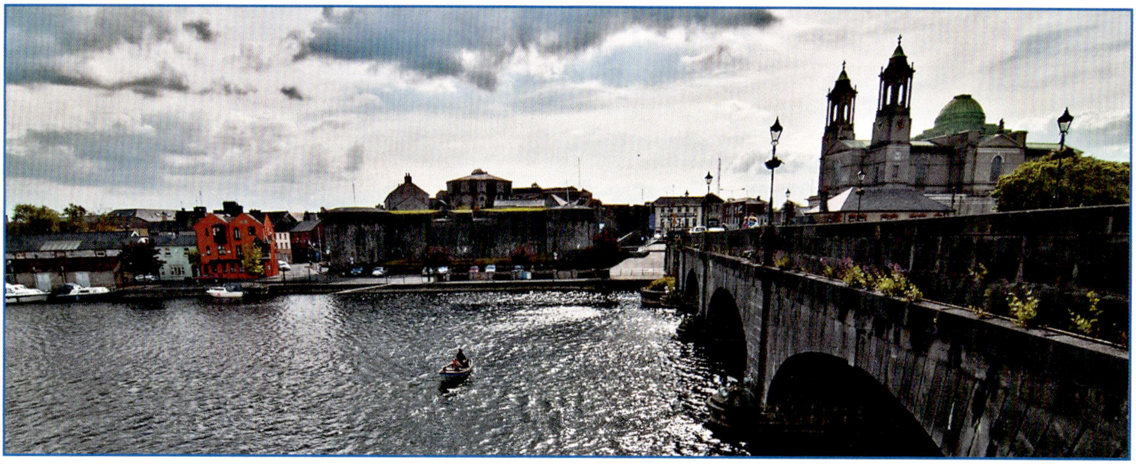

deren Insassen, zusammengeballt auf ein paar Wiesen, Erholung suchen.

Ungeachtet dessen ist das Essen im Hotel recht gut, außerdem hat man die Wahl zwischen zwei Restaurants (das einfachere ist die Waterfront Cavery & Bar).

Beinahe hätte ich es vergessen: Rund ums Hotel befindet sich der Athlone Gold Club – als Info für alle, die Hausbootfahren und Golfen verbinden wollen.

Zwei unterschiedliche Restaurants im Hotel, zwei Bars/Pubs, durchschnittliche Preise

Golfclub beim Hotel

## Athlone

### Burg mit bunten Häusern

Geht man in der Hauptstraße, von der Brücke kommend, Richtung Osten, würde man es angesichts der kleinen eingeschoßigen Häuser kaum glauben: Athlone ist die größte Stadt am Shannon (wirft man einen Blick auf den hässlichen Hotelblock gleich beim Hafen, dann schon eher).

1129 wurde hier die erste Siedlung samt einer hölzernen Brücke errichtet. Athlone Castle stammt aus dem 12. Jh. (1129 als Holzfestung gebaut und um 1210 als Burg mit Steinmauern neu errichtet). Ihr heutiges Aussehen erhielt die Burg kurz nach 1800, als sie zu einer Artilleriefestung (wie Banagher, Meelick etc.) umgebaut wurde. Sie befindet sich, wie auch die Altstadt und die Kathedrale, am Westufer.

Läden finden Sie eher am Ostufer, hinter der Burg „verstecken" sich einige Restaurants (und sehenswert bunt gestrichene Häuser). Wer Lust auf Italienisches hat, dem empfehle ich Pavarotti's am Fry Place. Nicht weit davon liegt das Left Bank Bistro, ein interessantes modernes Restaurant, das sich weder am linken Ufer befindet (sondern am rechten), und auch nicht am Ufer (sondern in einer Parallelstraße, unweit der Schleuse). Hier kocht man so zeitgemäß, wie der optische Eindruck erwarten lässt, es gibt auch eine gute Auswahl für Vegetarier.

Gleich nebenan befindet sich Sean's Bar. Archäologische Untersuchungen

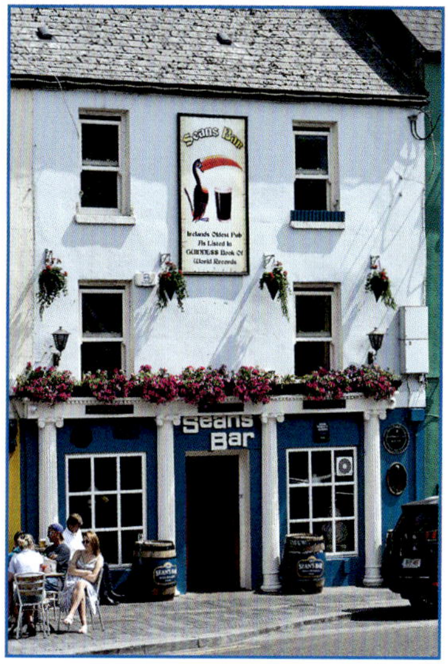


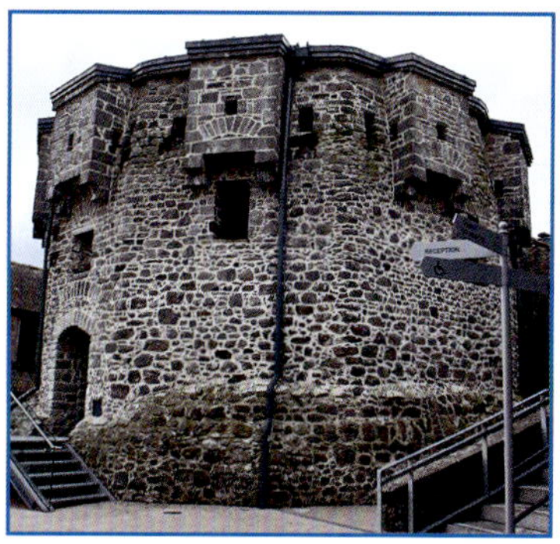

**Athlone: Brücke und Kirche, Sean's Pub und die Burg.**

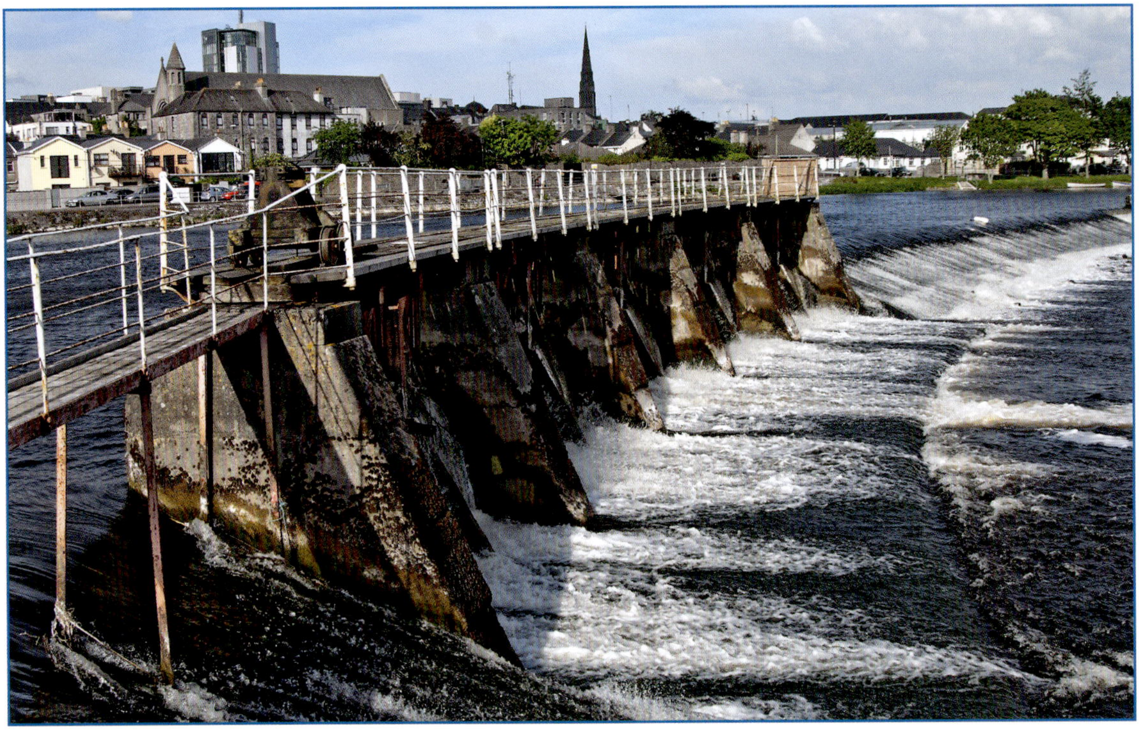

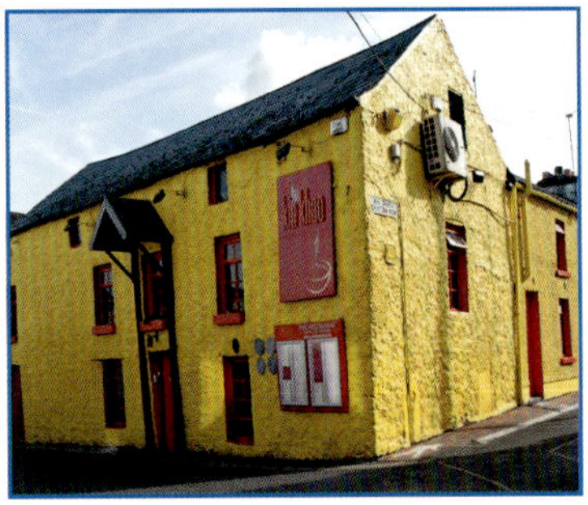

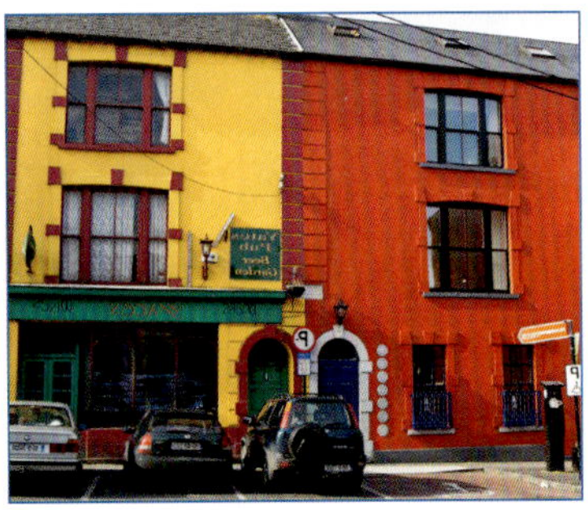

**Athlone: Wehr und bunte Häuser**

haben nun bewiesen, dass das Gebäude aus dem Jahr 900 stammt. Es handelt sich somit sogar um die älteste Bar Europas (lt. Guinness Buch der Rekorde).

Wer die High Street hinauf und dann links geht, entdeckt im knallgelben Haus Kin Khao mit seiner sehr un-irischen Thai-Küche, die immer wieder auch richtig scharf sein kann.

## Der schönste Platz in Athlone

Athlone ist, nähert man sich von unten (Süden), sehr attraktiv: zuerst eine nette Landschaft, dann die Schleuse und nur zweihundert Meter danach linker Hand das Castle mit seiner bunten Altstadt. Gleich oberhalb der Brücke befinden sich die Kathedrale und rechts der Anleger. Der schönste Platz in Athlone ist eindeutig auf der Terrasse (eigentlich ist es ja ein Balkon, der über den Shannon ragt) des Bacchus (das ehemalige Olive Grove): ein nettes Restaurant mit zeitgemäßem Gepräge, fernab der oft überaufdringlichen folkloristischen Ausstattung irischer Pubs. Es befindet sich am Ostufer, gleich unterhalb der Brücke. Von dort haben Sie einen guten Blick auf die Schleuse, das Castle, den Bootsverkehr und das Leben in Irland überhaupt.

Athlone Castle, tägl. 10.30–17.30 (SO ab 11.30) Uhr, Eintritt EUR 8

Alle Einkaufsmöglichkeiten. Die großen Supermärkte liegen am Ortsrand, in Gehweite finden Sie aber zahlreiche kleine Lebensmittelläden (linkes Ufer)

Ein große Tesco-Supermarkt (tägl. 8–22 Uhr) befindet sich in Höhe des Wehrs am linken Ufer (im Einkaufszentrum, rund 1 km von der Brücke)

Athlon hat fast 20 Restaurants und zahlreiche Pubs

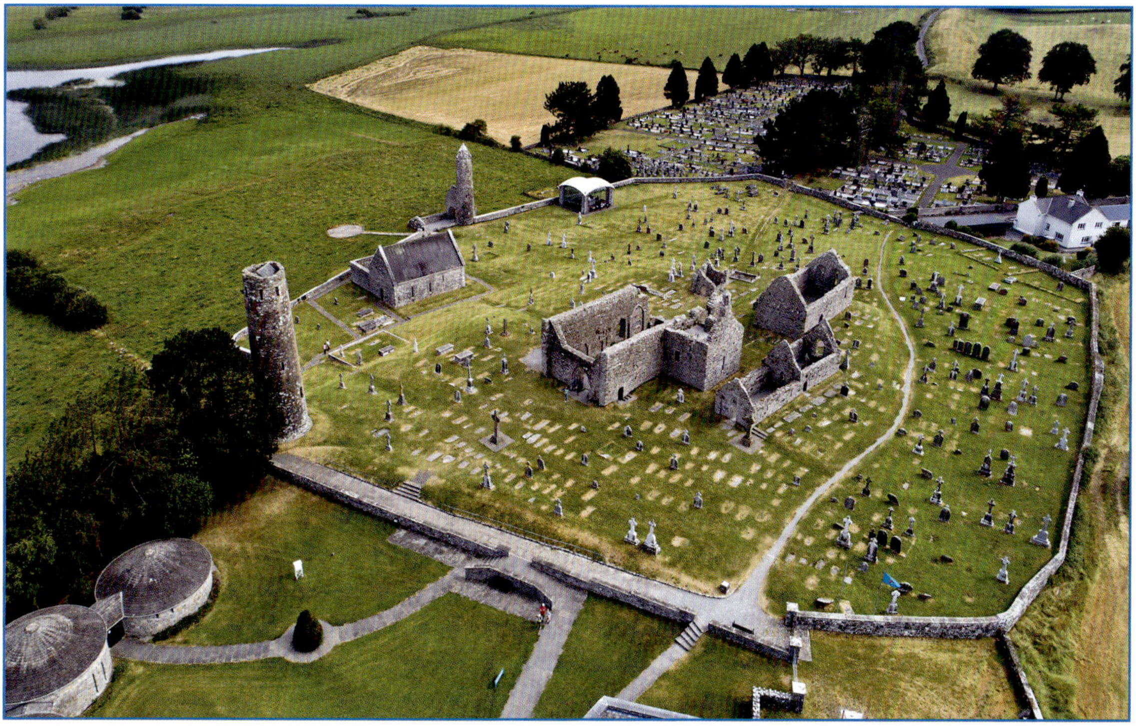

Bacchus, bei der Brücke (Ost-Ufer), mediterrane Küche, modernes Ambiente, schöner Ausblick. Vorspeisen 5–9, Hauptspeisen 18–25 Euro, MO–FR 17–22 Uhr, SA, SO 13–22 Uhr. 090 645 0433

Left Bank Bistro, Fry Place (südl. der Burg), Vorspeisen 6–10, Hauptspeisen 13 (mittags) bis 29 Euro (abends), 10.30–22 Uhr, SO + MO zu, 090 64 94446

Pizzeria Pavarotti, Fry Place, tägl. 17–22 Uhr, 09 649 3066

Kin Khao Thai in der Abbey Lane (Quergasse der High Street), tägl. abends geöffnet, mittags nur MI–FR und SO, 090 649 8805

The Fatted Calf, Church Street (linkes Ufer), Vorspeisen 6–11, Hauptspeisen 19–28 Euro. 12.30–15 und 17.30–21.30 Uhr, SO + MO zu, 090 643 3371

Seans Bar (das älteste Pub Irlands), Main Street Nr. 13 (neben der Burg), tägl. 10–24 Uhr (SO erst ab 12.30 Uhr), siehe auch Text

# UNTERER SHANNON

## Clonmacnoise

### Das dürfen Sie keinesfalls auslassen

545 gegründet, war das Kloster von Clonmacnoise bis ins 10. Jh. den Raubzügen der Wikinger ausgesetzt. Die letzte Plünderung erfolgte 1550 durch englische Soldaten. Kein Wunder, dass Clonmacnoise seit dieser Zeit nur noch eine Ansammlung von Ruinen ist. Daran waren allerdings auch (mindestens) 13 Brände schuld, von denen die meisten gelegt wurden.

Erstaunlich, dass bei all diesen äußeren Einwirkungen noch so viel bis heute überdauert hat: Die Reste von acht Kirchen (wenn ich mich nicht verzählt habe!) begeistern eben-

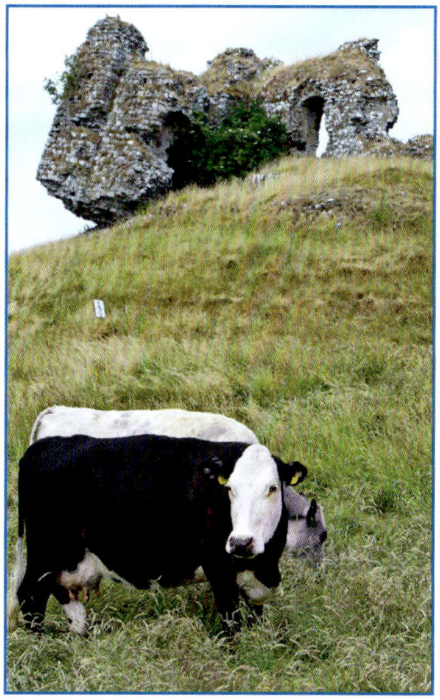

Clonmacnoise

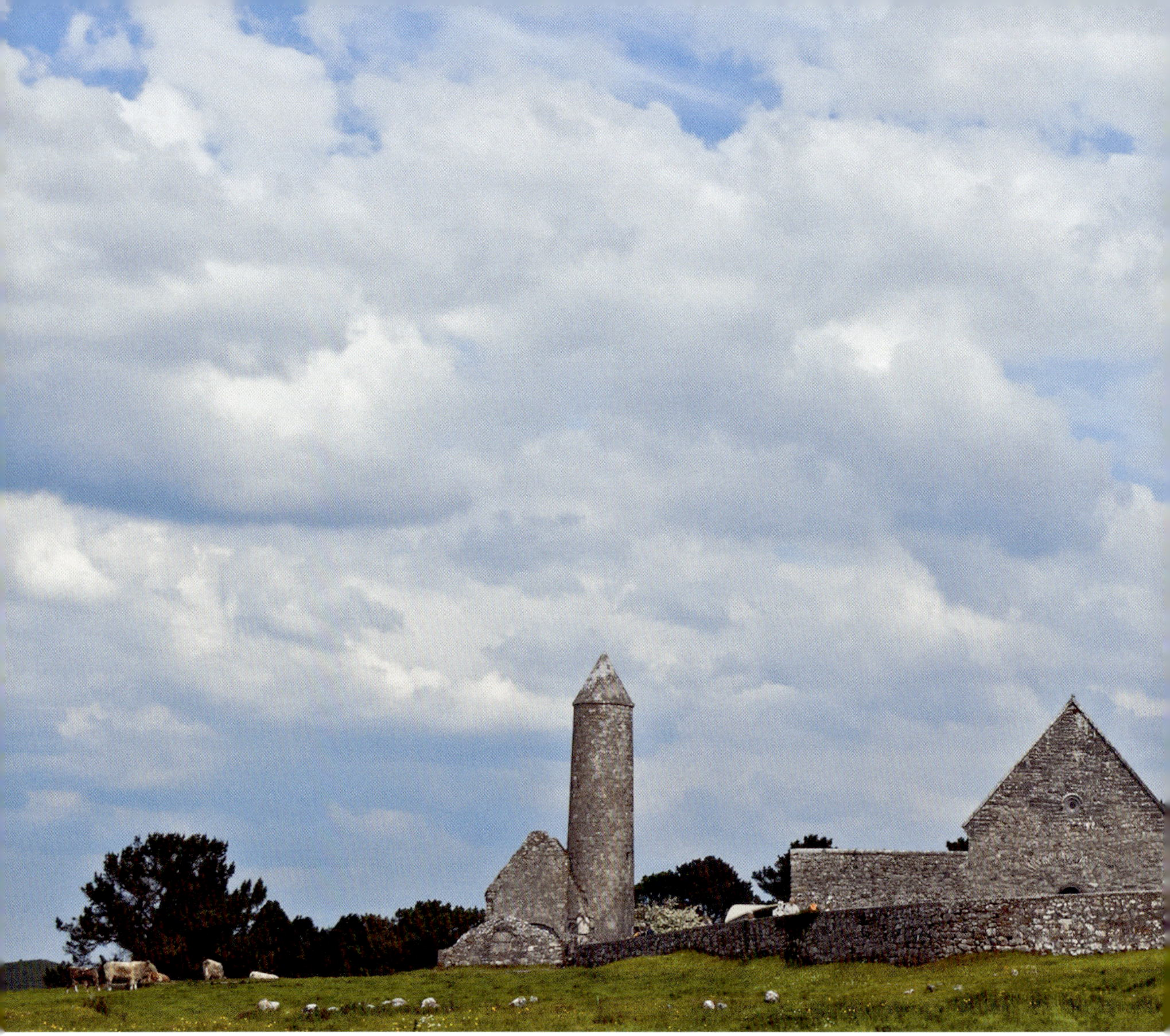

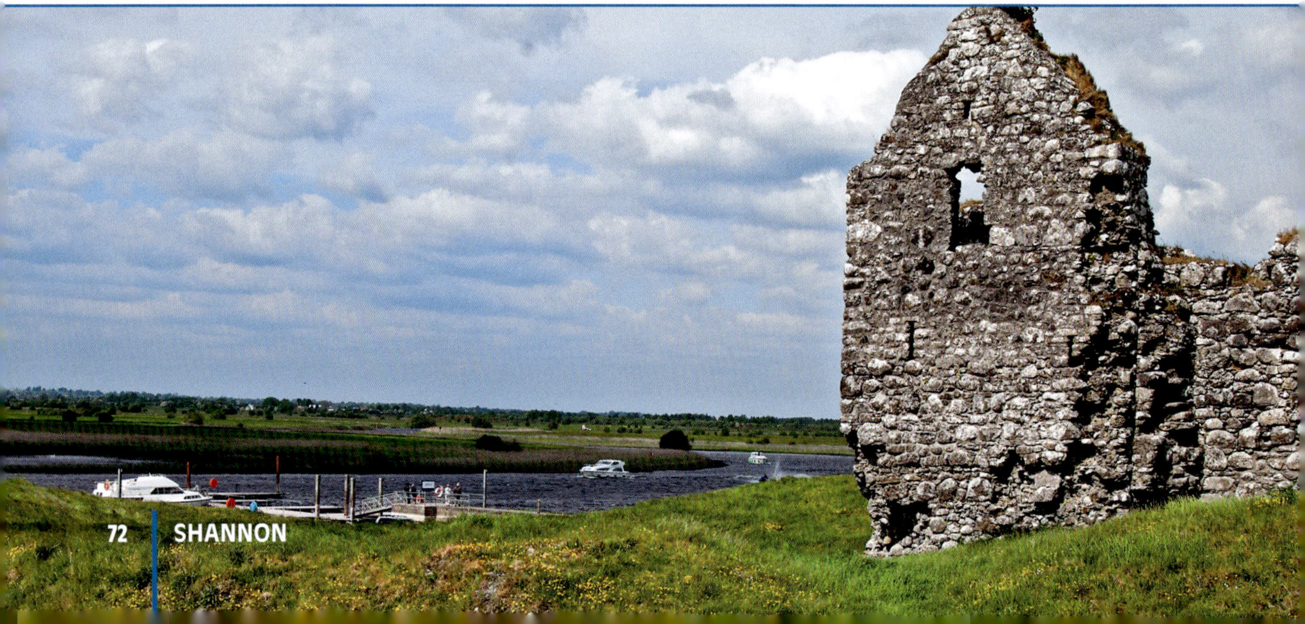

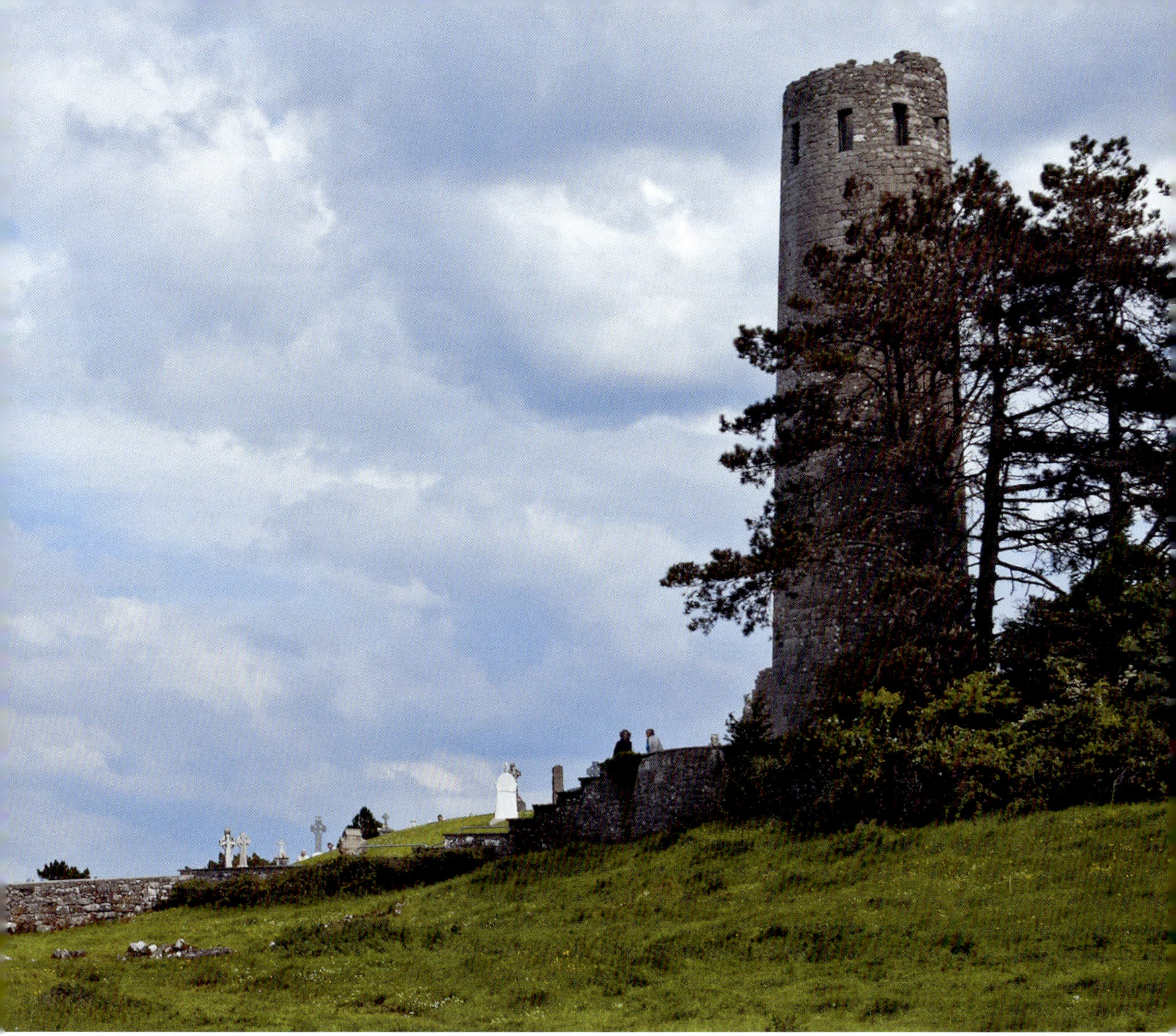

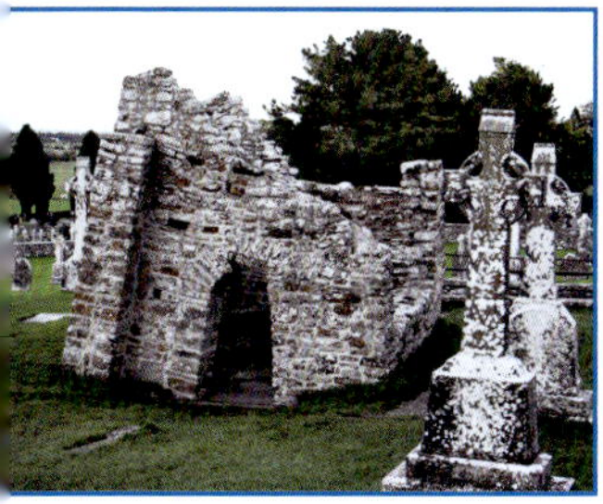

Clonmacnoise: Kloster, Friedhof, Rundtürme, Anleger und eine etwas aus den Fugen geratene Burg.

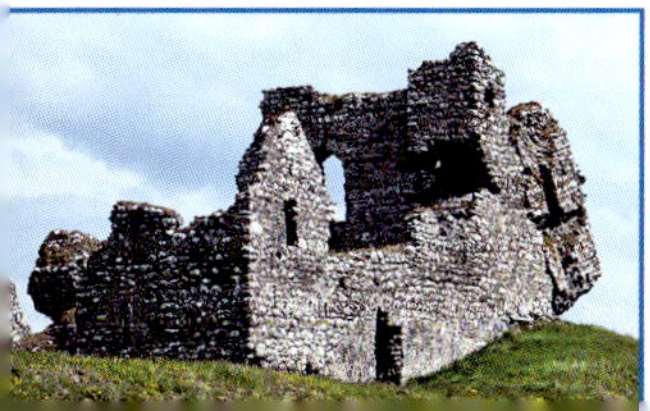

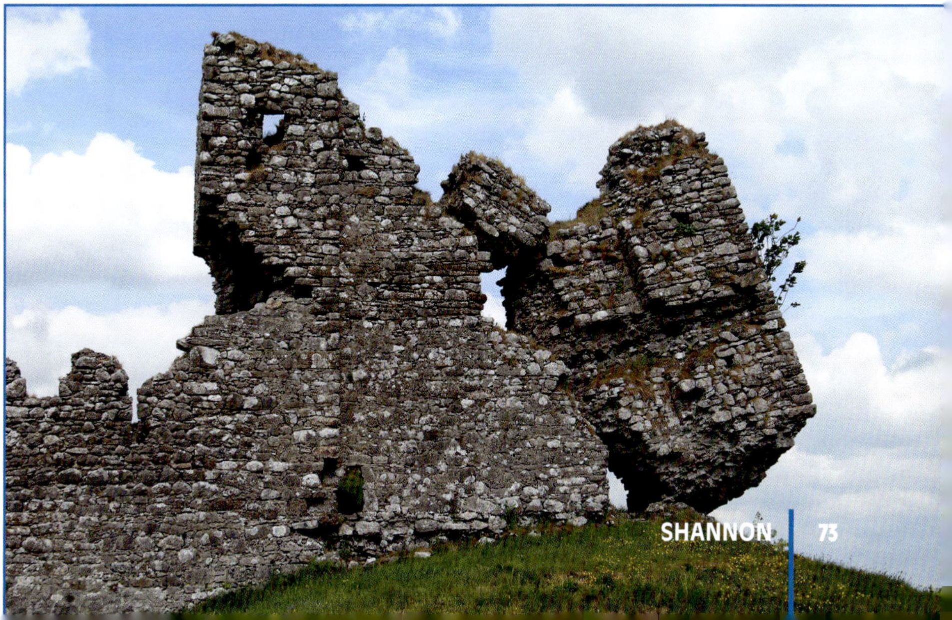

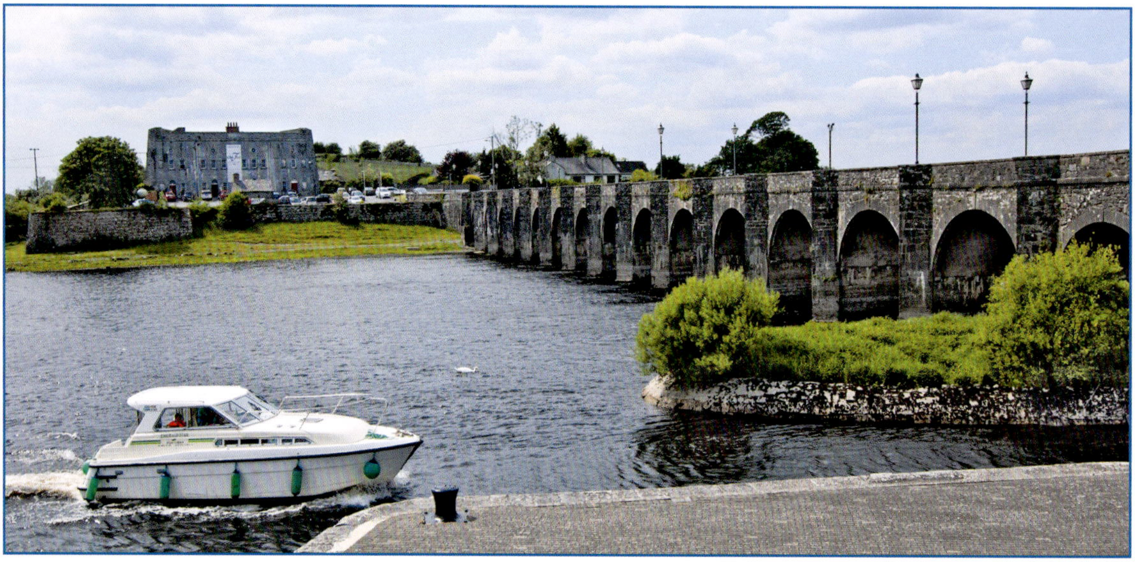

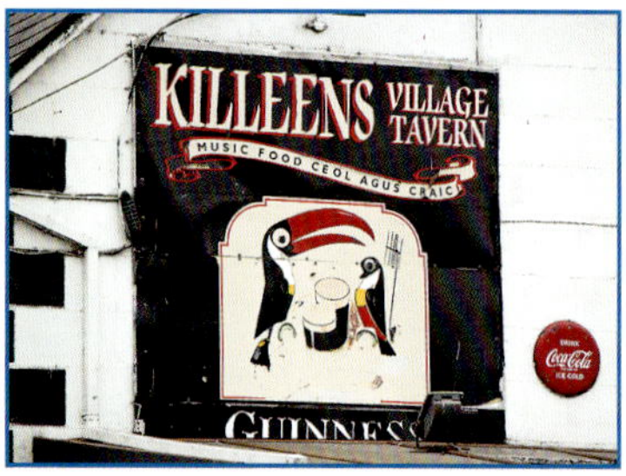


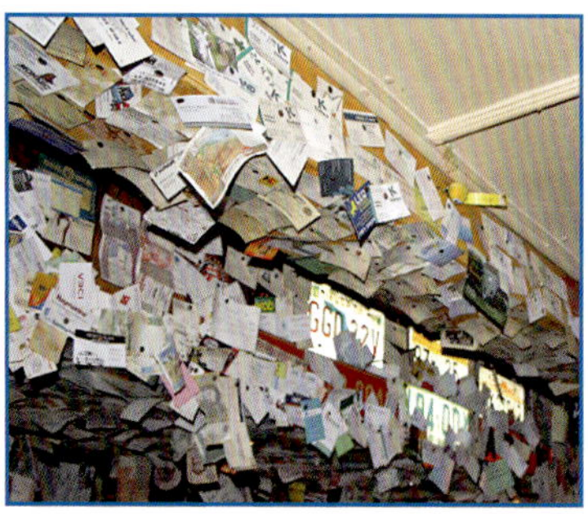

**Shannonbridge hat zwei Wahrzeichen: Die Brücke und Killeen´s Pub mit seiner Visitenkarten-Sammlung.**

so wie ein Hochkreuz aus dem 9. Jh. Daneben findet man hunderte Kreuze und Grabplatten und als weithin sichtbares Monument O´Rourke´s Tower, der erst 1124 vollendet wurde. Clonmacnoise gilt als die größte Touristenattraktion am Shannon, entsprechend stark ist der Besucherandrang. Als Hausboot-Urlauber haben Sie einen Vorteil: Sie „parken" an einem eigenen Anleger abseits des Gedränges.

☞ Tägl. 10–18 Uhr, Juli + August ab 9 Uhr geöffnet, Eintritt 8 Euro

## Von einer umgefallenen Burg, von Clans und von Kaninchen

Spektakuläre Reste einer Burg, die 1214 errichtet wurde, finden Sie gleich neben dem Anleger von Clonmacnoise. Umgeben von Gräben und Wällen, die einst mit Holz, Stein und Erde errichtet wurden, balancieren wuchtige Mauern auf einem Hügel im Kampf gegen die Schwerkraft, den einige Teile bereits verloren haben. Als nächstes wird es die südwestliche Ecke erwischen, die sich derzeit noch schutzsuchend an die Ruine anlehnt, aber schon bereit zum Absprung in den Graben ist.

Das Bauwerk ist weder in Führern noch vor Ort näher beschrieben. Dabei gäbe es viel zu erzählen: Dass beispielsweise der Shannon früher bis direkt an die Erdwälle reichte, dass die Bucht größer war und damals die komplette Westseite schützte, dass es eine Holzbrücke gab, die an der Burg vorbei führte und am rechten Ufer in einen Bohlenweg mündete; oder dass die beiden Erdwälle einen Wassergraben einfassten.

Sie können die Anlage betrachten, am Betreten selbst wird man jedoch durch einen Zaun gehindert.

Errichtet wurde Clonmacnoise Castle übrigens von den englischen Besatzern, um die irischen Clans zu kontrollieren. Die Burg wurde von den Iren zu Beginn des 14. Jh. teilweise wieder abgerissen und fristet seit dieser Zeit ihr trauriges Ruinen-Dasein. Aber was tun die Kaninchen im Titel zu dieser Geschichte? Das, was sie seit Jahrhunderten erfolgreich tun: mit ihren Höhlen die Erdarbeiten zerstören und der Burg das Fundament weggraben . . .

## Shannonbridge

### Berühmteste Brücke und berühmtes Pub

Um Napoleon trotzen zu können, wurde hier im 19. Jh. von den Engländern eine Artilleriefestung errichtet (siehe auch Banagher und Meelick). Die Brücke stammt aus dem Jahr 1757 und wird gerne als die älteste noch benutzte Brücke am Shannon bezeichnet – die längste alte Brücke ist sie auf jeden Fall.

In dieser Zeit befand sich am Ostufer auch ein kurzer Kanalabschnitt mit einer Schleuse. Das zweistöckige Schleusenwärterhaus stammt aus 1750 und beherbergt das Tourismus-Büro, die Reste der Schleuse unterhalb der Brücke sind anhand der Einbuchtungen in der Kaimauer heute noch zu erkennen. Am gegenüberliegenden Ufer dominiert eine mächtige Verteidigungsanlage, die auf Hinweistafeln ausführlich erklärt ist.

Das Fort dient heute durchaus friedlichen Zwecken: Hier ist das River Café untergebracht.

In Shannonbridge befindet sich auch eines der berühmtesten Pubs des Shannon: Killeen's (auch als

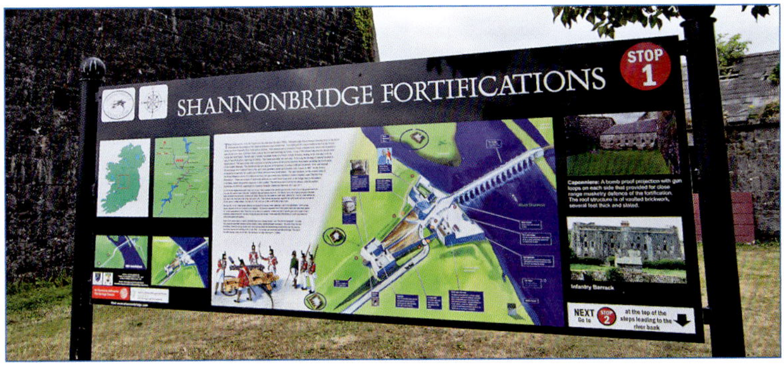


Village Tavern bekannt), mit Visitenkarten von unzähligen Besuchern an der Wand. Der Chef singt gerne und bläst an so manchem Musik-Abend selbst die Posaune.

Unweit des Städtchens befindet sich nicht nur ein weites Torfgebiet, sondern auch das größte Torfkraftwerk Irlands, das 1965 in Betrieb genommen wurde.

Lebensmittel in Killeen's Bar (sh. unten) und gegenüber im Gala (tägl. 8–22 Uhr)

Killeen's Bar, Hauptstraße (300 m von der Brücke), Snacks 3–7, Hauptspeisen rund 10 Euro, tägl. 10–24 Uhr, 090 967 4112

Luker's Bar, Pub und Restaurant, bei der Brücke; Vorspeisen 6–10, Hauptspeisen 14–25 Euro, tägl. ab 12.30 bis spät geöffnet, 09 096 74995

## Ballinasloe (am River Suck)

### Ballinasloe ist einen Umweg Wert

Unterhalb von Shannonbridge kann man den River Suck hinauf fahren, der am rechten Ufer in den Shannon mündet. Dies kann ich nicht nur aufgrund des netten Wasserweges mit seinen zahlreichen Mäandern empfehlen, sondern auch deshalb, weil die Kleinstadt tagsüber (und auch nachts, mit Live-Musik in Pubs) nur

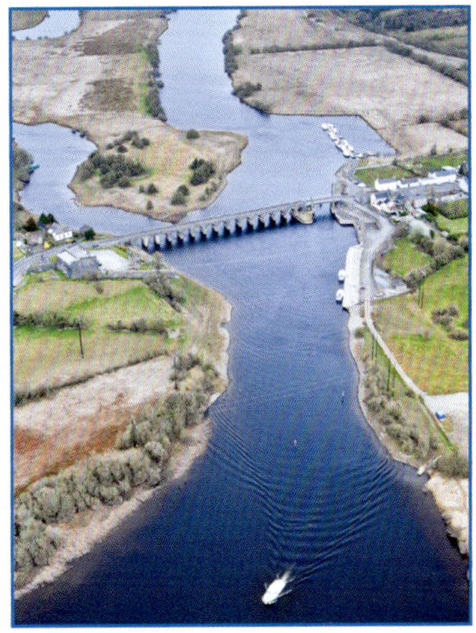

**Shannonbridge: eine Tafel beim Fort am rechten Ufer bietet ausgezeichnete Informationen zu den militärischen Anlagen.**

### Doppeltes Devenish Island

Zwischen Clonmacnoise und Shannonbridge kommt man unter anderem an einer Insel namens Devenish Island vorbei. Es handelt sich allerdings nicht um jene mit dem Kloster, sondern lediglich um eine Namensgleichheit. Die „berühmte" Insel ist 200 km weiter nördlich zu finden, am Erne bei Enniskillen.

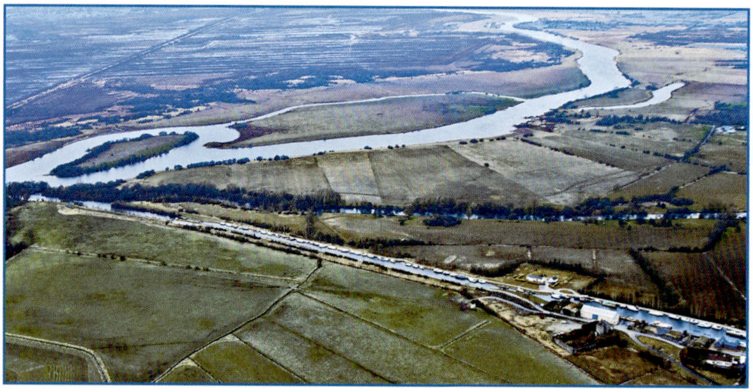

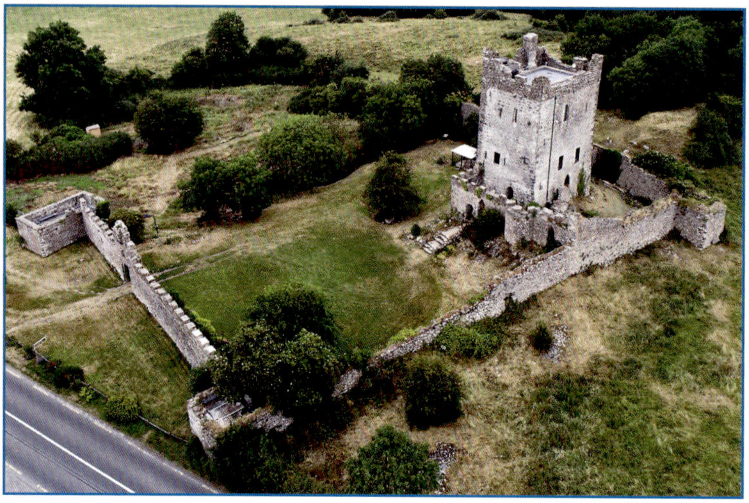

**Ganz oben: Der Grand Canal (Vordergrund) mündet bei Shannon Harbor in den Shannon**

**Darunter: Clonony Castle, ein beeindruckendes Tower-House unweit von Shannon Harbour, wird liebevoll restauriert.**

so von Leben strotzt. Markt ist jeden Freitag von 9 bis 14 Uhr im Zentrum.

Und wieder einmal: Hier gibt es einen Golf-Platz (rund 3 km südöstlich des Zentrums).

Alle Einkaufsmöglichkeiten, Bankomat

Supermarkt Lidl ganz in der Nähe des Hafens, täglich 8–2, SO bis 19 Uhr

Rund 10 Restaurants, vom Chinesen und Inder über Fastfood bis zum schicken Hotel-Restaurant

Täglich Live Musik in Egan´s Bar

Pferdemarkt in der 1. Oktoberwoche

Golfplatz 3 km südöstlich

## Shannon Harbour

### Willkommen am Grand Canal!

Hier mündet der Grand Canal in den Shannon. Durch den Kanal erlebte dieser Ort im 19. Jh. eine Blüte, von der heute fast nichts mehr zu erkennen ist. Imposant und traurig zugleich ist die Ruine des Hotels, das gleichzeitig mit dem Kanal erbaut wurde und ein letzter Zeuge der Bedeutung dieses Wasserweges ist.

Ich empfehle Ihnen einen zumindest kurzen Aufenthalt, um einen Blick auf den Grand Canal und die zahlreichen Privatboote zu werfen, die hier ihren (auch über Winter sicheren) Heimathafen haben. Zwei Pubs bieten Labung für Durstige.

Wer Lust auf einen Spaziergang hat: 3 km den Grand Canal entlang, dann auf der R 357, die hier den Kanal quert, ein kurzes Stück Richtung Norden, und Sie stehen vor Clonony Castle. Es stammt aus 1500 und ist heute eine Ruine, wird aber vom Besitzer liebevoll restauriert und gegen weiteren Verfall geschützt.

Alte Anlagen (z. B. Hotel-Ruine) und enge Bogenbrücken aus der Hochblüte des Grand Canal

Clonony Castle (siehe Text)

McIntre´s Pub an der Straße zur Brücke: einfache Speisen, tägl. 16–24, SA + SO ab 13 Uhr geöffnet

## Bullock Island

### Kennen Sie den Corncrake?

Am linken Ufer, zwischen Shannon Harbour und Banagher, liegt Bullock Island, das vom Shannon und von einer alten nicht mehr befahrbaren Schlinge des Shannon umgeben ist. Hier hat der Wachtelkönig (engl.:

corncrake) eine seiner letzten Brutstätten – einst war er einer der häufigsten Vögel in Europa. Bei Schleuse 36 (Grand Canal) kommt man der Insel am Nächsten, der Zugang ist allerdings verboten, um das Reservat nicht zu zerstören.

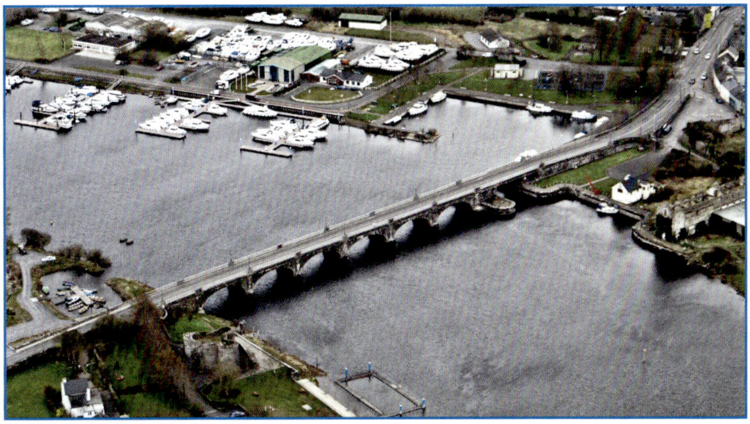

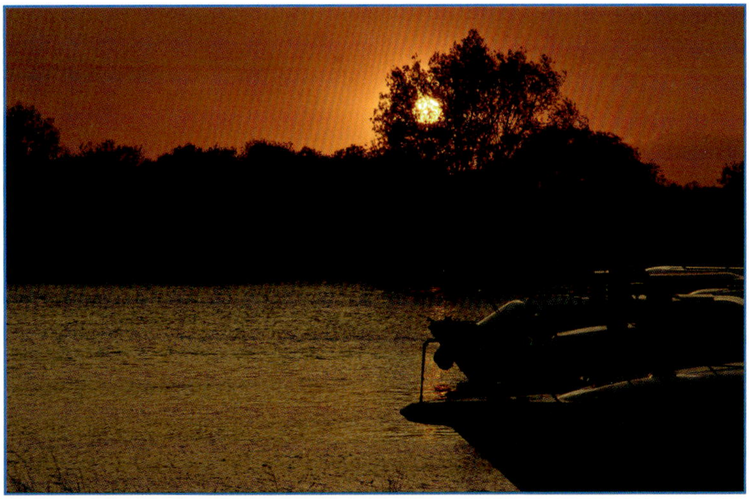

## Banagher

### Streng bewachter Fluss-Übergang

Banagher ist schon seit jeher ein wichtiger Übergang über den Shannon. Die erste Brücke wurde im 11. Jh. gebaut und rund alle 200 Jahre durch einen Neubau ersetzt. Die heutige Stadt wurde erst im 17. Jh. gegründet. Ebenso wie Shannonbridge und Meelick (siehe dort) wurde Banagher befestigt: Cromwell´s Castle aus 1650 wurde im 19. Jh. zu einer Geschützstellung ähnlich einem Martello-Turm umgebaut.

Die Mauern östlich der Brücke sind Reste der dazugehörigen Kaserne. Und wenn Sie schon auf Spurensuche sind: Früher wurden die Untiefen durch einen Kanal am Westufer umgangen, den man samt Schleusenwärterhaus noch sehen kann.

Über das von Einheimischen empfohlene „beste Restaurant" Flynn´s in der Hauptstraße möchte ich lieber den Mantel des Schweigens breiten und Sie selbst probieren lassen . . .

Banagher hat seit 2010 übrigens auch eine eigene Brauerei, in der das Bo Bristle beer produziert wird.

3 km südwestlich von Banagher findet man Cloghan Castle, das bewohnt und gegen Voranmeldung zu besichtigen ist. Ab Banagher ist der Weg beschildert; trotz seines Namens liegt es nicht im nördlich gelegenen Ort Cloghan! Seien Sie auch nicht enttäuscht, wenn Sie vor dem doch eher bescheidenen Bau stehen und nicht vor jener stolzen Burg, die in vielen Führern abgebildet ist – diese liegt nämlich 40 km weiter westlich, trägt denselben Namen, hat aber sonst nichts mit Banagher zu tun (aber so ist das eben, wenn man Führer bloß aus dem Internet abschreibt, ohne da gewesen zu sein).

Geschützstellung (West-Ufer) und Kaserne (Ost-Ufer), unterhalb der Brücke

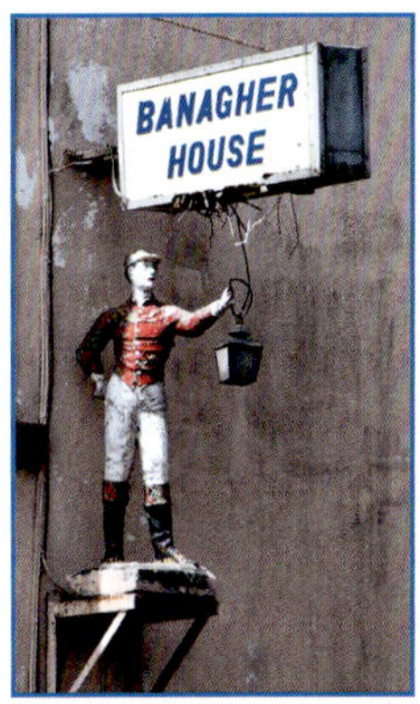


Banagher

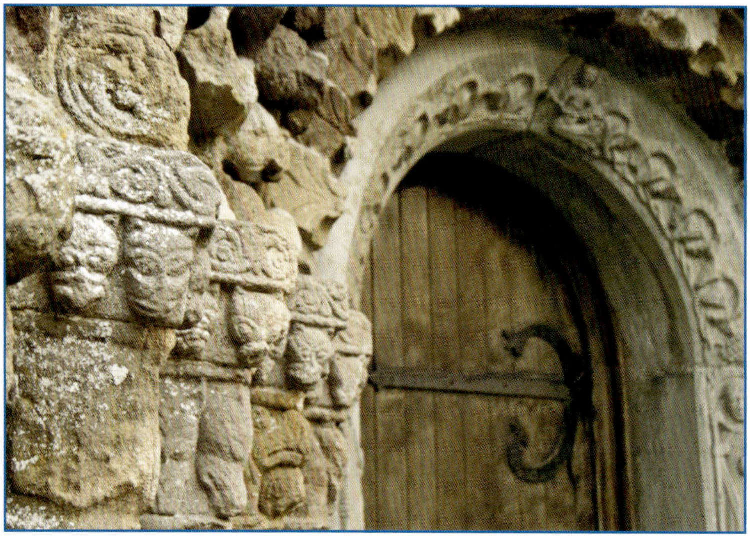

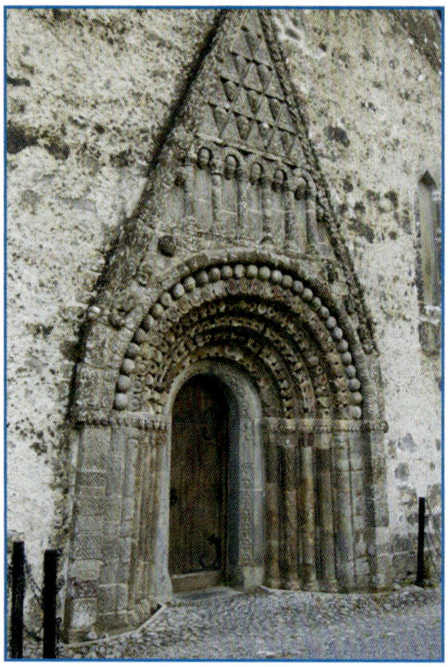

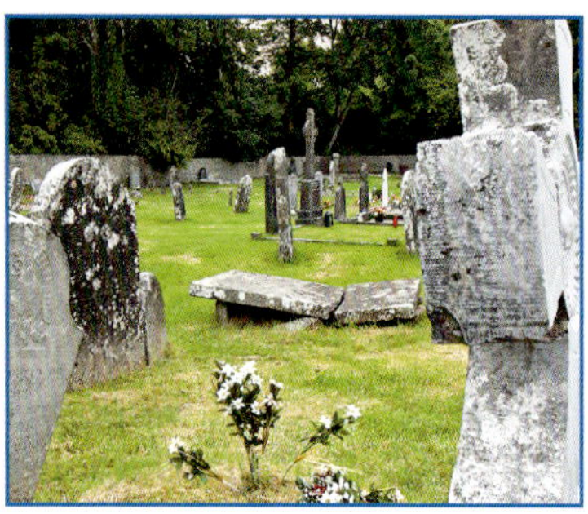

Clonfert

Cloghan Castle (siehe Text), Anmeldung 05 095 1650

Supermarkt SuperValu, Main Street, tägl. 8–21, SO bis 18 Uhr

Flynns Bar & Restaurant, Main Street, tägl. 10–24, SO erst ab 12 Uhr

Vinehouse Kitchen,Pub und Restaurant, Crank Road (Seitengasse der Main Street)

Mehrere Pubs

## Clonfert

### Kleine Kirche mit hohem Bekanntheitsgrad

7 km westlich von Banagher (landeinwärts) treffen Sie auf die Klostersiedlung von Clonfert, die der Heilige Brendan im 6. Jh. gründete. Im 12. Jh. wurde Clonfert Bischofssitz, aus dieser Epoche stammt auch das berühmte Portal, das als eine der wichtigsten romanischen Arbeiten Irlands gilt. Der Friedhof und die im Gegensatz zu ihrer „Prominenz" fast rührend kleine Kirche sind unbedingt sehenswert, auch wenn etwas weit vom Shannon gelegen.

## Meelick

### Das doppelte Meelick

Vom Shannon aus sehen Sie die älteste noch in Gebrauch befindliche katholische Kirche Irlands (älteste Kirche: siehe Tuamgraney), inmitten des Friedhofs direkt am Fluss: Sie wurde 1414 als Teil eines Franziskanerklosters errichtet. Der Flussübergang bei Meelick wurde Anfang des 19. Jh. von den Engländern zu einer Festung gegen eine mögliche französische Invasion von Westen ausgebaut. Ein sogenannter Martello-Turm, auf dessen Plattform drei Kanonen standen, ist auf der Insel westlich der Victoria Lock zu sehen, er kann von der Schleuse zu Fuß erreicht werden. Etwas oberhalb des Anlegers von Meelick befindet sich auf Incherky Island die Keelogue Battery, ein Erdwerk für die Artillerie. Die Festungen von Meelick wurden, ohne je im Einsatz gewesen zu sein, 1870 stillgelegt.

Victoria Lock wurde 1840 errichtet; östlich davon sieht man den alten Kanal und Reste der heute nicht mehr genutzten Hamilton Lock, die 1750 gebaut wurde und eine der ersten Schleusen am Shannon war.

Es gibt übrigens noch ein Meelick, ebenfalls am Shannon, das nichts Erwähnenswertes zu bieten hat und direkt bei Limerick liegt, am für Mietboote nicht befahrbaren untersten Abschnitt. Und da Meelick ursprünglich so etwas wie „Sumpfland" bedeutet, wird der Ortsname in Irland wohl noch häufiger vorkommen.

Meelick Church (siehe Text)

Verteidigungsanlagen (siehe Text)

keine Versorgung

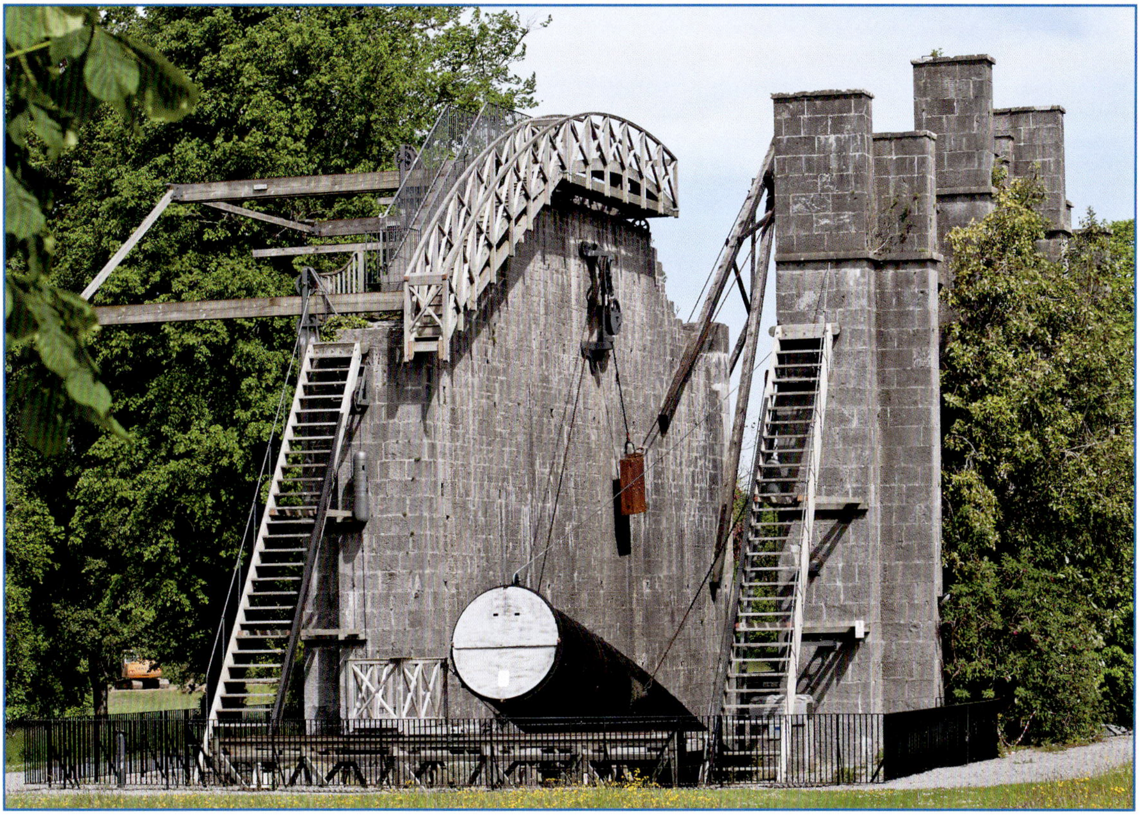

## Long Island / Portland Island

### Unerreichbares Derryhivenny Castle

Zwischen Meelick und Portumna stoßen Sie auf Long Island und Portland Island. Wo die beiden Inseln einander fast berühren, sieht man am Westufer, rund 1 km landeinwärts, das vierstöckige Turmhaus mit dem Namen Derryhivenny Castle, das 1643 erbaut wurde und heute eine (stattliche!) Ruine ist. Es ist nicht erreichbar (Privatgrund).

## Birr Castle

### Riesen-Teleskop und Buchs-Weltrekord

Birr Castle, etwa 15 km östlich von Portumna und ebenso weit südlich von Banagher gelegen ist gleich in mehrfacher Hinsicht erwähnenswert. Planen Sie einen Ausflug mit dem Taxi dort hin und nehmen Sie sich dafür einen halben Tag Zeit – Sie werden es nicht bereuen.

Birr Castle ist ein großer Besitz in einem kleinen, aber feinen Dorf, das für sich alleine schon sehenswert wäre. Das Schloss selbst ist in Privatbesitz und kann nicht besichtigt werden, die Anlagen rundum und die Nebengebäude haben es jedoch

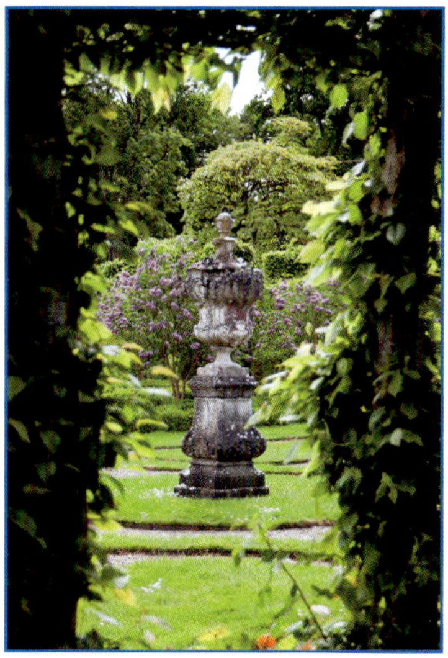

**Birr Castle beherbergt nicht nur ein gigantisches Teleskop, sondern auch einen sehenswerten Garten.**

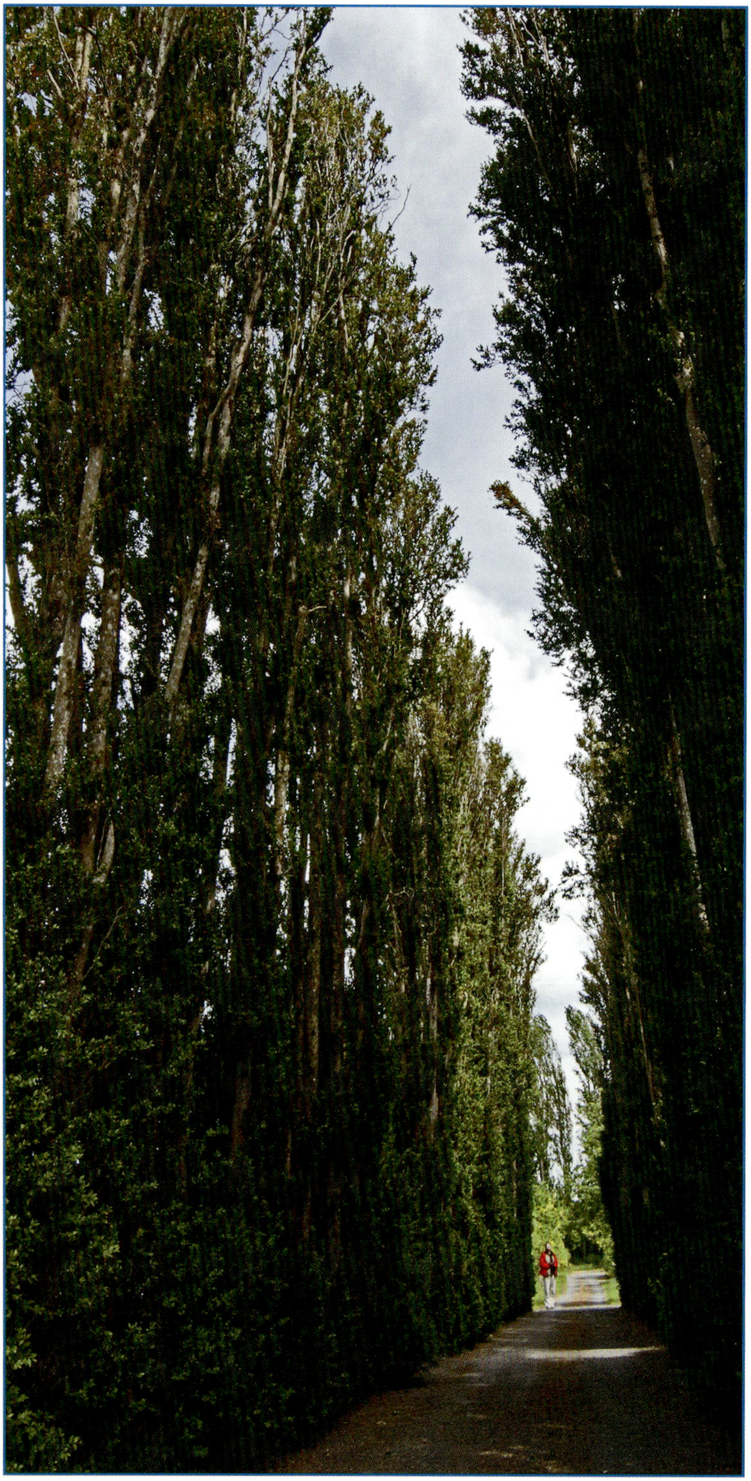

in sich und stehen jedermann gegen Bezahlung der Eintrittsgebühr offen.

Beginnen wir doch gleich einmal mit seiner größten Attraktion, einem Teleskop aus dem Jahr 1840, das mitten in dem weitläufigen Gelände steht. Es ist vollständig funktionsfähig und gleicht auf den ersten Blick einer überdimensionalen Kanone. Erst bei genauerem Hinschauen verrät es eine Menge über den Erfinder- und Ingenieursgeist seines Erbauers.

Wobei hier gleich ein wichtiges Stichwort gefallen ist: Birr Castle galt Jahrzehnte lang als Quelle der Erneuerung und der Erfindungen, wie man in einer kleinen Dokumentation auch anschaulich nachvollziehen kann.

Nebenbei sind die Gärten ein Traum: angelegt zu verschiedenen Themen, ergänzt durch einen weitläufigen Park, all das garniert mit informativen Hinweis-Schildern. Dass ein Flüsschen mitten hindurch führt und geschickt in die Gestaltung einbezogen wurde, muss nicht extra erwähnt werden.

Aber eines sollte schon noch festgehalten werden: Sie werden in der Anlage von Birr Castle auch auf eine Buchsbaum-Hecke treffen. Diese ist bei weitem nicht so, wie wir Buchsbaum und Buchsbaumhecken kennen, nämlich kompakt und gestutzt. Denn sie ist laut Guinness Book of Records die höchste Buchsbaumhecke der Welt. Und da nehmen wir schon in Kauf, dass sie ein wenig ausgefranst aussieht . . .

**Im Park von Birr Castle finden Sie die höchste Buchs-Hecke der Welt.**

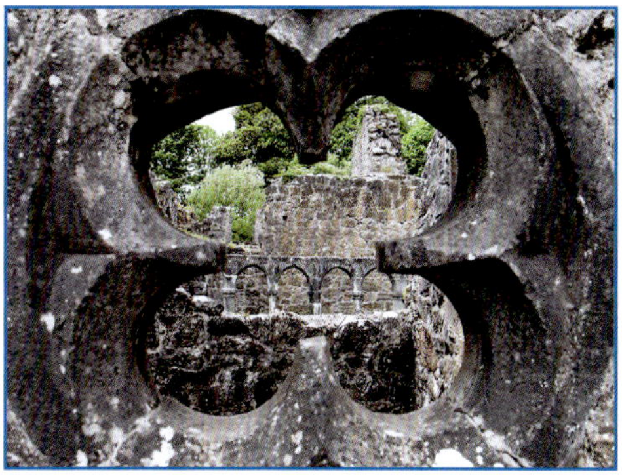

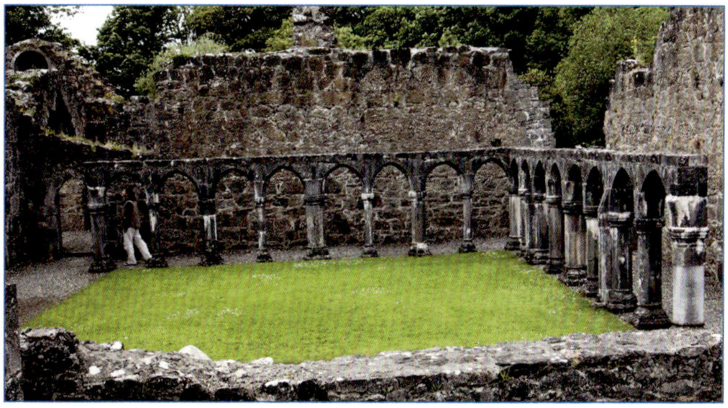

Und noch zwei Anmerkungen: Das Anwesen ist seit 13 Generationen im Besitz des Earl und der Countess of Rosse. Und der Tea Room beim Zugang ist einen Besuch wert.

Birr Castle, März–Oktober 9–18 Uhr, November–Februar 10–16 Uhr, 057 912 0336

## Portumna

### Das strenge Schloss und das Zwergen-Kloster

Wenn Sie in Portumna Bay, am obersten Ende des Lough Derg und deutlich unterhalb von Portumna Bridge im sogenannten Castle Harbour anlegen, können Sie über einen „Kuhsicheren" (Sie können durch, Kühe jedoch nicht) Einlass in der Mauer Portumna Castle erreichen (besser Sie gehen außen herum, rechts um die Einfriedung). Portumna Castle ist ein typisches irisches Herrschaftshaus mit Schloss-Charakter und erstrahlt in entsprechender Strenge. Es wurde 1618 erbaut, das Erdgeschoß kann heute besichtigt werden. An der Kassa ist eine nette Schweizerin beschäftigt, die es, wie viele andere Deutschsprachige, auf die Insel verschlagen hat und die Irland für das lebenswerteste Land der Welt halten.

Wesentlich interessanter als Portumna Castle ist jedoch eine Besichtigung der Ruinen nebenan (gehen Sie, wie oben beschrieben, vom Hafen kommend einfach den Weg rechts um das Anwesen herum und Sie stolpern nach zwei Minuten gleichsam drüber).

Hier treffen Sie auf die Reste eines Dominikaner-Klosters aus dem frühen 15. Jh., das Ihnen die Körpergröße der damaligen Menschen deutlichst vor Augen führt: Wie Riesen fühlen wir uns, wenn wir die Überbleibsel des Kreuzgangs durchschreiten. Ein rührendes Zeugnis alter Zeiten, gleichzeitig ein Beweis der frühen kulturellen und religiösen Hochblüte Irlands.

Das eindeutig bekannteste „Wahrzeichen" Portumnas ist die niedrige Drehbrücke, die jedem Bootsfahrer im Gedächtnis bleibt.

Das Restaurant La Bouche (ehemals Le Bouchon), gibt sich französisch, bietet aber hauptsächlich italienisch-irische Küche und ist nicht besser als die durchschnittlichen Restaurants der Region. Aber trotz des gepflegten Ambientes (und des etwas übertriebenen „französischen" Getues auf der Speisekarte) sind die Speisen hier normalpreisig (und ita-

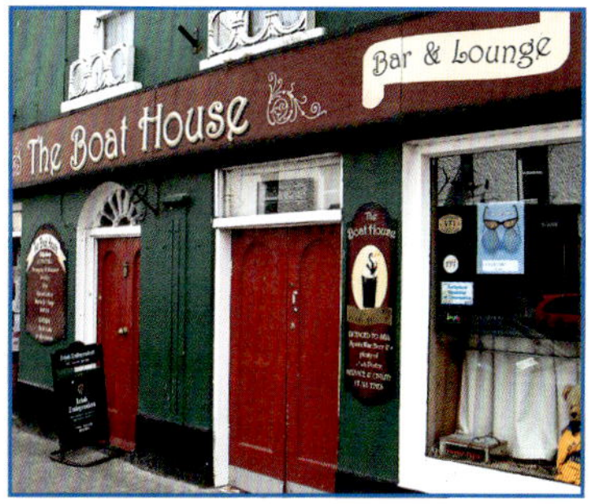


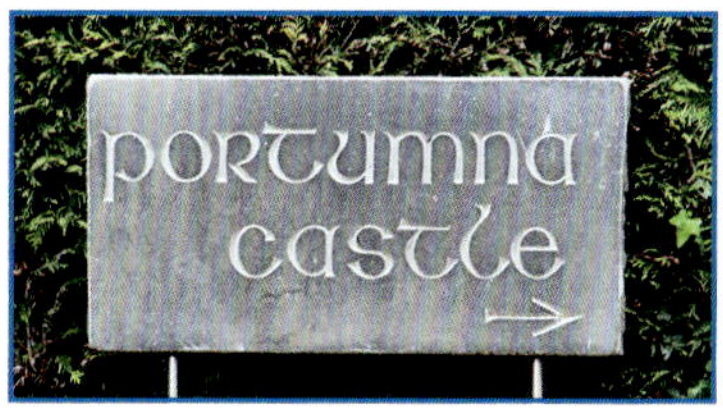


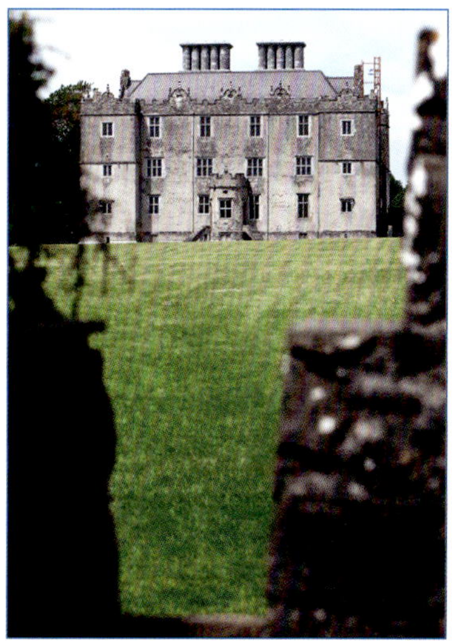

Portumna

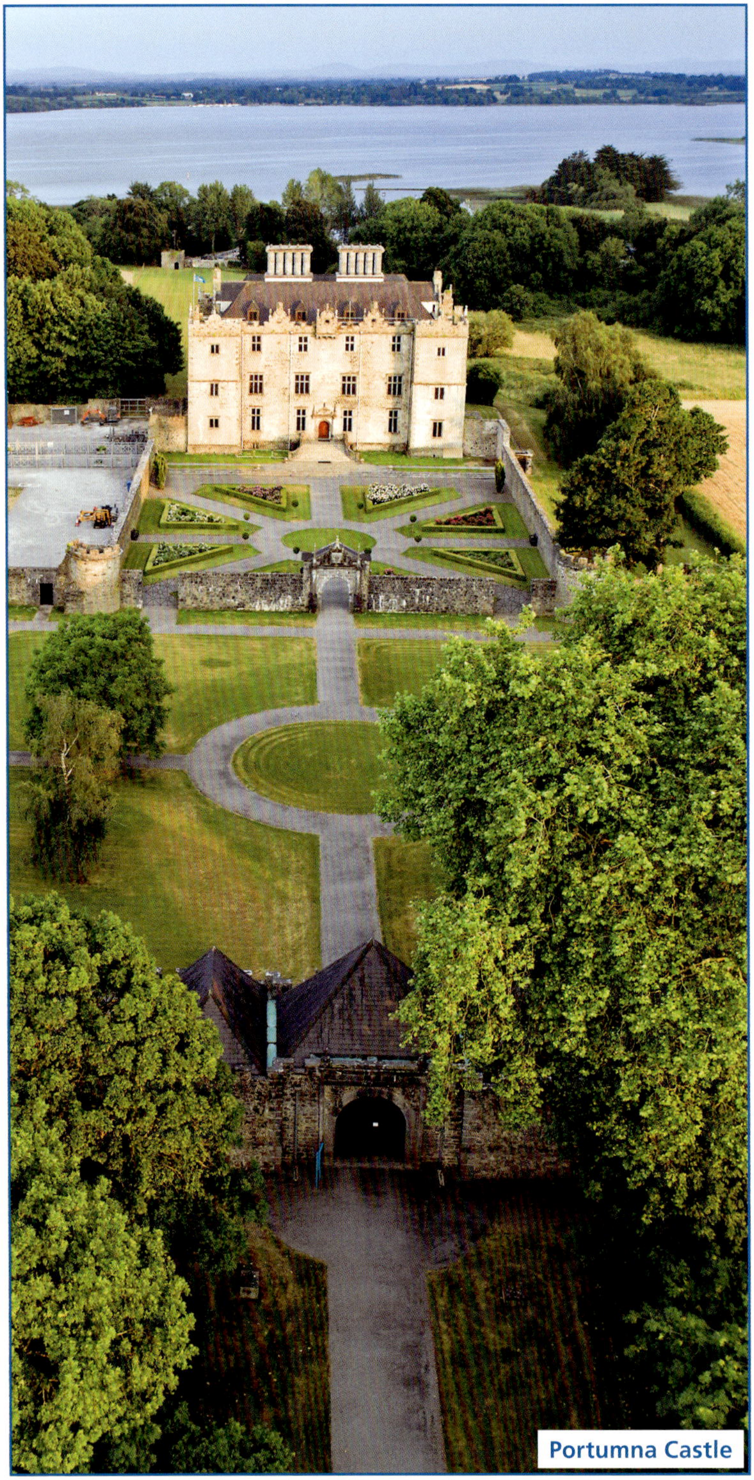
Portumna Castle

## Die Hungersnot und ihre Nachwirkungen

Ein düsteres Kapitel der Geschichte Irlands beleuchtet das Workhouse in Portumna. Es war ein Armenhaus, in dem die Ärmsten der Armen Zuflucht fanden. Insgesamt 163 derartige Einrichtungen gab es zwischen 1840 und 1920 in ganz Irland. Sie waren anlässlich der ausbrechenden Hungersnot errichtet worden.

Im Workhouse von Portumna werden die Zeit, die Ursachen der Hungersnot und die Probleme der Bevölkerung in dieser Epoche verständlich dargestellt.

lienisch angehaucht). Wer also Abwechslung zur üblichen Pub-Atmosphäre sucht, ist hier ganz gut aufgehoben.

Der große Castle Harbour ist übrigens meist ziemlich voll und aufgrund des Campingplatzes auch recht unruhig.

Portumna Castle, täglich 9.30–17.30 geöffnet

Ruinen eines Dominikanerklosters (Portumna Priory, 15. Jh.) in der Nähe des Castle Harbours. Frei zugänglich

Drehbrücke über den Shannon

Workhouse, 400 m nördlich vom Zentrum, täglich 9.30–17 Uhr, Eintritt EUR 7

Alle Einkaufsmöglichkeiten

Supermarkt SuperValu, Clonfert Avenue beim Zentrum, tägl.8–21 Uhr (SO nur bis 19 Uhr)

Aldi, 300 m westlich vom Zentrum, tägl. 9–22 Uhr (SA und SO nur bis 21 Uhr)

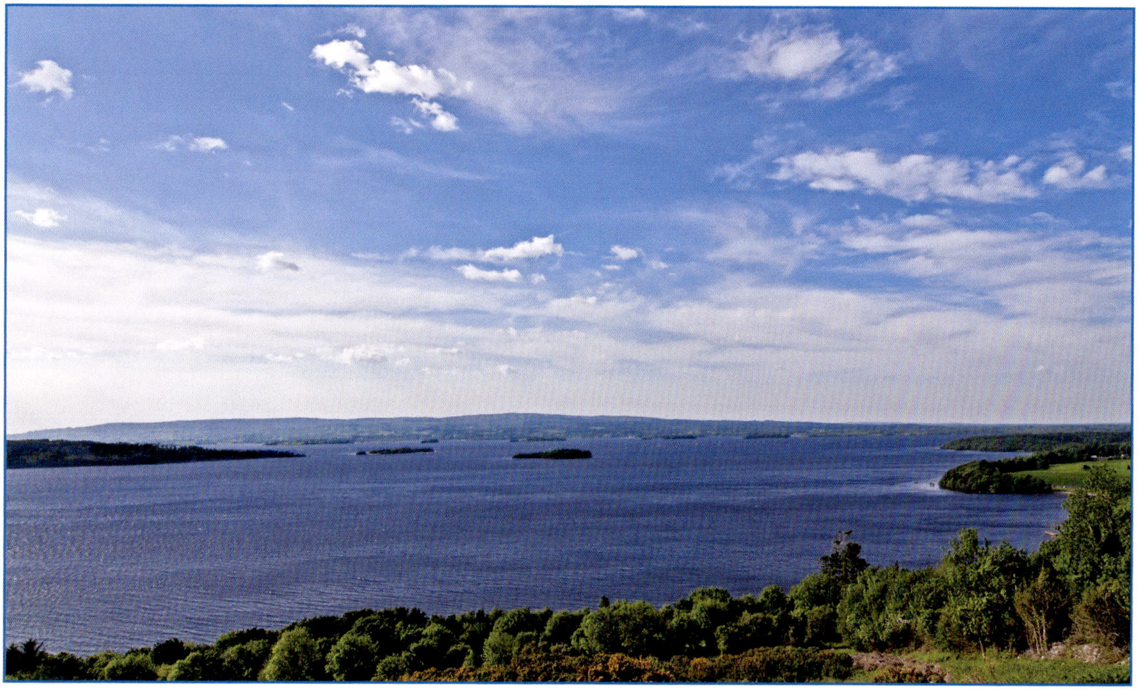

🍴 Restaurant La Bouche, Patrick Street (Zentrum), italienisch-irische Küche, Vorspeisen 6–10, Hauptspeisen 14–26 Euro. MO zu, 090 974 1780

🍴 Mehrere Restaurants, Pubs und Cafés, teils mit Live-Musik

☞ Bauernmarkt jeden Freitag 8.30 bis 12.30 Uhr

## Lough Derg

### Die spektakulärste Landschaft am Shannon

130 Quadratkilometer Wasserfläche, umrandet von steilen Bergen: Der Lough Derg ist ein See der Mythen und der Geschichte und gleichzeitig das landschaftlich wohl attraktivste Stück des Shannon. Das seit prähistorischer Zeit besiedelte Gelände glänzt durch Zeugen seiner weit zurückreichenden Vergangenheit.

Der See ist 12 km breit und 35 km lang, er ist der größte der drei Seen am Shannon und der zweitgrößte in Irland.

Wenn starker Wind aufkommt, sofort den nächsten Anleger aufsuchen, es wird sonst ungemütlich bis gefährlich!

## Terryglass

### Kleines Dorf mit großem Hafen

In Terryglass haben die Wikinger ganze Arbeit geleistet: Sie haben die 549 gegründete Abtei mehrfach ausgeraubt, um sie 1164 schließlich niederzubrennen. Heute steht nur noch der Rest einer Mauer (hinter Paddy´s Pub, oben im Dorf).

Vom Hafen ist es nur einen kurzen Spaziergang hinauf ins Dorf, wo neben Paddy´s Pub ein zweite Pub na-

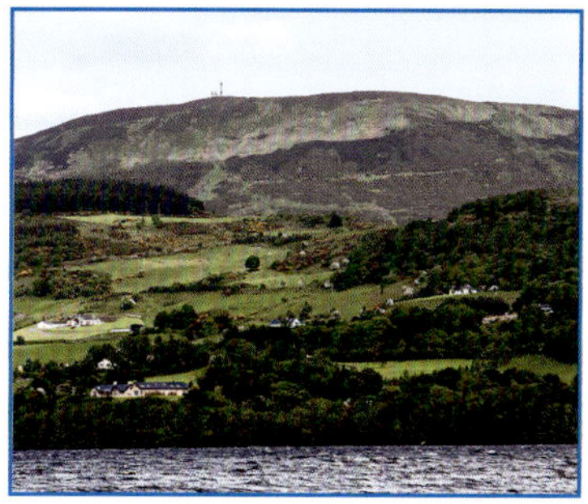

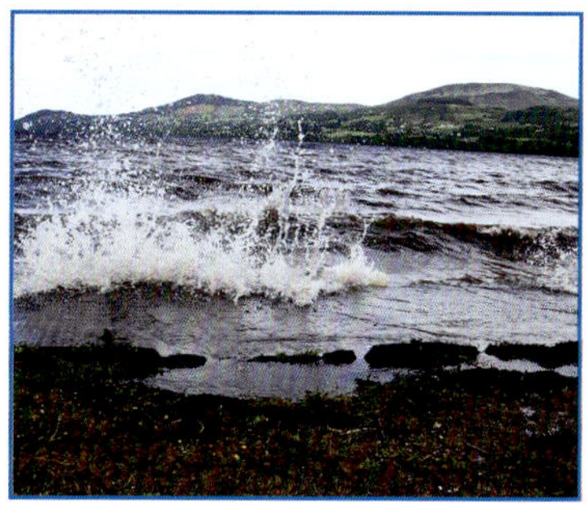

**Lough Derg: landschaftlich interessant, bei starkem Wind ist allerdings Vorsicht geboten.**

Lough Derg (bei Kilgarvan)

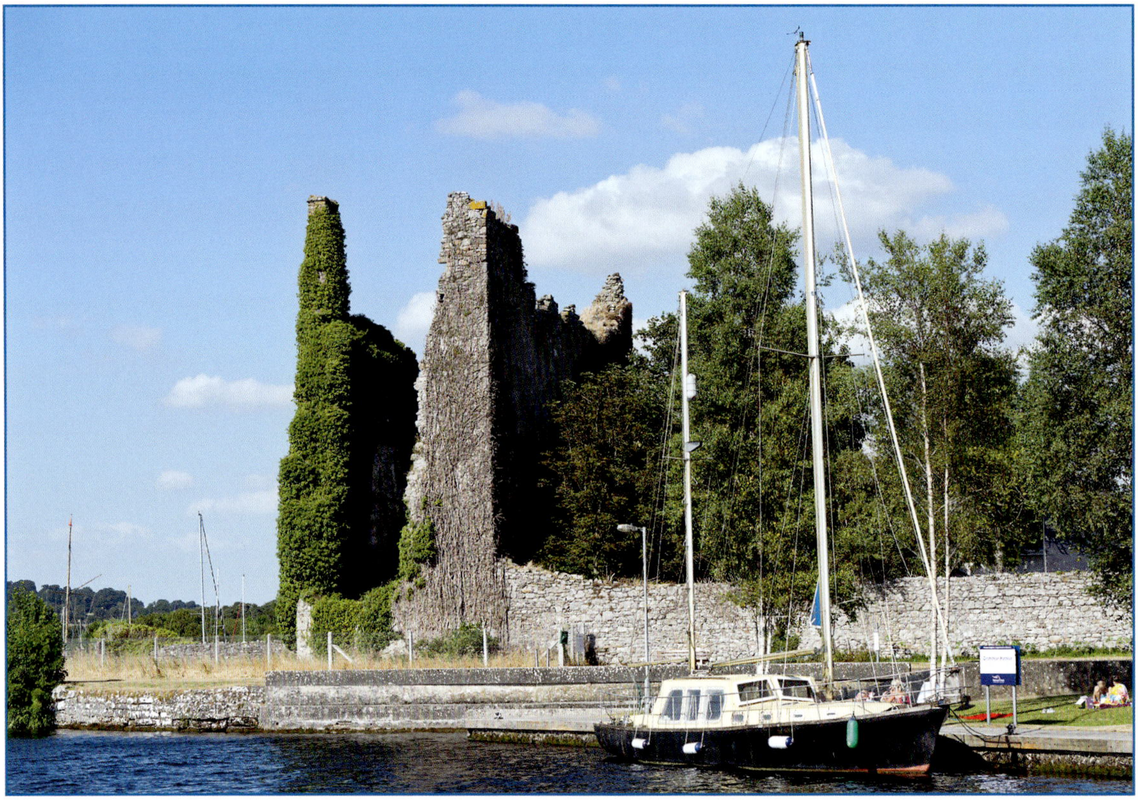

Anleger vor dem Tower House in Dromineer

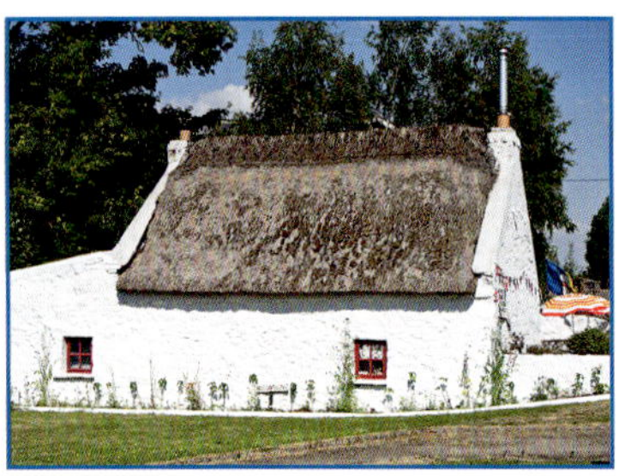

Dromineer

mens The Derg Inn zu finden ist und traditionelle irische Speisen bietet. Im Juli und August gibt es freitags und samstags meist Live-Musik in einem der Pubs.

Ganz in der Nähe des Hafens (westlich, hinter den Reihenhäusern) steht auf einem Privatgrundstück der klägliche Rest des einst wehrhaften Terryglass Castle, auch Old Court Castle genannt. Es wurde 1219 errichtet. Heute ist nur noch das Erdgeschoß übrig, das rund 20 x 20 Meter misst und von vier starken Ecktürmen flankiert wurde.

Old Court Castle – fallweise ist der Zugang möglich

Rest der zerstörten Abtei hinter Paddys Pub

The Derg Inn, 500 m landeinwärts vom Hafen, 067 22037, tägl. 10–23 Uhr, SA und SO auch länger

Paddys Pub, unmittelbar neben dem Derg Inn, ebenfalls 10–23 Uhr oder länger

Terryglass Arts Festival, Mitte August, mit Musik, Straßentheater, Tanz

## Kilgarvan

### Hierher kommt man (nur) zum Essen

Das vielleicht ungewöhnlichste, aber mit Sicherheit eines der besten Restaurants am Shannon ist das Brocka on the Water, 500 Meter vom Anleger Richtung Dorf hinauf. Details dazu lesen Sie im Kapitel „Wo man gut und schön isst" (Seite 48–49).

Brocka on the Water, 067 22038 (siehe auch S. 48–49)

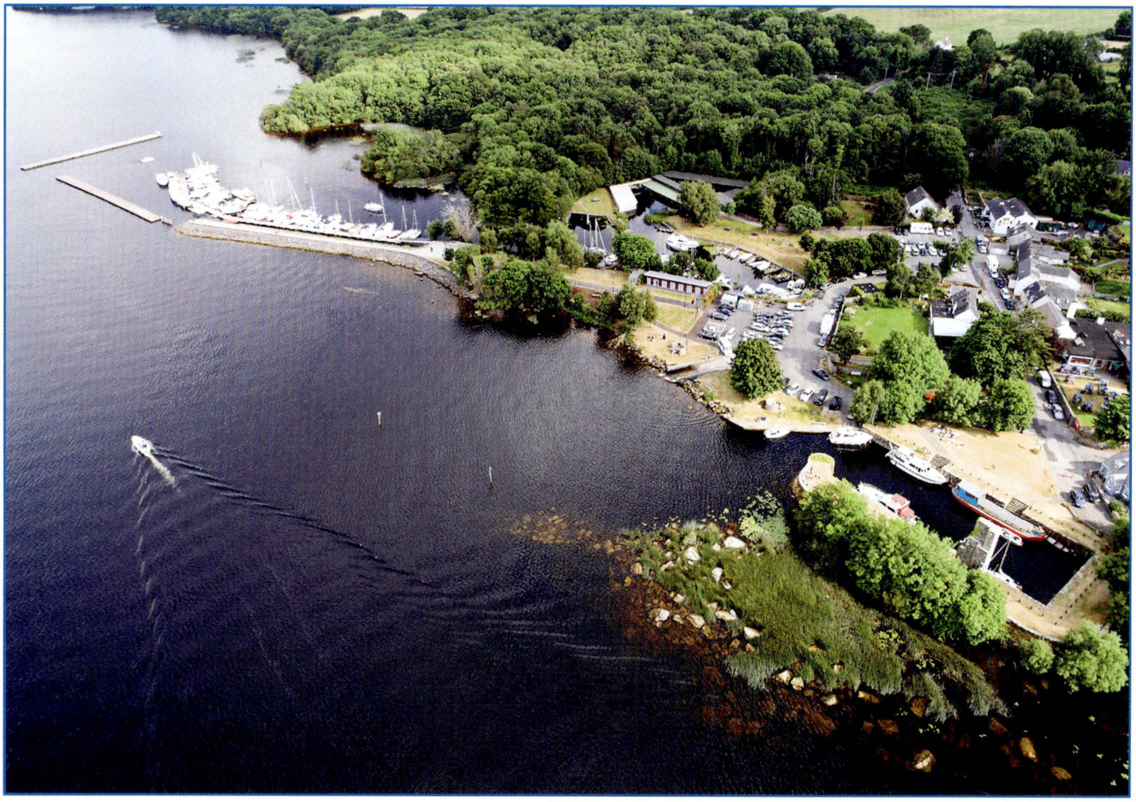

## Dromineer

### Anlegen vor dem Tower House

Dromineer ist das Zentrum für Segler am Shannon (der Yachtclub gehört zu den ältesten der Welt) mit einem attraktiven Anleger vor den Resten einer Burg (Tower House) aus dem 12. oder 13. Jh.; Ruinen einer romanischen Kirche aus dem 12. Jh. inmitten des alten Friedhofs, die angeblich von Mönchen von Holy Island begonnen, aber nie vollendet wurde.

Lebensmittel

The Whiskey Still, 067 24129

Lough Derg House / The Lake Cafe
tägl. 8.30–17 Uhr, 0872264138

## Garrykennedy

### Eine Burg als Hafenbecken

Wenn Sie in den Hafen von Garrykennedy fahren, sehen Sie die gesamte ehemalige Burg vor sich, allerdings in ungewöhnlicher Form: Der eine Teil (ein sehr kleiner) steht noch, der Rest der Burg ist heute das Hafenbecken. Denn aus den Steinen der Ruine wurden im 19. Jh. die Mauern des Hafens errichtet. Eine wahrhaft ungewöhnliche Art, eine Burg zu „erhalten".

Die zweite „Sehenswürdigkeit" des Ortes ist das 300 Jahre alte Pub namens Larkins, das mit seinem Schilfdach und den buckeligen Wänden zum Lough Derg grüßt. Im Restaurant werden die Speisen ambitio-

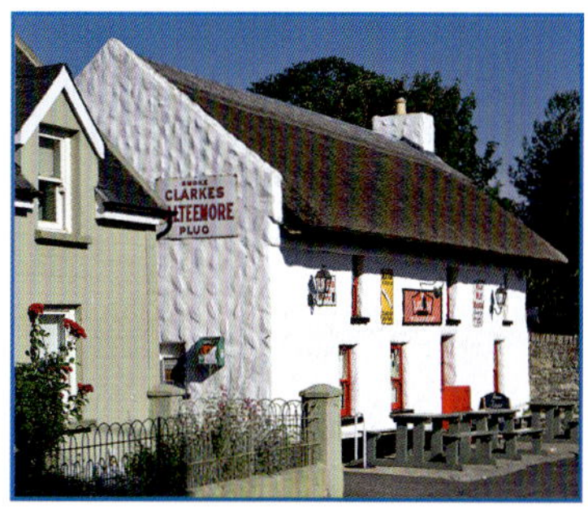


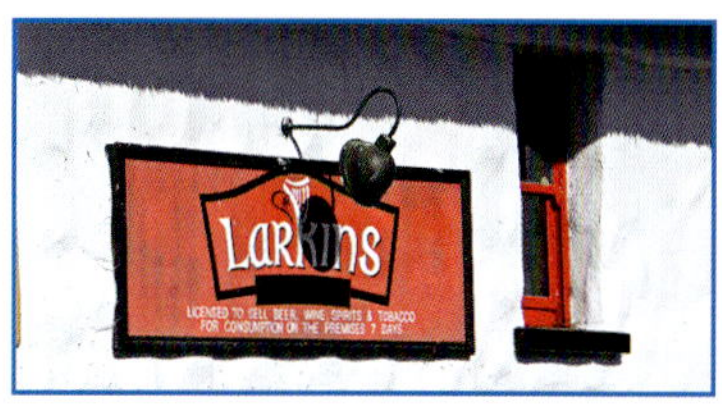


**Garrykennedy: Der Hafen und das Larkin's Pub sind die „Wahrzeichen" des Dorfes.**

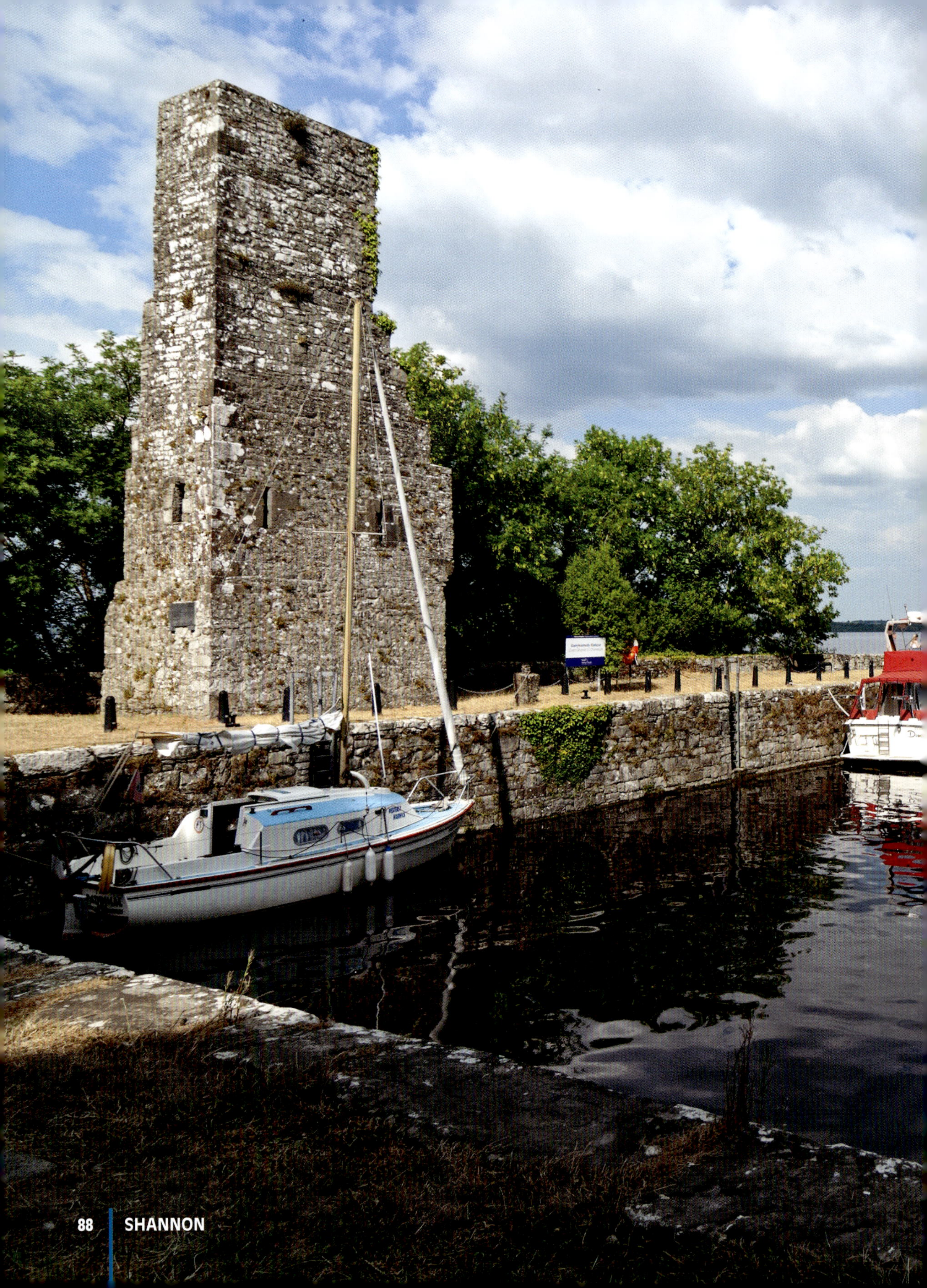

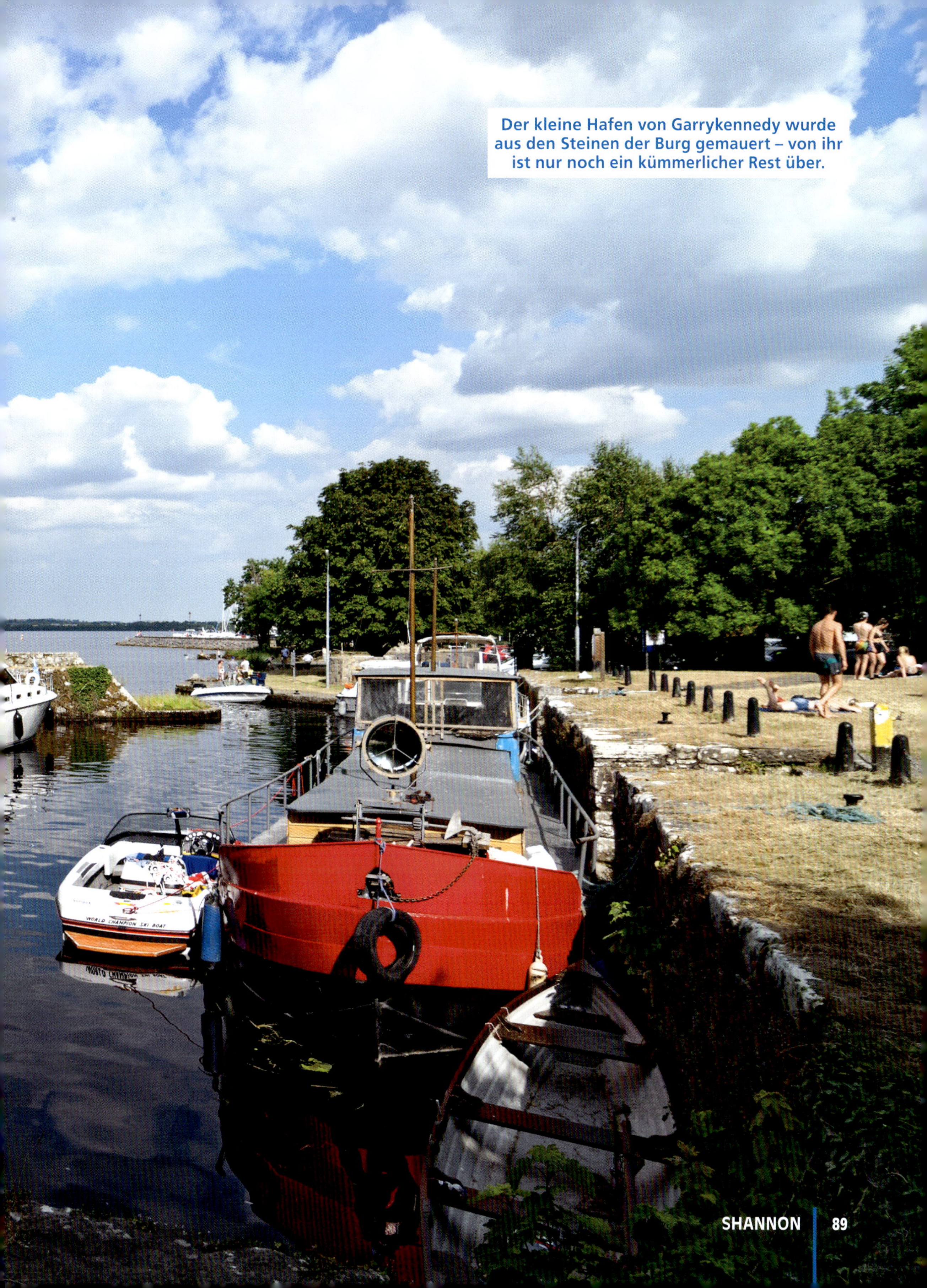


Der kleine Hafen von Garrykennedy wurde aus den Steinen der Burg gemauert – von ihr ist nur noch ein kümmerlicher Rest über.

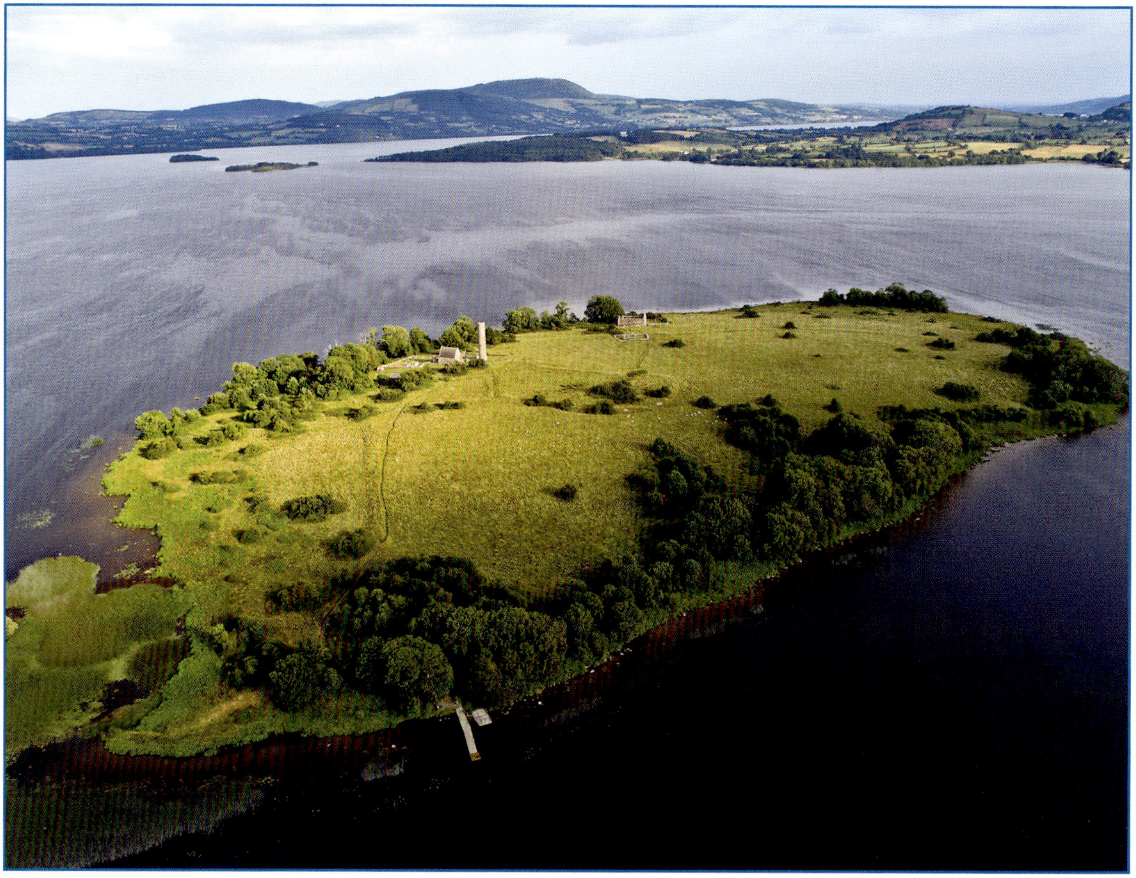

**Holy Island, auch Inishcealtra genannt. Die Insel kann nur mit dem Beiboot angefahren werden. Im Hintergrund ist die Zufahrt zum südlichsten Zipfel des Lough Derg zu sehen, wo es nach Killaloe geht.**

niert zubereitet und gefällig angerichtet. Erwähnenswert ist das Angebot an Finderfood als Alternative. Das angeschlossene stimmungsvolle Pub bietet sonntags Live-Musik.

Larkins, Vorspeisen 8–10, Hauptspeisen 12–26 Euro. SO Musik. 7/7

Daneben: Cis Ryan's Pub

Oben an der Hauptstraße im Ort Portroe (2,5 km vom Hafen) finden Sie bei der Tankstelle einen kleinen Spar: 7/7, 7–21 Uhr

## Mountshannon

### Junger Ort, seltene Adler

Ein relativ junger Ort, der erst 1742 gegründet wurde. Neben dem Hafen gibt es ein Freibad mit seichtem Strand. Einige der vom Aussterben bedrohten White-tailed Sea Eagles (Adler) haben auf einer kleinen Insel bei Mountshannon ein ungestörtes Revier gefunden. Der Bestand wächst, der ganze Ort ist stolz auf „seine" Adler. In der ersten Juni-Woche findet alljährlich das Mountshannon Arts Festival statt mit unterschiedlichen Aktivitäten und Präsentationen im gesamten Ort.

Kleiner Lebensmittelladen

The Snug Pizzeria, MO + DI Ruhetag

Kleiner Bauernmarkt am SA 11–15 Uhr

Mountshannon Arts Festival in der 1. Juni-Woche

## Inishcealtra (Holy Island)

### Die Wikinger waren stärker

Die Klostersiedlung auf der Insel Inishcealtra, im 7. Jh. von St. Caimin gegründet, wurde, wie viele andere Klostersiedlungen, immer wieder von den Wikingern geplündert und deshalb auch schon bald wieder aufgelassen. Ein Rundturm ohne Dach mit einer Höhe von 22 Metern stammt aus dem 11. Jh und ist das „Wahrzeichen" der Insel. Der Heiligenfriedhof enthält interessante Grabsteine aus dem 11. und 12. Jh.

Die Anlage, die mehrere Kirchen und einen ehemaligen Säuglingsfriedhof umfasst, ist vor Ort gut dokumentiert und einen Besuch wert. Erreichbar nur mit dem Dinghy. Bequemer hat man es, wenn man in Mountshannon anlegt und eine Überfuhr auf die Insel nimmt (die ehemalige Fähre gibt es nicht mehr).

Geführte Besichtigung: 086 8749710

## Castlebawn

Erbaut 1540, wurde die auf einer kleinen Insel in der Bucht von Scarriff gelegenen Burg 1827 teilweise gesprengt. Sie wurde 2005 privat restauriert und kann gegen Anmeldung besichtigt werden. Ein kleiner, aber guter Anleger ist vorhanden.

Castlebawn, Besichtigung im Juli und August, Anmeldung 087 2920880

## Scarriff River

### Traumhafter Scarriff River

Ein botanisch interessantes Sumpfgebiet mit seltenen Pflanzen befindet sich dort, wo der Fluss Scarriff in den See mündet. Oberhalb von Scarriff heißt er übrigens River Graney, was für ständige Verwechslungen sorgt.

Wenn Sie auch an den Orten Tuamgraney und Scarriff nicht interessiert sind, sollten Sie dennoch überlegen, den Fluss hinauf zu fahren – die 5 Kilometer Mäander und eine Breite wie ein Kanal in Frankreich sind ein Erlebnis. Und obwohl dort kaum Boote unterwegs sind: Kurven nicht schneiden – es könnte ja doch jemand entgegenkommen.

## Tuamgraney

### Eine Kirche aus 969

Tuamgraney liegt etwa 1 km vom Scarriff River entfernt. Hier befindet sich die älteste durchgehend in Gebrauch befindliche Kirche Irlands (zuerst katholisch, dann protestantisch). Der westliche Teil stammt aus dem Jahr 969, der östliche aus dem 12. Jh.

Gleich daneben sehen Sie O´Grady´s Tower House aus 1500.

Der Anleger ist idyllisch und empfehlenswert, obwohl er 10 Minuten vom Dorf entfernt ist.

Die Kirche (sh. Text) ist offen und kann auch innen besichtigt werden

Lebensmittelladen im Ort

Außerhalb: Supermarkt Neenan´s an der Straße Richtung Scarriff, unglaubliche 24/24 an 7/7 (tatsächlich: alle Tage, durchgehend!) geöffnet. Er ist Teil des Tankstellengebäudes

Nuala´s Bar and Restaurant

## Scarriff

Ein größeres Dorf auf einem Hügel ohne Besonderheiten.

Centra Supermarkt oben am dreieckigen Platz

China-Restaurant Chop Sticks

Pub-Restaurant Home Cafe

Bankomat

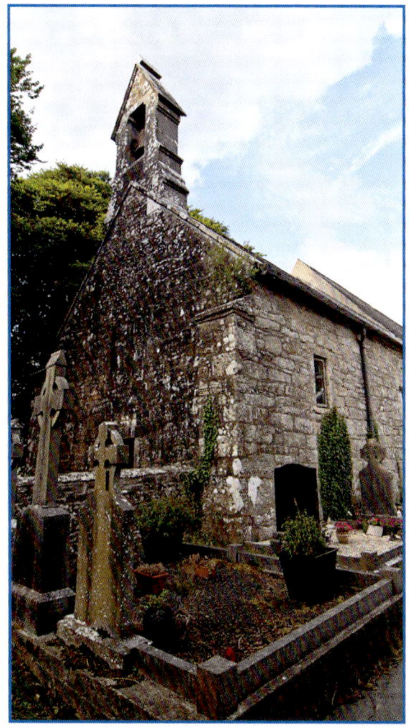

Tuamgraney: Kirche aus 969

## Killaloe und Ballina

### Weiter geht es nicht

Killaloe liegt am Westufer, Ballina am Ostufer. Da sich aber die wesentlichen Bauwerke in Killaloe befinden, dürfte sich Killaloe als Bezeichnung für beide im Sprachgebrauch durchgesetzt haben. Hier wurde bereits 1013 eine Holzbrücke errichtet, die heutige Steinbrücke mit ihren 13 Bögen stammt aus dem 18. Jh.

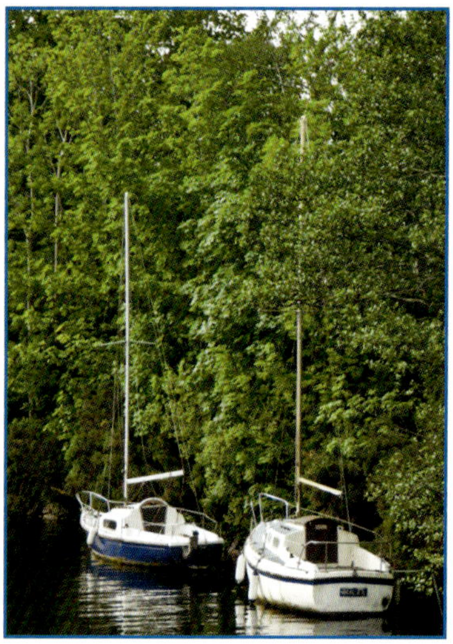

Ein Hochwasser riss 7 Bögen weg, sie wurden 1825 durch 5 mit größerer Spannweite ersetzt. Zu den ältesten Bauwerken gehört St. Flannans Oratorium, eine romanische Kapelle aus dem 12. Jh. mit einem Tonnengewölbe. Die demselben Heiligen geweihte Kathedrale St. Flannan stammt aus dem 13. Jh. Sie steht auf jenem Platz, auf dem man 1180 eine Kirche errichtete, die kurz darauf zerstört wurde. Wenn Sie Zeit haben, besteigen Sie den Turm, die Aussicht ist einmalig.

Etwa 1 km nördlich der Brücke sind Spuren von Brian Boru´s Fort in Form von Erdwällen erhalten. Brian Boru war 1002 bis 1014 Hochkönig von Irland und regierte die Insel von Killaloe aus. Und angeblich soll sich der Stammbaum von John F. Kennedy bis zum Vater des Hochkönigs zurückverfolgen lassen: Er hieß Cennétig mac Lorcáin.

Mehrere Pubs und drei Restaurants sorgen (teils mit Live-Musik) für angenehme Abende in diesem lebendigen Ort.

**In Killaloe endet der für Mietboote befahrbare Abschnitt des Shannon.**

Kirche aus dem 13. Jh., tägl. 9–18 Uhr geöffnet. Turmbesteigung SO, Anmeldung unter 061 376687 oder 061 375389

Brian Boru Heritage Centre bei der Brücke

Supermärkte Costcutter und SuperValu ca. 200 m von der Brücke

Wood & Bell Café-Restaurant in der Main Street

Im Anchor Inn (nahe der Brücke) gibt es am Wochenende Live-Musik

Am linken Ufer (Ballina) finden Sie Flanagan´s on the Lake, Boruma Gastro Bar, Tuscany Bstro und Goosers

Bauernmarkt jeden SO 11–15 Uhr

Killaloe Music Festival in der Kirche, Mitte Juli

## Bunratty Castle

### Ab ins Mittelalter!

Westlich von Limerick (und 20 km südlich von Killaloe, dem südlichsten Punkt unserer Shannon-Reise) liegt Bunratty Castle.

Es ist dies eine 1425 errichtete, oftmals eroberte und zerstörte und schließlich 1954 renovierte Burg, in der man ein wenig nach Disneyland-Manier Mittelalter spielen kann. Im umliegenden Park werden „originale“ Handwerkstechniken im Rahmen eines Dorfes aus dem 19. Jh. vorgeführt, man kann auch ein Abendessen nach Mittelalter-Art buchen (17.30 und 20.45 Uhr). Vielleicht interessiert Sie ja ein Ausflug dorthin.

Bunratty Castle, 061 360 788,

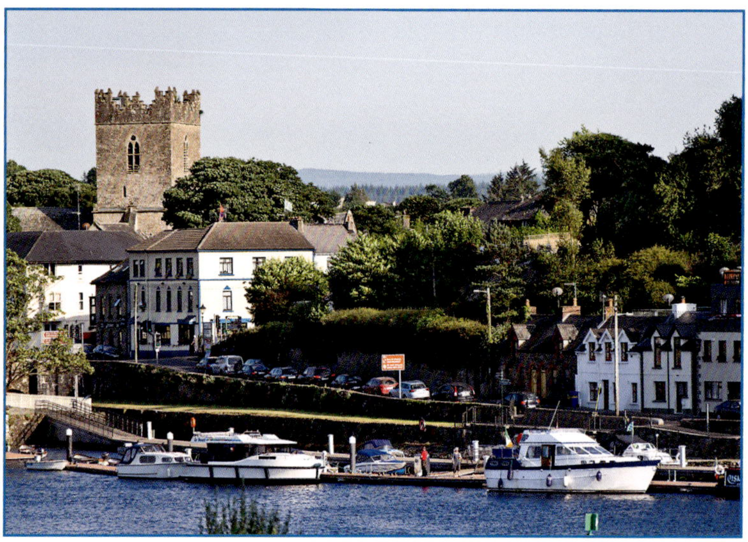

Killaloe

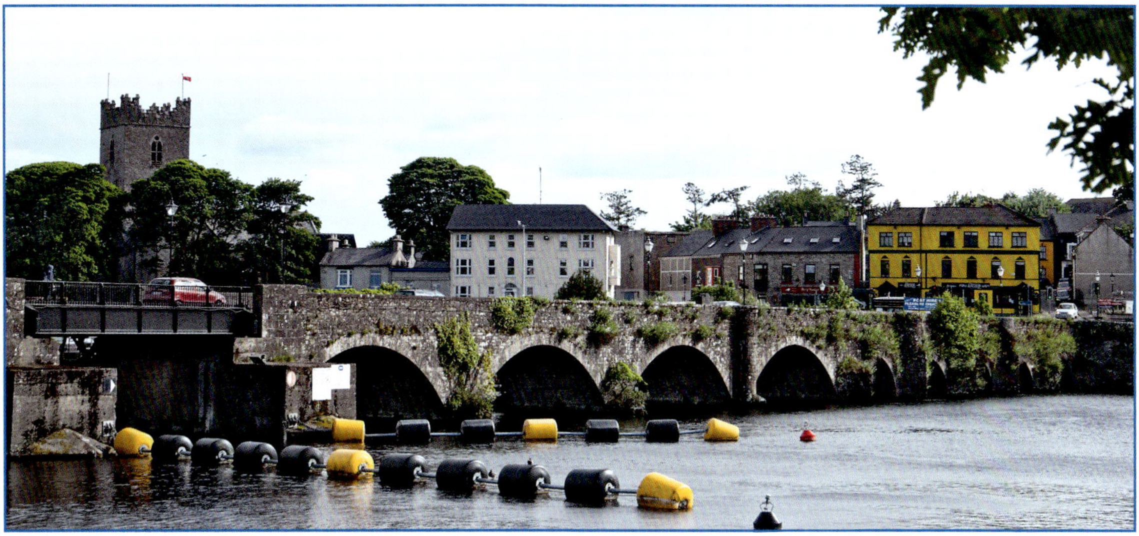

Diese Brücke in Killaloe markiert den südlichsten Punkt des Flusses Shannon, den man mit einem Mietboot erreichen kann. Fahren Sie auf keinen Fall weiter – Sie verlieren den Versicherungsschutz und riskieren eine hohe Strafe.

## Der „verbotene" Shannon

Am Shannon gibt es einen Abschnitt, den der normale Hausboot-Urlauber wahrscheinlich nie zu Gesicht bekommen wird, nämlich den untersten Teil zwischen Killaloe und Limerick. Dieser ist für Mietboote gesperrt, und so ist es kein Wunder, dass hier jährlich nur knapp 150 Boote (Privatboote nämlich) unterwegs sind.

Dabei hätte dieser rund 22 Kilometer lange Teil seine besonderen Reize. Und wer weiß: Nachdem die Durchfahrt durch Limerick vor einiger Zeit verbessert wurde, könnte ja irgendwann auch eine (teilweise?) Aufhebung der Mietboot-Sperre in Sicht sein.

Hauptattraktion wäre Ardnacrusha lock, eine aus zwei Kammern bestehende Schleuse, die 1929 gebaut wurde, als der Shannon hier aufgestaut und zur Elektrizitätsgewinnung genutzt wurde. Die obere Kammer überwindet 60 feet, die untere 40, zusammen also rund 30 Meter.

Das Schleusen-Manöver dauert etwa 60 bis 90 Minuten. Es gibt unterschiedliche Angaben zur Dauer, aber diese hier ist richtig: 2012 hat man die Steuerung so geändert, dass erst eine Kammer geleert sein muss, bevor die nächste gefüllt werden kann – und das dauert eben. Die Durchfahrt (für Privatboote) ist gratis, aber die Anmeldung sollte 2 Tage zuvor erfolgen. Der Betreiber der Schleuse ist nämlich nicht Waterways Ireland, sondern ESB (Electric Supply Board).

### Flut/Ebbe, Aal-Netze und starke Strömung

Ein Wehr, bei dem mittels Guillotine-Tor die Weiterfahrt am Fluss eventuell unterbrochen sein kann (Parteen Weir, 12 km oberhalb der Schleuse) und Netze für den Aal-Fang, die bei Cloonlara Bridge auf kranähnlichen Türmen quer über den Shannon gespannt sind, machen die Navigation nicht ungefährlich, was in Verbindung mit der doch deutlich stärkeren Strömung für Anfänger problematisch sein kann. Gar nicht zu reden von Flut und Ebbe, die in Limerick eine nicht unbedeutende Rolle spielen.

Bei realistischer Betrachtung wird dieser Abschnitt also wohl doch niemals für Mietboote freigegeben werden.

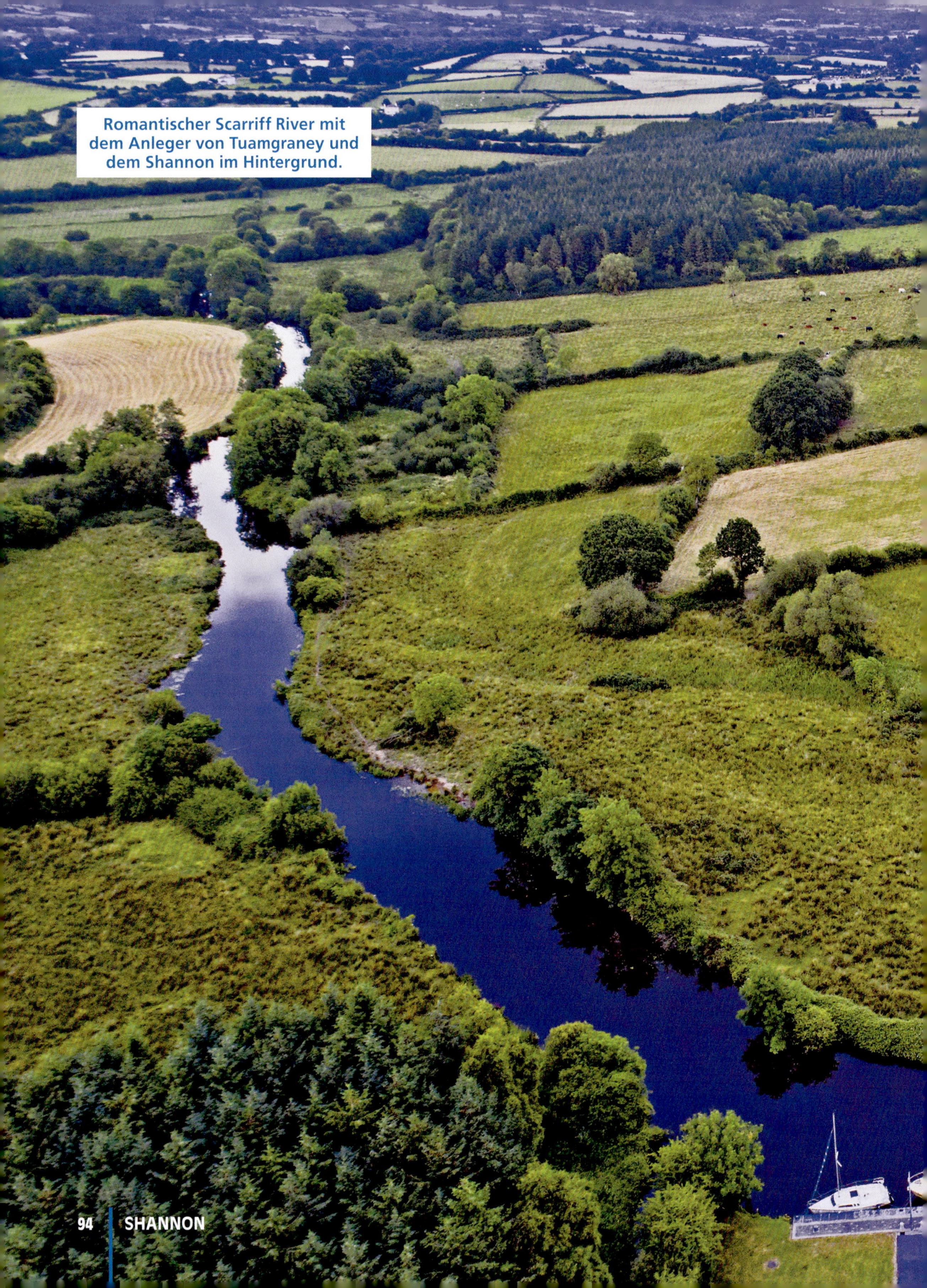
Romantischer Scarriff River mit dem Anleger von Tuamgraney und dem Shannon im Hintergrund.

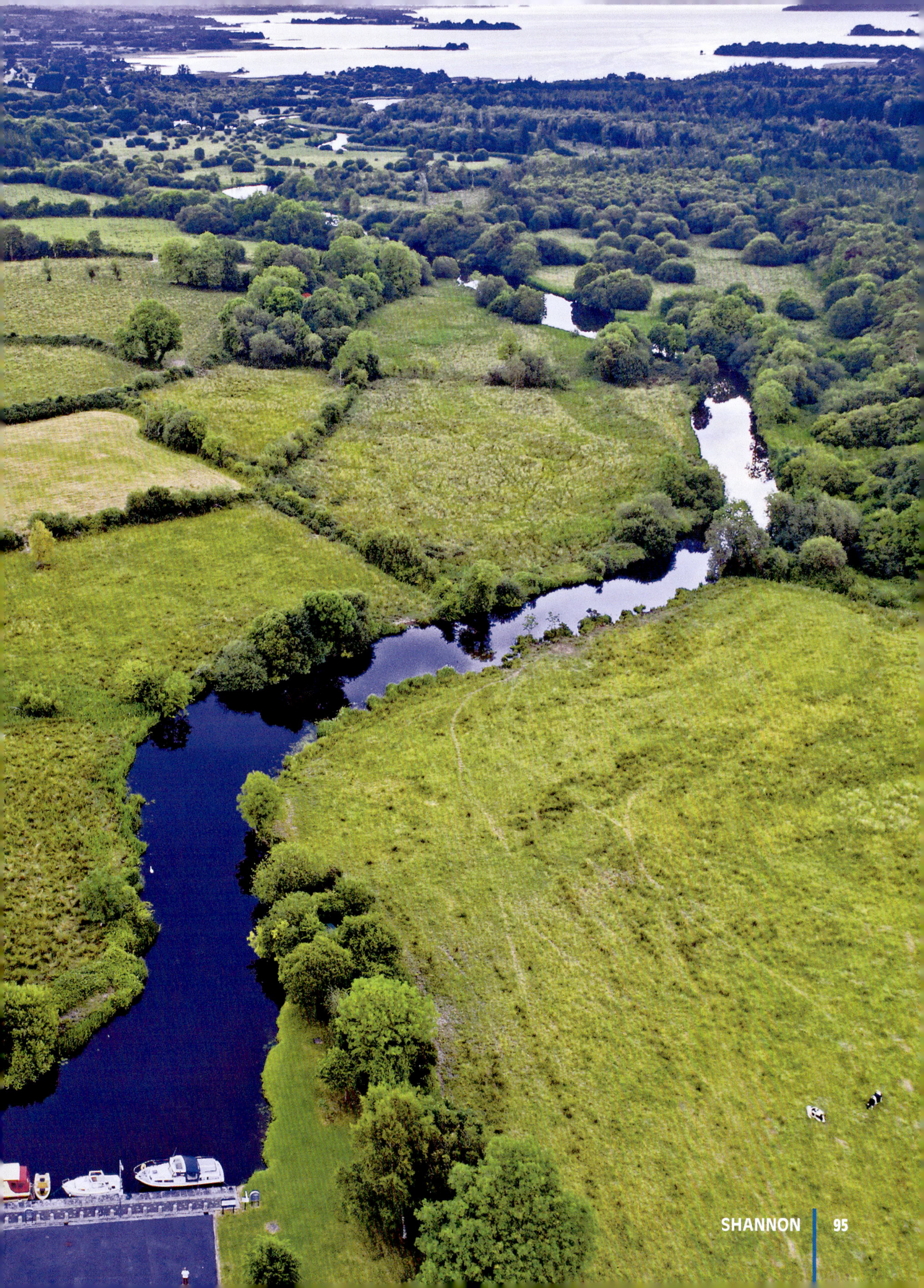

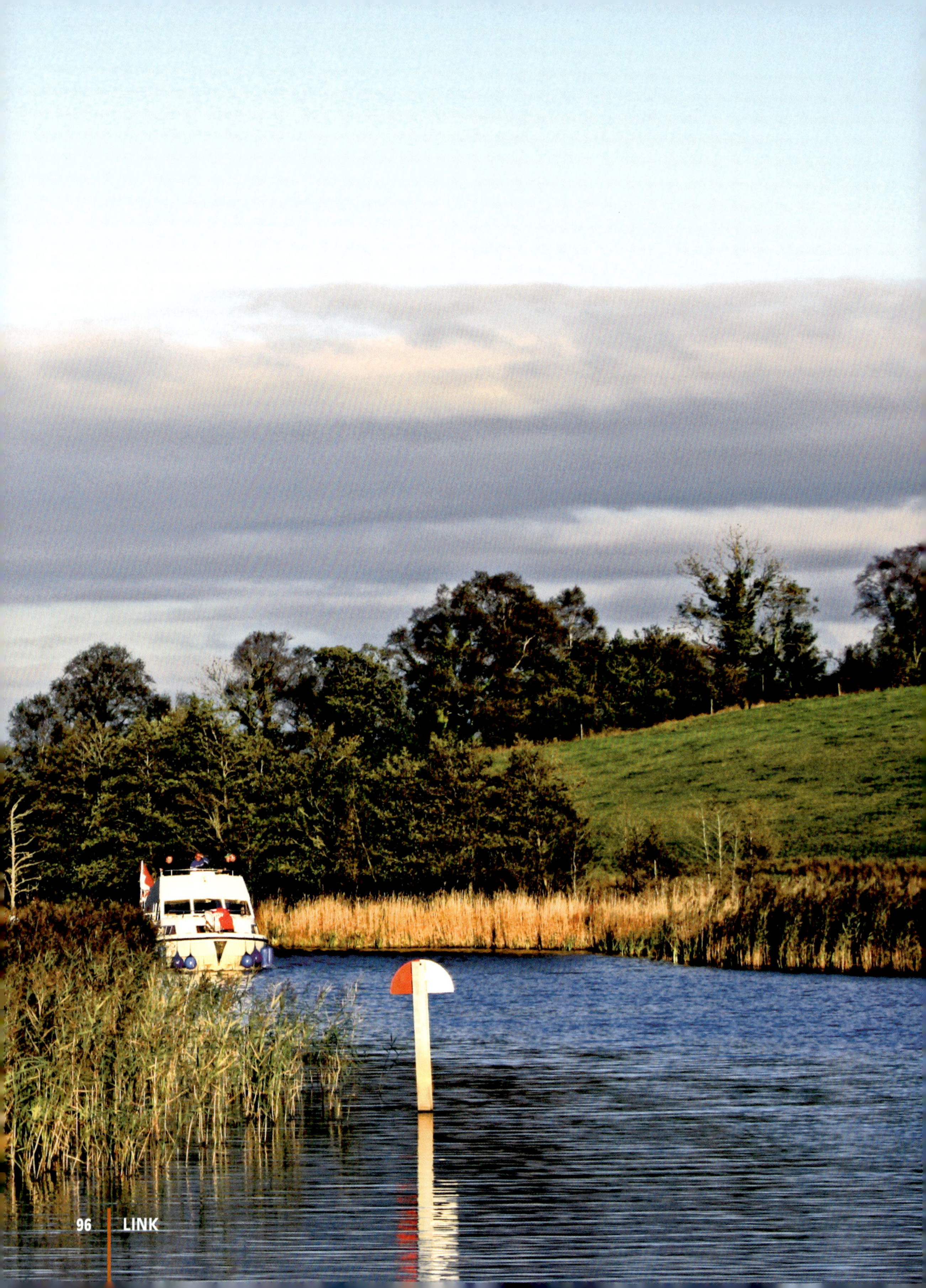

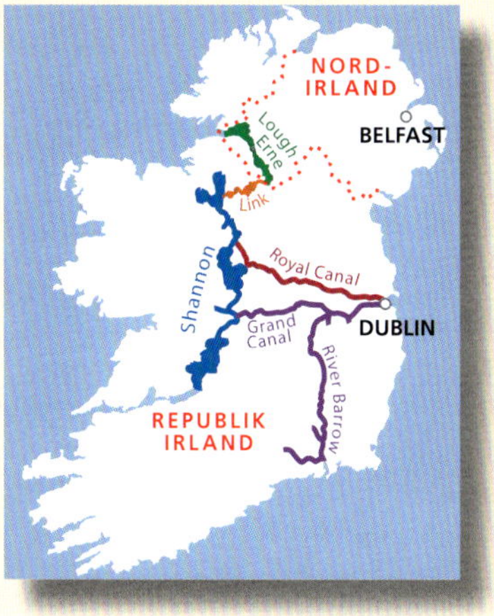


# The Link

## (Shannon-Erne-Waterway)

Als „Link" (Verbindung) wird der Shannon-Erne-Waterway bezeichnet, da der Kanal die beiden Wasserwege verbindet.

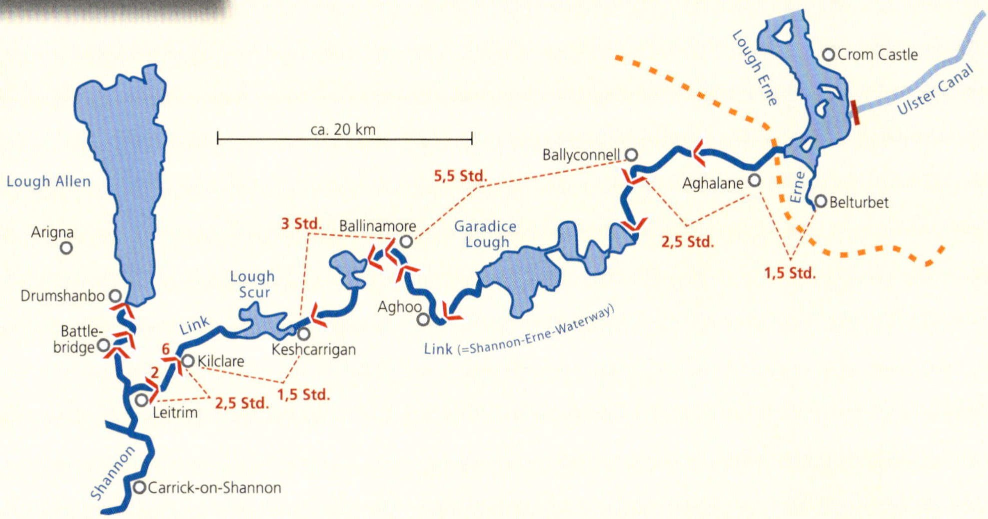


**DER LINK (Shannon-Erne-Waterway)**
63 km von Leitrim (Shannon) zum Oberen Lough Erne,

***16 Schleusen*** (24 x 4,5 m, im westlichen Abschnitt 24 x 6 m) Selbstbedienung mit der Smart Card;
Schleuse 1 und 16 (jeweils am Zugang zum Kanal) sind bemannt.

***Schleusenzeiten*** siehe Seite 98 (Navigatorisches)

***Max. Tiefgang*** 1,20 m, max. Höhe über Wasser 3,20 m

***Höchstgeschwindigkeit:*** 5 km/h

***Scheitelhaltung:*** Lough Scur auf 67 m Seehöhe

Der Kanal ist (wenn er gerade nicht durch einen der zahlreichen Seen führt) 13 m breit und knapp 1,60 tief; ***kein Treidelpfad***.

**Link: Fahrzeit in Stunden**

| | Leitrim | Kilclare | Keshcarrigan | Ballinamore | Ballyconnell | Aghalane |
|---|---|---|---|---|---|---|
| **Kilclare** | 2,5 | | | | | |
| **Keshcarrigan** | 4 | 1,5 | | | | |
| **Ballinamore** | 7 | 4,5 | 3 | | | |
| **Ballyconnell** | 12,5 | 10 | 8,5 | 5,5 | | |
| **Aghalane** | 15 | 12,5 | 11 | 7 | 2,5 | |
| **Belturbet** | 16,5 | 14 | 12,5 | 9,5 | 4 | 1,5 |

Bitte beachten Sie, dass es sich nur um Näherungswerte handelt. Die tatsächlichen Fahrzeiten sind abhängig vom Bootstyp, vom Wind und vor allem vom Verkehr in den Schleusen.

# Navigatorisches

## Länge

Der Wasserweg ist 63 km lang und nutzt einen Fluss und mehrere Seen: 42,5 km sind sanft fließender Fluss (Woodford River) mit kurzen Kanalabschnitten neben den Wehren, 12 km sind Seen und 8,5 km sind reiner Kanal.

## Schleusen

Insgesamt sind 16 Selbstbedienungs-Schleusen zu befahren, die automatisch funktionieren: Man schiebt eine Magnetkarte ein (die man bei den Bootseignern und bei den Einfahrtsschleusen erhält); von ihr wird 1 Unit (rund 1,50 Euro) abgebucht und mittels Knopfdruck wird die Schleuse vom Bootsfahrer selbst in Betrieb genommen. Gibt es Probleme, drückt man den Not-Stoppknopf. Ebenfalls per Knopfdruck lässt sich auch Hilfe holen, wenn dies nötig sein sollte. Vom Erne steigt man über acht Schleusen 21 Meter hinauf zum höchsten Punkt des Kanals, von wo es über ebenfalls acht Schleusen 24 Meter hinunter zum Shannon geht.

## Schleusenzeiten

Die Schleusen sind täglich geöffnet,
Mittagspause 13–14 Uhr

April-Mitte Mai 9–16 Uhr (SO 10–16 Uhr)
Mitte Mai-September 9–20.30 Uhr (SO 10–18 Uhr)
Oktober 9–16 Uhr (SO 10–16 Uhr)
November-April 9–12.30 Uhr (SO 10–12.30 Uhr)

Die Schleusenzeiten wurden 2019 auf obenstehende Zeiten verkürzt, mit weiteren Änderungen ist zu rechnen. Siehe Update S. 3.

## Höchstgeschwindigkeit

Die erlaubte Höchstgeschwindigkeit in kanalisierten Abschnitten und Häfen beträgt 5 km/h. Das mag für viele „Vollgas-Kapitäne" vom Shannon unerträglich langsam sein – es ist zur Erhaltung der Uferböschungen jedoch nötig, Wellenschlag zu vermeiden. Halten Sie sich also bitte daran, zumal Schnellfahrer im Zuge immer öfter durchgeführter Kontrollen kräftig zur Kasse gebeten werden – völlig zurecht, wenn man die zerstörten Böschungen betrachtet.

## Durchfahrtshöhe

Einige niedrige alte Steinbogenbrücken sind „schuld" daran, dass hier nicht alle Boote fahren können. Die Durchfahrtshöhe beträgt max. 3,20 Meter.

## Treidelpfad

Der Kanal wurde ursprünglich ohne Treidelpfad errichtet. Leider hat man dies auch bei der Renovierung so beibehalten,.

## Markierungen

Im Lough Scur treffen die Zuständigkeiten der Navigationsbehörden von Erne und Shannon aufeinander, was sich auch in unterschiedlichen Markierungen der Fahrrinne äußert. Die Erne-seitigen Markierungen sind rot-weiße Halbscheiben auf einem Pfahl. Man fährt immer an der weißen Seite vorbei. Und die Shannon-seitige Betonnung ist rot bzw. schwarz (oder grün). Flussabwärts gesehen (bzw. aus einer Bucht kommend) muss sich die rote Markierung rechts des Bootes, die schwarze links befinden (Eselsbrücke: **r**ot = **r**echts).

## Anlegestellen

Sechs moderne Anlegestellen wurden im Zuge der Restaurierung des Kanals geschaffen. Alle verfügen über Telefon, Toiletten, Duschen, Wasserstellen, Waschmaschinen und Auspump-Stationen (für die Chemie-Toiletten der Boote). Mit der Smart Card, mit der man auch die Schleusen bedient, bezahlt man für die Benutzung der Duschen und Waschmaschinen.

## Fahrdauer

Die kürzest mögliche Durchfahrtszeit durch den Kanal beträgt rund 16 Stunden. Aufenthalte unterwegs verlängern diese Zeitspanne. Ohne Stopps durchzuhetzen wäre allerdings schade, denn es gibt auch hier einige interessante Dinge zu entdecken.

## Grenzformalitäten

Der „Link" überquert die Grenze zwischen der Republik Irland und dem zu Großbritannien gehörenden Nordirland, er bildet sogar mehr als 10 km lang die Grenze. Der Bootsfahrer merkt den „Grenzübertritt" allerdings gar nicht, weil es (derzeit!) keinerlei Formalitäten gibt.

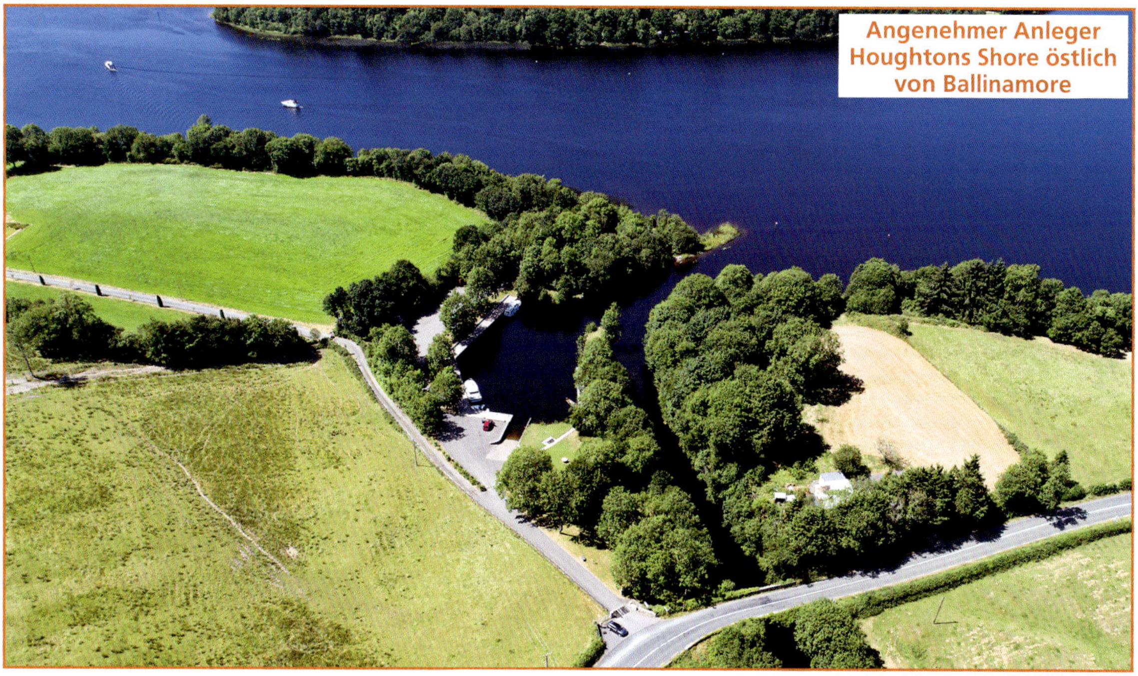

Angenehmer Anleger Houghtons Shore östlich von Ballinamore

## Link: Anleger und Versorgung

Wo findet man Pump-outs, Sanitäreinrichtungen, Diesel, Pubs/ Restaurants, Einkaufsmöglichkeiten? Am Link gibt es „Service Blocks“: Diese verfügen über Pump-out, WC, Dusche, Waschmaschine und Wäschetrockner. Die Bezahlung erfolgt durch die Smart Card, mit der Sie auch die Schleusen bezahlen. Auflistung von West nach Ost (Shannon Richtung Erne).

**Fahrende Schleusenwärter (Waterway Patrolers):**
Lock 1 Tel. +44 28 6774 8976
Lock 16 Tel. +353 87 2608569
Ballinamore Tel. +353 87 2602478
Ballyconnell Tel. +353 87 2603662
Kilclare area Tel. +353 87 2603663

### Ausstattung wichtiger Häfen und Anleger

| Bitte informieren Sie mich über Veränderungen – siehe Seite 3. Quellen: Aufzeichnungen Harald Böckl, Fam. Martinek, Damien Delaney, IWAI, Waterways Ireland. | Diesel | Pump-out | Wasser | Landstrom | WC | Dusche | Waschmaschine | Trockner | Einkaufen | Pub | Restaurant | Bankomat | Smart Card (Verkauf) |
|---|---|---|---|---|---|---|---|---|---|---|---|---|---|
| **Leitrim** | | x | x | | x | x | x | x | x | x | x | x | x |
| **Kilclare** | | | | | | | | | x | x | | | x |
| **Keshcarrigan** | | x | x | x | x | x | x | x | x | x | x | x | x |
| **Ballinamore** (privat) | x | x | x | x | x | x | | | x | x | x | x | |
| **Ballinamore** (öffentlich) | | x | x | x | x | x | x | x | x | x | x | x | x |
| **Haughton's Shore** | | x | x | x | x | x | x | x | | | | | |
| **Ballyconnell** | x | x | x | x | x | x | x | x | x | x | x | x | x |
| **Aghalane** | | x | x | x | x | x | x | x | | | | | x |

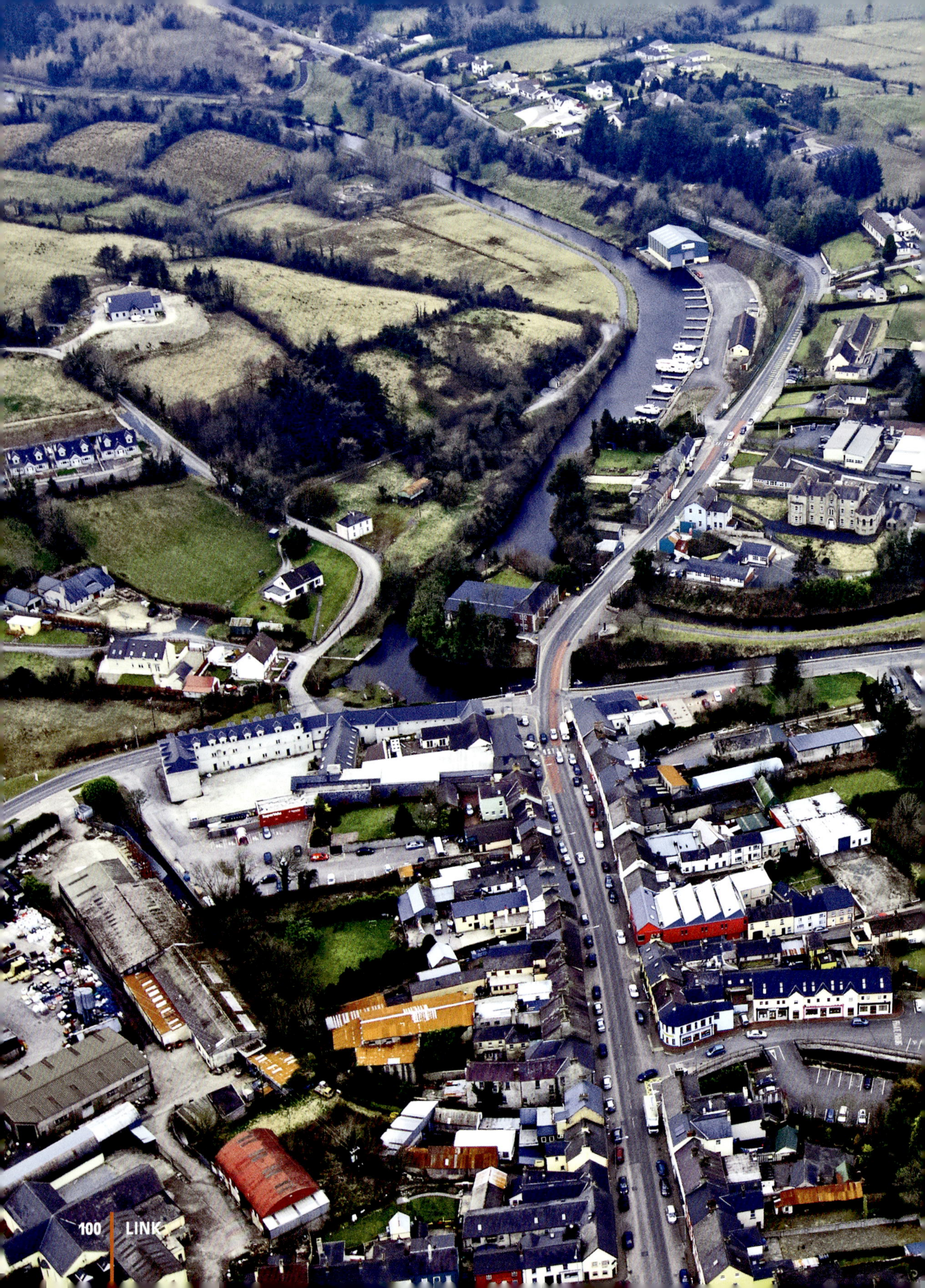

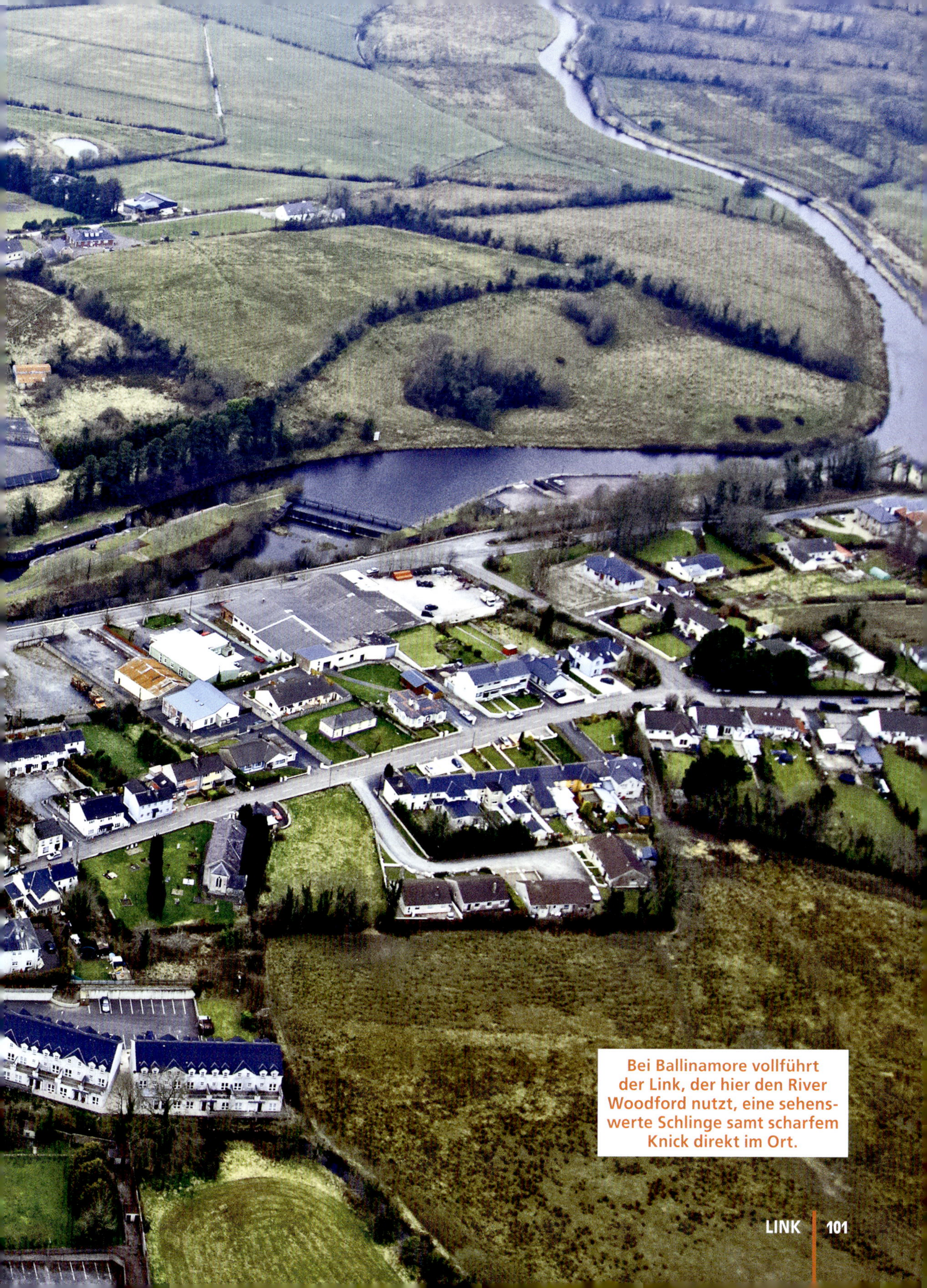

Bei Ballinamore vollführt der Link, der hier den River Woodford nutzt, eine sehenswerte Schlinge samt scharfem Knick direkt im Ort.

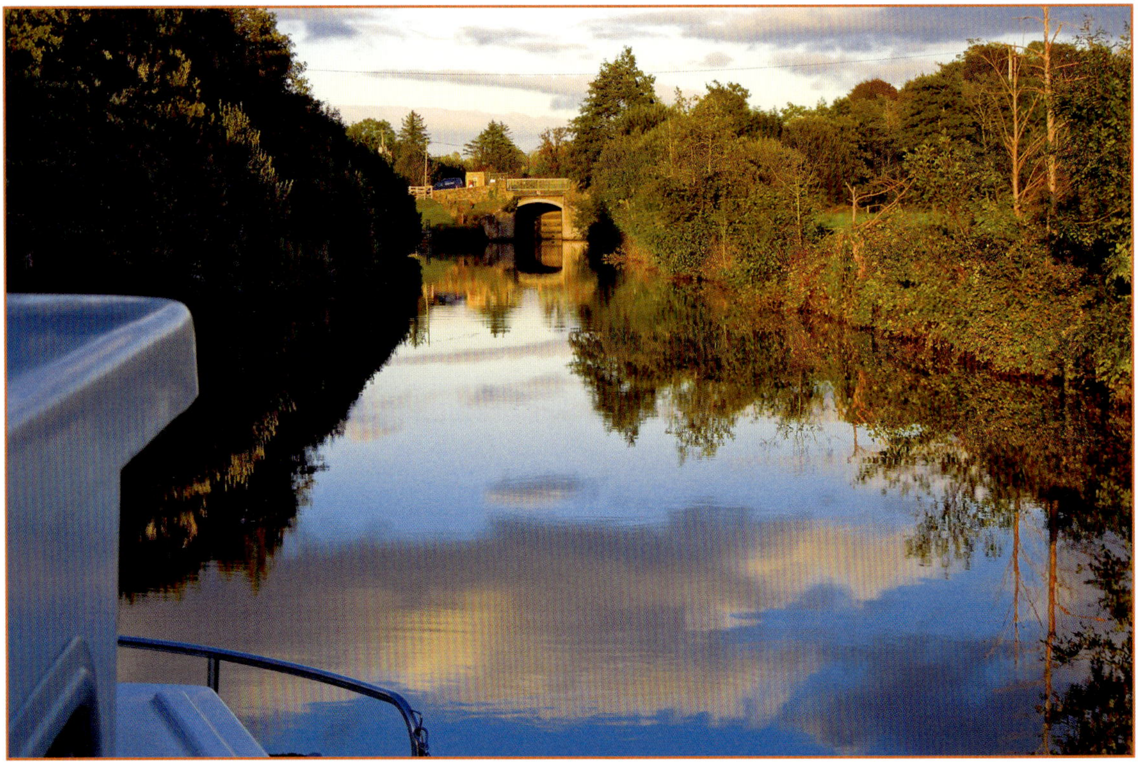

Unterhalb von Schleuse 14

## Festivals, Events und Konzerte am Link

### Ostern

**Ballinamore**: Lokales Festival mit Wassersport-Aktivitäten

### Mitte August

**Ballinamore**: Musik und Unterhaltung beim Ballinamore Family Festival

### Ende August

**Ballinamore**: Beim Free Fringe Festival erhalten junge Nachwuchsmusiker und alternative Künstler eine Bühne; so skurril, dass es beinahe schon sehenswert ist

## 1994 aus seinem Dornröschenschlaf erweckt ...

Als „The Link", also „Verbindung" oder „Bindeglied", wird der „Shannon-Erne-Waterway" bezeichnet. Er verbindet die beiden wichtigsten Flüsse der irischen Insel miteinander: den Shannon bei Leitrim und den Erne bei Belturbet.

Der „neue" Kanal ist eigentlich recht alt, denn er wurde bereits Mitte des 19. Jahrhunderts gegraben (1853 bis 1860). Von 1860 bis 1869 wurde er auch genutzt – allerdings äußerst spärlich, nämlich insgesamt von nur 8 (!) Booten. Kein Wunder also, dass er nur ein kurzes Dasein fristete.

Der älteste Name des Kanals lautet übrigens Ballinamore & Ballyconnell Canal, weil er diesen Orten Zugang zum Shannon und zum Erne gewährt.

Für umgerechnet 35 Millionen Euro wurde nach dreijähriger Bauzeit der Kanal im April 1994 aus seinem Dornröschenschlaf erweckt. Dabei wurden die Schleusen des kanalisierten Flusses Woodford (das ist der Abschnitt zwischen Erne und Scheitelhaltung) komplett neu errichtet und lediglich mit den Steinen der alten Schleusen verkleidet. Diese Schleusen haben eine Länge von 25 Me-

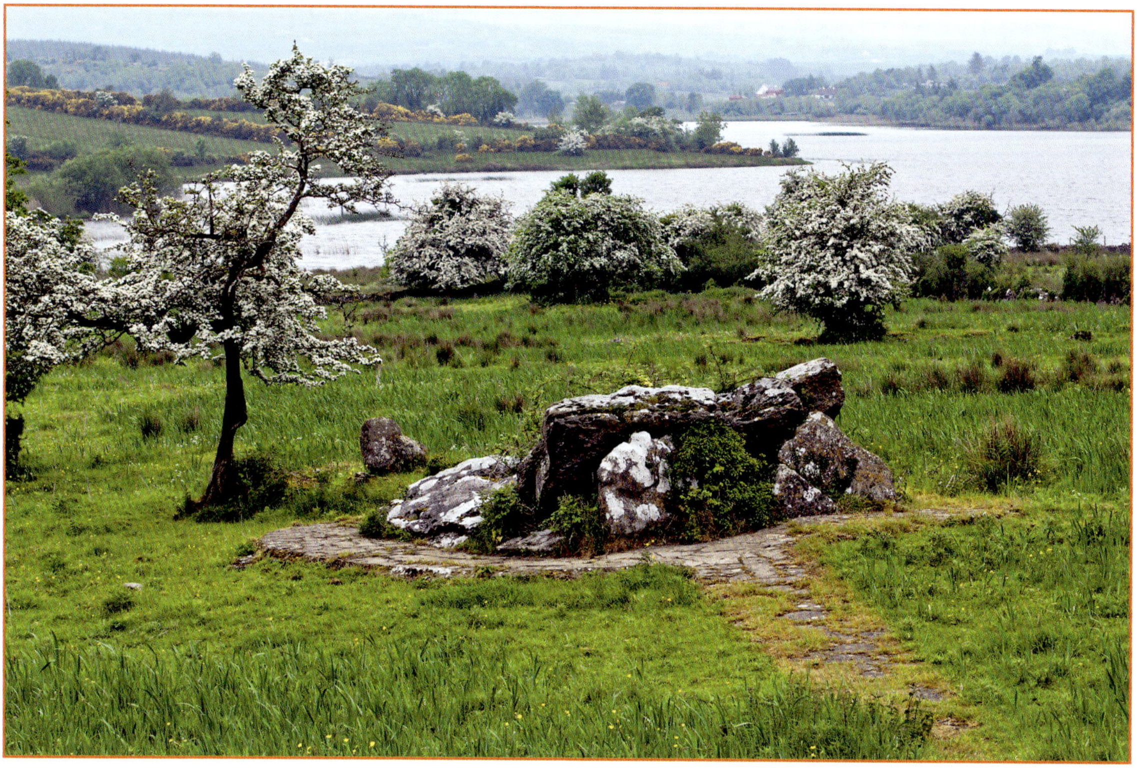

tern und eine Breite von 6 Metern. Das ist ein Meter mehr als bei den ursprünglichen Schleusen und notwendig, um Bagger-Schiffe zur Erhaltung der Fahrrinne aufnehmen zu können. Die übrigen acht Schleusen hinunter zum Shannon wurden lediglich restauriert und ausgebessert. Diese sind ebenfalls 25 m lang, jedoch nur 4,9 m breit. Die tiefste Schleuse befindet sich bei Castlefore (Schleuse 8 bei Keshcarrigan): Sie hat einen Hub von mehr als 4 Metern.

## Die „verkehrte" Nummerierung

Die Nummerierung der 16 Schleusen erfolgt vom Lough Erne in Richtung Shannon, bei den Brücken ist es umgekehrt. Warum dies ursprünglich so geschah, konnte bis heute nicht eindeutig geklärt werden. Bei der Kanal-Restaurierung wurde die Anzahl der Schleusen beibehalten, bei den Steinbogenbrücken hingegen gab es eine unfreiwillige Reduktion auf 31: Im Jahr 1970 wurde die Brücke bei Aghalane bei einer Explosion zerstört und nicht mehr aufgebaut.

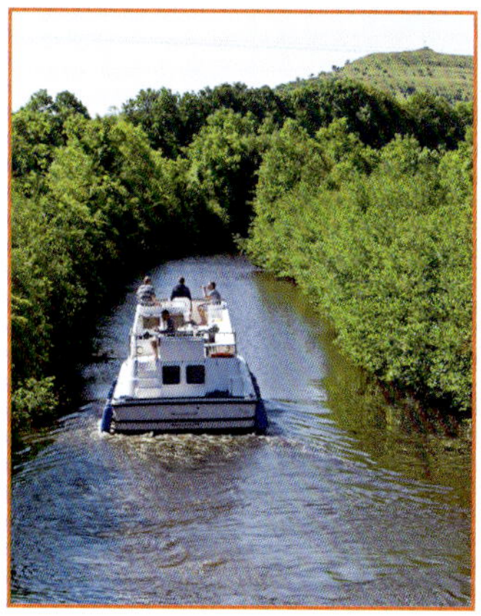

**Ganz oben: Die Lough Scur Dolmen bei Keshcarrigan; die „Deckplatte" ist in vier Teile zersprungen, aber man kann sich die Größe des aus der Jungsteinzeit stammenden „Steintisches" gut vorstellen.**

**Darunter: Natur pur bei Schleuse 12**

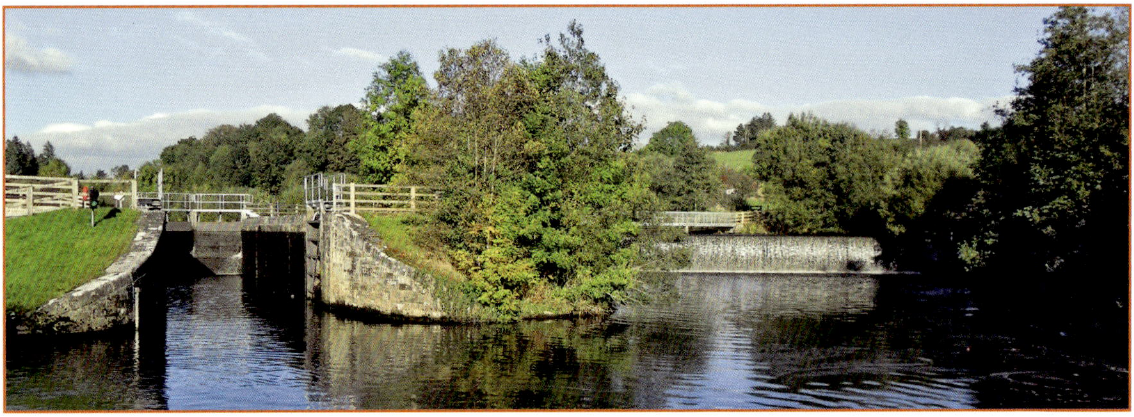

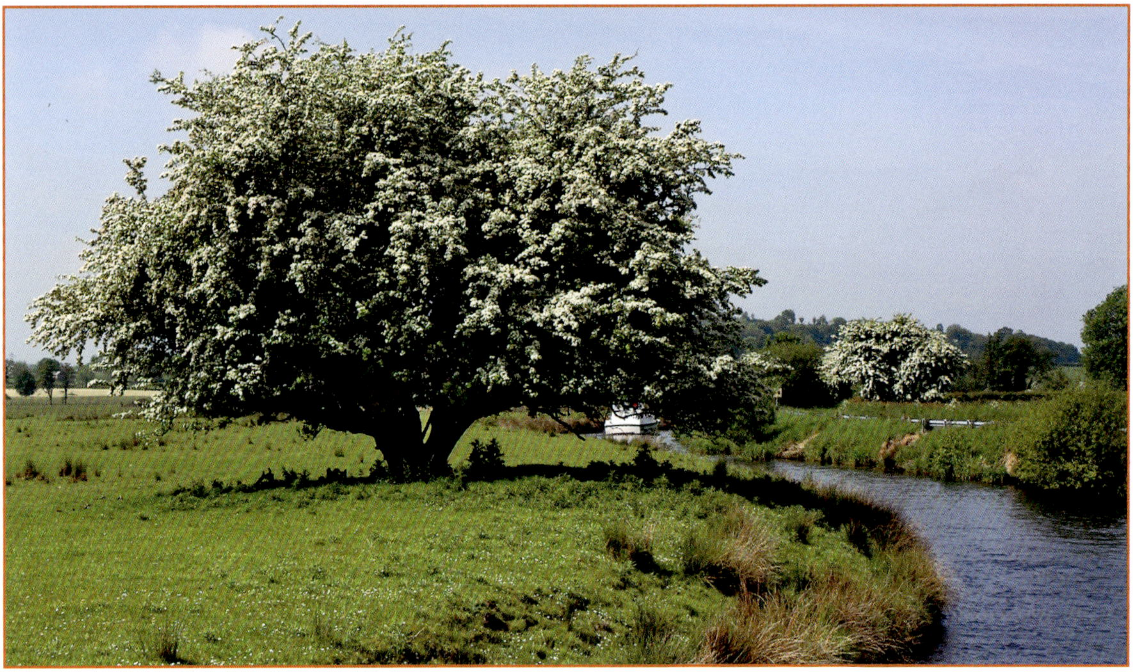

Mit seinem Wechsel aus Fluss und Kanal bietet der Link immer wieder landschaftlich reizvolle Situationen.

## 18 Pfund Einnahmen, 200.000 Pfund Ausgaben

Wie wenig erfolgreich der Link in der kurzen Zeit seines ursprünglichen Bestehens war, zeigt recht eindrucksvoll die Gegenüberstellung von Baukosten und Einnahmen: Die Errichtung des Wasserweges (1853 bis 1860) kostete damals 200.000 Pfund; er war 1860 bis 1869 in Betrieb und spielte ganze 18 Pfund ein, da er in diesen neun Jahren für lediglich acht Transporte benutzt wurde. Etwas eigenartig sind übrigens auch die Angaben zur Bauzeit: Einige Quellen sprechen davon, dass bereits um 1842 mit dem Bau begonnen worden sei.

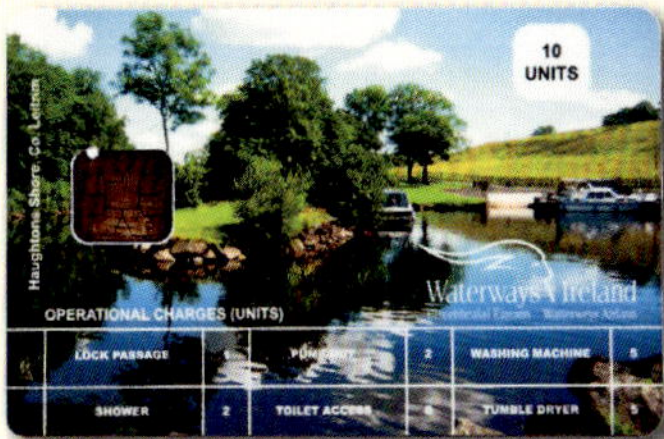


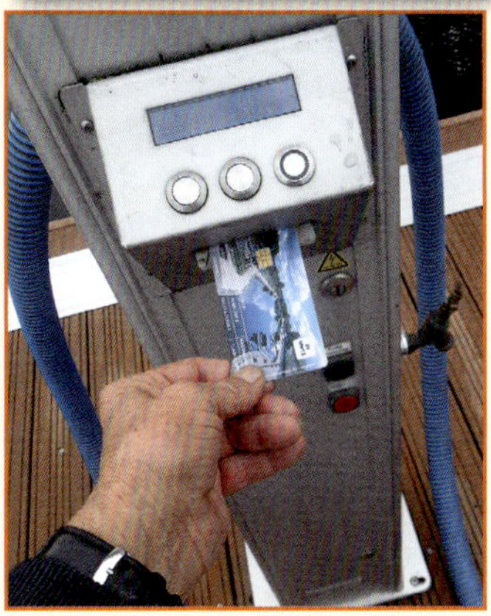

## Die Smart Card

Erhältlich sind Smart Cards für Schleusen und Service Blocks (Schleusen, Pumpout, WC und Dusche, Waschmaschine und Trockner) bei allen Bootsvermietern, bei den fahrenden Schleusenwärtern und in folgenden Orten:

**Leitrim:** Riverside Snacks & Gifts
**Schleuse 16**
**Kilclare**: Schleuse
**Keshcarrigan**: The Village Shop
**Ballinamore**: Supervalu
**Ballyconnell**: Supervalu, Supermarkt LondisVivo, Schleuse
**Schleuse 1**
**Aghalane**

## Was kostet wieviel?

Bei der Smart Card, die Sie benötigen, um die Schleusen in Betrieb zu nehmen, werden „units" (Einheiten zu ca. 1,50 Euro) für jeden Gebrauch abgebucht; auch die Einrichtungen in den Häfen werden damit bedient:

**Schleuse:** 1 unit
**Abwasser abpumpen:** 2 units
**Duschen:** 2 units
**Waschmaschine:** 5 units
**Trockner:** 5 units

Nicht vollständig verbrauchte Karten können Sie an andere Bootseigner weiterverkaufen (die Geräte zeigen das Guthaben an). Es gibt Karten zu 10 und 20 Units (Einheiten), Preis: ca. 6,35 und 12,70 Euro).

## Gut essen im Smyth's und Glenview

Ein gastronomisches Highlight in der Region ist Smyth´s Restaurant in Ballinamore. In der typischen Pub-Atmosphäre (mit einem angeschlossenen Raum in Wohnzimmer-Größe, der als Restaurant bezeichnet wird), gibt es ein für irische Verhältnisse überdurchschnittlich gutes Essen, sowohl mittags wie auch abends. Dem tut es keinen Abbruch, dass es sich um relativ „typische" oder eben auch einfache Speisen handelt, die man anderswo auch erhält – hier ist aber die Qualität besser.

Etwas feiner und obendrein auch recht gut ist es im Glenview Restaurant bei der Aghoo Bridge (zwischen Aghoo und Ballinamore).

Smyth´s Restaurant, Main Street, Ballinamore, 071 9644 955, Pub täglich geöffnet, Lunch und Evening Dinner.

Glenview Restaurant, Aghoo Bridge, 071 964 4157.

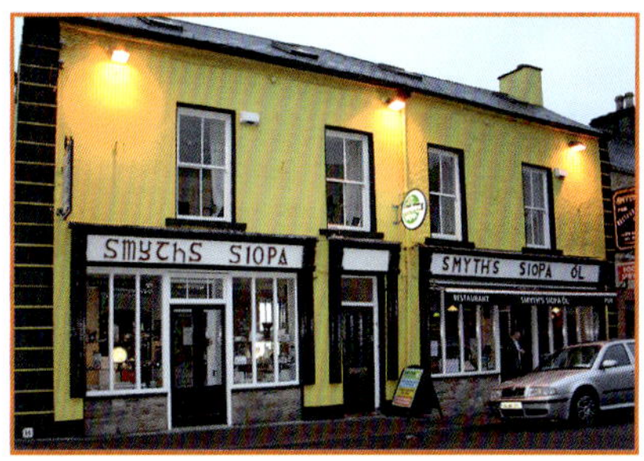


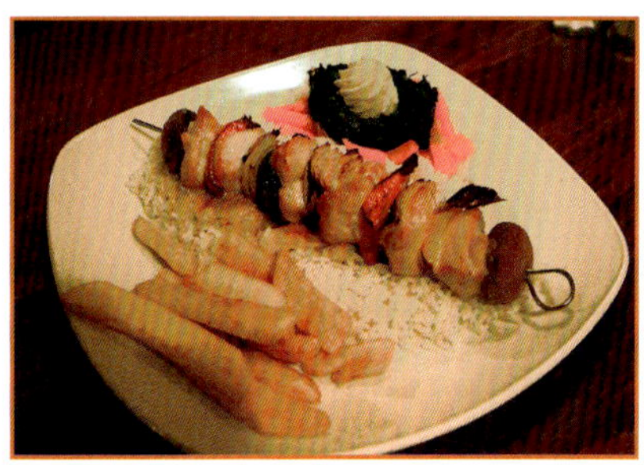

**Smyth´s in Ballinamore: einfache Gerichte , einfach zubereitet – aber mit Grundprodukten von hoher Qualität, was in Irland ja leider nicht Standard ist.**

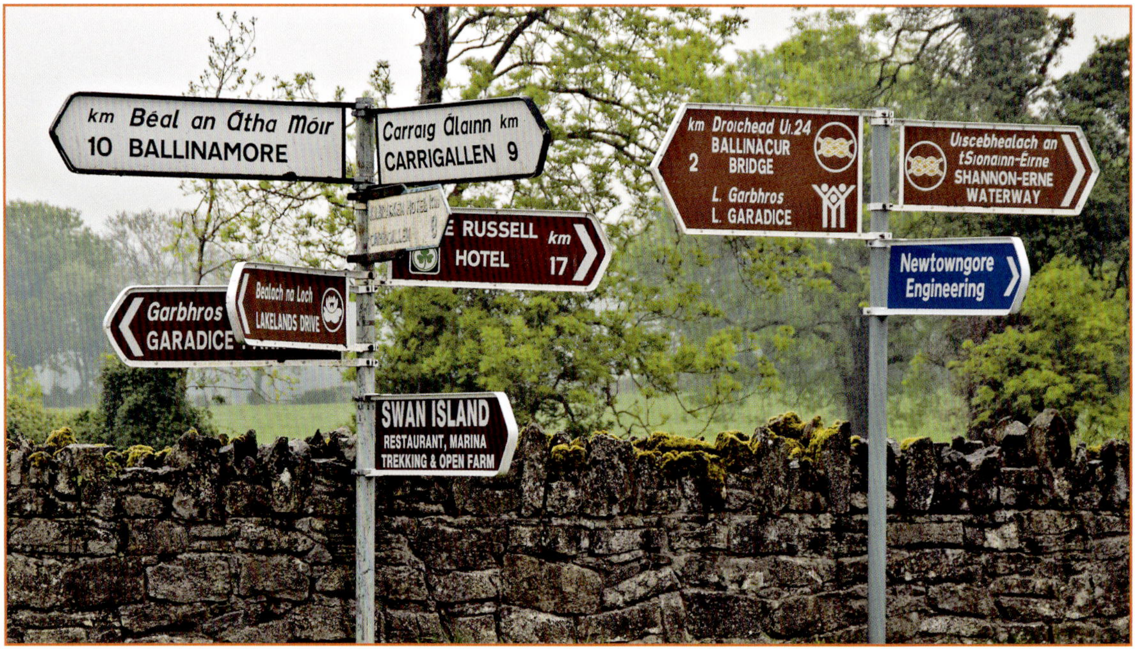


# Die wichtigsten Orte und Sehenswürdigkeiten am Link

Hier habe ich die wichtigsten Orte, Seen, Inseln und Besonderheiten für Sie zusammengestellt – von Leitrim am Shannon bis zur Einmündung in den Upper Lough Erne bei Belturbet

Sollte etwas Wesentliches fehlen oder ich mich irgendwo geirrt haben, bitte ich um Nachsicht und vor allem um Nachricht – ich werde das dann im online-Update entsprechend korrigieren (siehe Seite 3).

## Leitrim

Siehe Beschreibung auf Seite 54 (Shannon). Obwohl Leitrim eindeutig bereits am Link liegt, wird er traditionell zu den Orten entlang des Shannon gezählt – er ist ja bequem schleusenfrei zu erreichen.

## Kilclare

Kein richtiger Ort, sondern eine Streusiedlung mit ein paar Häusern. Und ausnahmsweise einmal ein „Kil", das nur mit einem „L" geschrieben wird.

Kellehers Grocery (ein sehr kleiner Laden mit einer ebensolchen Auswahl) finden Sie bei Schleuse 12 (Lisconor Lock), 100 m östlich der Brücke

The Sheemore Inn, Bar bei der mittleren Kilclare-Schleuse (Nr. 7), tägl. 9–24 Uhr

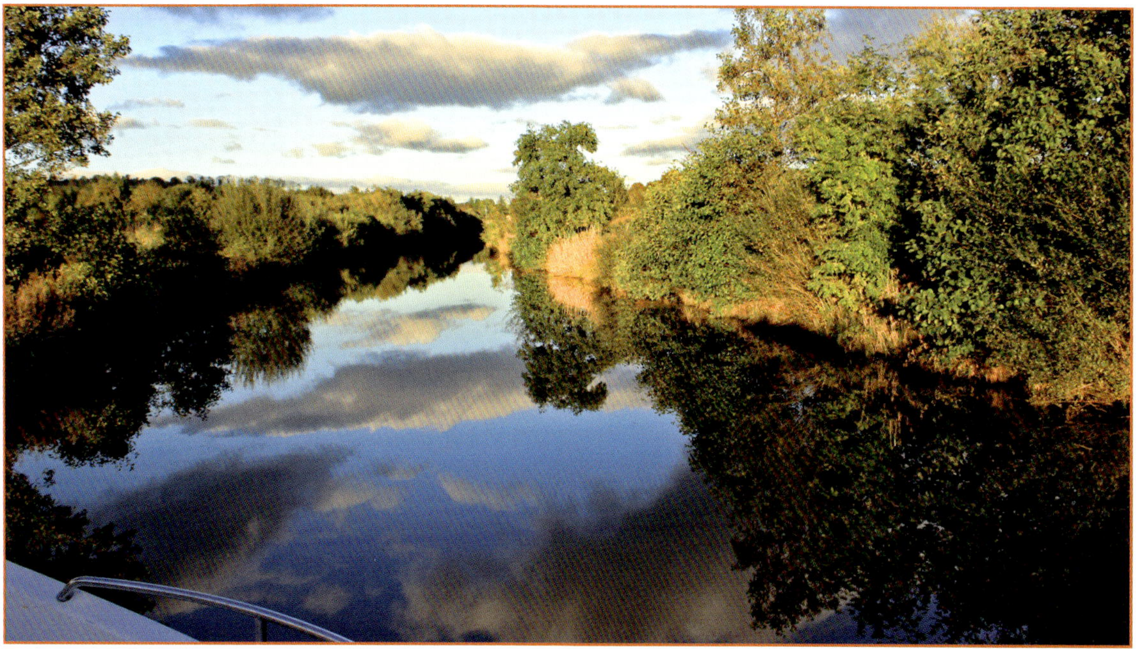

Oberhalb von Schleuse 15

## Lough Scur

### Durch die „Schlucht“ in den Speichersee

Der Lough Scur bei Keshcarrigan ist das „Wasserreservoir“ des Kanals, weil er an dessen höchster Stelle liegt. Ihn erreicht man (vom Shannon kommend) durch einen tiefen Einschnitt zwischen Brücke 10 und 11, wo der Kanal in den Felsen gesprengt wurde.

## Prison Island

### Folter, Hinrichtungen und eine Grenze

Prison Island heißt die mittlere der drei Inseln im Lough Scur. Den Namen erhielt sie durch ein um 1570 hier errichtetes Gefängnis, das aber auch Verteidigungszwecken diente. Es wurde vom blutrünstigen John Reynolds gebaut, der auch John Castle am Südufer errichtete. Er gilt als barbarisch und grausam, Foltern und Hinrichten sollen angeblich seine Lieblingsbeschäftigungen gewesen sein.

Prison Island ist auch die Grenze zwischen Shannon- und Erne-Navigation: Hier markieren westwärts die Quadrate und Scheiben die Fahrrinne, ostwärts sind es die Halbscheiben.

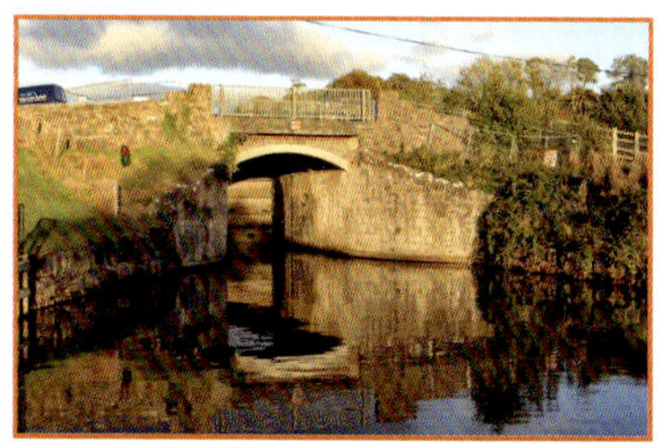

## Sheebeg Cairn

### Lough Scur Dolmen und der O´Carolan Walkway

Zwischen den Schleusen 8 und 9 befindet sich der höchste Punkt des Kanals, die Scheitelhaltung. Der Lough Scur schmiegt sich an einen sanften Hügel namens Sheebeg Cairn (Hill), der vor allem wegen des O´Carolan Walkway bekannt ist. Dieser ist nach einem berühmten blinden Harfenspieler aus dem 17. Jh. benannt und

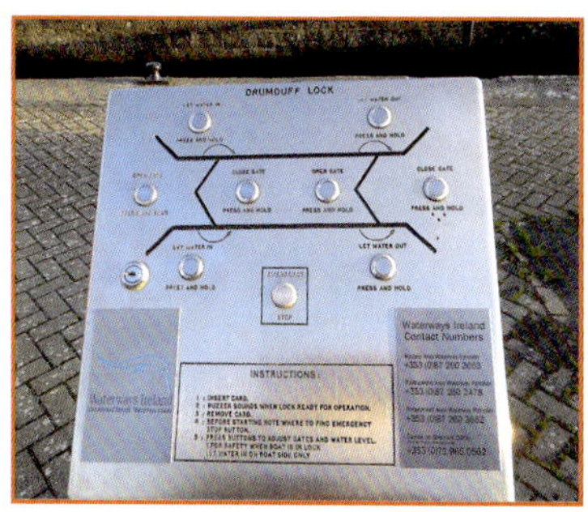

Schleuse 14

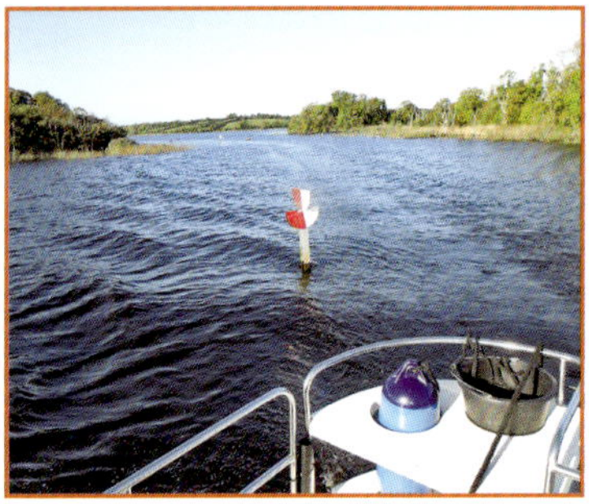

Lough Scur (oben und rechts).

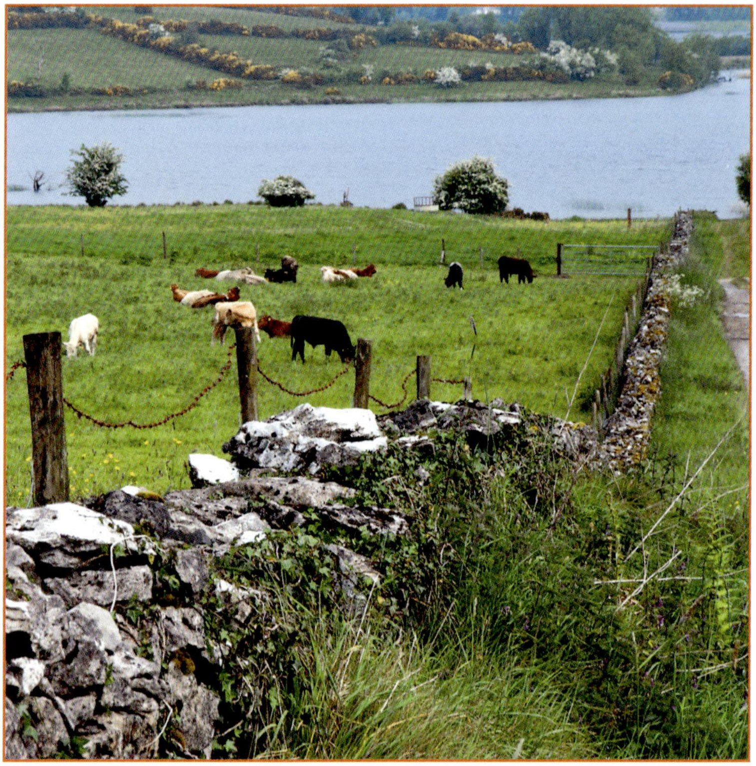

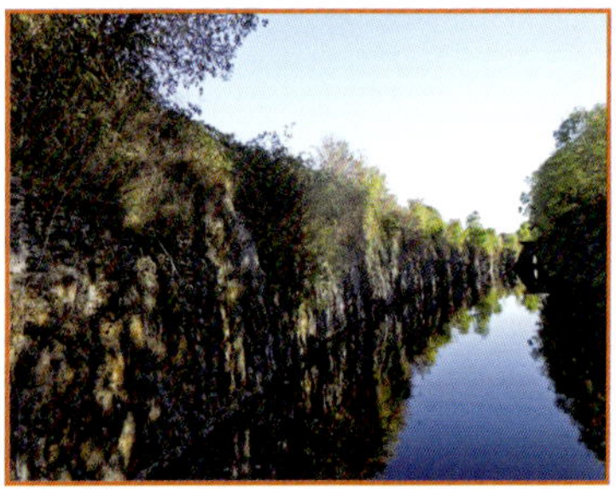

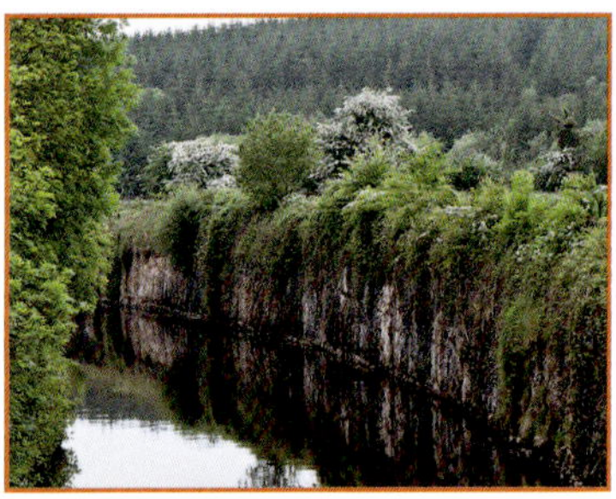

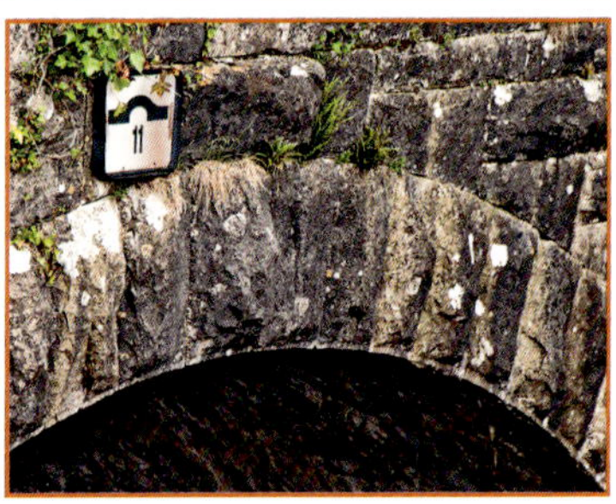

Die „Schlucht“ vor Lough Scur.

führt zum angeblichen Grabmal des Finn Mc Cool, ganz oben am Hügel. Der Wanderweg wird am besten von Keshcarrigan aus begangen und führt entlang einiger Dolmen und spezieller Steine. Wenn Ihnen jemand vorschlägt, die Tour per Rad zu machen: vergessen Sie es – außer Sie haben ein stabiles Mountainbike und sind gut im Training.

Aber auch am Wasser bekommen wir einen kleinen Blick auf Prähistorisches, ganz ohne das Boot zu verlassen, und zwar in Form von Dolmen, die einsam auf einer Kuhweide zwischen Wasser und Straße stehen. Die sogenannten „Lough Scur Dolmen“ sind ein teilweise eingestürzter „Steintisch“ aus der Jungsteinzeit, zehn Meter daneben findet man einen kleinen Menhir.

## Keshcarrigan

### Angler-Zentrum mit Hang zum Feiern

Städtchen in einer Seenlandschaft, das sich vor allem wegen seiner prächtigen Feiern zum St. Patrick´s Day einen Namen gemacht hat und das als Anglerzentrum des Wasserweges gilt. Unweit des Ortes befinden sich der O´Carolan Walkway und die Lough Scur Dolmen (siehe Sheebeg Cairn, S. 107).

Gala (The Village Shop) im Zentrum von Keshcarrigan, tägl. 9–18 Uhr

Gerties Bar and Restaurant, tägl. 10–24 Uhr

Das in vielen Führern noch erwähnte Canal View Restaurant hat dauerhaft geschlossen



Lock 8

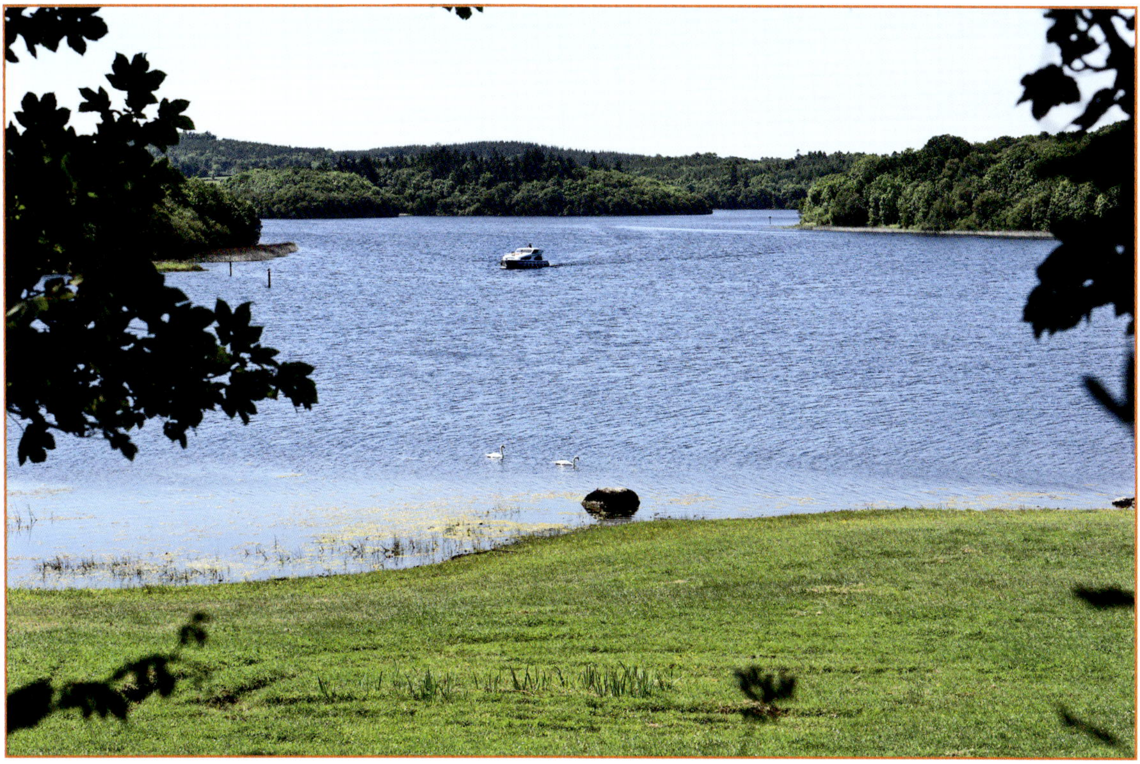

Garadice Lough östlich von Ballinamore

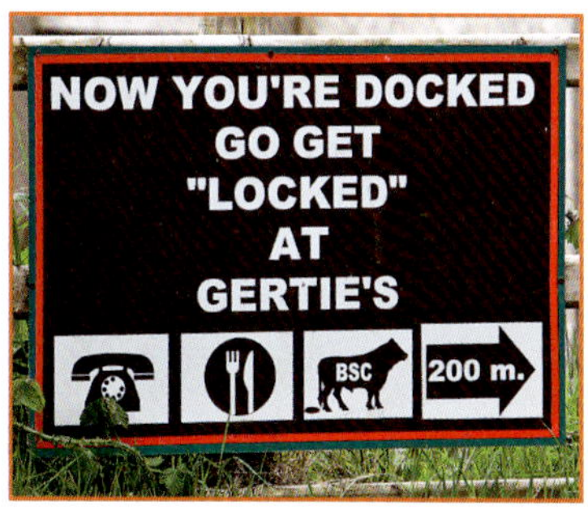


Keshcarrigan

## Ballinamore

### Die Stadt mit dem scharfen Knick

Städtchen mit allen Einkaufsmöglichkeiten, mehreren Pubs und Restaurants. Der Kanal durchquert hier eine sehr attraktive und hügelige Strecke. Ein Golfplatz (9 Loch) liegt direkt am Wasserweg. Der kleine Supermarkt befindet sich übrigens gleich dort, wo der Kanal (unterhalb der Schleuse 6) die Biegung macht. Dieser scharfe Knick ist ein „Wahrzeichen" von Ballinamore. Im Seitenarm finden Sie einen Anleger, was den Transport der Einkäufe auf das Boot deutlich erleichtert.

In Ballinamore befindet sich das aus meiner Sicht beste Bar-Restaurant des Link: Es ist das Smyth´s in der Hauptstraße (siehe auch Seite 105 „Gut essen").

SuperValu, tägl. 7.30–21.30 Uhr

Smyth´s, bei der Brücke über Kanal und Fluss, tägl. 12–21 Uhr, 071 964 4955

Peter´s Bar and Grill, 10–22 Uhr, DI geschlossen, 071 964 4930

Golfclub bei Brücke 19, westlich von Ballinamore, 087 067 9447

## Bawnboy

### Alles über den Teddybär

„Bear Essentials" nennt sich die kleine Teddybären-Manufaktur samt Schauräumen, in denen die 1984 zugewanderte Deutsche Anke Morgenroth alle Arten von Teddybären fertigt, ausstellt und verkauft. Man kann sehen, wie Teddybären herge-

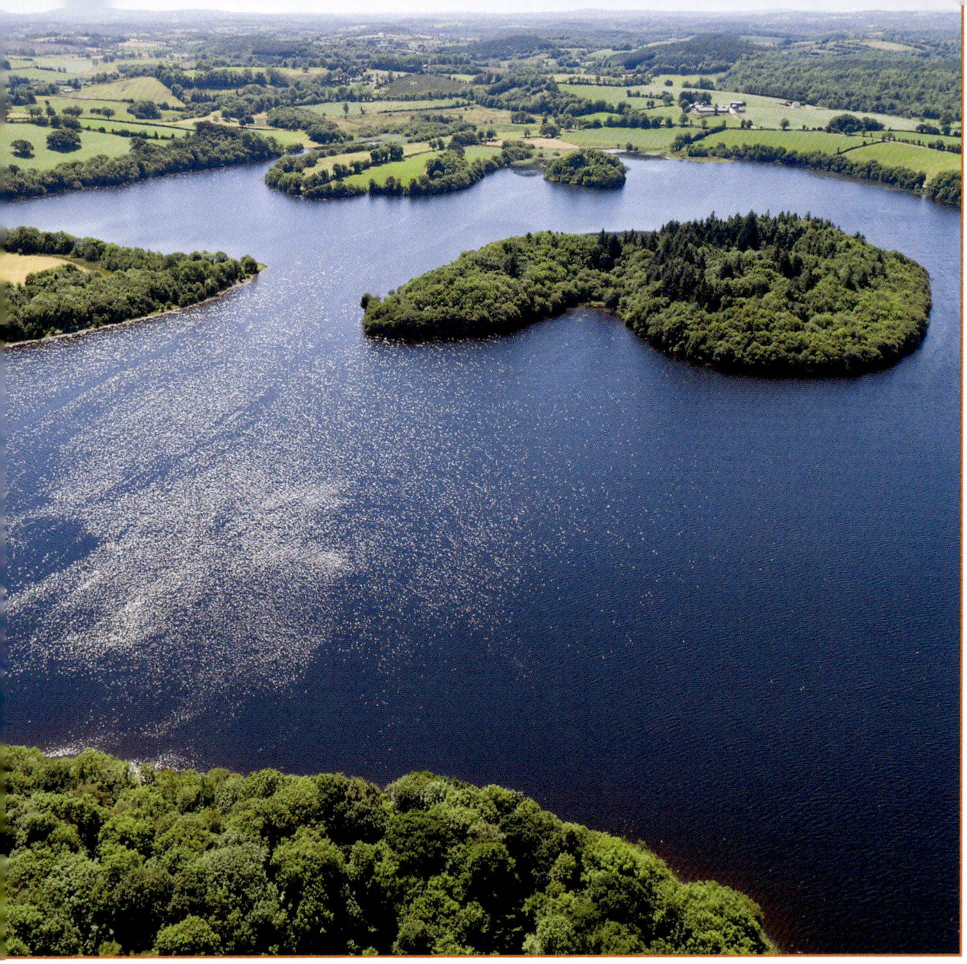
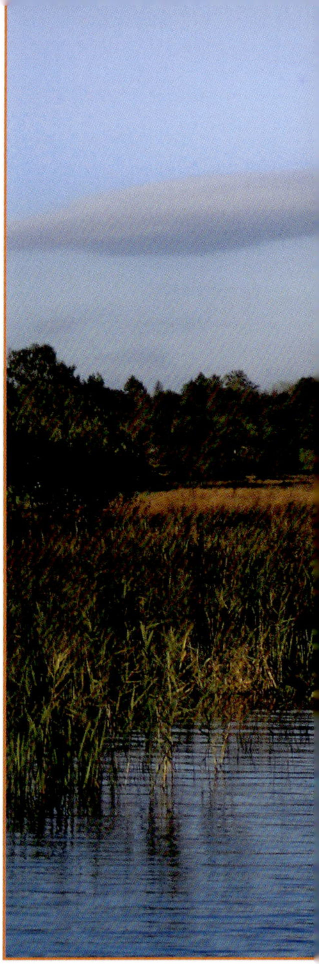
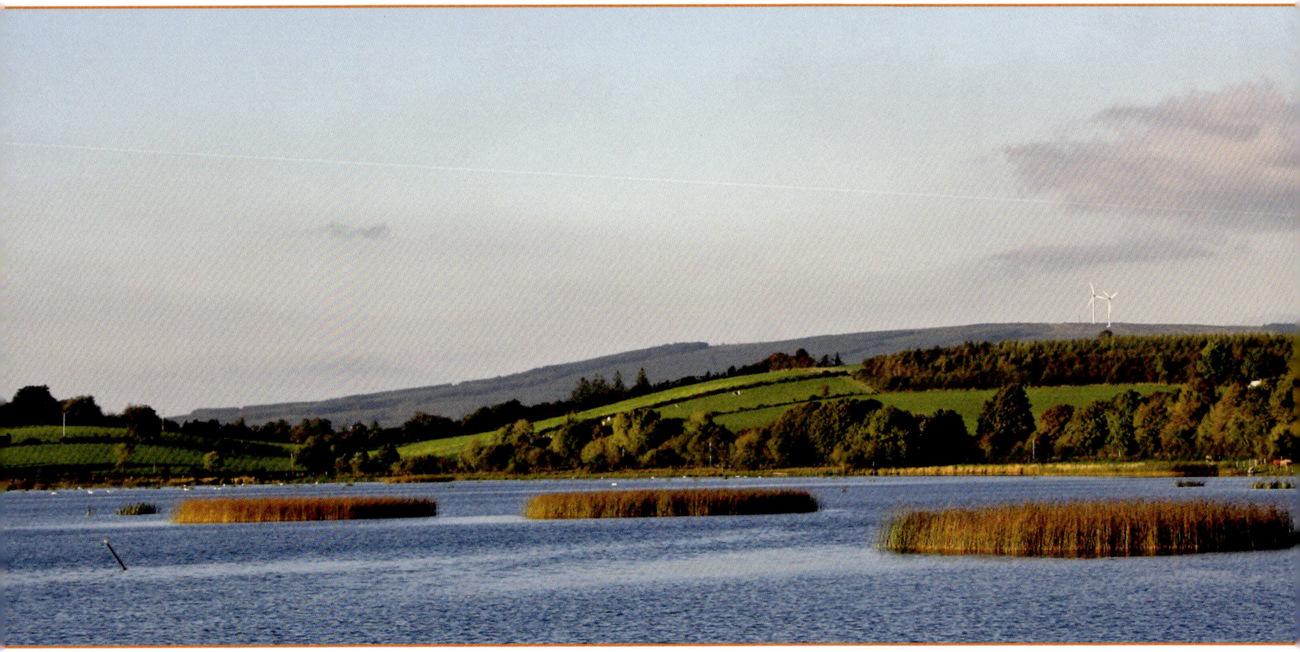

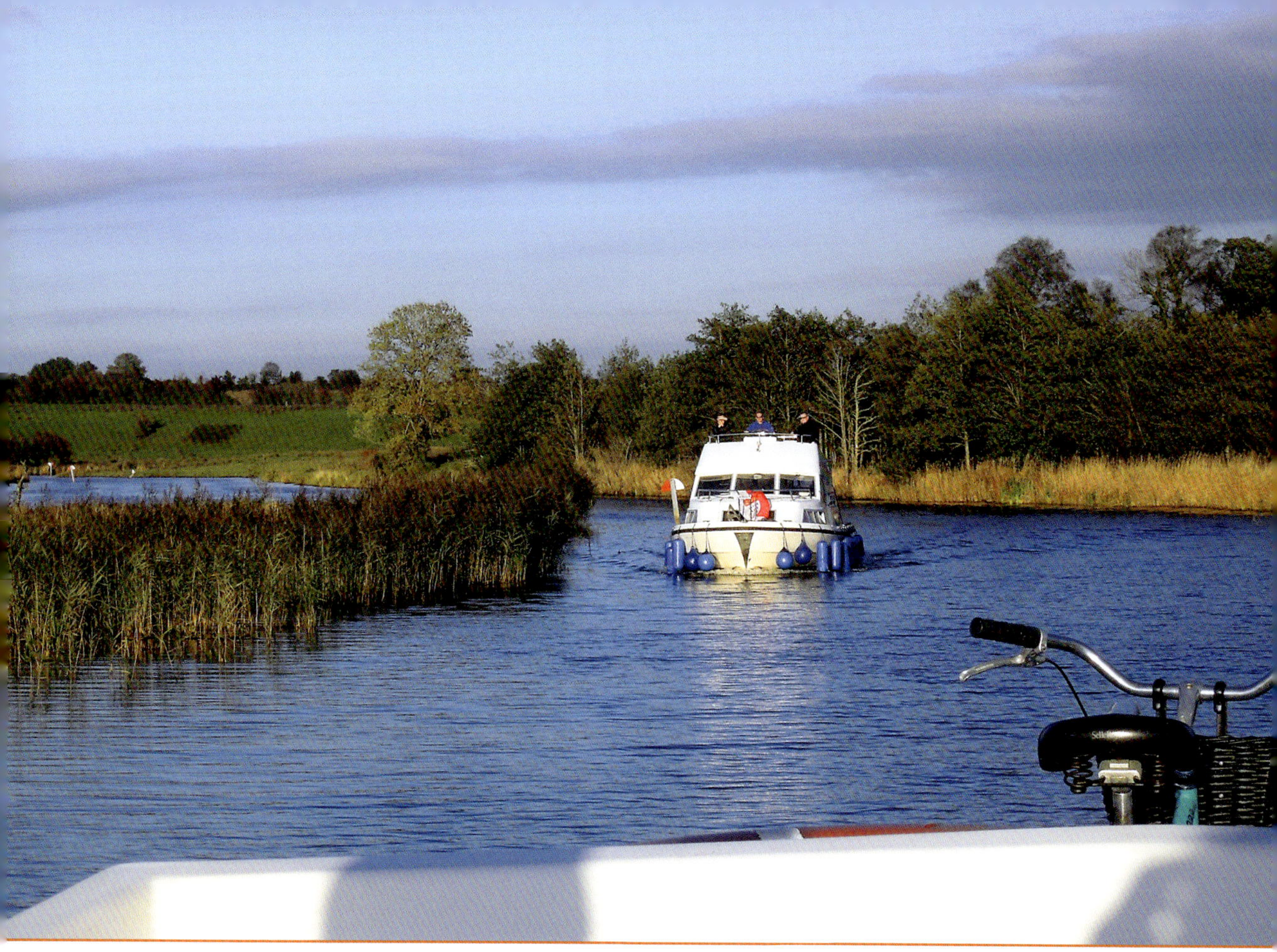

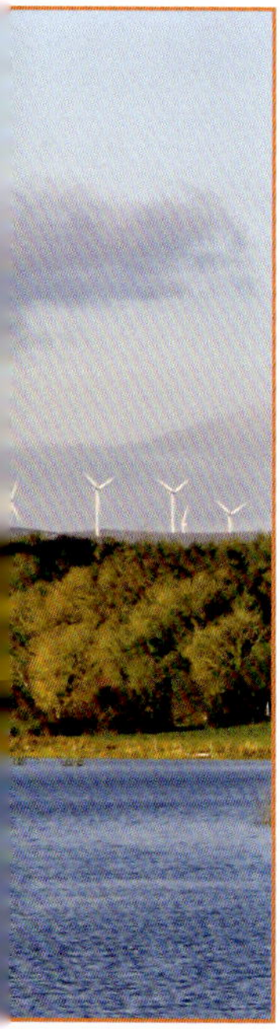

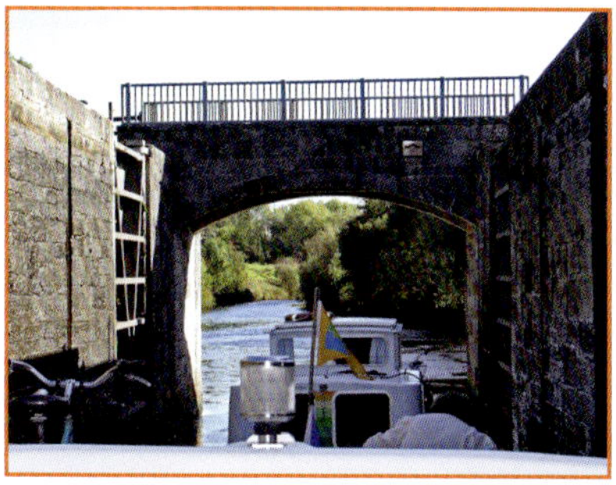

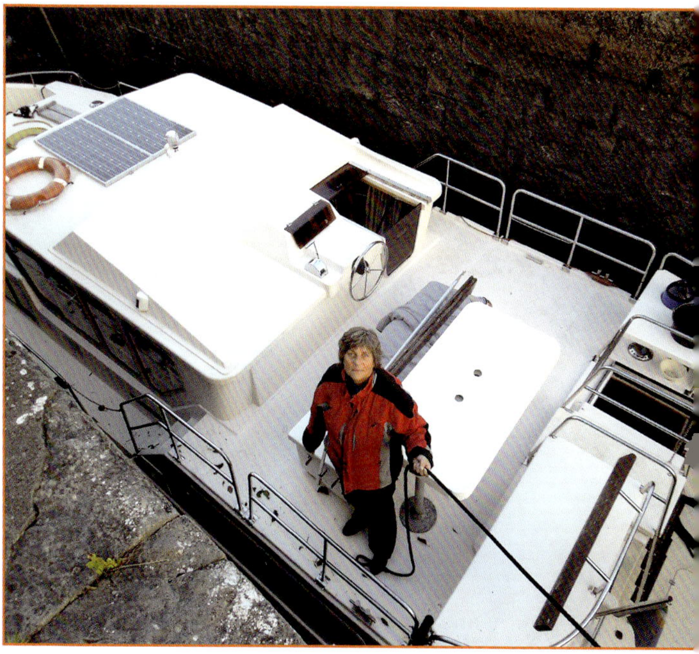

Der Link ist der abwechslungsreichste Wasserweg Irlands, was auch damit zusammenhängt, dass er aus nur 8,5 km Kanal, jedoch 12 km Seen und 42 km sanftem Fluss besteht. Diesen Wasserweg als „Kanal" zu bezeichnen, ist also eigentlich irreführend.

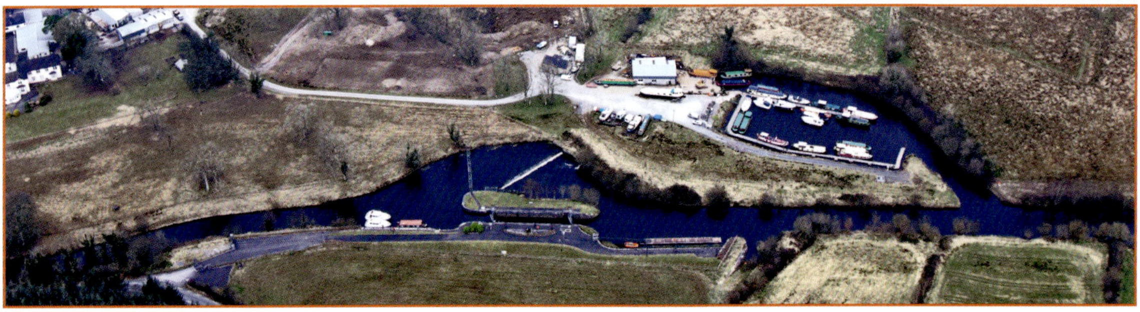

Aghoo Lock (Schleuse 4)

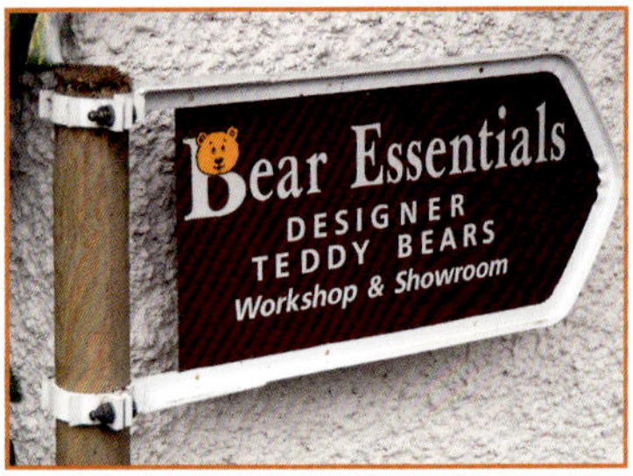


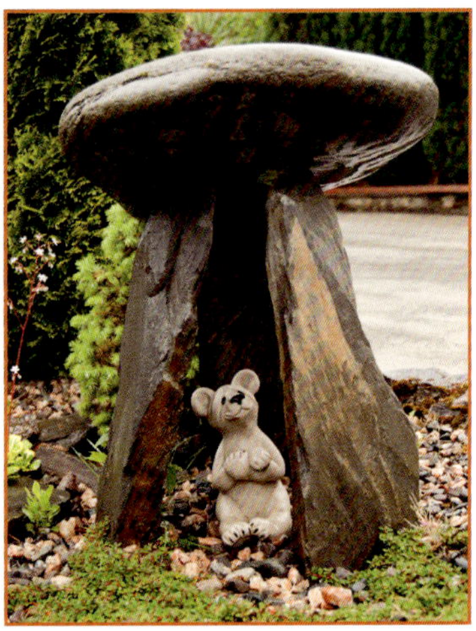

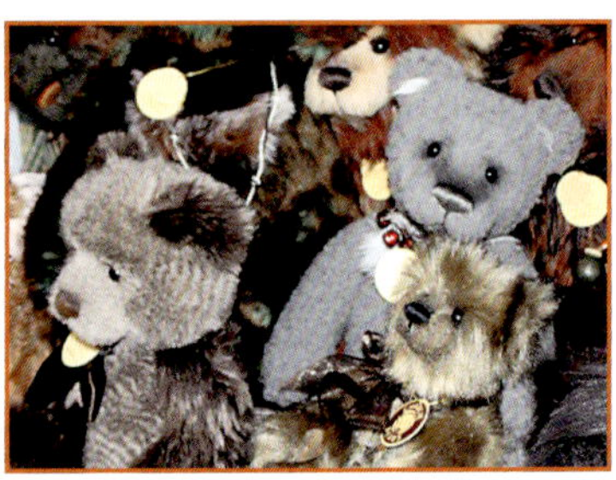

Bawnboy, Bear Essentials

stellt werden, und für alle, die länger Zeit haben, gibt es Workshops. Da dies alles in einem Einfamilienhaus mit angeschlossener Werkstatt (und, nebenbei bemerkt, inmitten eines interessanten Gartens) stattfindet, kann es schon vorkommen, dass zu den unten angegebenen Öffnungszeiten niemand da ist. Daher am besten vorher anrufen. „Bear Essentials" finden Sie im kleinen Dorf Bawnboy, 13 km nordöstlich von Ballinamore (landeinwärts).

☞ Bear Essentials, Bawnboy, MO–SA 9–18 und SO 11–18 Uhr; 049 952 3461 oder 087 761 0537; www.bearessentials.ie

## Corlough

### Ein Museum für Sättel und Pferdegeschirr

Wenn Sie Lust auf einen weiteren Landausflug von Ballinamore aus haben (oder es gleich mit dem Teddybär-Besuch verbinden, weil es von dort nur knapp 5 km westwärts sind): Wie wäre es mit dem Sattler- und Pferdegeschirrmacher-Museum? Es soll angeblich das einzige weltweit sein, das sich mit der alten Handwerkskunst beschäftigt und befindet sich in Corlough (rund 12 km nördlich von Ballinamore).

☞ The Museum of the Master Saddler, Corlough, 049 952 39 56 oder 086 394 6467; www.museumofthemastersaddler.com

## Aghoo Bridge

### Restaurant mit Museum

Das Glenview House Restaurant an der Brücke ist empfehlenswert, ebenso ein kurzer Blick in das angeschlossene Privat-Museum, das mehr als 6.000 Exponate umfasst, wie Teresa und Brian Kennedy stolz erzählen. Die Besitzer des Glenview House führen auch gerne durch ihre Sammlung von Werkzeugen und Alltagsgegenständen, die die Entwicklung der Landwirtschaft und des Handwerks anschaulich darstellen.

☞ Glenview House Restaurant: 071 964 4157

## Swan Island

### Kein Streichelzoo mehr

Den in vielen Führern noch erwähnten Streichelzoo samt Restaurant gibt es nicht mehr, alles ist nun privat und Anlegen strengstens verboten.

## Ballyconnell

### Altes Grab, neuer Golfplatz

Ein lebendiges Städtchen mit mehreren Pubs und Restaurants, am Fuß eines Hügels (Slieve Rushen) gelegen. Bedeutendste Sehenswürdigkeit ist das Slieve Russel Wedge

Tomb (Grabmal aus der Zeit zwischen 2700 und 1700 v. Chr.), das sich, genau wie der Golfplatz (18 Loch), beim Slieve Russel Hotel befindet, etwa 3 km außerhalb von Ballyconell. Archäologen haben das Grab von den Hängen des Slieve Rushen geborgen und beim Hotel originalgetreu wieder aufgebaut. Sie finden es ganz leicht, wenn Sie rechts am Hauptgebäude vorbei gehen. Dort ist es zwar in einer etwas sterilen Garten-Anlage untergebracht worden (oben am Hügel mit Ausblick hat es sicher ganz anders gewirkt), dafür hat man nun leichten Zugang und das Ganze ist vor Zerstörung geschützt.

Slieve Russle Wedge Tomb, beim Slieve Russel Hotel (sh. Text), 3 km südöstlich von Ballyconell

SuperValu im Einkaufszentrum bei der Brücke, tägl. 7.30–22 Uhr

Sophia's Ristorante, bei der Brücke, MO–FR 16–21.30, SA und SO ab 13 Uhr, 049 952 7787

The Anglers Rest, Main Street, tägl. 12.30–21 Uhr, 049 952 6391

Golfclub beim Slieve Russel Hotel, 049 952 6444

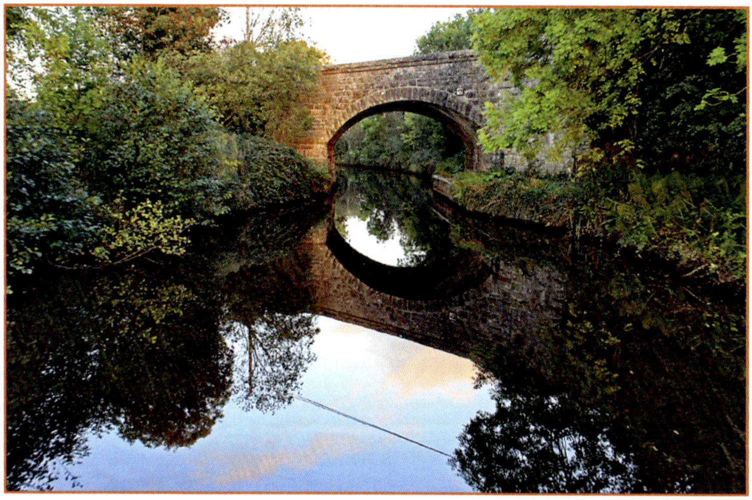

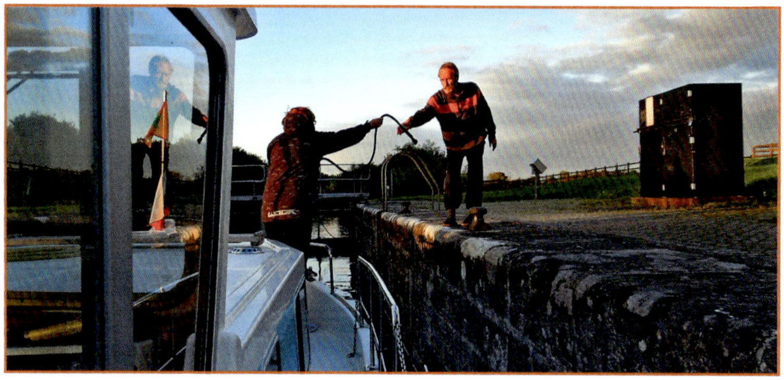

Schleuse 3

## Aghalane

### Überwucherte Burg-Reste, eine kaputte und eine neue Brücke

Zwischen 1614 und 1619 wurde Aghalane Castle errichtet, mehr ein kleines „festes Haus" denn eine Burg, mit Mauer rund um den Hof, die von 2 runden und 2 quadratischen Türmen an den Ecken „bewacht" wurde. Der Sitz wurde recht bald aufgegeben und so ist es kein Wunder, dass heute nur noch kümmerliche Reste vorhanden sind – und die sind noch so verwuchert, dass man schon viel Liebe zum Detail braucht, um beispielsweise zwei Fenster-Reste in der Südmauer zu entdecken.

Interessanter ist für mich die Symbolkraft der beiden Brücken von Aghalane: Von der alten sind nur noch die beiden Auflager bzw. ein Bogen übrig. Sie verband die Republik Irland mit Nordirland und wurde 1972 von Unbekannten in die Luft gesprengt. Die neue Brücke wurde, mit einer leistungsfähigeren Straße, als Friedensbrücke 1999 eingeweiht.

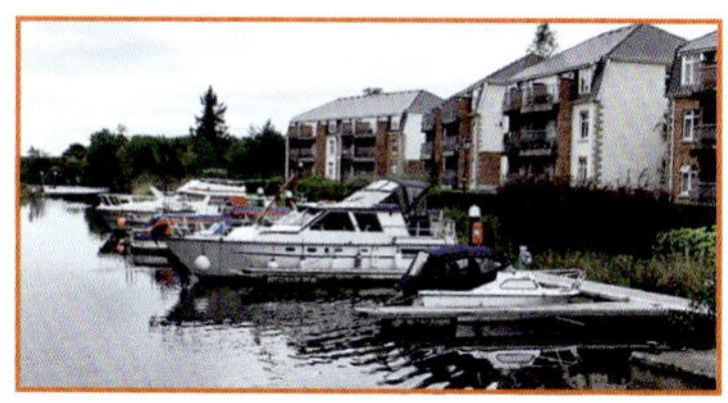

Ballyconell

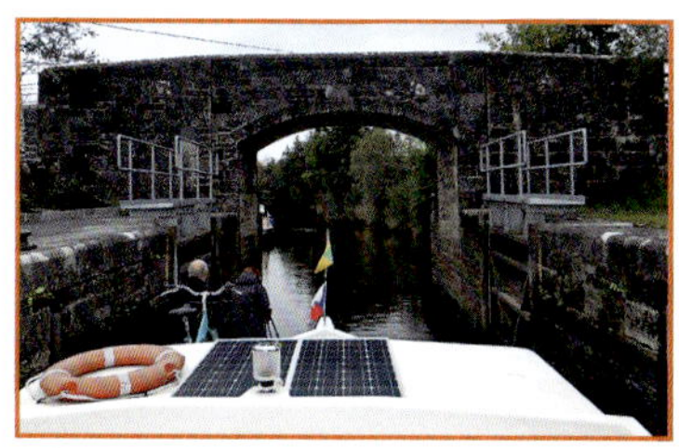

Schleuse 1

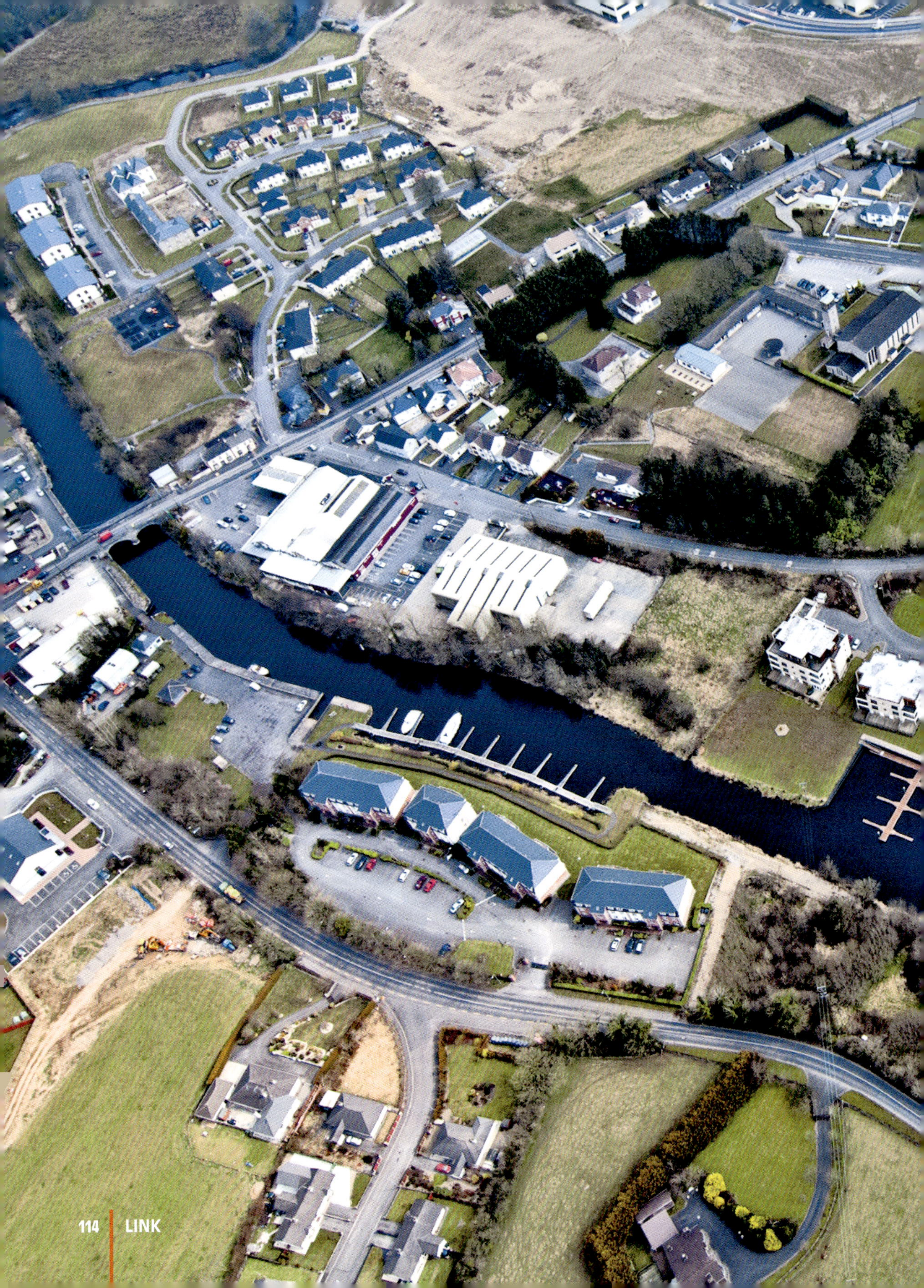

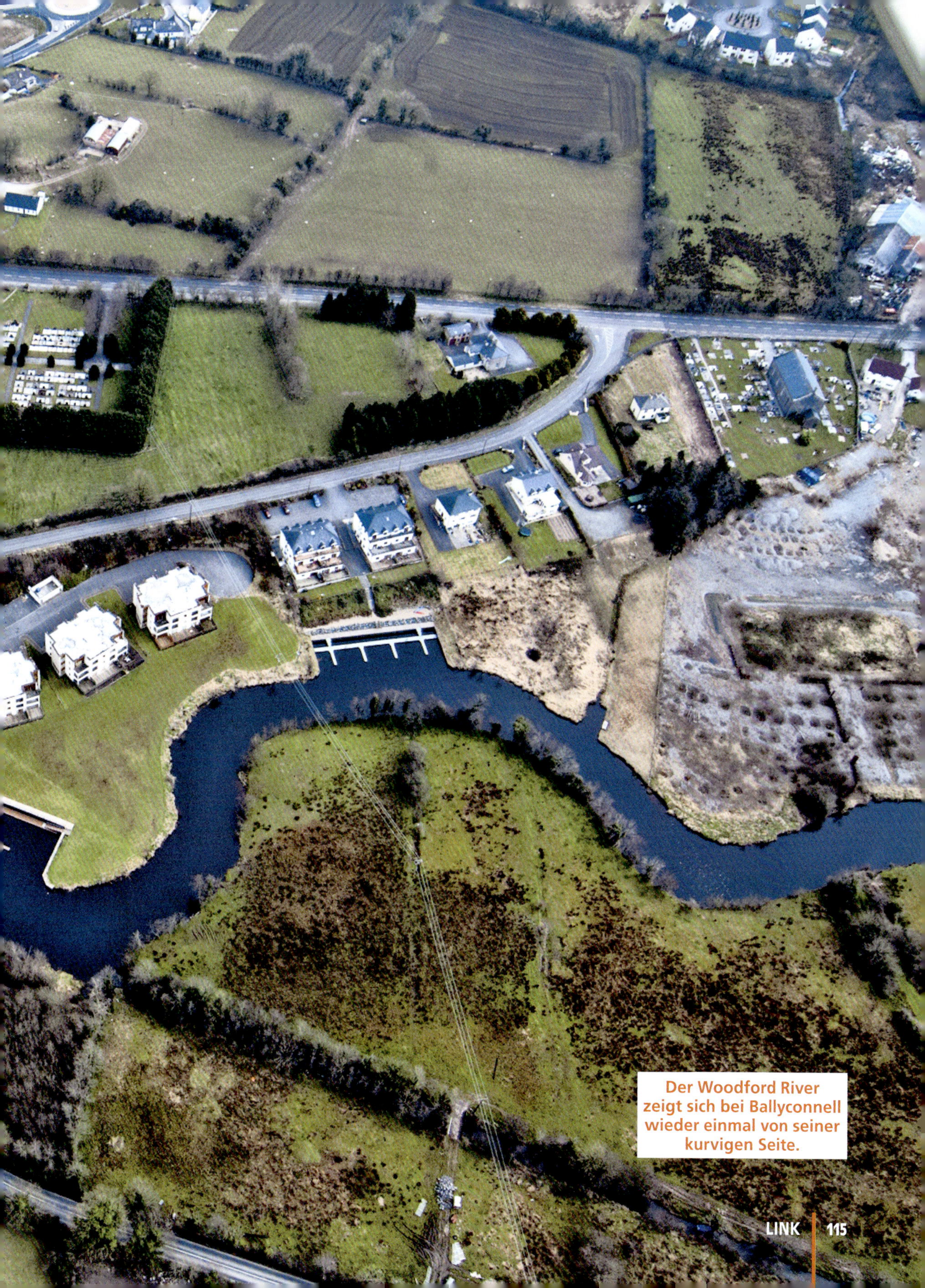

Der Woodford River zeigt sich bei Ballyconnell wieder einmal von seiner kurvigen Seite.

Die Burg von Enniskillen

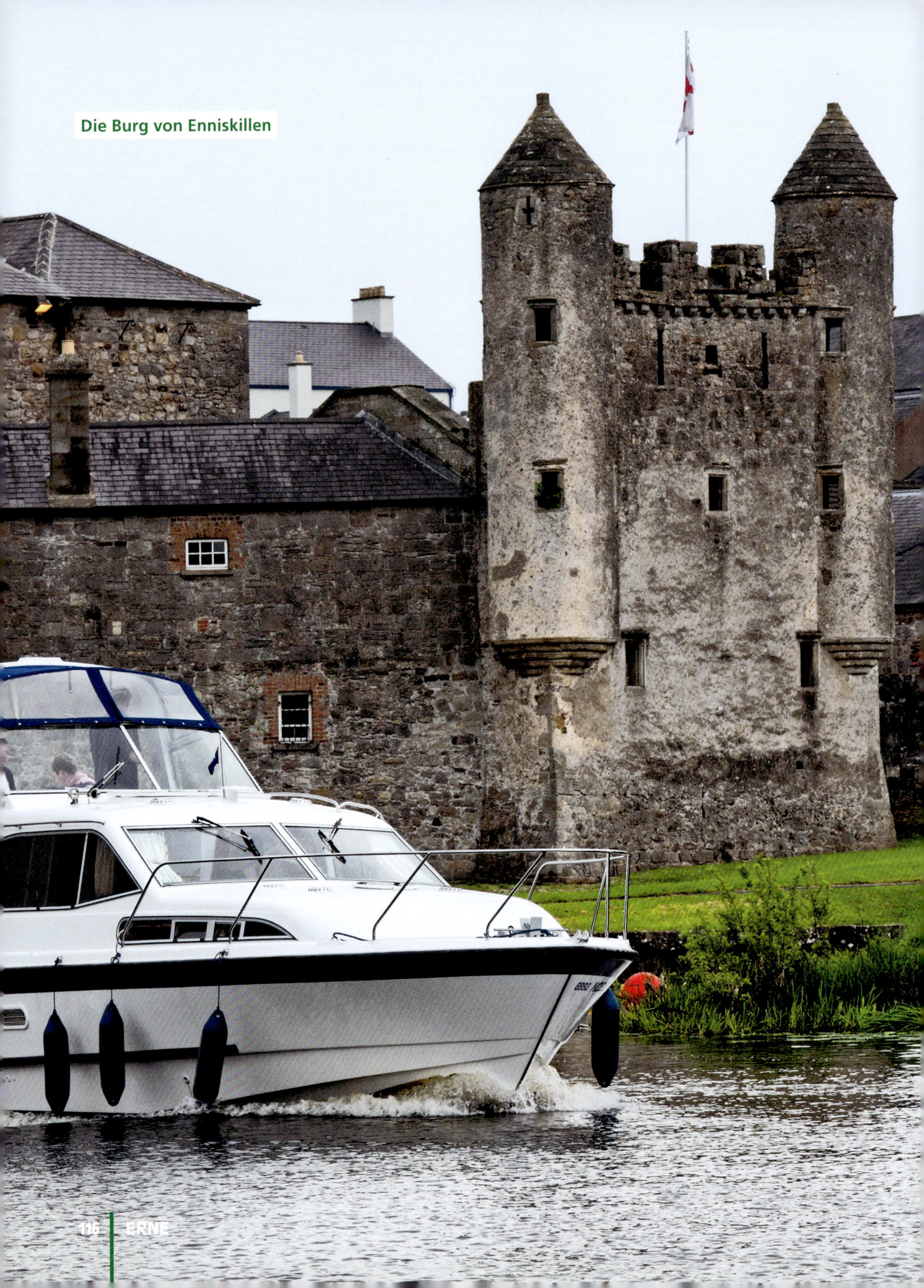

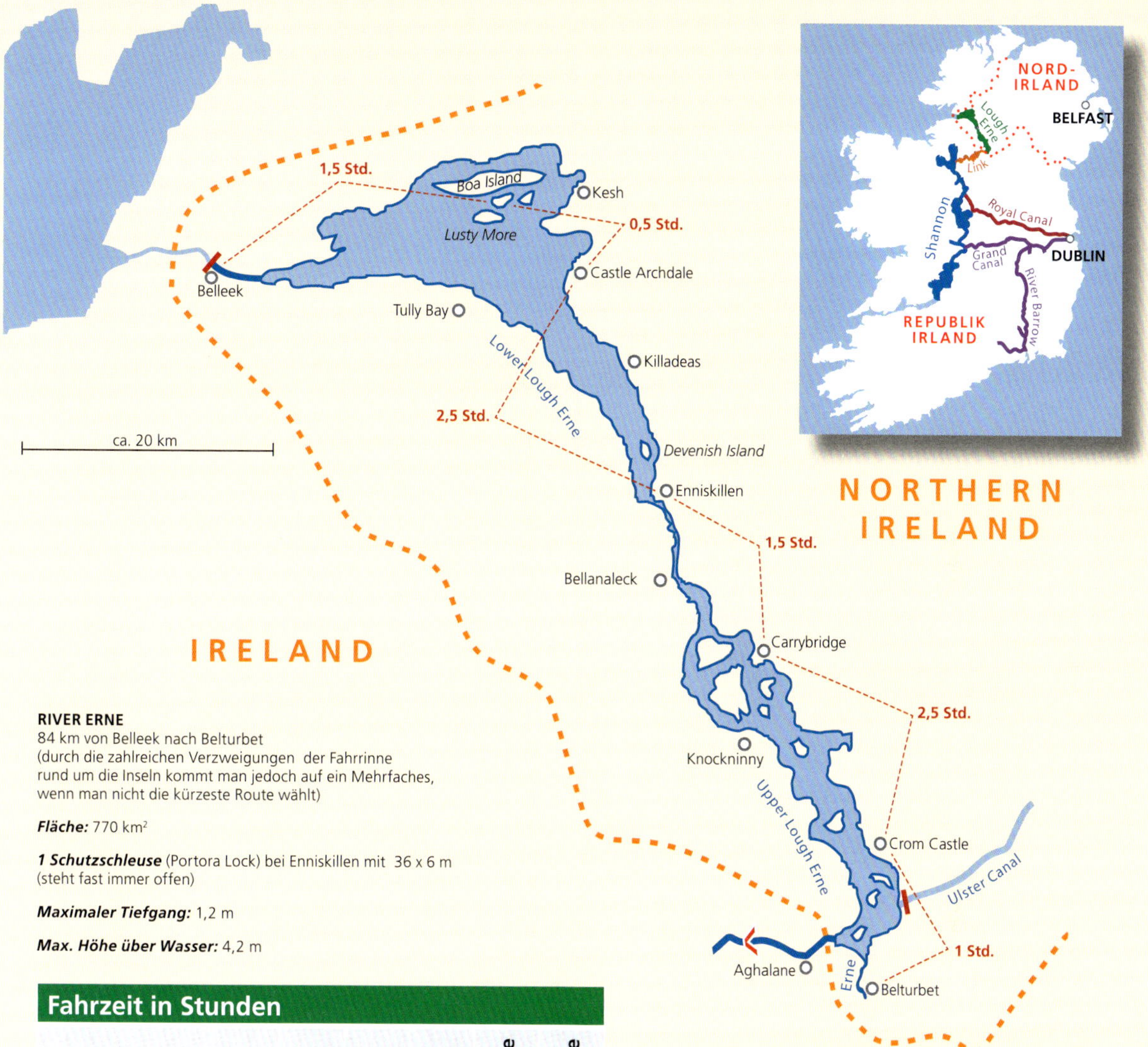


**RIVER ERNE**
84 km von Belleek nach Belturbet
(durch die zahlreichen Verzweigungen der Fahrrinne rund um die Inseln kommt man jedoch auf ein Mehrfaches, wenn man nicht die kürzeste Route wählt)

***Fläche:*** 770 km²

***1 Schutzschleuse*** (Portora Lock) bei Enniskillen mit 36 x 6 m (steht fast immer offen)

***Maximaler Tiefgang:*** 1,2 m

***Max. Höhe über Wasser:*** 4,2 m

## Fahrzeit in Stunden

| | Belleek | Lusty Beg | Castle Archdale | Enniskillen | Carrybridge | Crom Castle |
|---|---|---|---|---|---|---|
| **Lusty Beg** | 1,5 | | | | | |
| **Castle Archdale** | 2 | 0,5 | | | | |
| **Enniskillen** | 4,5 | 3 | 2,5 | | | |
| **Carrybridge** | 6 | 4,5 | 4 | 1,5 | | |
| **Crom Castle** | 8,5 | 7 | 6,5 | 4 | 2,5 | |
| **Belturbet** | 9,5 | 8 | 7,5 | 5 | 3,5 | 1 |

Bitte beachten Sie, dass es sich nur um Näherungswerte handelt. Die tatsächlichen Fahrzeiten sind abhängig vom Bootstyp, vom Wind und natürlich vom gewählten Weg.

# Lough Erne

Der Fluss mit seinen 154 Inseln besteht aus zwei malerischen Seen und bietet eine vielfältige Routenwahl.

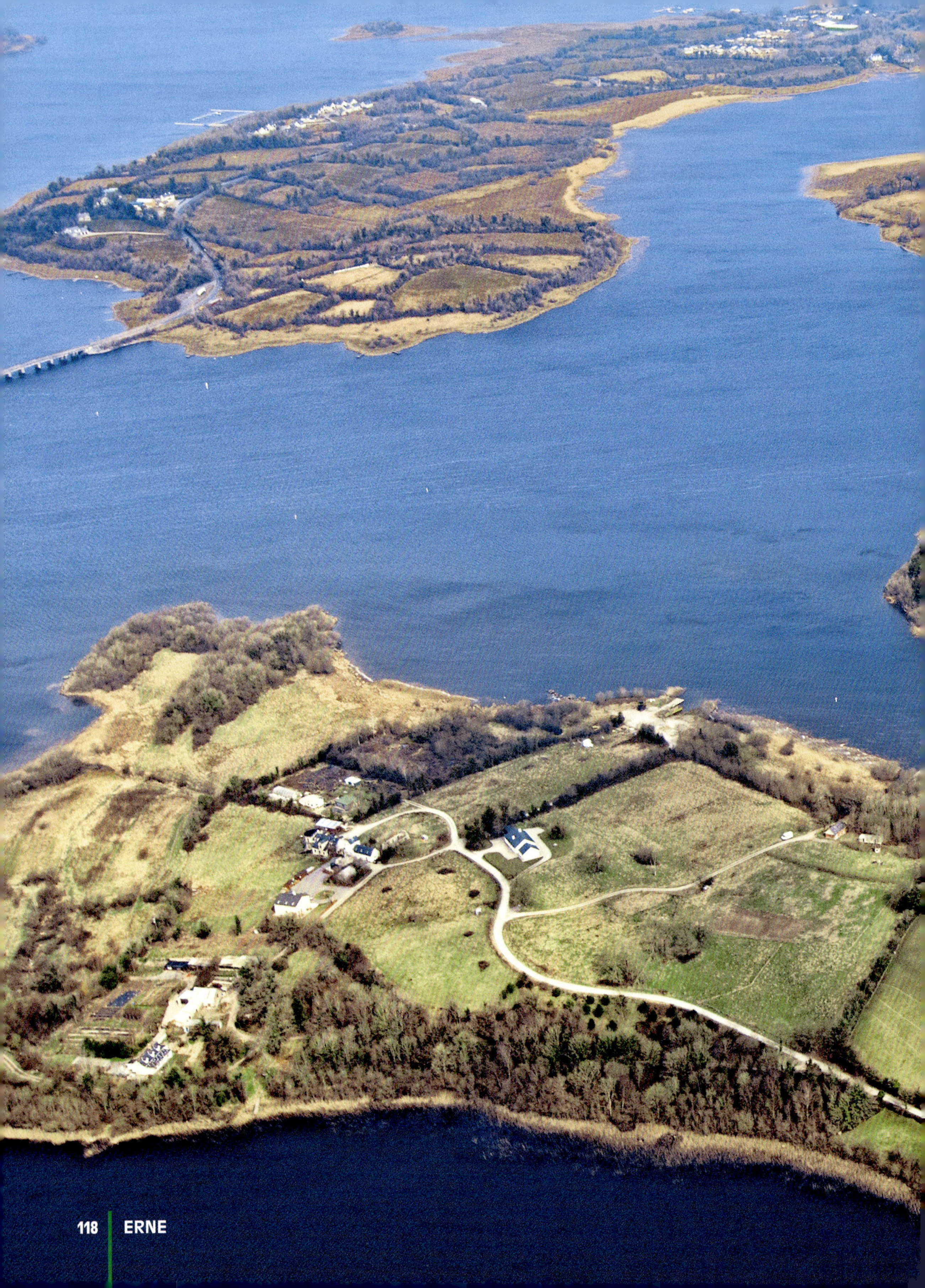

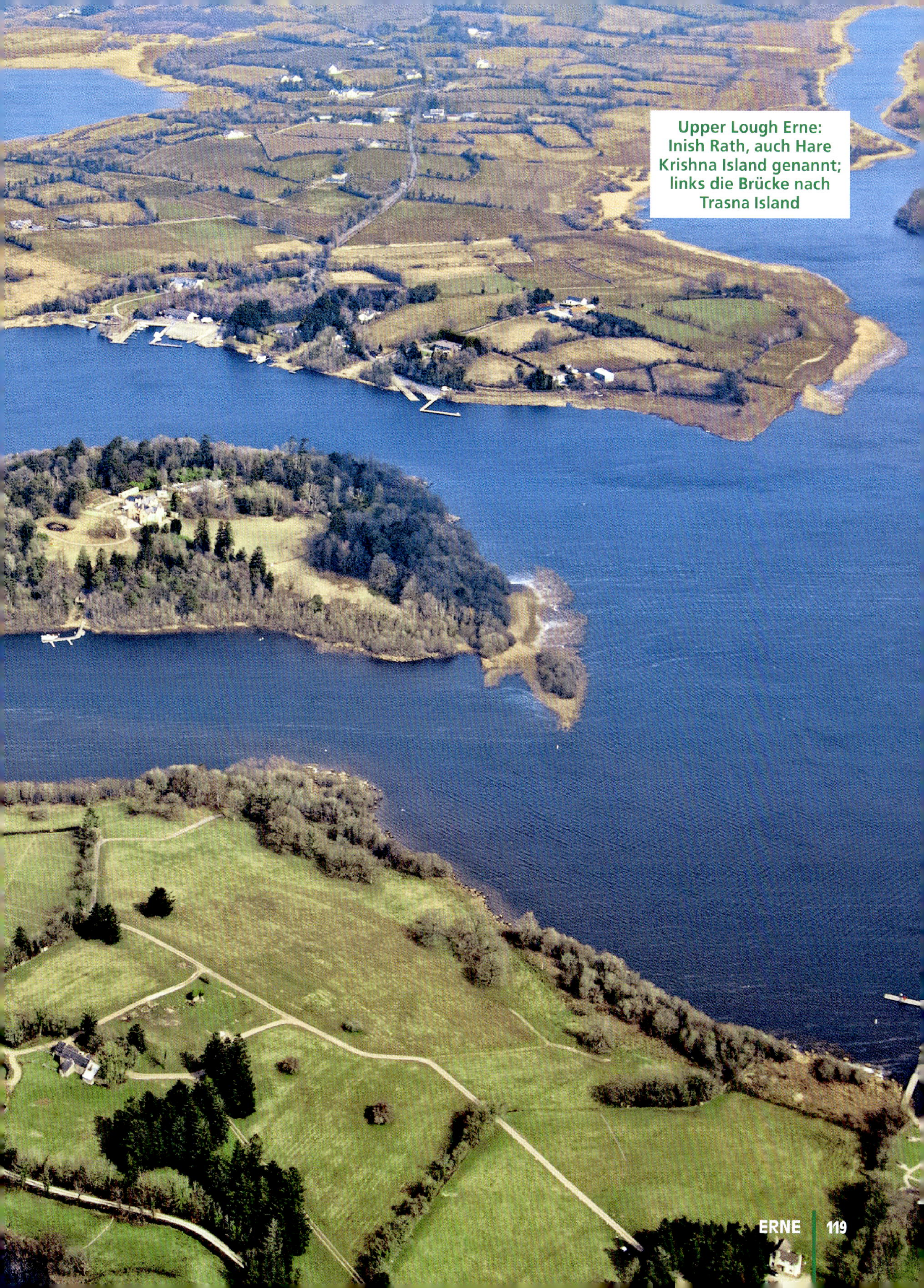

Upper Lough Erne: Inish Rath, auch Hare Krishna Island genannt; links die Brücke nach Trasna Island

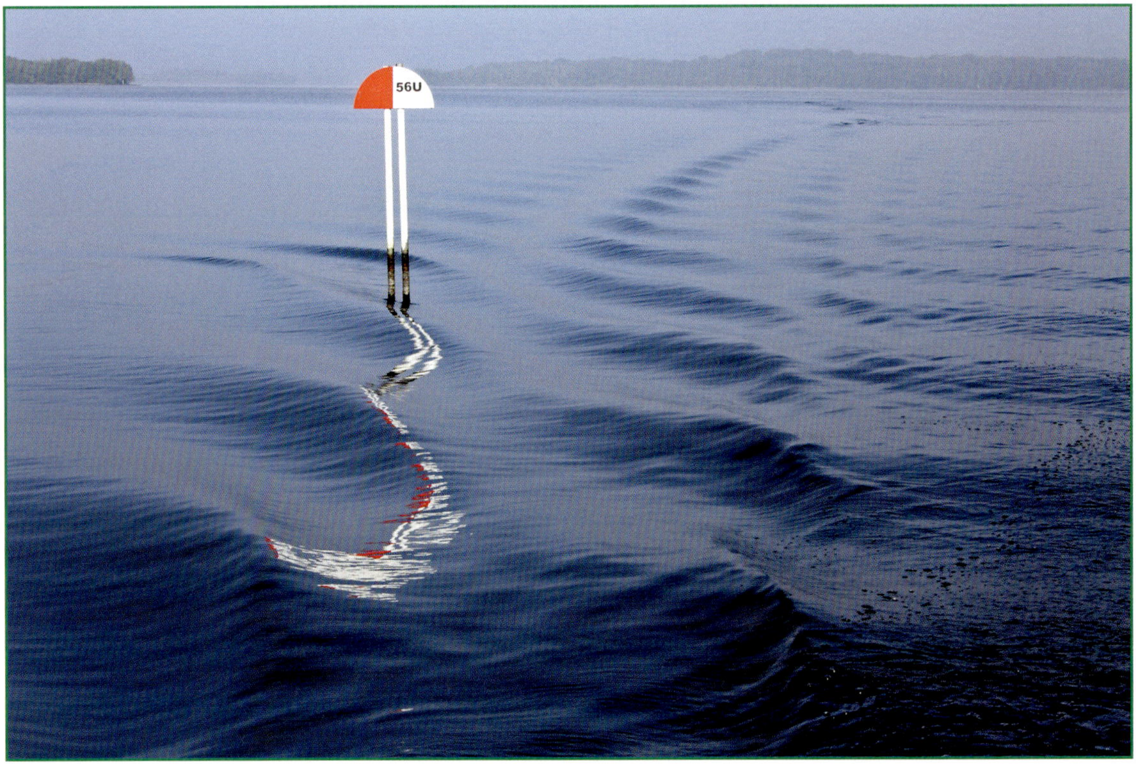


Die Markierungen der Fahrrinne am Erne sind rot-weiße Halbscheiben. Man fährt immer an der weißen Seite vorbei. Halten Sie sich an die Markierung, damit Sie nicht aufsitzen.

Rechts: Devenish Island

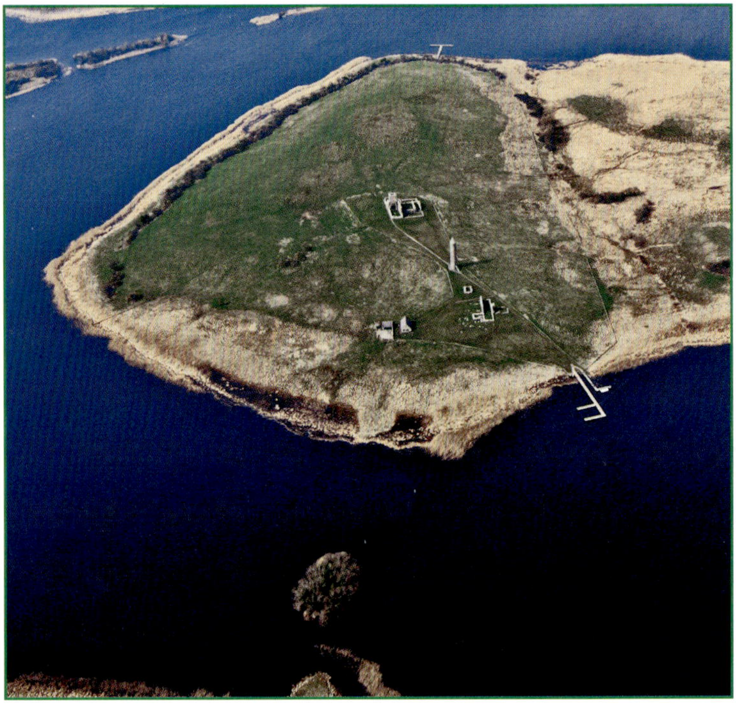

## Taxi gefällig?

**County Cabs**
Bis zu 8 Personen. Enniskillen, Tel. (+44) 028 6632 8888

**Charity´s Minibus & Taxi Hire**
Kleinste bis größere Gruppen. Enniskillen, Tel. (+44) 028 6632 2555

**Flexi Cabs**
Enniskillen, Tel. (+44) 0800 654 321 oder 028 6632 4848

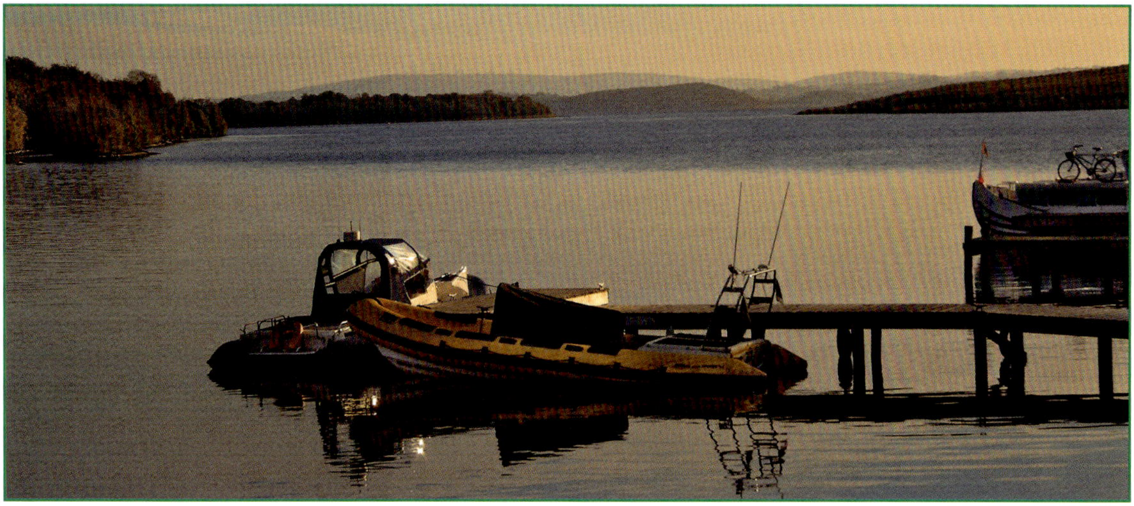

## 154 Inseln und viel Wasser ...

Der River Erne ist zwischen Belturbet und Belleek auf einer Länge von rund 84 km schiffbar. Er bildet zwei malerische Seen, den Upper Lough Erne (rund 18 km lang) und den größeren Lower Lough Erne (rund 48 km) mit einer sanften Flusslandschaft (ohne Strömung) dazwischen. Da hier wesentlich weniger Bootsverkehr herrscht als am Shannon und vor allem auch wegen der abwechslungsreichen Landschaft gilt der Lough Erne als „Geheimtipp", seit er durch den „Link" einen Anschluss zum Shannon und damit erweiterte Fahrmöglichkeiten erhielt. Die wahrscheinlich reizvollsten Situationen bieten die 154 Inseln, teils wegen ihrer Schönheit, teils wegen der Kultur-„Schätze", die auf ihnen verborgen sind.

Der Erne fließt (langsam und beschaulich) in nördlicher Richtung, während der Shannon nach Süden fließt. Lassen Sie sich also nicht verwirren, wenn es beim Erne heißt „unterhalb von ...", und Sie müssen diesen Ort auf der Karte oberhalb suchen.

Es gibt nur eine einzige Schleuse, gleich unterhalb von Enniskillen. Sie wurde in den 1960er Jahren gleichzeitig mit dem E-Werk in Belleek errichtet, um im Bedarfsfall den Wasserstand zwischen Oberem und Unterem Lough Erne regulieren zu können. Sie ist bemannt und ihre Schleusentore stehen so gut wie immer offen, man kann also ungehindert durchfahren.

## Festivals und Konzerte am Lough Erne

### 1. Juni-Wochenende

**Enniskillen:** im Adhoven Theater, direkt am Erne bei Enniskillen, findet am 1. Juni-Wochenende das Jazz- und Blues-Festival statt; (+44) 028 6632 5440

### Mitte Juli

**Irvinestown:** „Lady oft the Lake Festival" nennt sich ein 10-tägiges Sommerfest in Irvinestown (landeinwärts, ca. 10 km nördlich von Enniskillen, 5 km östlich von Lisnarick), das alljährlich am Freitag nach dem 12. Juli beginnt; es findet seit mehr als 35 Jahren statt und ist die größte Festivität dieser Art in Nord-Irland

### 1. August-Wochenende

**Belturbet:** Festival of the Erne mit Show und Unterhaltung (bis hin zu Schweinerennen), das von Mittwoch bis Montag rund um das 1. August-Wochenende stattfindet; (+44) 087 298 1557.

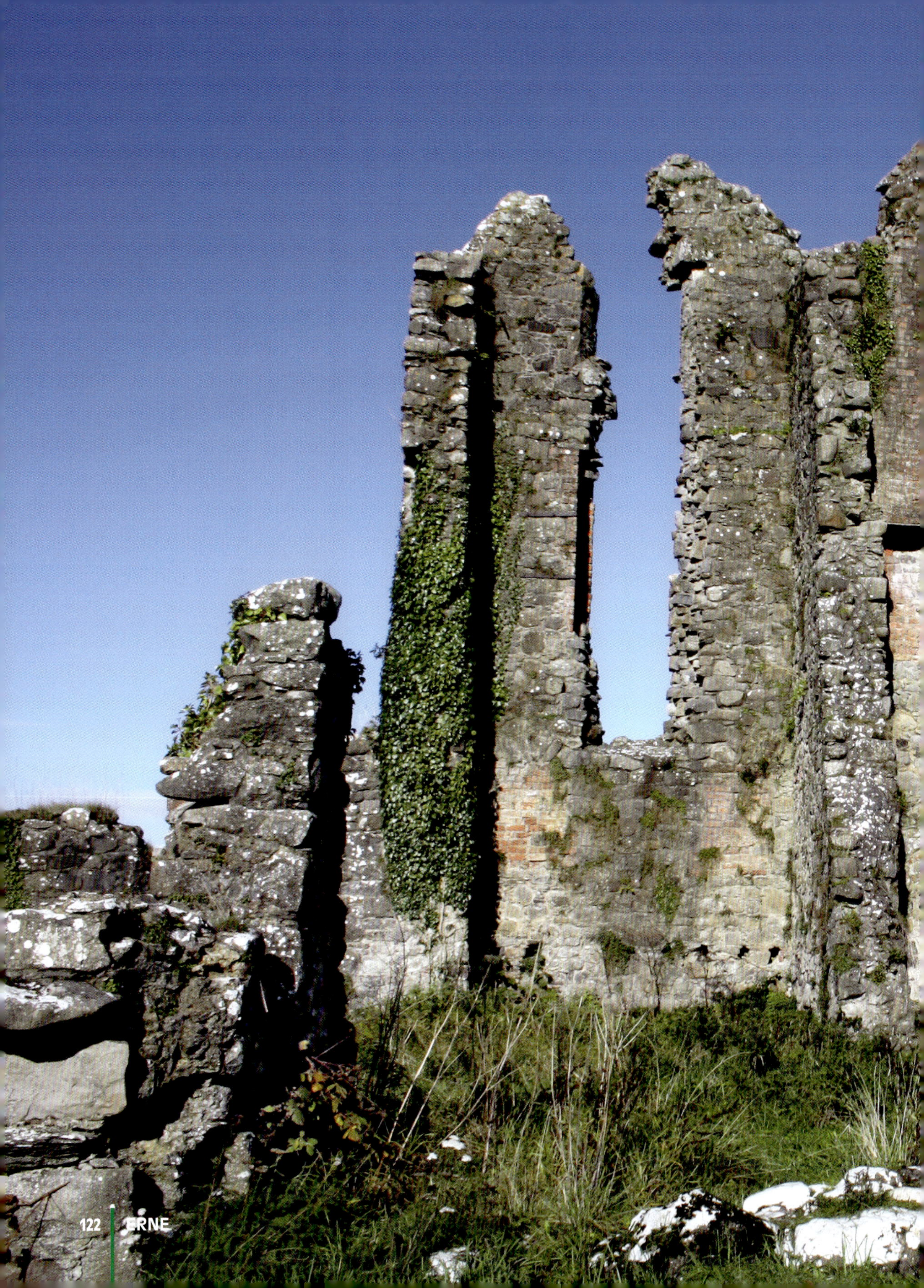

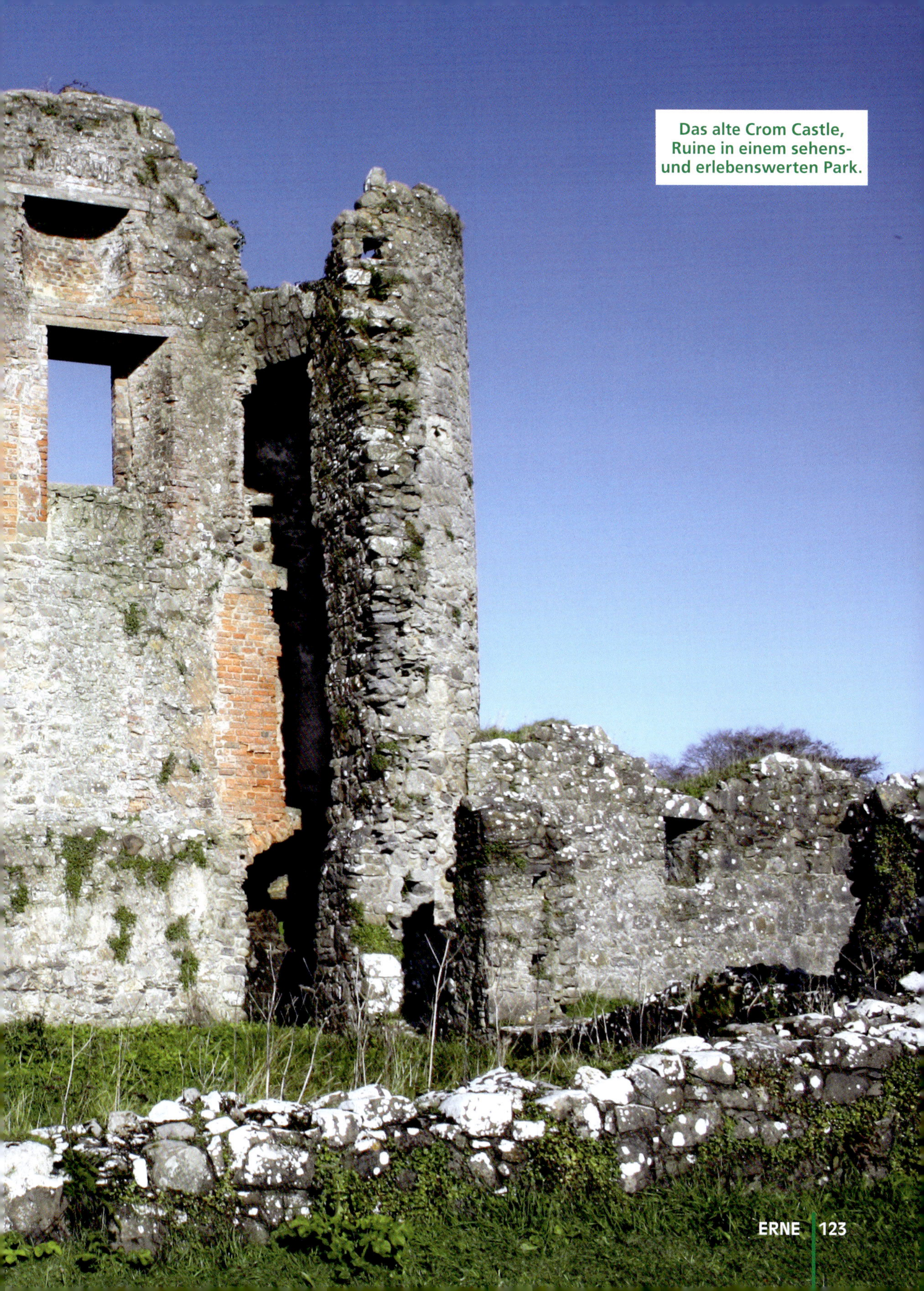

Das alte Crom Castle,
Ruine in einem sehens-
und erlebenswerten Park.

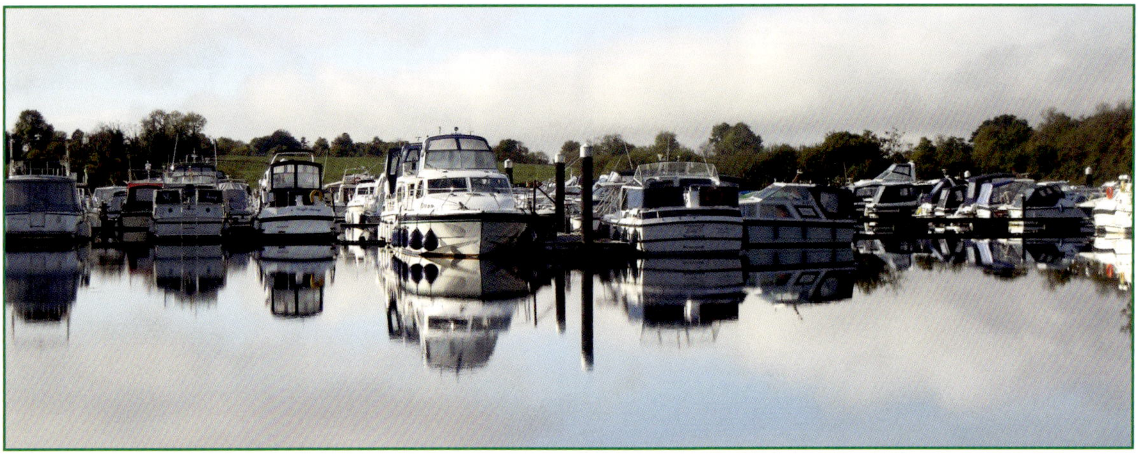

## Erne: Wichtige Anleger und Versorgung

Wo findet man Pump-outs, Sanitäreinrichtungen, Diesel, Pubs/Restaurants, Einkaufsmöglichkeiten? Welche Häfen sind privat, haben aber dennoch öffentliches Service?

Sollte etwas Wesentliches fehlen oder ich mich irgendwo geirrt haben, bitte ich um Nachsicht und vor allem um Nachricht – ich werde das dann im online-Update entsprechend korrigieren (siehe Seite 3).

### Ausstattung wichtiger Häfen und Anleger

Derzeit werden viele Anleger erneuert oder ausgebaut. Bitte informieren Sie mich über Veränderungen – siehe Seite 3.

Quellen: Aufzeichnungen Harald Böckl, Fam. Martinek, Damien Delaney, IWAI, Waterways Ireland.

| | Diesel | Pump-out | Wasser | Landstrom | WC | Dusche | Einkaufen | Pub | Restaurant | Bankomat |
|---|---|---|---|---|---|---|---|---|---|---|
| **Upper Lough Erne** | | | | | | | | | | |
| **Bellanaleck Jetty** | x | | | | x | x | x | x | x | |
| **Belturbet** | x | x | x | x | x | | x | x | x | x |
| **Carrybridge Jetty** | x | x | x | x | x | x | | x | x | |
| **Enniskillen (Round O)** | x | x | x | x | x | x | x | x | x | x |
| **Galloon Island Jetty** | | x | x | | x | x | | | | |
| **Knockninny Jetty** | x | x | x | x | x | x | | | | |
| **Share Holiday Centre (privat)** | | | x | | x | x | x | x | | |
| **Lower Lough Erne** | | | | | | | | | | |
| **Belleek** | | x | x | | x | | x | x | x | x |
| **Castle Archdale Marina (privat)** | | x | x | | x | | x | x | | |
| **Kesh Jetties** | x | | x | | x | x | x | x | x | x |
| **Lusty Beg (privat)** | | | x | | | | | x | x | |
| **Manor House Marina (privat)** | x | | x | x | | | | x | x | |
| **Rossigh Jetty, Lisnarik** | x | | | | x | | | | | |
| **Tully Bay Marina (privat)** | x | x | x | x | x | | | x | x | |

**Anmerkungen:**

Mit „Restaurant" kann auch ein Pub mit Bar Food gemeint sein.

„Diesel" kann eine Bootstankstelle sein oder eine nahegelegene Straßentankstelle, von der man Diesel im Kanister holen muss.

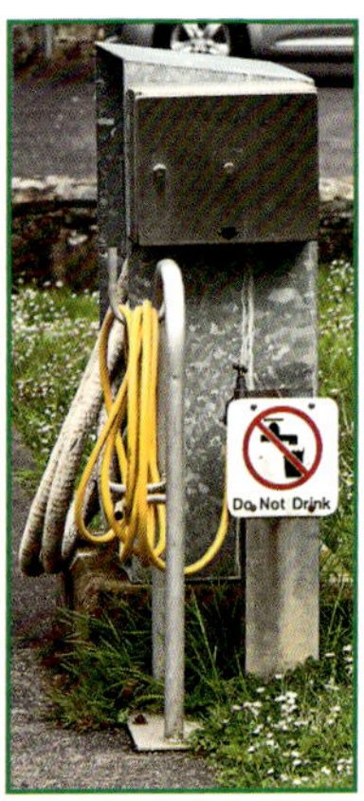


**Unterwegs finden Sie ausreichend Gelegenheiten zum Auspumpen – das ist etwa alle drei Tage nötig.**

## Essen und Trinken in Enniskillen – ein paar Tipps

### Küche von 10 bis 21 Uhr

Wer Hunger hat, ist im Crow's Nest, einem der ältesten Pubs von Enniskillen mit einer erfrischend orangen Fassade, gut aufgehoben. Dort kocht man von 10 bis 21 Uhr, an drei bis vier Abenden gibt es Live-Musik. Und was Raucher besonders freut: Hier gibt es eine geheizte „Smoking Area".

Crow's Nest, 12 High Street, Enniskillen.
Tel. (+44) 028 6632 5252.

### Genug von Pubs?

Wer schon genügend irische Pubs besucht hat, findet hier eine angenehme Abwechslung: Das Taste Bistro & Wine Bar zeichnet sich durch eine sachlich-moderne Innenraumgestaltung und eine gute Wein-Auswahl aus. Für das leibliche Wohl sorgt Liz Moore, Besitzerin und Köchin, die unkomplizierte Bistro-Küche serviert.

Taste, Townhall Street, Enniskillen. Tel. (+44) 028 6634 7744.

### Pub, Wein-Bistro und Restaurant, erfrischend neu gestylt

Eine erstaunliche Wandlung hat The Horseshoe Bar and Saddlers Restaurant oben in der Belmore Street, beim Forthill Park (genau: dort steht Cole's Monument), durchgemacht: Es ist nun recht städtisch gestylt und in Pub, Bistro & Wine Bar und Restaurant unterteilt – auch hier also eine angenehme Abwechslung zu den üblichen Etablissements. Nicht geändert haben sich die Karte, die Preise (Hauptspeisen 16–23 Euro) und die Beliebtheit bei den Einheimischen.

Horseshoe & Saddler, 66 Belmore Street, Enniskillen;
kein Ruhetag, Tel. (+44) 028 6632 6223

### Ein Grieche in Irland

Eine weitere (empfehlenswerte) Alternative zu Pub-Food ist Dollakis, ein Restaurant mit griechisch-mediterranem Einfluss. Die Speisen sind sehr ansehnlich präsentiert und schmecken (für irische Verhältnisse) relativ authentisch, was man aufgrund des eher einfachen (beinahe Fastfood-artigen) Ambientes des Restaurants nicht vermuten würde (mir ist es aber so wesentlich lieber als umgekehrt, wo zwar das Ambiente „toll" ist, die Küche mit selbigem aber nicht Schritt halten kann). Und wenn es Sie interessiert, woher der nicht urtypisch griechische Name Dollakis stammt, dann fragen Sie doch einmal Herrn Doll-„Dollakis", welche Verbindungen er zum Schwarzwald hat. Sie können dies übrigens ruhig auf Deutsch tun. Zwei Nachteile gibt es zu erwähnen: Das Restaurant liegt recht unscheinbar am südöstlichen Ende der Cross Street / Ecke Water Street – da kommen Sie niemals zufällig vorbei; und zweitens ist es meist ziemlich voll, also zeitgerecht kommen oder reservieren!

„Dollakis", 28 Cross Street, Enniskillen.
Tel. (+44) 028 6634 2616.

### Das Top-Restaurant in Enniskillen

Die Adresse ist auch der Name des führenden Restaurants in Enniskillen: 28 Darling Street. Ein Newcomer, der in kürzester Zeit zum Geheimtipp der Feinschmecker in Enniskillen und Umgebung wurde.

DO–SA 18.30–21 und SO 12–17.30 Uhr,
Hauptspeisen 19–28 Pfund, +44 28 6632 8224

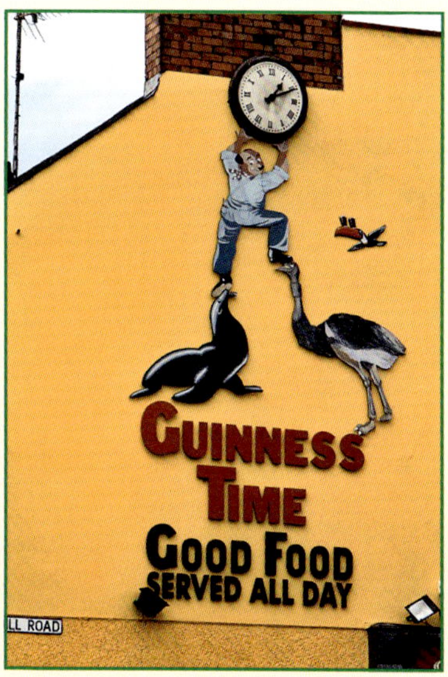


**Fast ein Wahrzeichen von Enniskillen: Die Werbung am Horseshoe & Saddler.**

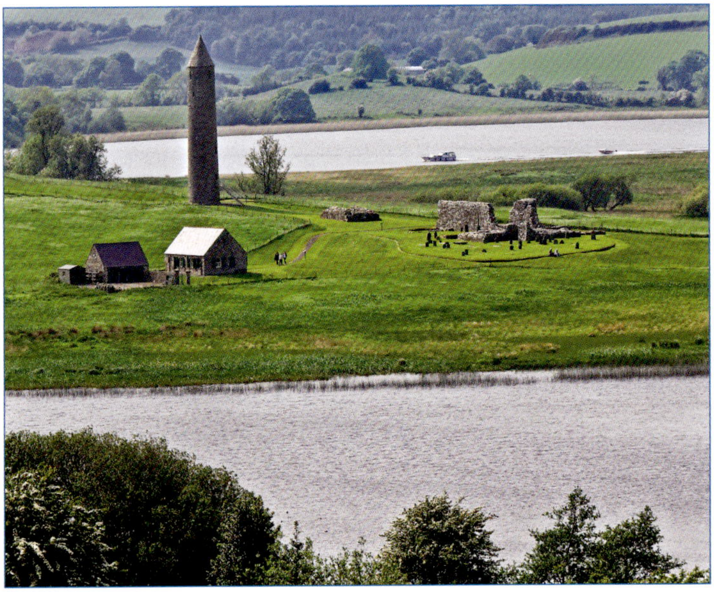

# Die wichtigsten Orte und Sehenswürdigkeiten am Erne

Den Erne habe ich in Lower und Upper Lough Erne geteilt und die Orte und Inseln alphabetisch zusammengestellt, da eine Auflistung in Fahrtrichtung wegen der zahlreichen Buchten und Inseln unmöglich erscheint. Die Ziffern-Buchstaben-Kombination, z. B. 58 A1, gibt die Bezeichnung einer Navigationsmarkierung in der Nähe an, um das Auffinden in der Wasserkarte zu erleichtern.

Sollte etwas Wesentliches fehlen oder ich mich irgendwo geirrt haben, bitte ich um Nachsicht und vor allem um Nachricht – ich werde das dann im online-Update entsprechend korrigieren (siehe Seite 3).

**Alphabetische Ordnung**
Orte alphabetisch geordnet, geteilt in Lower Lough Erne und Upper Lough Erne, mit Angabe einer Marker-Nummer in der Nähe zum leichteren Finden auf der Wasserkarte.

## LOWER LOUGH ERNE

### Belleek (58 A1)

#### Porzellan von Weltruf

Am nördlichsten Zipfel unserer Reise, an der Grenze zwischen befahrbarem und nicht befahrbarem Erne, treffen wir auf die Töpferei von Belleek, eine Einrichtung, die ihresgleichen sucht. Seit 1857, also seit mehr als eineinhalb Jahrhunderten, wird dort exquisite Handwerksarbeit geboten, und wir können dies alles heute bestaunen. Seit jeher gilt das perlweiße lichtdurchlässige Porzellan aus Belleek als besondere Kostbarkeit. Die Produktion liegt direkt am Erne, Sie können also bequem im Hafen von Belleek anlegen und zur Belleek Pottery gehen, die sich oberhalb der Brücke befindet. Der Zugang zu den Verkaufsräumen ist frei, interessanter ist jedoch die rund 30-minütige Führung durch die Produktion, wo Sie alle Schritte der Herstellung der Belleeker Keramik kennen lernen.

Belleek Pottery: MO–FR 9–18 Uhr, SA 10–18 Uhr, SO 12–18 Uhr; in der Nebensaison Mittagspause von 12.15 bis 14.15 Uhr; geführte Touren alle, 30 Min.; Tel. (+44) 028 6865 9300 (Visitor Centre) oder (+44) 028 6865 8501 (Fabrik)

Burgreste aus dem 13. Jh. bei der Brücke

Centra (kleiner Supermarkt), Main Street, 300 m von der Brücke (vom öffentlichen Anleger die Straße hinauf), tägl. 7.30–21 Uhr

Alle Einkaufsmöglichkeiten, Bankomat

Mehrere Restaurants und Pubs

### Boa Island (62 D)

#### Die Janus-Köpfe von Boa Island

Ein kleiner, unscheinbarer Friedhof, der Zugang trotz eines in die Jahre gekommenen Holzgatters jeder-

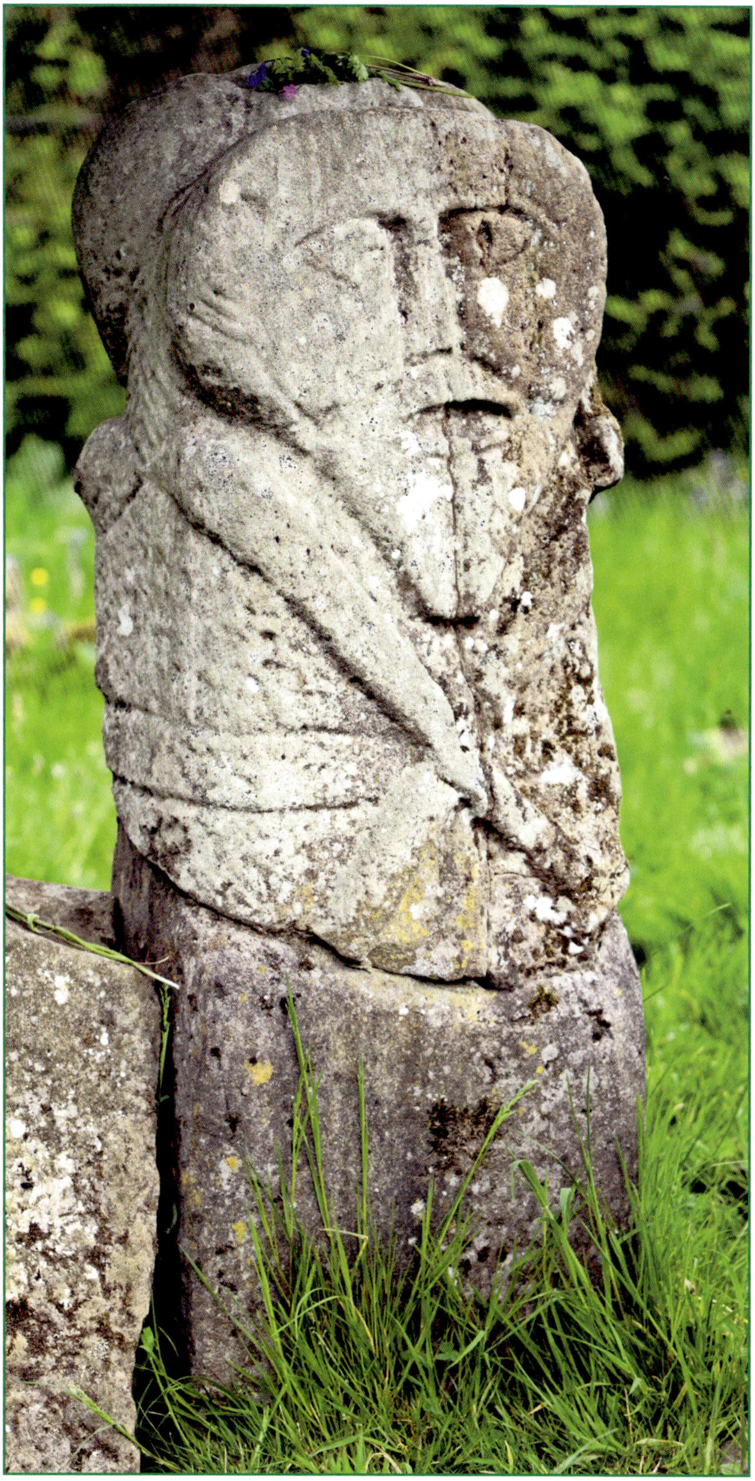

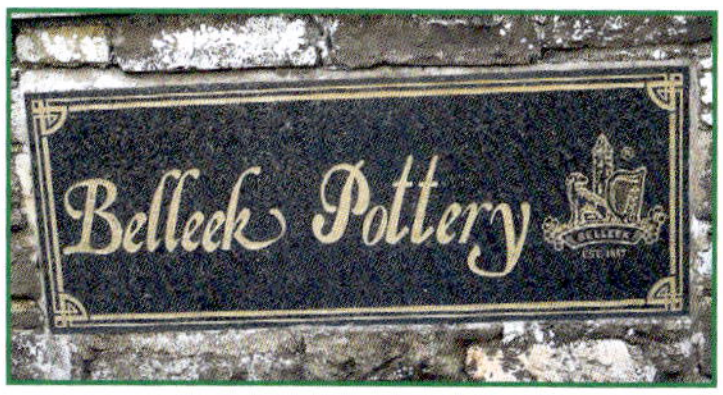


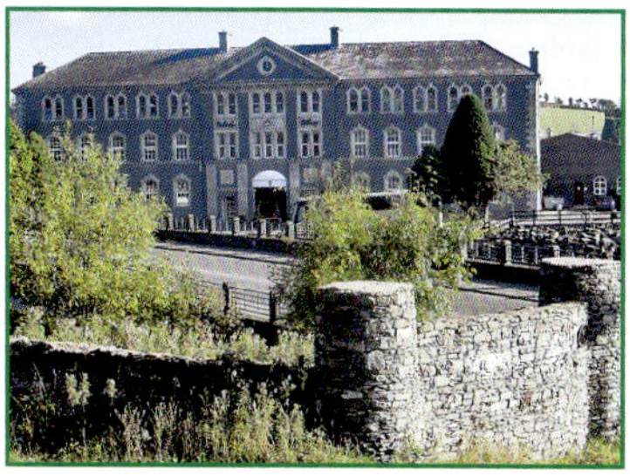

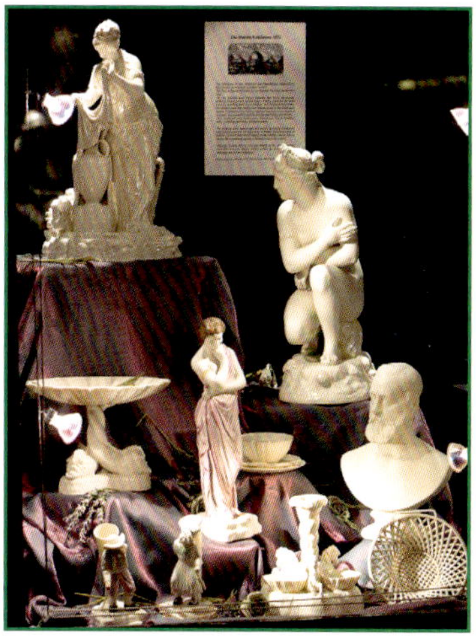

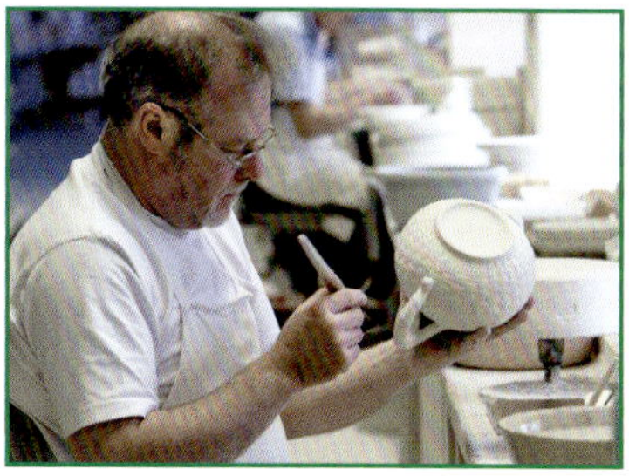

Belleek

Janus-Kopf
auf Boa Island

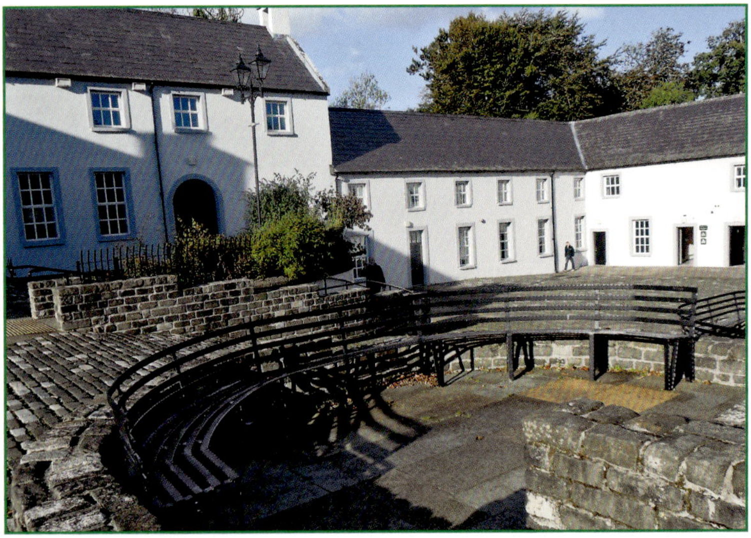

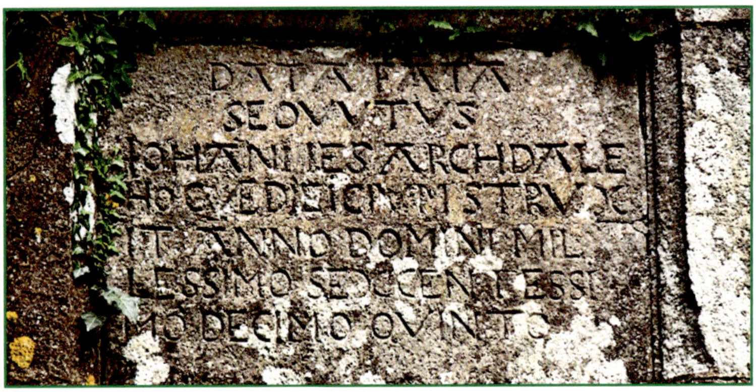


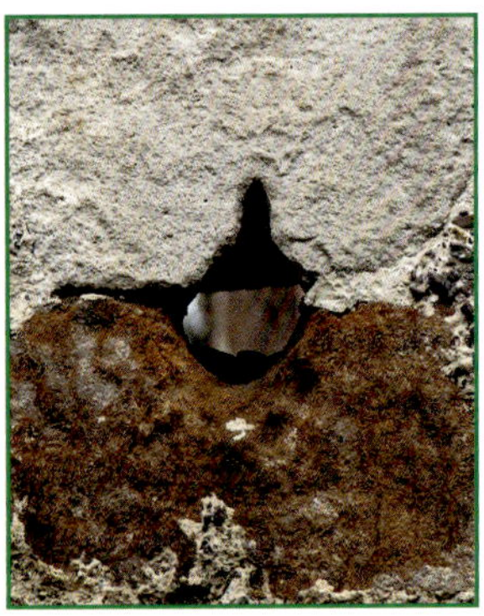

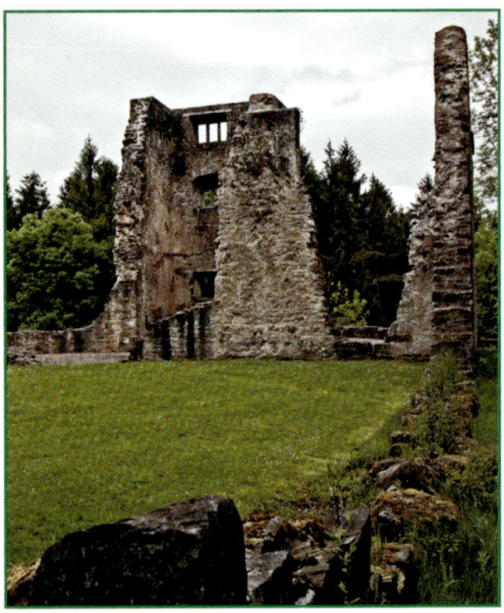

Castle Archdale: Das heutige Schloss (oben) und die alte Burg mit einem schönen Schießscharten-Detail.

zeit möglich, hält eine der größten Sensationen des Erne für uns bereit: zwei heidnische Steinidole. Eines ist eine so genannte Janusfigur, weil sie vorne und hinten ein Gesicht hat. Die zweite Statue ist kleiner und stammt von der Insel Lusty More. Sie stellt vermutlich Badhbha dar, die keltische Kriegsgöttin (auch „göttliche Hexe" genannt). Der Ursprung beider ist nicht gänzlich geklärt, sie dürften aus vorchristlicher Zeit stammen.

Zugang jederzeit möglich, vom Boot aus ist der kleine Friedhof allerdings etwas umständlich zu erreichen. Am besten mit dem Beiboot hin rudern oder die Fähre von Lusty Beg nehmen. Der kleine ehemalige Friedhof befindet sich am östlichen Ende der Insel, einfach die einzige Straße entlang gehen.

☞ Tel. (+44) 028 9054 3030

## Castle Archdale (58 T)

### Die Burg und ihr Country Park

1615 wurde Old Castle Archdale erbaut, die bereits 1689 einem Brand zum Opfer fiel. Es sind nur noch (sehr interessante und gut beschriebene) Reste zu sehen. Im heutigen Castle Archdale, das eher einem Gutshof als einer Burg gleicht, sind Ausstellungen zu verschiedenen Themen zu sehen, auch über die Fliegerbasis, die hier im 2. Weltkrieg untergebracht war. Bekannt ist Castle Archdale hauptsächlich für seinen weitläufigen Park.

Das Visitor Centre hat in der Nebensaison Sonntags 12–18 Uhr geöffnet, Juli und August täglich (außer MO) 11–18 Uhr. Tel. (+44) 028 6862 1588

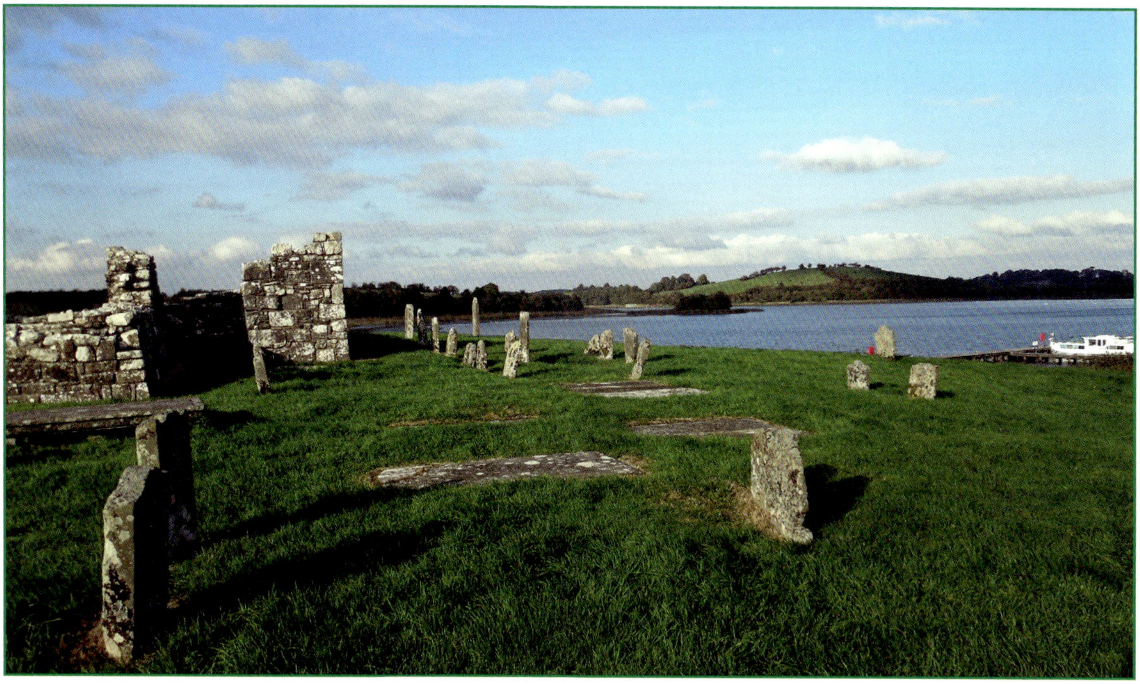

Der Friedhof von Devenish Island

## Devenish Island (46 A)

### Die Kloster-Ruinen von Devenish Island

Nur zwei Kilometer nördlich von Enniskillen liegt Devenish (daimh inis, Ochseninsel), eine Insel im Erne. Sankt Molaise gründete hier im 6. Jh. ein Kloster, das sich bald zu einer der wichtigsten unter den zahlreichen Klostersiedlungen am Erne entwickelte. Die Gemeinde gehörte der Reformbewegung „Céli Dé“ an und bestand bis 1603 neben den Augustinern, die sich hier im 12. Jh. niederließen. Die Entwicklung wird in einem kleinen Museum anschaulich dokumentiert.

Weithin sichtbar ist der 24,5 m hohe Rundturm, in dem früher die Wertgegenstände des Klosters verwahrt worden waren. Er gehört zu den besterhaltenen in Irland und stammt aus dem 12. Jh. Der Zugang in 5 m Höhe konnte nur über eine Leiter erreicht werden (heute gibt es für die Besucher bequeme Stiegen).

Unweit des westlichen Anlegers finden sich Reste einer Hügelfestung, die die älteste Siedlung auf Devenish markiert. Auch Fundamente eines zweiten, älteren Rundturms wurden entdeckt.

1. April bis 30. September täglich 10–18 Uhr geöffnet; Tel. (+44) 028 9054 3030,

Anleger von Trory (östlich von Devenish Island): 1,5 km von hier Lebensmittel Centra bei der Tankstelle (tägl. 8–21 Uhr)

## Inishmacsaint (53 A)

### Die letzten Überbleibsel

Insel, auf der sich ein Kloster aus dem 6. Jh. befand. Heute sind nur noch ein Steinkreuz und die Ruine einer Kirche zu sehen.

## Kesh (63 D2)

### Forellen, Hechte und ein Steinkreis

Ein Dorf am Fluss Kesh, der für Hecht und Forelle berühmt ist. Rund 8 km landeinwärts, nördlich von Kesh, findet man den Drumskinny Stone Circle, einen Steinkreis aus der Bronzezeit.

Die Fahrt den Fluss hinauf bis in den Ort ist empfehlenswert – ein wunderschöner Wasserweg, der sich durch die Landschaft schlängelt. Der Ort selbst kann da nicht mithalten.

Steinkreis von Drumskinny, 8 km nördlich

4 Pub-Restaurants, 2 Pubs

Lakeland Carting, 2 km nördlich, +44 28 6863 2562 oder +44 77 3938 2979

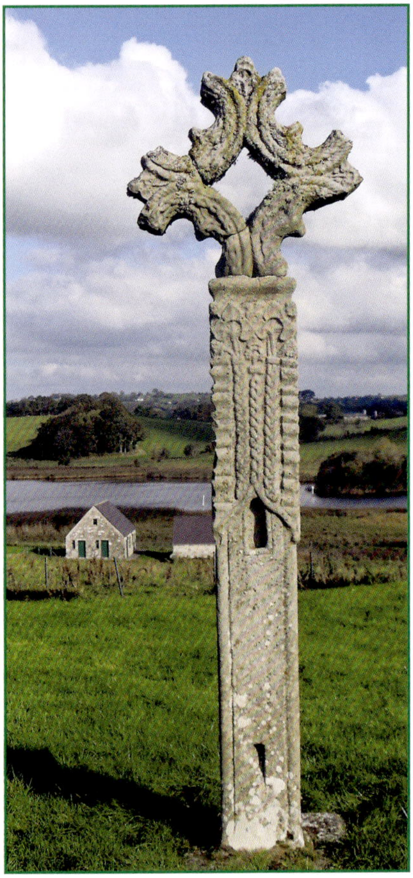
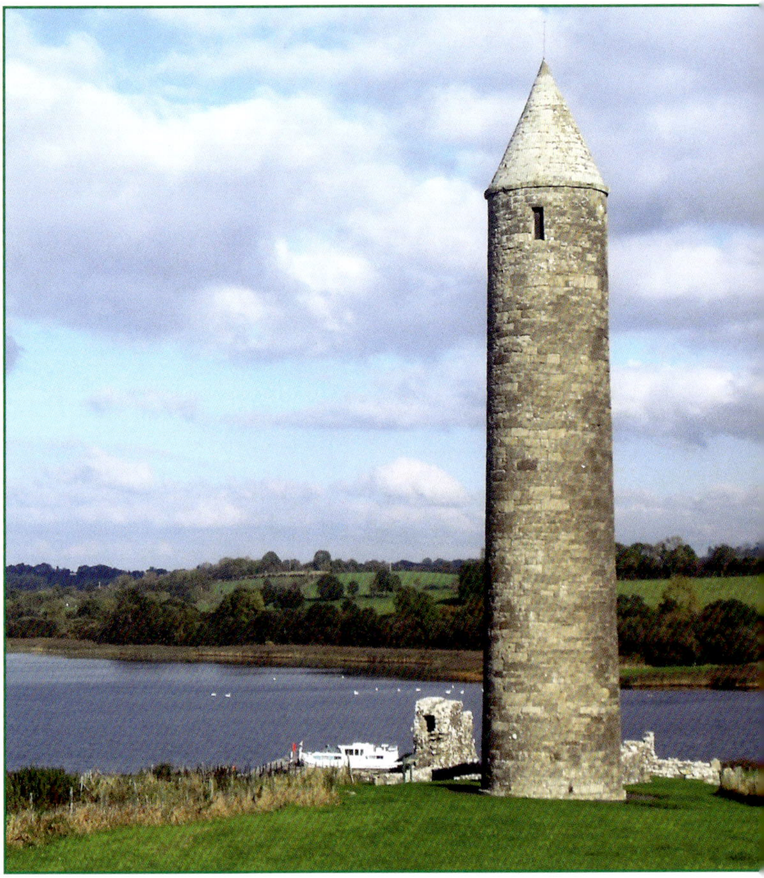
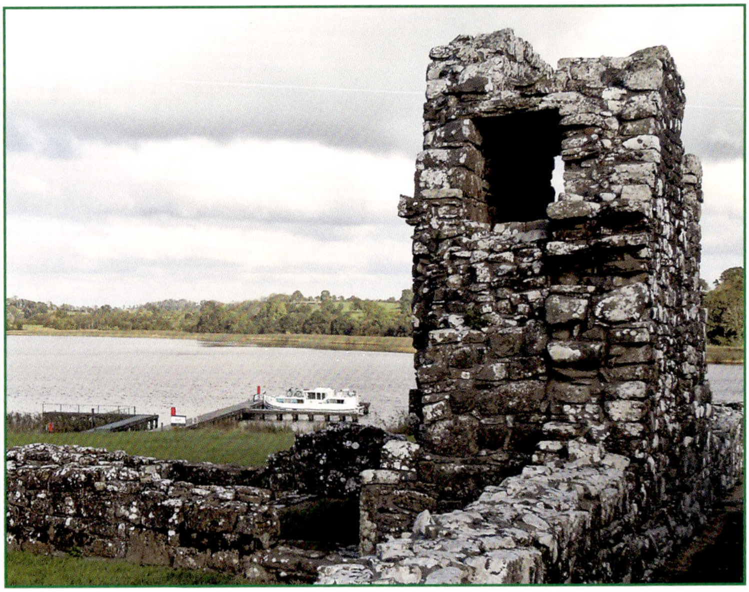
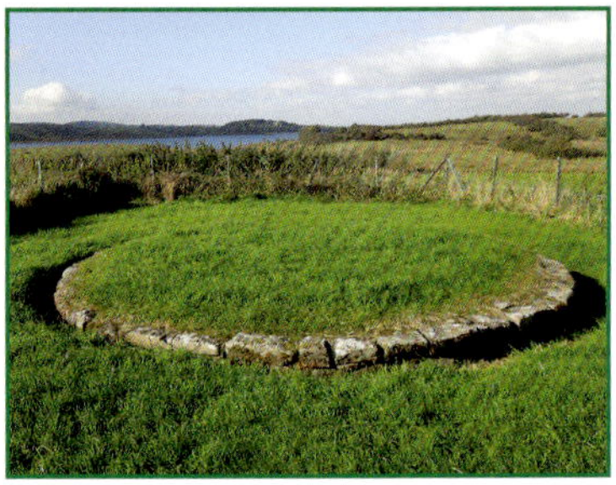
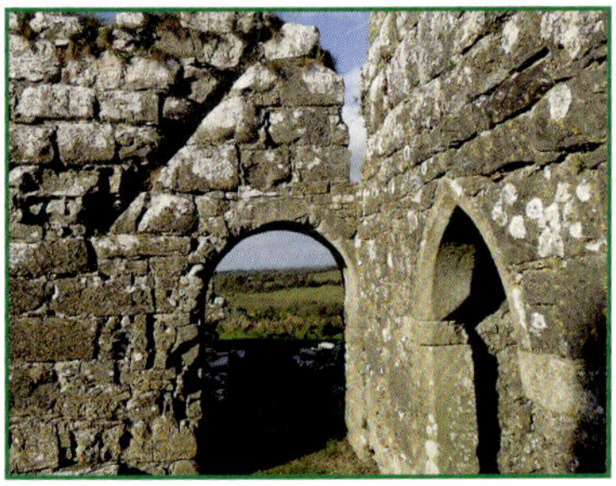

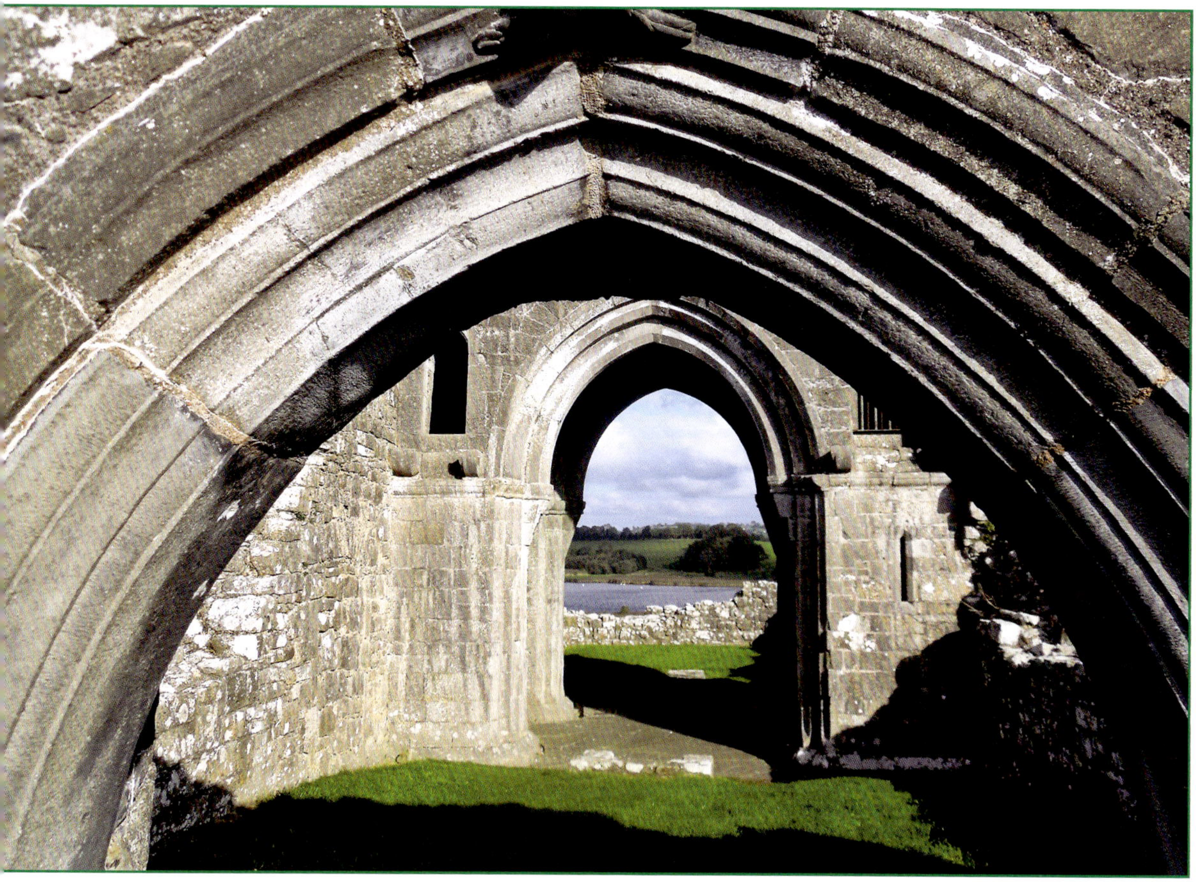

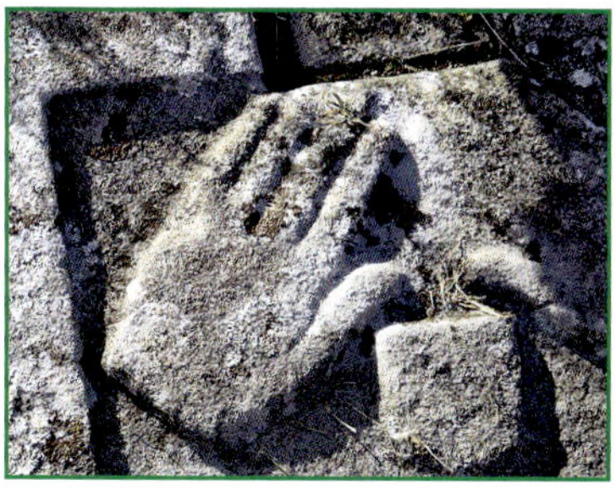

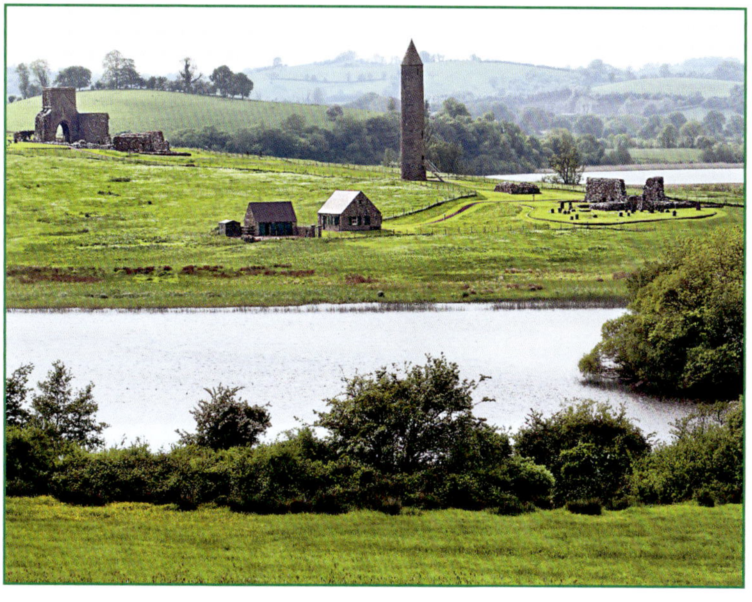

**Devenish Island, unterhalb von Enniskillen, bietet eine Fülle interessanter Details und ist einen längeren Aufenthalt auf jeden Fall wert.**

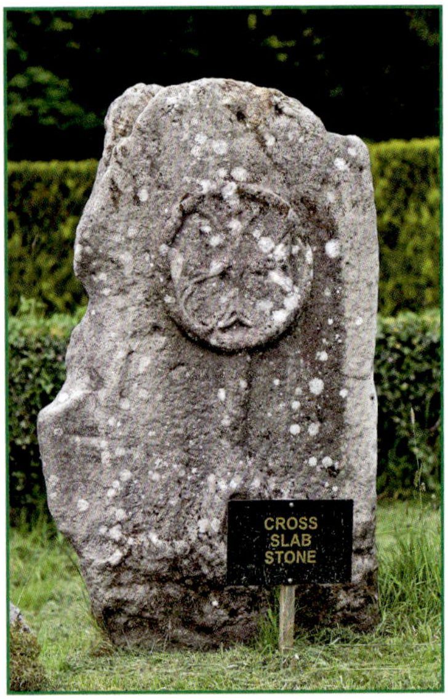

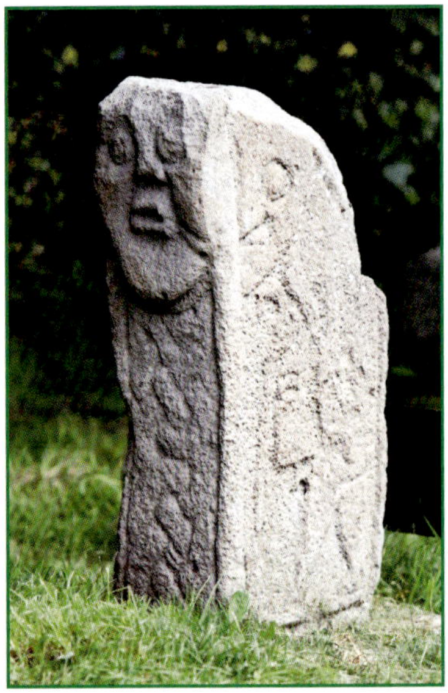

**Killadeas: Cross Slab Stone und der berühmte Bishops´s Stone.**

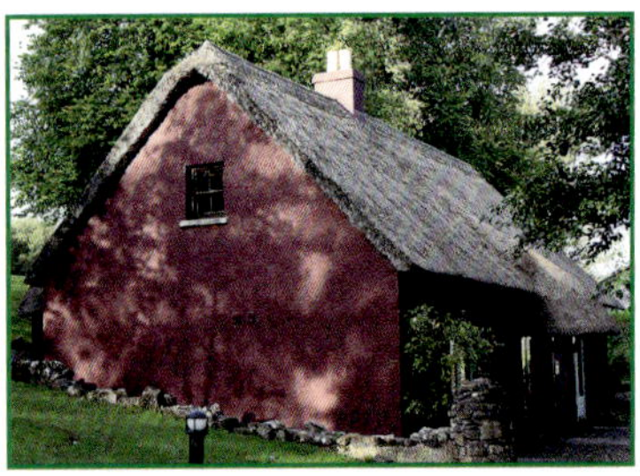
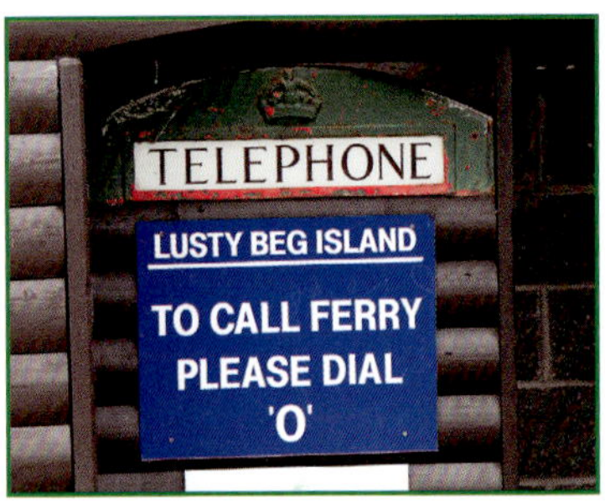

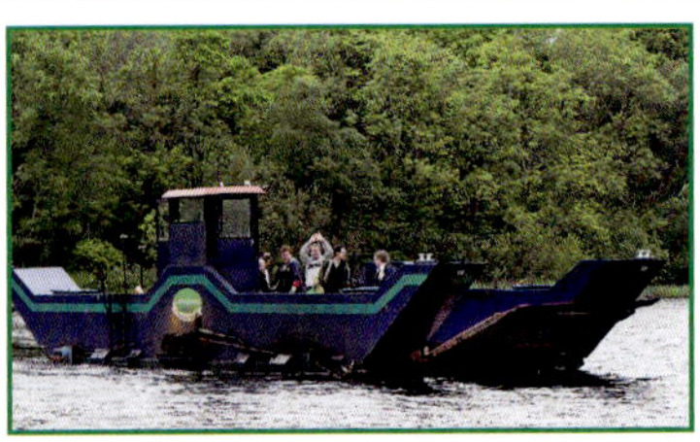

**Lusty Beg**

## Killadeas (53 O)

### Golf und ein frühchristliches Monument: Bishop´s Stone

Rätselhafte Figuren und Steine findet man auch auf dem kleinen Friedhof von Killadeas (nördlich von Devenish Island), den Sie von der Manor House Marina rund 1 km nördlich (an der A 47), bei der Parish Church erreichen. Der Bishop´s Stone dürfte aus dem 9. oder 10. Jh. stammen (einige Quellen meinen sogar 7. oder 8. Jh.) und ist das bekannteste Monument in dem Dorf. Zum erwähnten Manor House gehören auch ein Golfplatz und ein Restaurant.

Steine von Killadeas (sh. Text)

Manor House Restaurant: täglich mittags und abends geöffnet, Bar-Food ganztägig; Tel. (+44) 028 6862 2200

Golf-Info: (+44) 028 6862 8100;

## Lough Navar Forest

### Hier haben Sie den Überblick

Von den Mahgo Jetties (nur tagsüber geeignet, nicht für Übernachtungen) am südwestlichen Ufer haben Sie es nicht weit zu einem Punkt, der Ihnen einen fantastischen Ausblick bietet: Nach einer Wanderung von rund 1,5 km (teils recht steil bergauf) kommt man zu den Felsen des Lough Navar Forest, von wo man die Landschaft des Lough Erne überblickt.

## Lusty Beg (62 D)

### Naturbegegnung und ein Pub

Die Insel Lusty Beg ist ein besonderes Naturgebiet: Angeblich findet man dort 75 Wildblumen-Arten und 15 verschiedene Bäume. Kein Wunder, dass sich auch zahllose Vogelarten eingefunden haben. Ein Rundweg (45-60 Minuten) führt zu den interessantesten Plätzen.

Das Lusty Beg Island Bar and Restaurant erfreut sich bei Bootsfahrern großer Beliebtheit und bekommt auch stets gute Kritiken, hauptsächlich wegen der ungewöhnlichen Lage und der netten Atmosphäre. Im Sommer gibt es jeden Samstag Live-Musik (abends), manchmal finden auch Grill-Abende („Barbecues") statt. Warme Küche gibt es durchgehend von mittags bis abends im Pub. Das Restaurant öffnet 18–21 Uhr nur gegen Reservierung – man erhält dort dasselbe wie im Pub, al-

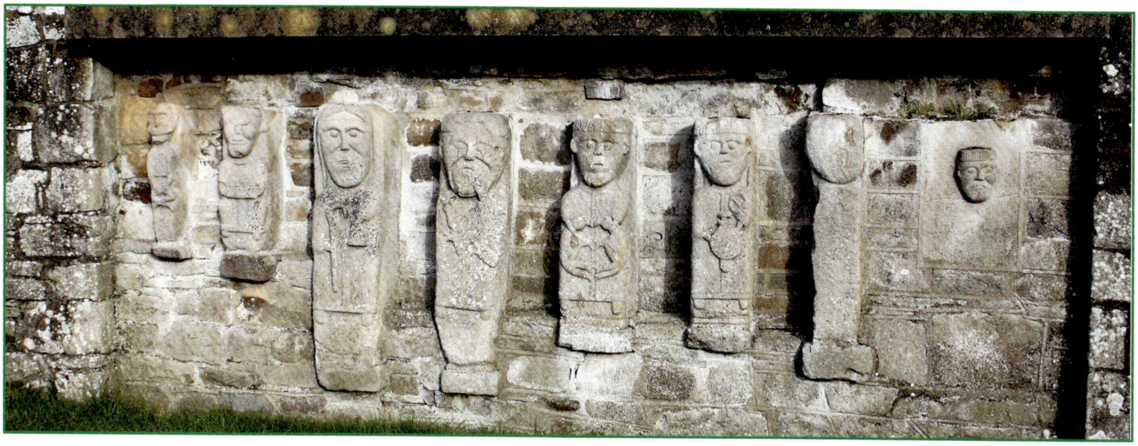

lerdings in gediegenerer Atmosphäre. Zum Pub gehören ein paar Liegeplätze, die man allerdings nicht reservieren kann.

Lusty Beg Pub-Restaurant, warme Küche tägl. 12.30–21 Uhr, (+44) 28 686 33300 und .(+44) 028 6863 1342.

## Magho Cliffs (57 A – 58 E)

### Steile Klippen am Lower Lough Erne

Unübersehbar und (für irische Verhältnisse) spektakulär ragen die Magho-Cliffs neben dem Lower Lough Erne auf. Sie sind 9 km lang und erheben sich in geringer Entfernung 300 m über den Wasserspiegel. Die Felsformation zieht sich grob gesprochen von Tully Castle bis Belleek und fällt sehr steil ab. Hier gibt es keine Orte, man findet nur vereinzelt kleine Häuser.

## Tully Castle (57 A1)

### Eine kleine Burg für nur zwei Jahrzehnte

Hier findet man Ruinen eines befestigten Hauses, das nur knapp mehr als zwei Jahrzehnte bestand: sie wurde um 1619 errichtet und bereits 1641 wieder zerstört. Der Garten ist originalgetreu hergerichtet. In einem ehemaligen Bauernhof ist ein Visitor Centre untergebracht.

Die Ruinen von Tully Castle sind frei zugänglich. Das Visitor Centre hat nur SO 12–16 Uhr geöffnet

## White Island (59 J / 60 F)

### Acht Stein-Statuen und eine Kirchen-Ruine

White Island ist eine Insel in der Bucht unweit von Castle Archdale. Die Kirche stammt aus dem 12. Jh. Sie steht in einer großen Erdwall-Anlage und ist heute eine Ruine. Bekannt sind die Steinskulpturen an der Nordfassade, die älteren Datums sind (angeblich 6. Jh.), wahrscheinlich von einer früheren Kirche stammen und an der „neuen" Kirche angebracht wurden. Ihr Ursprung und ihre Bedeutung sind noch nicht geklärt.

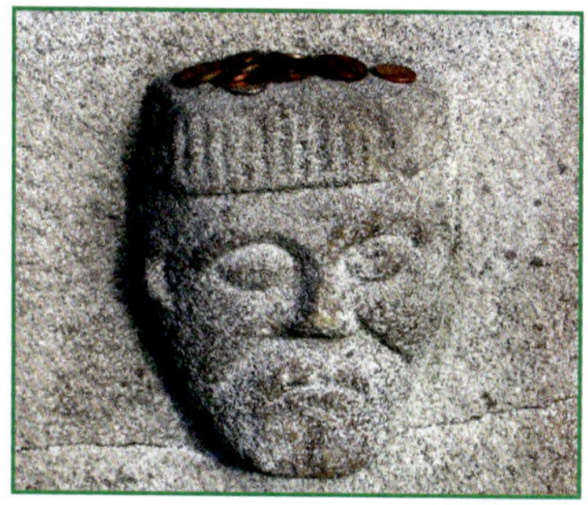

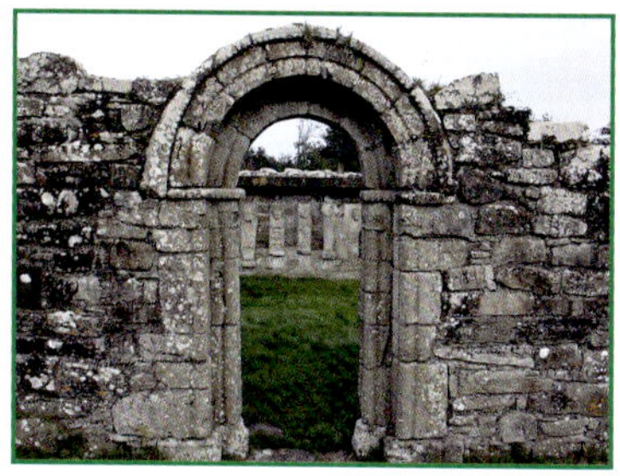

White Island

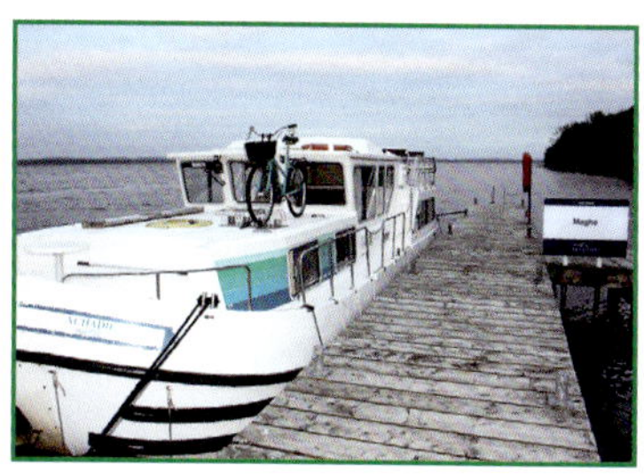

Magho: Anleger

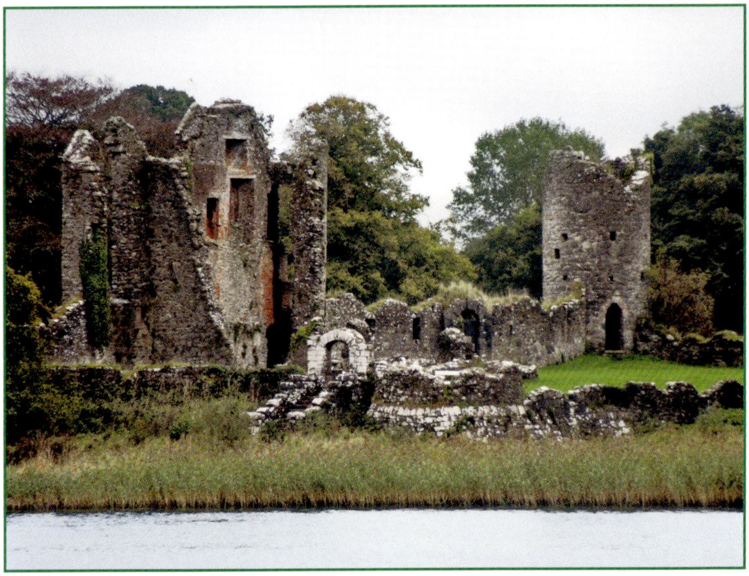

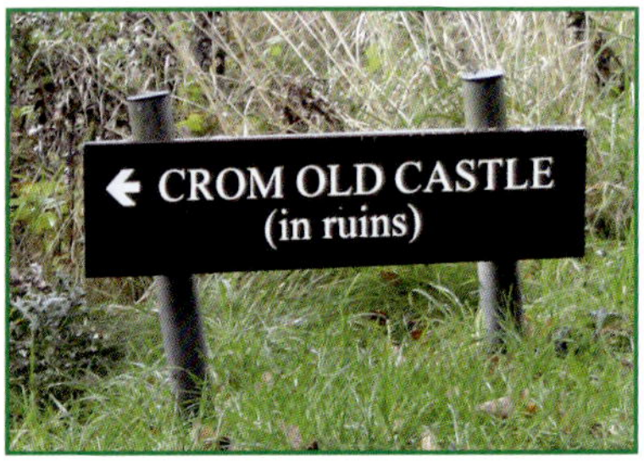


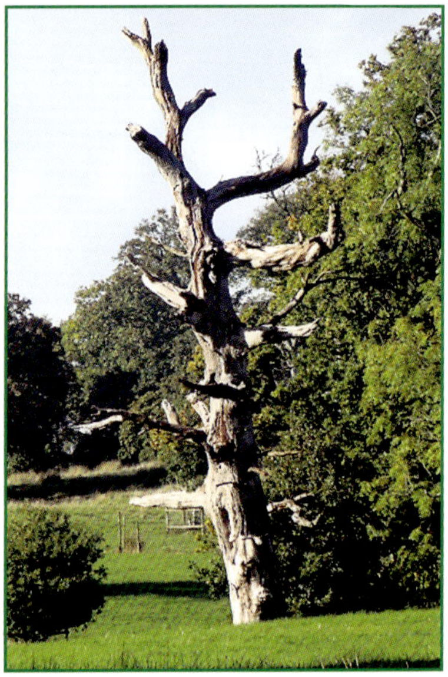

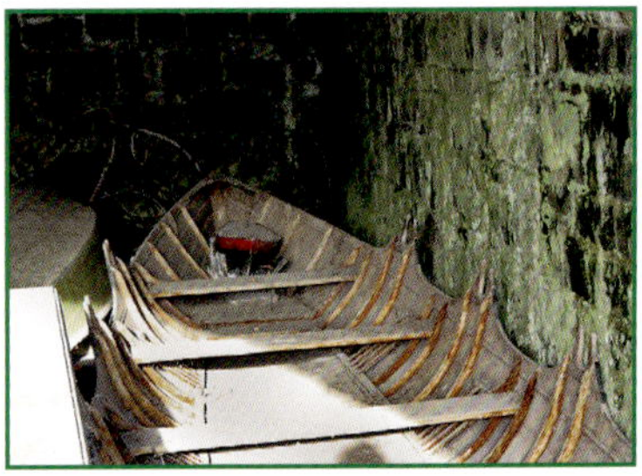

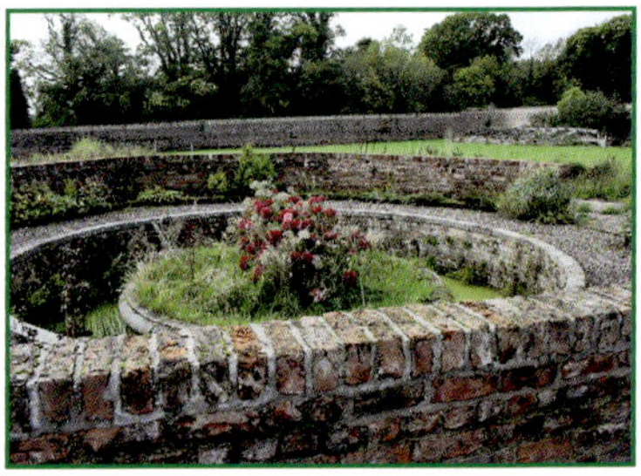

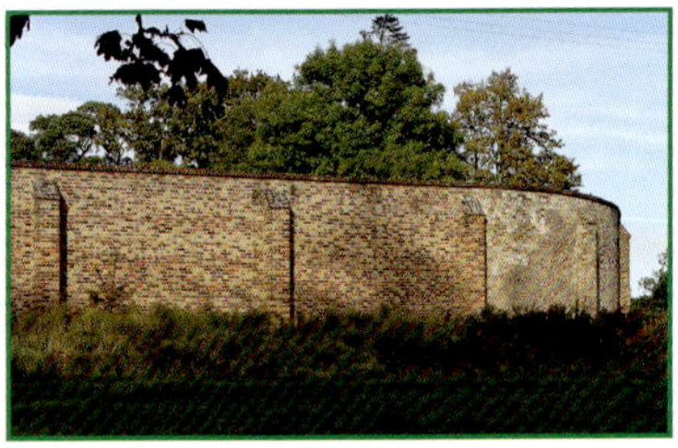

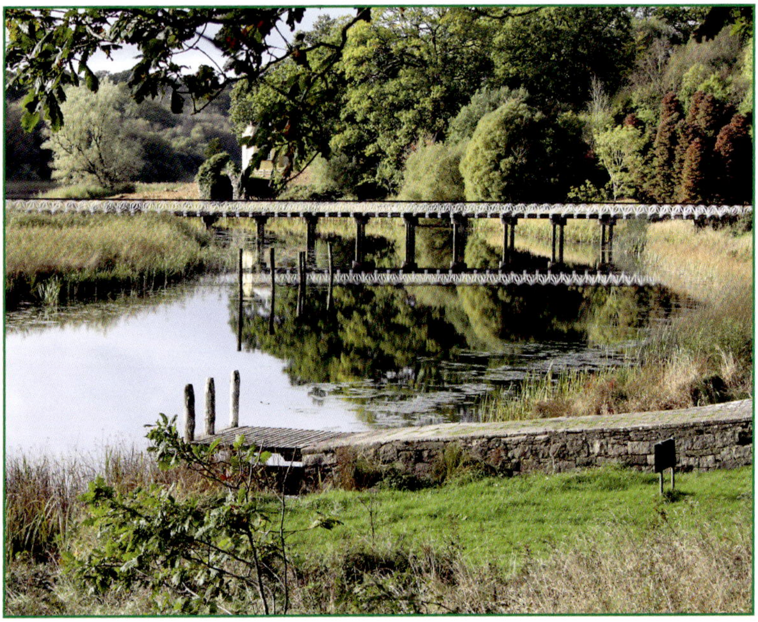

**Crom Old Castle, der weitläufige Park, das alte Boathouse: Um alles in dieser Anlage zu sehen, sollten Sie einen halben Tag Aufenthalt einplanen – und eine Wanderung von rund 10 km. Das neue Crom Castle kann nicht besichtigt werden. Zahlreiche Schilder (und eine hohe Mauer) halten neugierige Besucher fern.**

## UPPER LOUGH ERNE

### Belturbet

#### Turbet Island: Wo die wolligen Mammuts lebten

Turbet Island, das dem Städtchen Belturbet seinen Namen gab, war im 13. Jh. Sitz einer Verteidigungsanlage. Heute sind die Reste nur Archäologen zugänglich, die auch für den sensationellen ersten Mammut-Fund in Irland verantwortlich waren. Das ungestörte Plätzchen ist ein Rückzugsgebiet für zahlreiche Vogelarten.

#### Bahnhof ohne Schienennetz

1885 wurde der Bahnhof Belturbet (dort, wo der River Erne in den Upper Lough Erne mündet) eröffnet. Er war Knotenpunkt zwischen normal- und schmalspuriger Strecke und wurde 1959 geschlossen. Das Schienennetz wurde abgetragen, Belturbet ist nicht mehr per Bahn erreichbar. Übergeblieben ist nur der Bahnhof, in dem heute ein kleines Eisenbahnmuseum untergebracht ist (Voranmeldung notwendig).

Railway Museum, südöstlich vom Zentrum, nur SO 11–13 Uhr, +44) 049 952 9666 bzw. (+44) 086 054 1984

Im Zentrum Lebensmittel Gala, tägl.8–21 Uhr

Lebensmittel bei der Tankstelle 200 m westlich der Brücke, MO–FR 6.30–23, SA und SO ab 7.30 Uhr

Pub-Restaurant The seven horsshoes, tägl. 11–24 Uhr (SO ab 12.30 Uhr), +353 49 952 2166

### Crom Castle/Crom Estate (23 F)

#### Privates Schloss und öffentliche Gebäude

Rund 1,5 km nördlich der Einmündung des Link in den Erne finden Sie Crom Castle und seine weitläufige Anlage (Crom Estate). Das Schloss aus 1820 ist in Privatbesitz und kann nicht besichtigt werden; der Naturpark rundum ist jedoch einen Ausflug wert. Dabei stößt man auch auf Ruinen einer früheren Burg, ganz in der Nähe von Crom Castle. Sehenswert sind der historische Garten, die alte Schule und das Visitor Centre. Im Boat House, in dem ein altes Holzboot tümpelt, war früher der Lough Erne Yacht Club untergebracht. Zur Anlage gehört auch Gad Island (siehe dort).

Zutritt zum Park 10–19 Uhr, Visitor Centre und Little Orchad Tea Room 11–17 Uhr

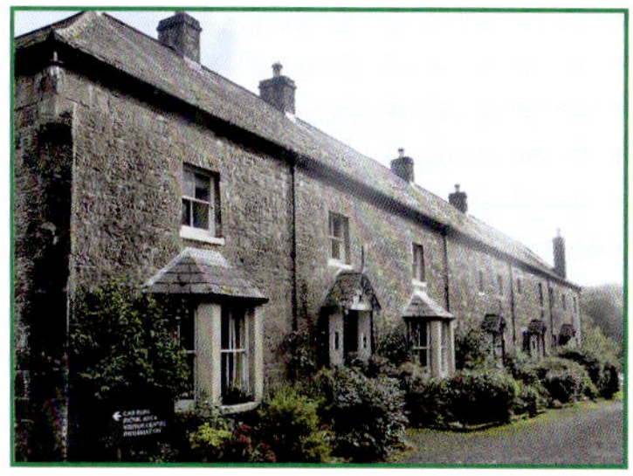

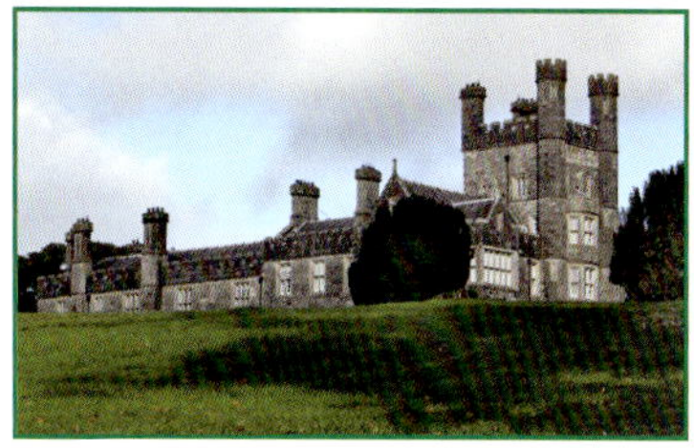

Crom: Visitor Center, Castle

### Enniskillen

#### Zwischen Upper und Lower Lough Erne

Städtchen auf einer Insel zwischen Upper und Lower Lough Erne, gleichzeitig die größte Ansiedlung am Erne. Enniskillen Castle liegt direkt am Wasser, an der Südseite der Insel, und bewacht einen früher wichtigen Übergang über den Fluss. Die Burg stammt aus dem 16. Jh. und wurde im 18. Jh. zu einer Kaserne umgebaut. Heute ist ein Museum darin untergebracht. Hoch oben am Hügel, im Park, können Sie einen Turm namens Coles Monument erklimmen (108 Stufen).

Oskar Wild (1854–1900) und Samuel Beckett (1906–1989) waren Schüler der Portora Royal School, die 1601 gegründet wurde und noch

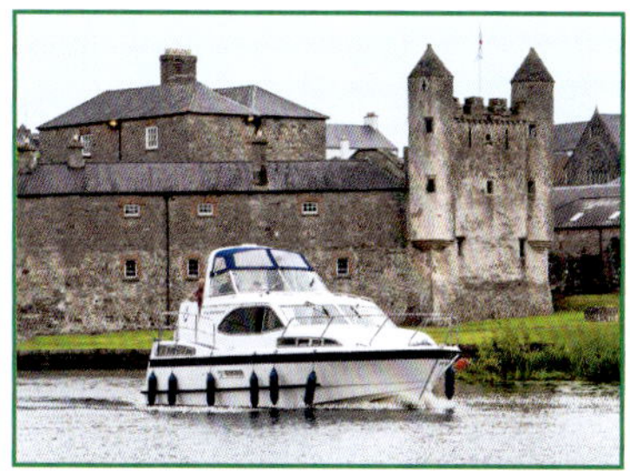

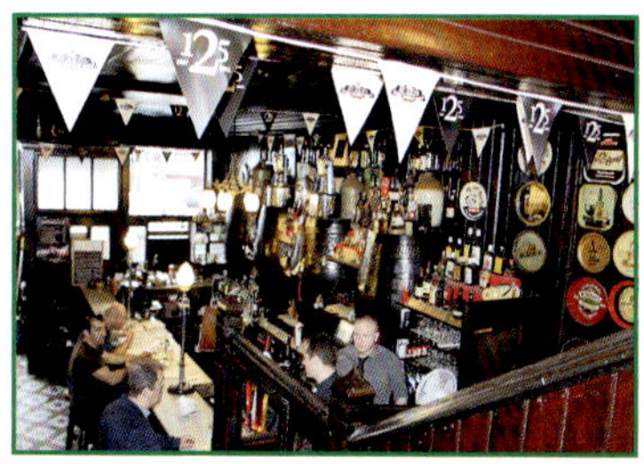

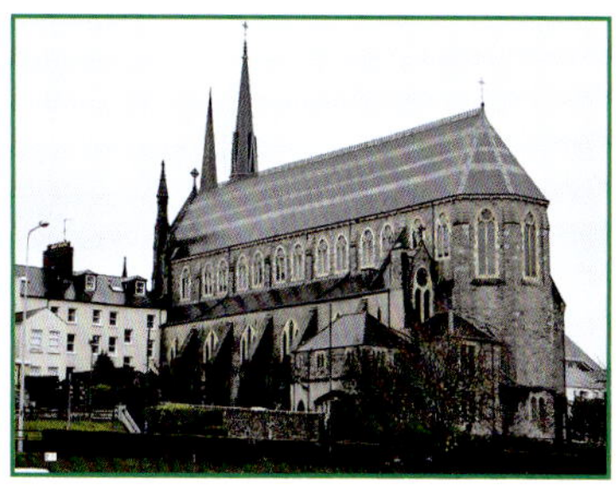

Enniskillen

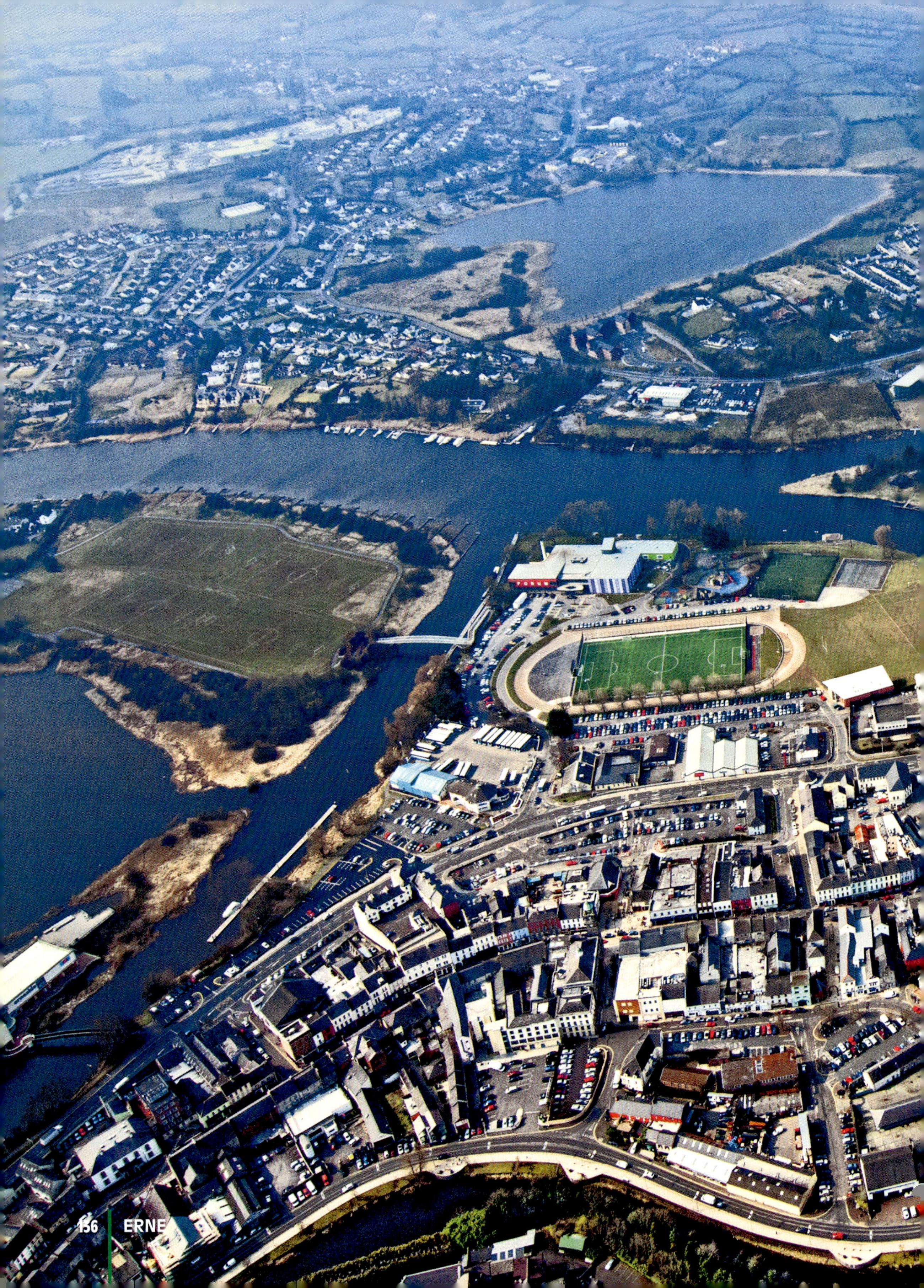

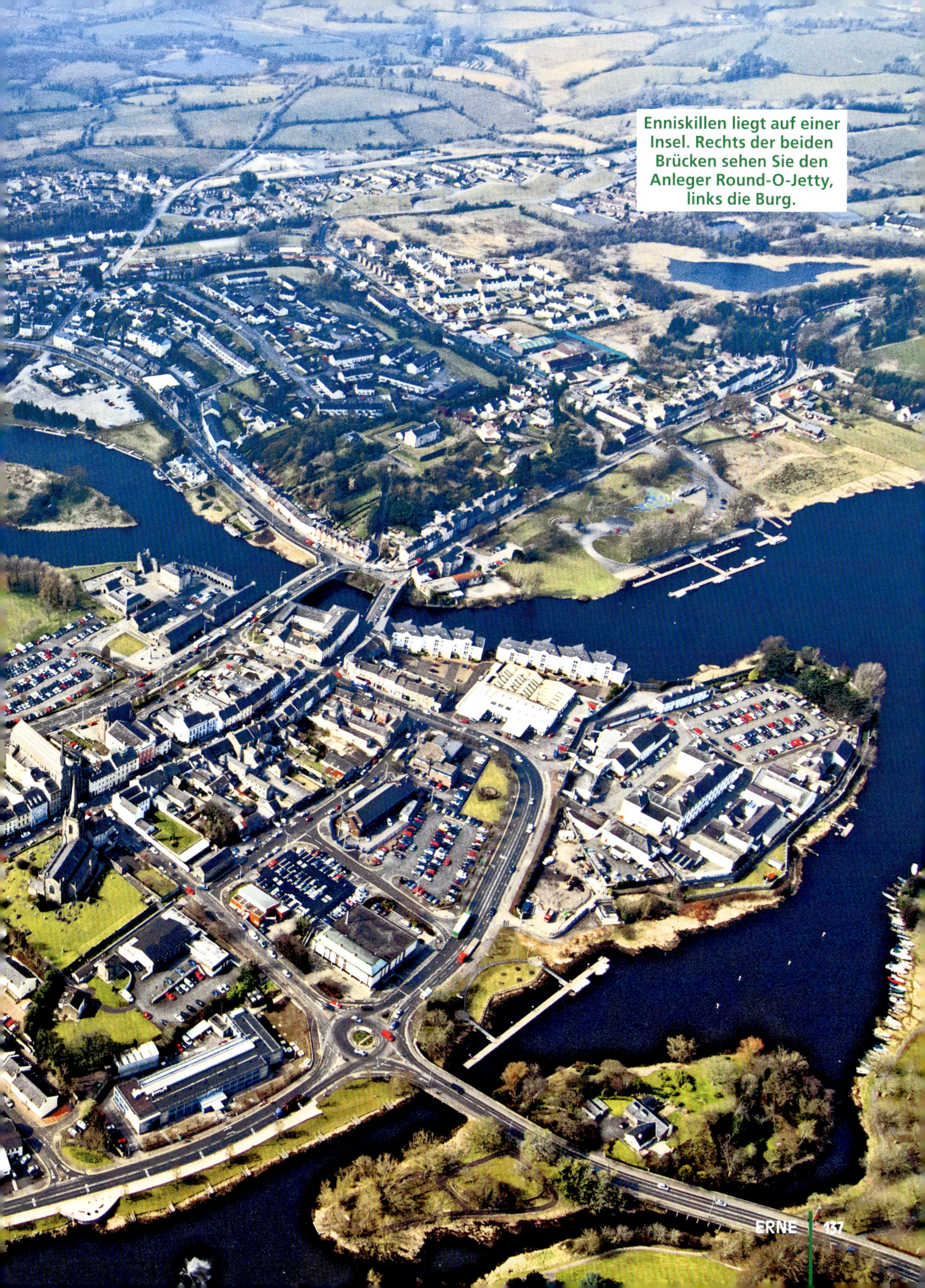

Enniskillen liegt auf einer Insel. Rechts der beiden Brücken sehen Sie den Anleger Round-O-Jetty, links die Burg.

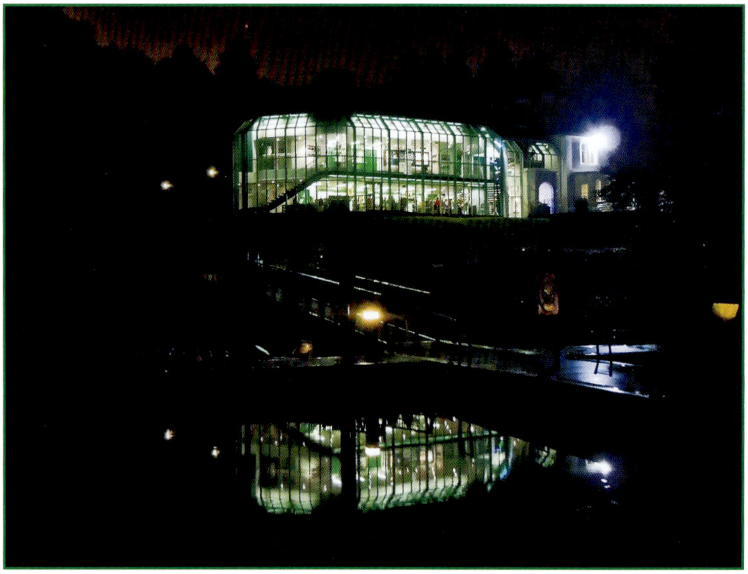

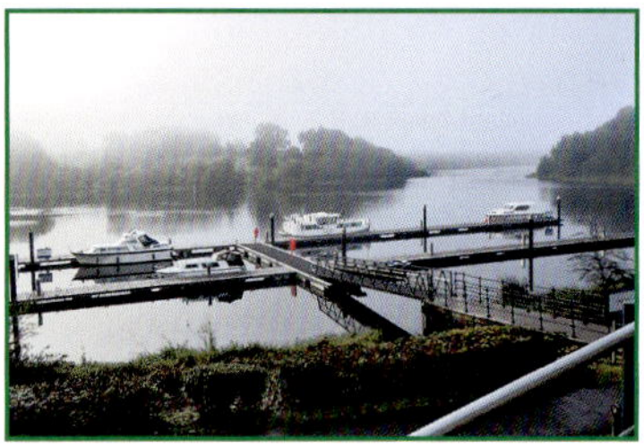

Enniskillen: Ardhowen Theater und sein Anleger

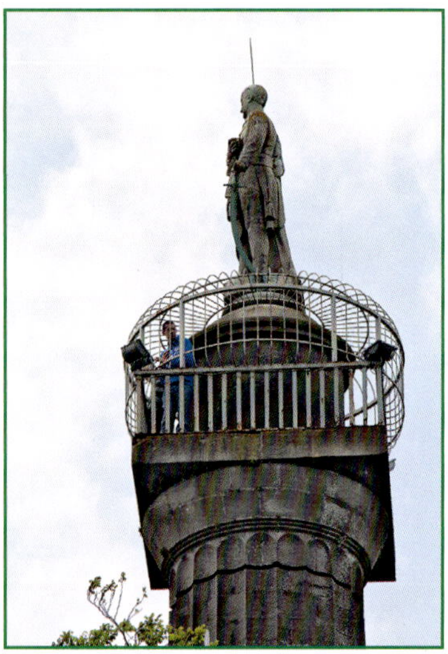

Cole´s Monument, Enniskillen

heute existiert. Unterhalb von Enniskillen gibt es eine Schleuse und ein Wehr. Die Schleuse (Portora Lock) ist praktisch immer offen.

Wer einkaufen will oder muss: In Enniskillen ist dazu die beste und bequemste Möglichkeit. Südlich der Insel gibt es eine kreisrunde Bucht mit einem Anleger namens Erneside Jettys. Man legt direkt vor einem Einkaufszentrum und einem großen Supermarkt namens Asda an und kann die Einkäufe bequem aufs Boot tragen. Asda hat ab MO 8 Uhr bis SA 22 Uhr durchgehend (!) geöffnet, SO ist immerhin 13-18 Uhr offen. Und gleich daneben gibt es einen Tesco-Supermarkt.

**Alphabetische Ordnung**

Orte alphabetisch geordnet, geteilt in Lower Lough Erne und Upper Lough Erne, mit Angabe einer Marker-Nummer in der Nähe zum leichteren Finden auf der Wasserkarte.

## Die (Mini-) Burg der Häuptlinge

Die Burg von Enniskillen können Sie nicht übersehen, sie bewacht eine Engstelle des Erne. Sie werden allerdings überrascht sein, wie klein die zwei turmartigen Erker („Watergate") in Wirklichkeit sind, wenn Sie das Gebäude bislang nur von Fotos kannten. Errichtet wurde die Burg ursprünglich als Sitz der gälischen Maguire-Häuptlinge. Im 18. Jh. wurde sie zur Artillerie-Kaserne, heute beherbergt sie das Museum der Grafschaft Fermanagh, das sich mit Geschichte, Landschaft und Tierwelt beschäftigt. Der Entwicklung der Burg und des Ortes ist eine eigene Abteilung gewidmet.

## Die Freiland-Schweine von Inishcorkish Island

Am Upper Lough Erne sieht man auf Inishcorkish Island Freiland-Schweine ein glückliches Leben führen. Ihre Bestimmung erfahren sie in Form des Fermanagh Black Bacon, in den sie von ihrem Besitzer Pat O´Doherty verwandelt werden. Seine Fleischerei in der Belmore Street ist weit über Enniskillen hinaus berühmt.

## Turm für Schwindelfreie

Inmitten des Stadtparks (Forthill Park), am höchsten Punkt Enniskillens, erhebt sich ein Turm namens Cole´s Monument. Dieses 1857 errichtete Denkmal in Form einer dorischen Säule erinnert an Sir Galbraith Lowry-Cole, einen von Wellingtons Generälen. In seinem Inneren kann man über 108 Stufen hochklettern. Wer den schmalen rundum führenden Aussichtsbalkon betreten will, sollte allerdings schwindelfrei sein. Ich habe mich, trotz hohen Geländers, nicht getraut, in luftiger Höhe rund um den Turm zu gehen. Dies war allerdings vor 60 Jahren für die Kinder der Stadt eine beliebte Mutprobe – freilich ganz ohne Geländer, wie drei nette ältere Damen erzählten, die mich im Park zu einem Plausch über ihre Kindheit einluden . . .

### Per Boot ins Theater

Ardhowen Theatre nennt sich das Theater von Enniskillen. Es wird ganzjährig bespielt und liegt am oberen Ortsrand. Das Besondere: Für Boote gibt es einen eigenen Anleger, sodass man ganz bequem mit dem Boot ins Theater fahren kann.

Enniskillen Castle Museum, MO-FR 9.30–17, SA und SO 11–17 Uhr,

Cole's Monument, im Forthill Park östlich der Insel, Aufstieg SA + SO 13–15 Uhr, sonst nur von außen; (+44) 028 6632 3110

Alle Einkaufsmöglichkeiten

Asda Supermarkt (Erneside Jettys südlich der Insel), MO 8 Uhr bis SA 22 Uhr durchgehend offen, SO 13–18 Uhr. Daneben Tesco Supermarkt MO–SA 6–24 Uhr, SO 13–18 Uhr

Fleischerei O'Doherty's Fine Meats, Belmore Street Nr. 3 (östlich der Insel), MO–SA 8-18 Uhr (siehe Text „Freilandschweine"), (+44) 28 6632 2152

Zahlreiche Pubs und Restaurants, siehe auch „Essen und Trinken in Enniskillen – ein paar Tipps" auf Seite 125

## Castle Coole (43 D)

### Das strenge Castle Coole

Castle Coole wurde im Neo-Klassizismus als Wohnstätte der Grafen von Belmore errichtet. Lassen Sie sich von seiner kühlen, abweisenden Fassade nicht abschrecken. Die Inneneinrichtung ist jedenfalls interessanter als das strenge Äußere des Schlosses: Zahlreiche feine Holzarbeiten aus 1830 und davor sind zu bestaunen. Und das vielleicht Interessanteste: der (auch bei anderen Herrensitzen in Irland übliche) Bediensteten-Tunnel, damit Personal und Waren unterirdisch und somit ungesehen ins Haus gelangen konnten, lässt tief in die Seele der Erbauer blicken.

Rund 3 km südöstlich von Enniskillen; am besten vom Anleger beim Ardhoven Arts Centre (43 D) zu erreichen; geöffnet ab Ostern täglich 13–18 Uhr; Tel. (+44) 028 6632 2690

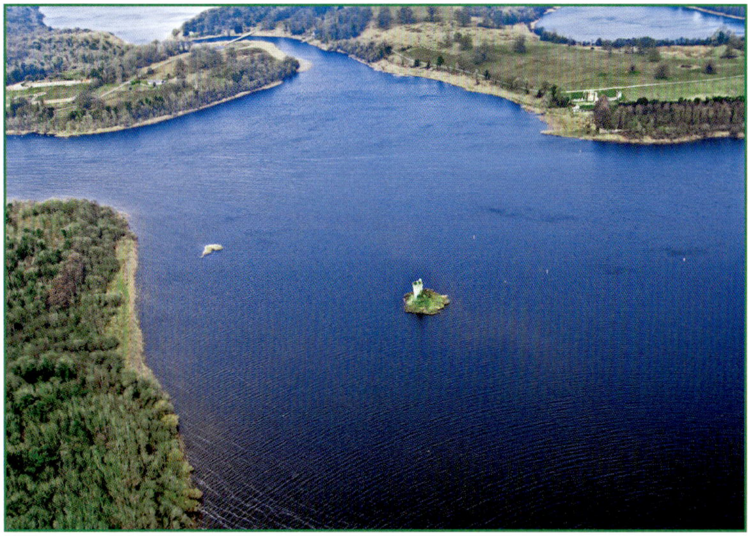

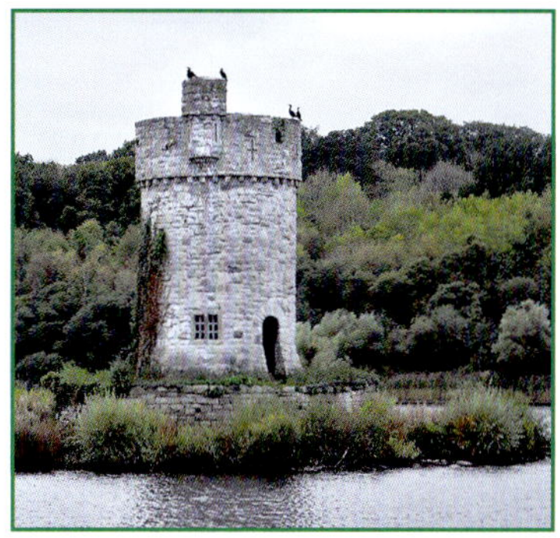

Gad Island, bei Crom Castle

## Gad Island (23 D)

### Ein Turm zur „Verschönerung" der Aussicht?

Gad Island ist so klein, dass sie in den meisten Wasserkarten nicht eingezeichnet sondern maximal mit einem Text-Hinweis markiert ist. Die Insel ist aber groß genug, dass um 1847 ein Turm von Lord Erne errichtet werden konnte. Als Grund für seine Entstehung gibt es mehrere Versionen: Eine sagt, der Turm wurde vom Lord errichtet, um den Ausblick von seinem Schloss (Crom Castle) interessanter zu gestalten, eine zweite Variante ist, der Turm wurde als Beschäftigungsprogramm während der Hungersnot gebaut, und eine dritte meint, der Turm wurde errichtet, um einen ungestörten Platz für astronomische Beobachtungen zu schaffen.

Die Mini-Insel hat keinen Anleger, das Betreten ist verboten. Aber Sie haben den Turm beim Vorbeifahren zum Greifen nah und „besichtigen" ihn eben vom Boot aus.

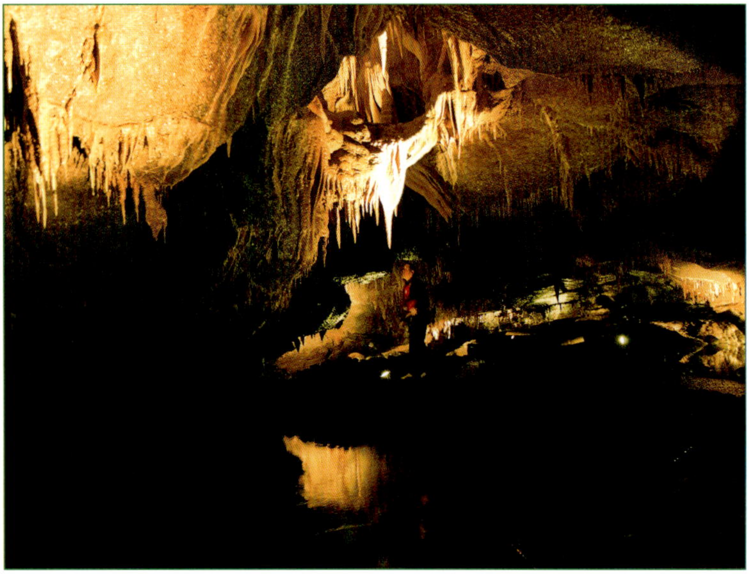

Höhlen von Marble Arch

## Galloon Island (23 L)

### Der idyllische Friedhof oberhalb vom Anleger

Galloon Island ist eine recht große Insel, 6 km nördlich von Belturbet. Hier gab es früher einmal eine Klostersiedlung, von der nur noch ein Friedhof übrig ist. Sie finden Ihn gleich beim Anleger, jenseits der schmalen Straße. Er liegt idyllisch auf einem sanften Hang mit Ausblick auf den Erne. Einen kurzen Aufenthalt empfehle ich Ihnen unter anderem wegen der alten beeindruckenden Grabsteine und Platten. Es gibt auch zwei Überreste von Steinkreuzen, die angeblich über 1.000 Jahre alt sein sollen.

## Der „vergessene" Ulster-Kanal

Unweit der Einmündung des Link in den Lough Erne, am gegenüberliegenden Ufer, mündet der Ulster Canal. Er verband den Erne mit dem Lough Neagh. Auf einer Länge von 46 Meilen (72 km) benötigte er 26 Schleusen. Er war 1841 eröffnet und 1929 wieder geschlossen worden und liegt seitdem brach. Schleusen, Aquädukte und Schleusenwärterhäuser sind aber noch gut erhalten.

Seit 2003 gibt es eine konkrete Studie und intensive Bemühungen für eine Wiedereröffnung. Die Sanierungskosten werden auf rund 5 Millionen Euro geschätzt. Man hofft auf deutliche wirtschaftliche Impulse für die Region, wie dies durch die Wiedereröffnung des „Link" ja tatsächlich der Fall war. Für das Fahrgebiet in Nordirland wäre dies eine deutliche Aufwertung.

Der Kanal war von Anfang an als Misserfolg programmiert, da seine Schleusen kleiner als die der anderen Wasserwege waren und obendrein die Wasserversorgung nicht funktionierte. Insofern wäre eine „originalgetreue" Restaurierung sinnlos. Mit gewissen Adaptierungen (breitere Schleusen, tieferes Kanalbett etc.) könnte eine Verbindung reaktiviert werden, die einen gigantischen Wasserweg quer durch Irland ermöglichen würde: Colerain im Norden (am River Bann), Limerick im Westen (am Shannon), Waterford im Süden (am River Barrow) und Dublin im Osten (Grand Canal und Royal Canal) wären miteinander verbunden.

## Inis Rath Island (27 A)

## = Hare Krishna Island

### Zu Besuch bei Hare Krishna

Inis Rath Island ist der Name einer kleinen Insel unweit von Crom Estate. Hier sind die Hare-Krishna-Jünger seit 1984 zu Hause – sie haben die Insel einfach gekauft und im Herrenhaus (19. Jh.) den Tempel untergebracht. Im Café und im Tempel fühlt man sich ins alte Indien versetzt. Besucher sind willkommen, und zwar von 4.30 Uhr in der Früh (!) bis 20.30 Uhr. Beste Besuchszeit ist jedoch SO 12.30–15 Uhr, wo es ein eigenes Programm für Besucher gibt

☞ Inis Rath Island Visitor Center,
Tel. (+44) 028 6772 3878,

⚓ Anleger bei 26D (im Süden der Insel)

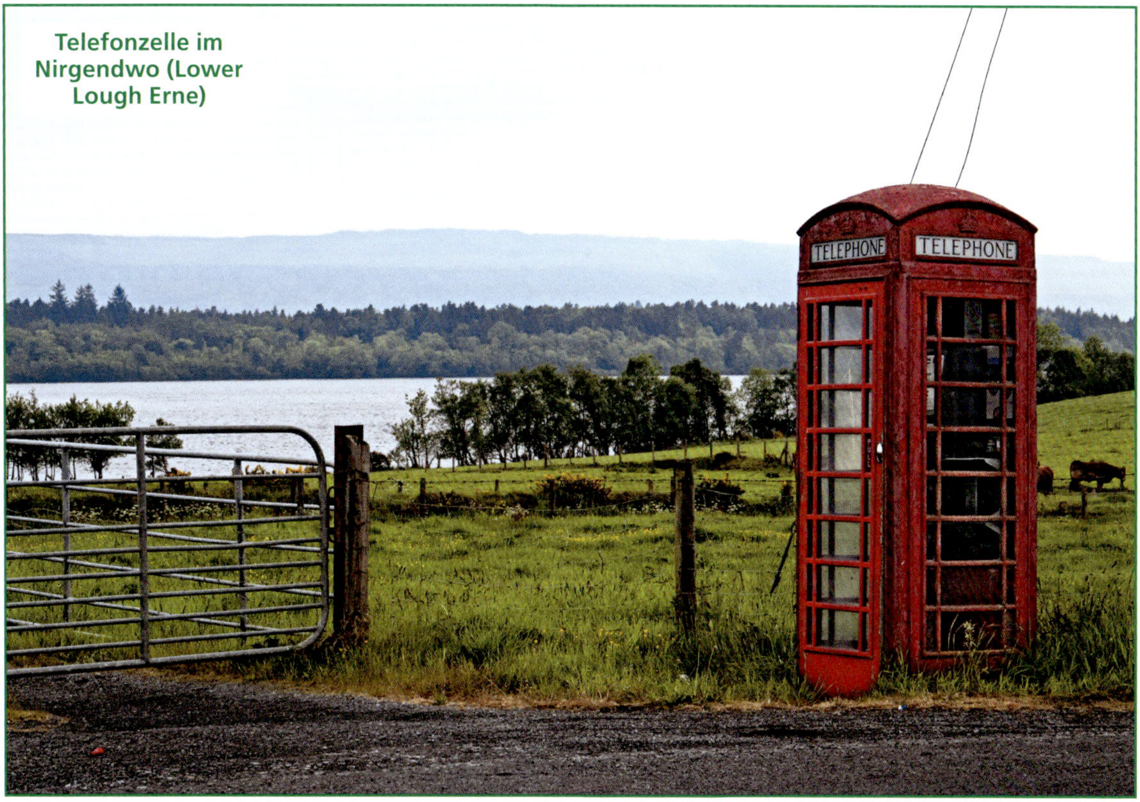


Telefonzelle im Nirgendwo (Lower Lough Erne)

## Knockninny (32 A)

### Hügel mit Aussicht

Ein von unten unscheinbarer Hügel unweit der Knockninny-Marina bietet eine gute Aussicht auf das Seengebiet des Erne. Vielleicht haben Sie ja Lust auf einen zwanzigminütigen Spaziergang.

Knockninny Country House Restaurant, beim Anleger, MI–FR 17–21 Uhr, SA und SO 11.30–21 Uhr, +44 28 6774 8590

## Marble Arch

### Unterirdischer Fluss und seltsame Räume

Den unterirdischen Fluss überqueren Sie in einem kleinen Boot, Sie kommen an einem Wasserfall vorbei und Sie entdecken Räume von unwirklicher Schönheit: Marble Arch Caves bietet Ihnen eine Reise in eine unbekannte Unterwelt, in ein Höhlensystem von ungeahnter Weitläufigkeit. Vom Boot aus leider etwas umständlich (am besten per Taxi) zu erreichen, breitet sich vor Ihnen schon bei der Annäherung an die Höhle eine faszinierende Landschaft aus, die ihresgleichen sucht – nehmen Sie sich Zeit zu einem kurzen Spaziergang durch die karge Hügellandschaft, in der vereinzelte Weidezäune die einzigen Anzeichen menschlicher Eingriffe zu sein scheinen.

Der (geführte) Rundgang durch die Höhle dauert knapp mehr als eine Stunde, die unterirdische Wanderung wird zu einem einmaligen Spektakel, das Sie nicht vergessen werden. Lediglich die miserable Verköstigung im angeschlossenen Pub sollten Sie so schnell wie möglich wieder vergessen (oder, besser noch, gar nicht in Anspruch nehmen).

20 km westlich von Enniskillen; am besten ein Taxi nehmen; Tel. (+44) 028 6634 8855,

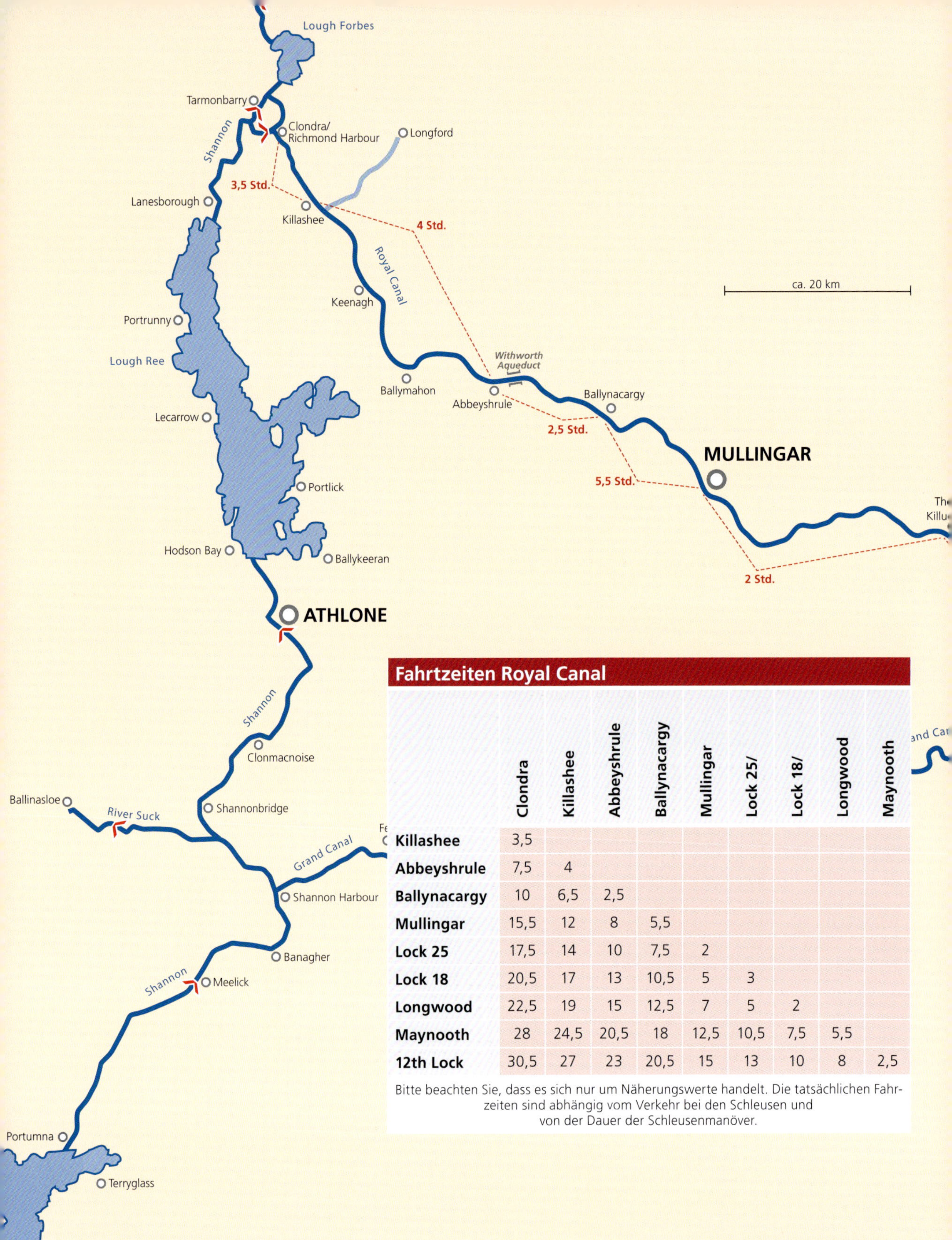


## Fahrtzeiten Royal Canal

| | Clondra | Killashee | Abbeyshrule | Ballynacargy | Mullingar | Lock 25/ | Lock 18/ | Longwood | Maynooth |
|---|---|---|---|---|---|---|---|---|---|
| **Killashee** | 3,5 | | | | | | | | |
| **Abbeyshrule** | 7,5 | 4 | | | | | | | |
| **Ballynacargy** | 10 | 6,5 | 2,5 | | | | | | |
| **Mullingar** | 15,5 | 12 | 8 | 5,5 | | | | | |
| **Lock 25** | 17,5 | 14 | 10 | 7,5 | 2 | | | | |
| **Lock 18** | 20,5 | 17 | 13 | 10,5 | 5 | 3 | | | |
| **Longwood** | 22,5 | 19 | 15 | 12,5 | 7 | 5 | 2 | | |
| **Maynooth** | 28 | 24,5 | 20,5 | 18 | 12,5 | 10,5 | 7,5 | 5,5 | |
| **12th Lock** | 30,5 | 27 | 23 | 20,5 | 15 | 13 | 10 | 8 | 2,5 |

Bitte beachten Sie, dass es sich nur um Näherungswerte handelt. Die tatsächlichen Fahrzeiten sind abhängig vom Verkehr bei den Schleusen und von der Dauer der Schleusenmanöver.

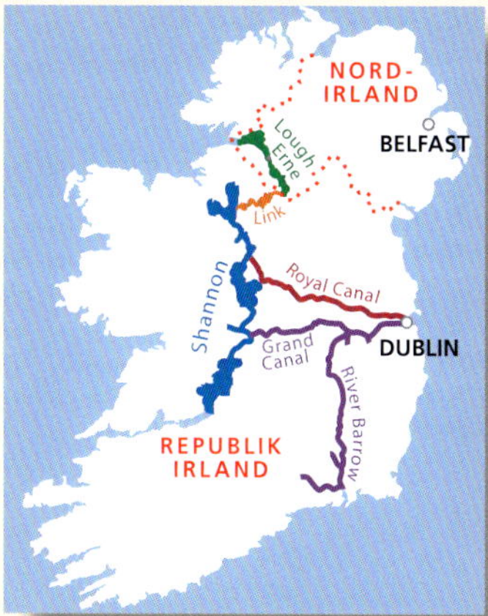


# Royal Canal

Ein Kanal mit mächtigen Aquädukten, der gerade eben aus seinem Dornröschenschlaf erweckt wurde. Er verbindet Dublin mit dem Shannon.

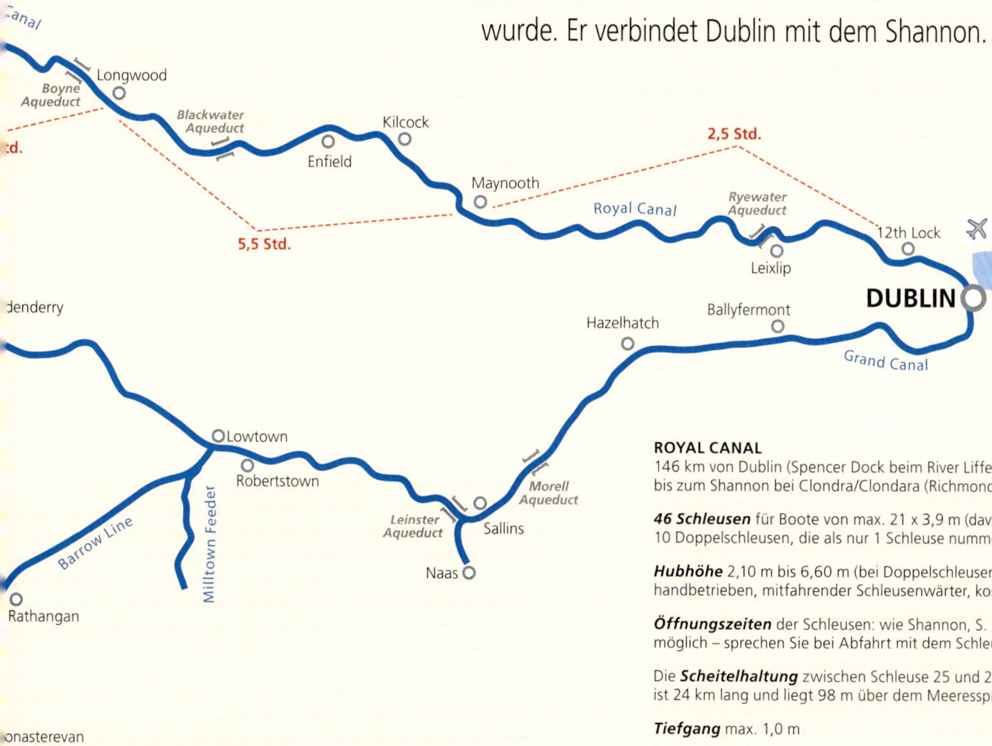


**ROYAL CANAL**
146 km von Dublin (Spencer Dock beim River Liffey) bis zum Shannon bei Clondra/Clondara (Richmond Harbour)

***46 Schleusen*** für Boote von max. 21 x 3,9 m (davon 10 Doppelschleusen, die als nur 1 Schleuse nummeriert sind)

***Hubhöhe*** 2,10 m bis 6,60 m (bei Doppelschleusen) handbetrieben, mitfahrender Schleusenwärter, kostenlos

***Öffnungszeiten*** der Schleusen: wie Shannon, S. 33; (Änderungen möglich – sprechen Sie bei Abfahrt mit dem Schleusenwärter )

Die ***Scheitelhaltung*** zwischen Schleuse 25 und 26 bei Mullingar ist 24 km lang und liegt 98 m über dem Meeresspiegel.

***Tiefgang*** max. 1,0 m

***Max. Höhe über Wasser:*** 3,0 m

***Höchstgeschwindigkeit:*** 6 km/h

Durchgehender, gut ausgebauter ***Treidelpfad***

**ZWEIGKANAL NACH LONGFORD**
8 km, schleusenfrei; liegt derzeit trocken; die geplante Wiedereröffnung ist aufgrund der wirtschaftlichen Probleme Irlands in weite Ferne gerückt

**RUNDFAHRT ROYAL CANAL, GRAND CANAL, SHANNON**
Dauer: 3 Wochen, für Mietboote kaum möglich; siehe S. 149

## Ein Kanal wird gebaut, verfällt und wird restauriert

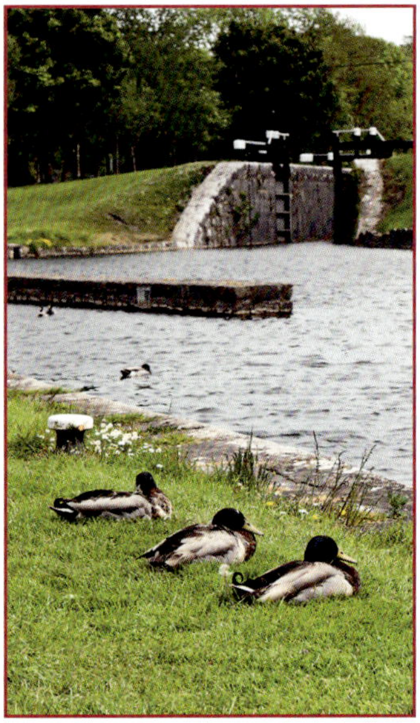

Ballinacargy

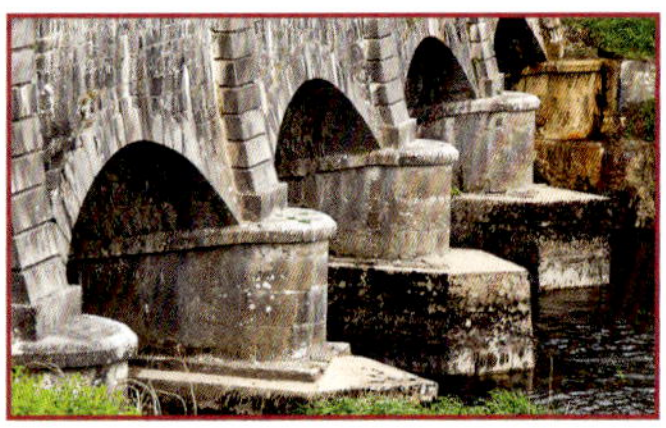

Abbeyshrule

Im 1790 begannen die Bauarbeiten am Royal Canal, der als Konkurrenz zum Grand Canal errichtet wurde, jedoch nie dessen wirtschaftliche Bedeutung erlangte. Fertiggestellt wurde er 1817. Er ist 146 km lang und führt von Dublin zum Shannon, wo er südlich von Tarmonbarry (genauer: Richmond Harbour, Clondra) mündet.

Mehr als 25 Jahre hat man an dieser Wasserstraße mit ihren insgesamt 46 Schleusen gebaut. 1961 wurde sie schließlich wegen zu geringen Verkehrsaufkommens geschlossen, nachdem das letzte Boot 1955 unterwegs gewesen war. In seinen besten Zeiten, etwa zwischen 1840 und 1889, wurden jährlich zwischen 80.000 und 95.000 Tonnen Fracht transportiert, was allerdings nicht einmal einem Drittel der Transportleistung am Grand Canal entsprach. Im ersten Jahrzehnt seines Bestehens wurden jährlich rund 40.000 Passagiere befördert, ehe bessere Straßen für ein schnelleres Vorwärtskommen per Kutsche sorgten. Ab 1849 wurde der Personenverkehr nur noch von der parallel führenden Eisenbahn abgewickelt.

Über viele Jahre hinweg ist der Royal Canal verfallen, verwachsen und wurde teils auch zugeschüttet, ehe man in den 1980er Jahren begann, ihn wieder freizulegen. Der schwierigste Abschnitt befandsich zwischen den Schleusen 43 und 44. Hier trat immer wieder Wasser aus und verzögerte die Wiedereröffnung des Kanals um vier Jahre– ein Problem mit der Abdichtung, das übrigens auch schon die Erbauer des Kanals viel Geld und Nerven kostete.

## Festivals und Events

### Anfang Mai

**Thomastown**: Im Hafen findet ein kleines Fest für Einheimische und Vorbeikommende statt

### Anfang Juni

**Richmond Harbour** (Clondra): Musik, Grill, Live-Musik beim Clondra Harbour Annual Whit Festival

### Mitte Juni

**Mullingar**: Royal Canal festival im Hafen, bei dem sich alles um Boote (und Unterhaltung) dreht

**Enfield**: Das Royal Canal Mid Summer Festival findet an den Ufern des Kanals statt (Unterhaltung, lokale Vereine und Gewerbebetriebe)

### Ende Juni

**Kilcock**: Beim Harbour Festival gibt es Wassersport-Darbietungen, Unterhaltung und Musik

### Mitte Juli (Sonntag)

**Mullingar**: Die Mullingar Agricultural Show hat seit 150 Jahren Tradition und zeigt nicht nur Nutztiere und Traktoren, sondern auch Sport mit Tieren (Pferde, Hunde): zusätzlich gibt es zahllose Verkaufsstände für alles rund ums Wohnen und Unterhaltung für die ganze Familie

### Letztes Juli-Wochenende

**Mullingar**: Das Midlands Music Festival steht für qualitätsvolle Country Music

### Ende Juli (Samstag)

**Longford**: Die Longford Show and Country fair existiert seit 1902 und zeigt Tiere und Shows mit Tieren, aber auch Tanz und Musik kommen nicht zu kurz

### Ende August

**Abbeyshrule**: Beim Flugtag am Airfield von Abbeyshrule (unweit des Aquädukts) kann man Flugzeuge besichtigen und interessanten Vorführungen beiwohnen

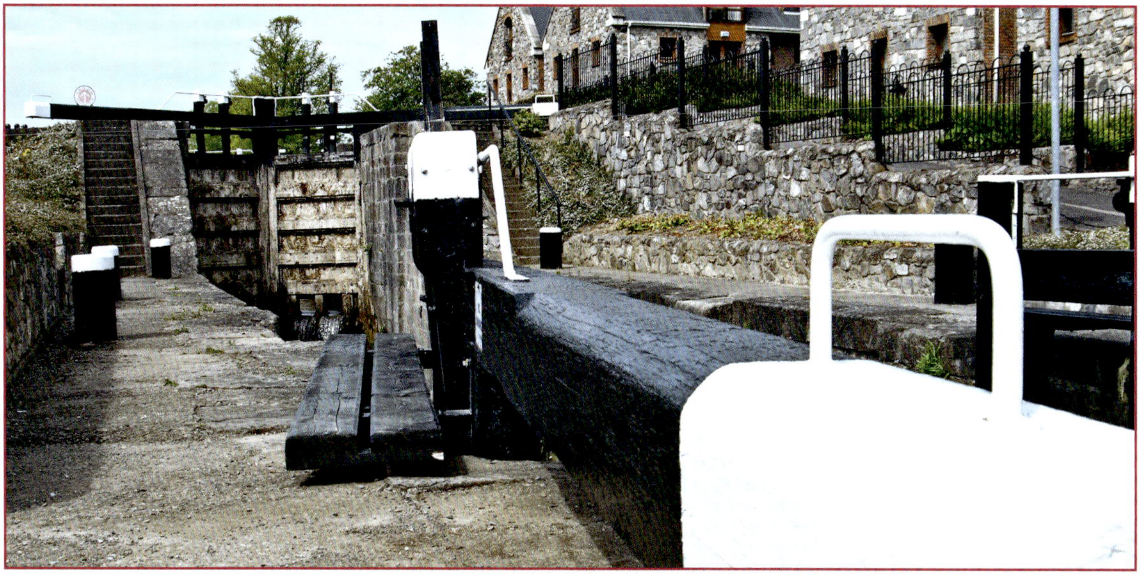

Doppelschleuse (12th lock)

Mit der Wiedereröffnung des letzten noch fehlenden Stückes (Ballybrannigan Harbour bei Ballymahon, oberhalb von Schleuse 40, bis Schleuse 45 oberhalb von Richmond Harbor) im Jahr 2010 schließt sich der Ring von Dublin über den Royal Canal zum Shannon und über den Grand Canal wieder retour nach Dublin. 2013 wurde der Mietboot-Verkehr von Hausboot Böckl in Zusammenarbeit mit IWAI, Waterways Ireland, Tourisme Ireland und der Royal Canal Amenety Group mit einer Mietboot-Jungfernfahrt eröffnet.

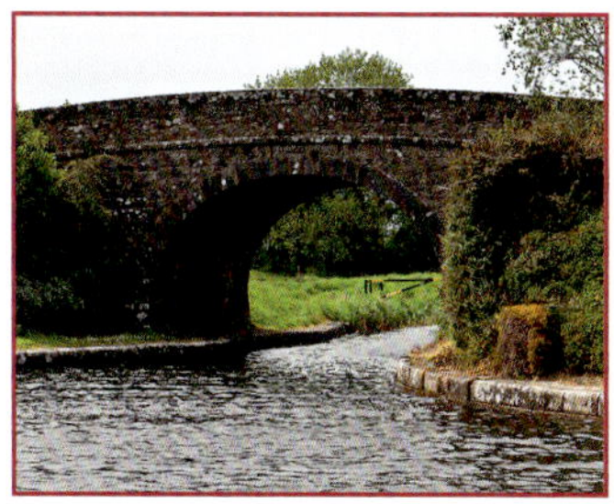

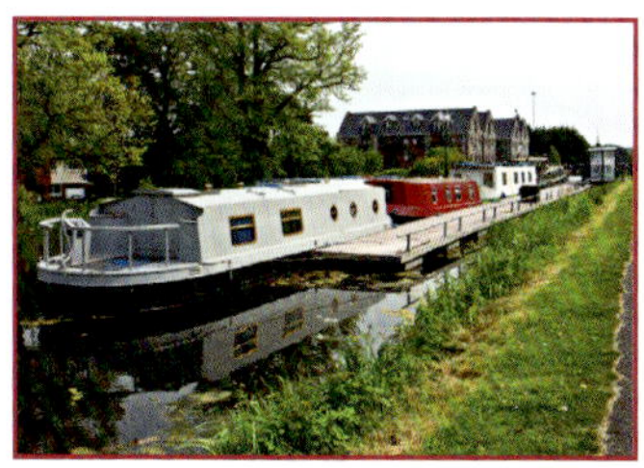

Niedrige Bogenbrücken und enge Schleusen lassen nur relativ kleine Boote zu.

## Sabotage am Longford-Abzweiger oder: Ein Hafen unter dem Parkplatz

Das Städtchen Longford wollte um 1820 ebenfalls von den Segnungen eines Transportkanals profitieren und förderte die Errichtung eines Zweigkanals, Longford Branch genannt, der eine Länge von rund 8 km hat, bei Killashee vom Royal Canal abzweigt und ins Zentrum von Longford führt.

Heute ist der Zweigkanal trocken, einige niedrige Straßenbrücken verhindern die Wiederinbetriebnahme. Ein Hallenbad, das quer über die Zufahrt zum Hafen errichtet worden war, ist schon längst abgetragen. Der Hafen liegt, mit vollständig intakten Mauern, unter einem Parkplatz „begraben", der dereinst den Booten weichen soll. Doch das ist ein frommer Wunsch an die Zukunft.

So mühsam die Wiederherstellung dieses Wasserweges heute ist, so beschwerlich war auch seine Errichtung, und zwar nicht nur, weil er

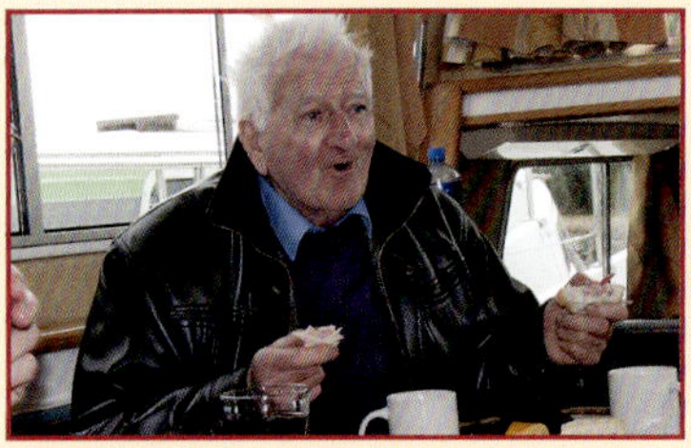

Noel McGeeney (Royal Canal, Longford Branch Chairman).

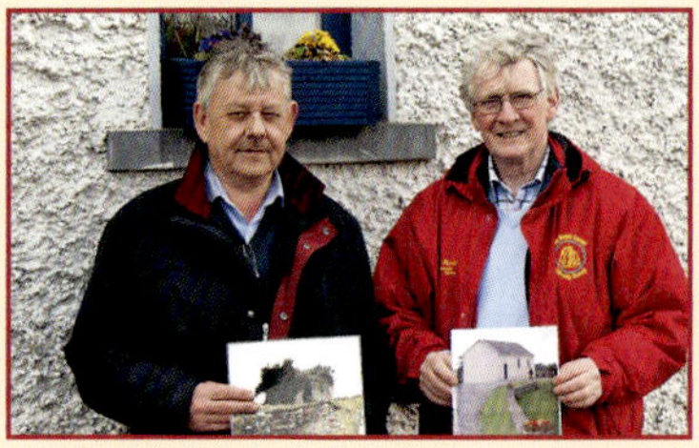

Michael Greally (Royal Canal Ballymahon Branch), Damien Delaney (IWAI).

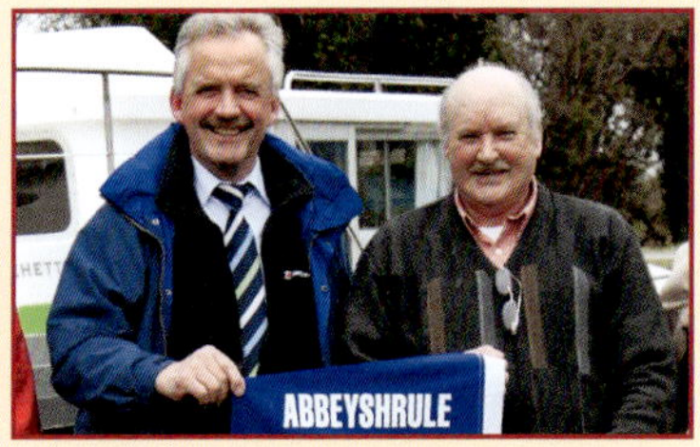


John McKeown (Waterways Ireland), Frank Riggs (Royal Canal Abbeyshrule Branch).

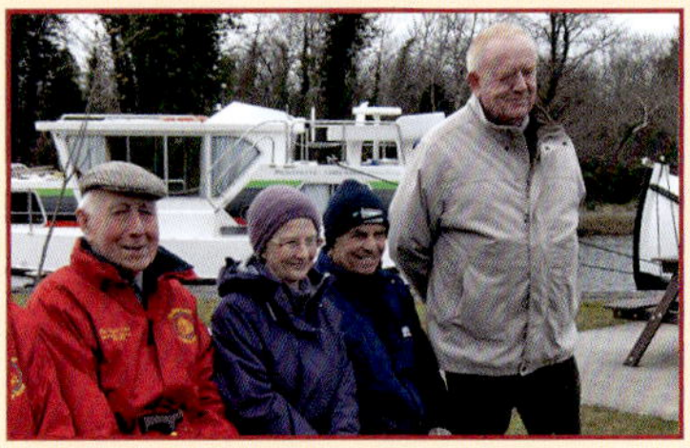

Pat Newman, Elsbeth Hall, James Hall, Bernie Matthews (RC Keenagh / Foigha Branch).

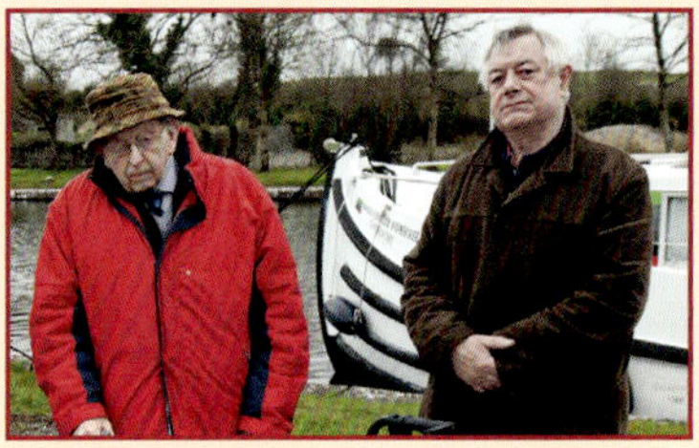

Watson Mills (RCAG past Chairman), Tom Shanley (Royal Canal Ballinacargy Branch).

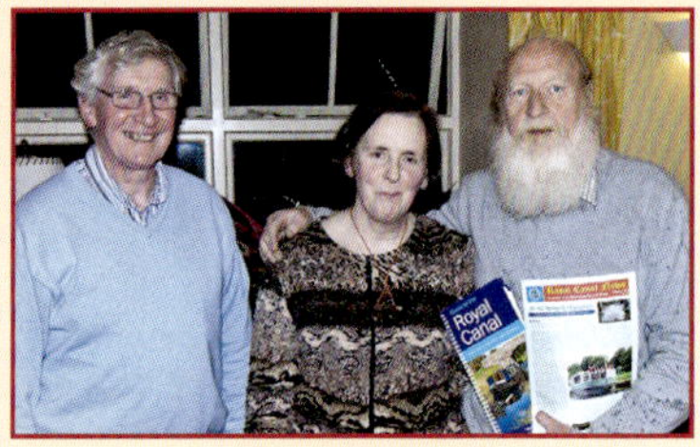

Damien Delaney (IWAI), Noeleen Walshe und Norman Good (RC Clondra Branch).

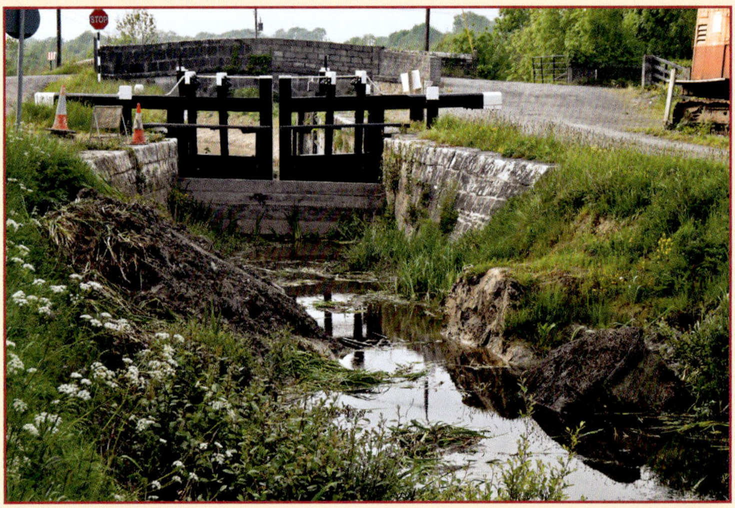


## Dank an die vielen Freiwilligen

*Zahlreichen Freiwilligen ist es zu verdanken, dass der Royal Canal nach 27-jähriger Renovierung wieder befahrbar ist. Stellvertretend für alle anderen bitte ich hier die Verantwortlichen des Abschnittes Richmond Harbor bis Ballinacargy (der als letzter eröffnet wurde) vor den Vorhang. Ganz besonders danke ich Damien Delaney für seine Unterstützung bei unserer Mietboot-Jungfernfahrt im April 2013.*

***Harald Böckl***

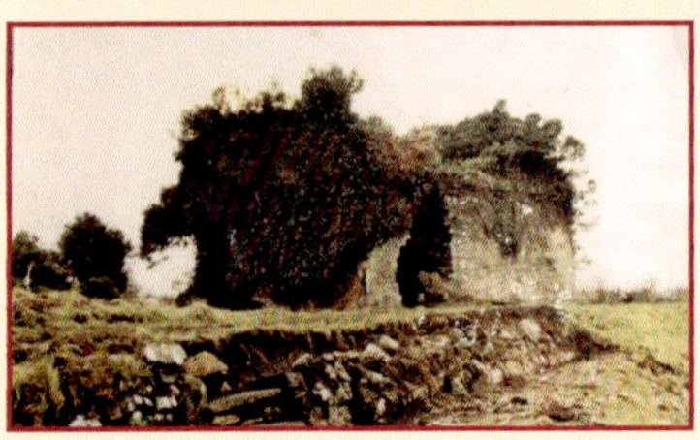

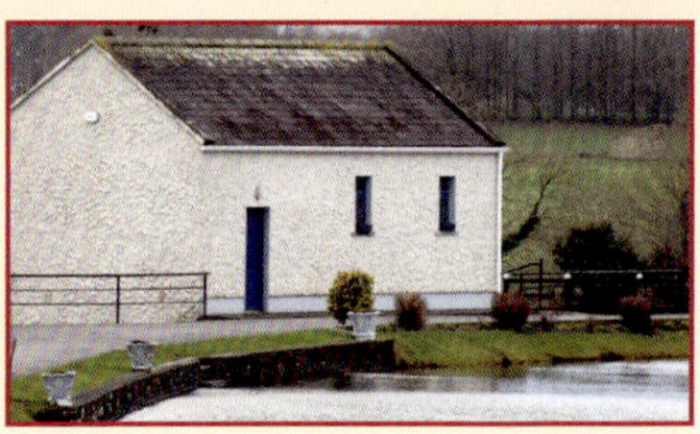

Links oben:
Gesperrter Abschnitt (2009)
Links: Ticket Office in Ballybrannigan Harbour 1975 und 2013.

wegen sehr weichen Untergrunds nur schwer abzudichten war: Die Bewohner von Killashee und Clondra, die durch den 1817 fertiggestellten Royal Canal wirtschaftlich profitierten, fürchteten die Konkurrenz der Stadt Longford und behinderten die Bauarbeiten durch zahlreiche kleine und größere Sabotagen; selbst am fertigen Kanal kam es aus diesem Grund immer wieder zu Behinderungen.

Die Befürchtungen bestanden übrigens zu Recht: Longford entwickelte sich sehr rasch zum Zentrum der Personenschifffahrt und wurde auch bald darauf wichtiger Umschlagplatz für Waren.

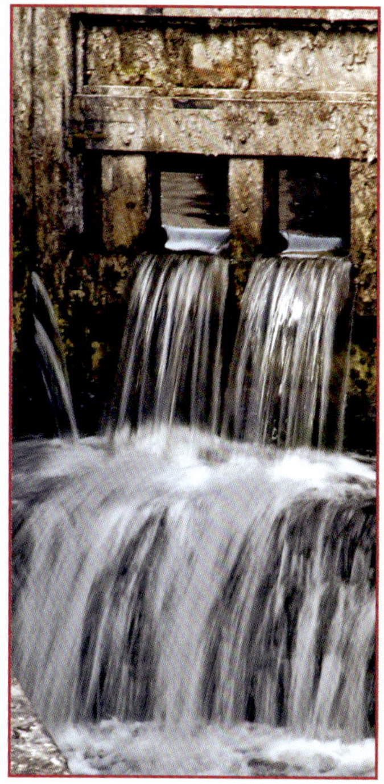

## Doppelschleusen, Aquädukte und ein tiefer Einschnitt

Vielleicht wollten uns die Erbauer des Kanals nicht gleich von vornherein entmutigen: Doppelschleusen erhielten nur eine einzige Nummer, auch wenn sie die doppelte „Arbeit" machen (aber diese ist für uns Hausboot-Fahrer ja ein Vergnügen). Und Doppelschleusen gibt es gleich eine ganze Menge, nämlich die Schleusen 2–6, 10–12 sowie 16 und 17. Die Nummerierung beginnt in Dublin.

Hat man sich die (auch wegen ihres Pubs bekannte) 12th lock hochgearbeitet, befährt man „Deep Sinking". Dies ist ein Einschnitt im Gelände, wo der Treidelpfad teils hoch (bis zu 9 m) oberhalb des Kanals verläuft. Was das in früheren Zeiten für Zugpferde und Schiffer an Gefahren bedeutet hat, kann man sich gut vorstellen.

Dass man bald danach eine Autobahn (M50) auf einem Aquädukt per Boot überquert, kommt auch nicht alle Tage vor. Und weil wir gerade beim Thema Aquädukte sind: Am Royal Canal findet man gleich mehrere davon. Zum Beispiel das Ryewater Aqueduct bei Leixlip (zwischen Schleuse 12 und 13), wo der Kanal auf einem mächtigen Damm den Fluss quert. Oder das berühmte Blackwater Aqueduct über den River Blackwater, das Boyne Aqueduct mit seinen drei Bögen über den Boyne (beide bei Longwood, zwischen Schleuse 17 und 18), und nicht zu vergessen das Witheworth Aqueduct bei Abbeyshrule über den River Inny.

Zwei schleusenfreie Abschnitte von ungewöhnlicher Länge sind zu erwähnen: zum einen die Scheitelhaltung mit 24 km, zum anderen ein 32 km langer Abschnitt zwischen den Schleusen 17 und 18. Diese beiden Abschnitte werden durch die „Killucan Flight" verbunden, eine Schleusenkette von 8 Schleusen mit einer Distanz von jeweils ein paar hundert Metern, über die man sich von Schleuse 18 zu Schleuse 25 (Beginn der Scheitelhaltung) hinauf kämpft. Auf diesen 2 km überwindet man einen Höhenunterschied von 22 Metern.

### Windhunde-Rennen

**Mullingar Greyhound Stadium,** 061 44 8000

**Longford Greyhound Racing Stadium,** 043 334 2018 bzw. 087 6682690

# Schleusen und Dimensionen

**Schleusenzeiten:**

Wie am Shannon (sh. S. 39); Änderungen möglich, da noch im „Probebetrieb"; sprechen Sie mit Ihrem Schleusenwärter

**Maße kleinste Schleuse (Lock 18):**

Länge 22,9 m (75 ft); Breite 4,0 m (13,3 ft); Wassertiefe über Schweller 1,4 m (4,7ft)

**Maße der Sea Lock (Flut-/Ebbe-abhängige Schleuse zum River Liffey):**

53 m (174 ft) x 7,5 m (24,5 ft);

**Niedrigste Brücke:**

Höhe über Wasser 3,05 m (10,0 ft) bei Eisenbahnbrücke unterhalb Schleuse 7

**Scheitelhaltung:**

auf 98,6 m (323,5 ft) Seehöhe (Ordonance Datum Poolberg/Dublin)

**12th lock bis Dublin-Zentrum:**

Fahrt von Schleuse 12 zum River Liffey nur nach Anmeldung bei Waterways Ireland (sh. S. 139)

**Main Line**

Länge: 145,6 km (90,5 Meilen); durchschnittliche Breite: 12 m; 46 Schleusen (davon 10 Doppelschleusen)

**Longford Branch**

(geschlossen, trockenliegend) 8,4 km lang (5,2 Meilen), keine Schleusen

Informationen und Tabelle recherchiert und zusammengestellt von Damien Delaney (Quellen: IWAI, Waterways Ireland)

**Schleusen von Dublin nach Richmond Harbour**

| Schleuse | PK | Hub | Name | Anmerkung |
|---|---|---|---|---|
| Sea Lock | 0 | Tidal Lock (Flut/Ebbe) | Spencer Dock | in den River Liffey |
| 1 | 1 | 2,50 m (8,2 ft) | | |
| 2 | 2 | 6,60 m (21,6 ft) | | Doppelschleuse |
| 3 | 2 | 5,40 m (17,7 ft) | | Doppelschleuse |
| 4 | 3 | 5,35 m (17,6 ft) | | Doppelschleuse |
| 5 | 3 | 5,50 m (18,0 ft) | | Doppelschleuse |
| 6 | 3 | 5,30 m (17,4 ft) | | Doppelschleuse |
| 7 | 5 | 2,60 m (8,5 ft) | Liffey Junction | |
| 8 | 6 | 2,70 m (8,8 ft) | | |
| 9 | 6 | 2,10 m (6,9 ft) | | |
| 10 | 8 | 5,50 m (18,0 ft) | | Doppelschleuse |
| 11 | 9 | 5,55 m (18,2 ft) | | Doppelschleuse |
| 12 | 10 | 5,60 m (18,4 ft) | Blanchardstown | Doppelschleuse |
| 13 | 22 | 1,75 m (9,0 ft) | Deey Bridge | |
| 14 | 29 | 2,95 m (9,7 ft) | | |
| 15 | 31 | 2,65 m (8,7 ft) | | |
| 16 | 32 | 4,95m (16,2 ft) | | Doppelschleuse |
| 17 | 36 | 5,05 m (16,5 ft) | | Doppelschleuse |
| 18 | 69 | 2,85 m (9,4 ft) | Thomastown | |
| 19 | 69 | 2.75 m (9,1 ft) | | |
| 20 | 70 | 2,80 m (9,2 ft) | | |
| 21 | 70 | 2,70 m (8,9 ft) | | |
| 22 | 70 | 2,60 m (8,5 ft) | Riverstown | |
| 23 | 71 | 2,65 m (8,7 ft) | | |
| 24 | 71 | 2,65 m (8,7 ft) | | |
| 25 | 72 | 2,60 m (8,5 ft) | Footy's Bridge | Beginn Scheitelhaltung |
| 26 | 96 | 2,20 m (7,2ft) | Coolnahay | Scheitelhaltung Ende |
| 27 | 96 | 2,15 m (7,0 ft) | | |
| 28 | 97 | 2,45 m (8,0ft) | | |
| 29 | 99 | 2,90 m (9,5 ft) | | |
| 30 | 99 | 2,75 m (9,0 ft) | | |
| 31 | 100 | 2,70 m (8,8 ft) | | |
| 32 | 100 | 2,75 m (9,0 ft) | | |
| 33 | 101 | 2,95 m (9,6 ft) | | |
| 34 | 102 | 2,85 m (9,4 ft) | | |
| 35 | 104 | 2,75 m (9,0 ft) | Ballynacargy | |
| 36 | 106 | 3,00 m (9,8 ft) | | |
| 37 | 107 | 2.75 m (9,1 ft) | | |
| 38 | 107 | 2,80 m (9,2 ft) | | |
| 39 | 114 | 3,00 m (9,8 ft) | Drapers | |
| 40 | 126 | 3,10m (10,1 ft) | Mullawornia | McLoughlin's lock |
| 41 | 133 | 3,05 m (10,0 ft) | Coolnahinch | Hall's lock |
| 42 | 135 | 3,10 m (10,1 ft) | | |
| 43 | 139 | 3,05 m (10,0 ft) | Killashee | |
| 44 | 140 | 3,15 m (10,3 ft) | Killashee | |
| 45 | 145 | 2,70 m (8,9 ft) | | |
| 46 | 146 | 2,60 m (8,5 ft) | Clondara | in den Camlin River |

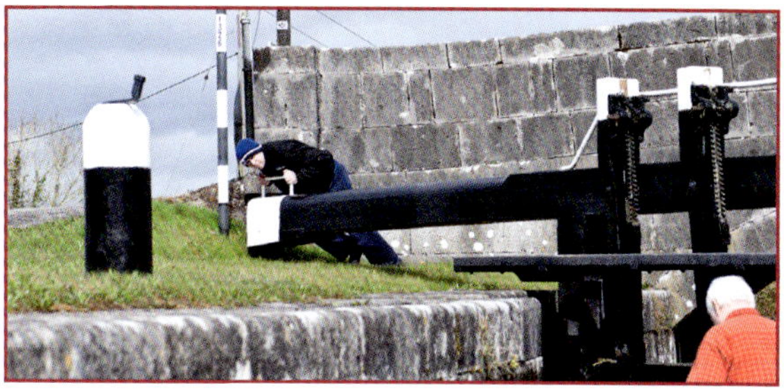

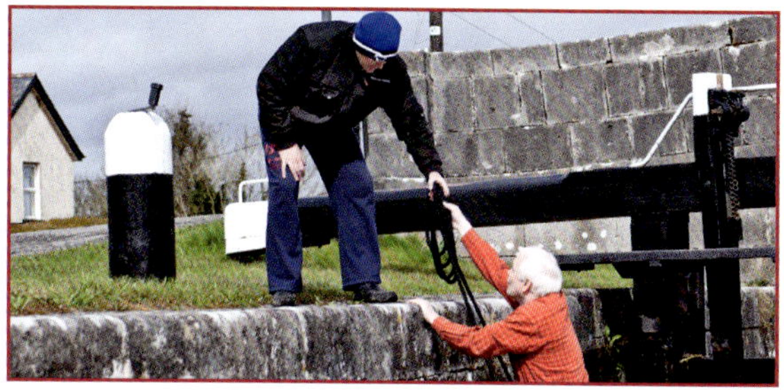

## Alles ist Handarbeit

Alle Schleusen am Royal Canal werden händisch bedient, ein Schleusenwärter hilft dabei. Er begleitet Sie über ein langes Stück. Mit ihm vereinbaren Sie auch die Zeiten für Ihre Weiterfahrt, wenn Sie irgendwo anlegen. Wollen Sie länger bleiben als geplant, dann rufen Sie ihn einfach an und vereinbaren einen neuen Termin für Ihre nächste Schleusung.

Die Schleusentore werden über einen langen Balken bewegt, genau wie am Grand Canal oder bei den Schleusen der englischen Midlands.

Beim Bergab-Schleusen achten Sie darauf, ausreichend Abstand zum hinteren Tor zu haben, sonst sitzen Sie am Schweller auf.

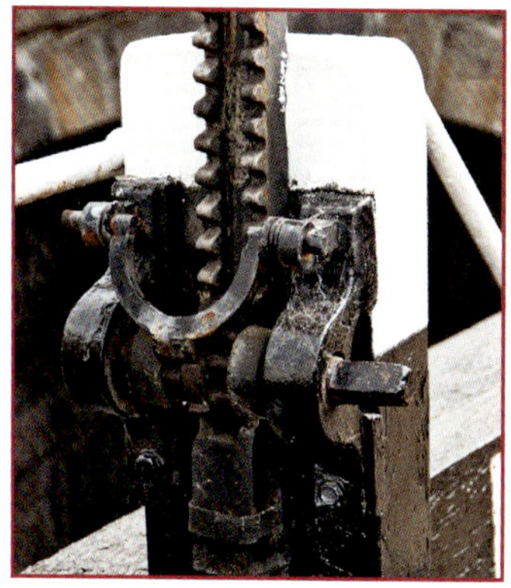

## Dublin-Besuch: Hier legen Sie an

Wenn Sie mit dem Boot nach Dublin fahren wollen, legen Sie am besten bei Schleuse 12 (oder auch unterhalb von Schleuse 10 in Ashtown) an. Von dort aus lässt sich das Zentrum von Dublin gut erreichen, 10 Minuten mit dem Taxi oder auch öffentlich. Die Weiterreise ab Schleuse 12 Richtung Dublin-Zentrum ist nur gegen Voranmeldung möglich (Tel. sh. rechts):

## Rundfahrt: Das müssen Sie beachten

**Für Mietboote ist die Rundfahrt derzeit leider kaum durchführbar.**

Royal Canal, Shannon und Grand Canal ermöglichen eine Rundfahrt, für die Sie 3 Wochen veranschlagen sollten. Wenn Sie dies vorhaben, müssen Sie Ihr Boot so buchen, dass Sie einen Öffnungs-Termin der Eisenbahnbrücke „erwischen" (unbedingt bei Buchung abklären!). Mein Tipp: Fahren Sie im Uhrzeigersinn, beginnen Sie 1 Woche vor dem Brücken-Termin in Clondra/Richmond Harbour. Anmeldung sh. rechts.

Die Fahrt zum Grand Canal bedarf guter Vorbereitung: Bei Schleuse 1 befindet sich eine Eisenbahn-Hebebrücke, die nur etwa alle 3 Wochen zu fixen Terminen geöffnet wird. Zur Passage der Brücke muss man sich bei Waterways Ireland anmelden. Die Sea Lock in den River Liffey wird zur dazu passenden Zeit geöffnet, damit Sie über den gezeitenabhängigen Fluss zum Grand Canal fahren können.

Die aktuellen Daten für die Öffnungszeiten der Brücke erfahren Sie bei Waterways Ireland.

### Schleusenwärter, Anmeldungen

**Spencer Dock:**
Mark Clarke, 087 258 4713

**Schleusen 1–17:**
Des Phillips, 087 248 5754

**Schleusen 17–46:**
Liam Croash, 087 618 2104

**Richmond Harbour:**
Paddy Dixon, 087 915 1400

**Weitere Infos bzw. Hilfe:**
Waterways Ireland in Killucan: 044 937 4940 oder Waterways Ireland in Ashtown: 01 868 0148

**Anmeldung für die Fahrt ab 12th lock bzw. für die Brückendurchfahrt:**
Waterways Ireland in Ashtown: 01 868 0148 (4 Wochen vorab)

## Ausstattung wichtiger Häfen und Anleger

| Bitte informieren Sie mich über Veränderungen – siehe Seite 3. Quellen: Aufzeichnungen Harald Böckl, Fam. Martinek, Damien Delaney, IWAI, John MacKeown, Waterways Ireland. | Diesel | Pump-out | Wasser | Landstrom | WC | Dusche | Wasch-maschine | Trockner | Einkaufen | Pub | Restaurant | Bankomat |
|---|---|---|---|---|---|---|---|---|---|---|---|---|
| **Clondra** Richmond Harbour | | x | x | x | x | x | x | x | | x | x | |
| **Keenagh** | x | | | | | | | | x | x | | |
| **Ballymahon** Ballybrannigan Harbour | | | x | | | | | | x | | | |
| **Abbeyshrule** | | | x | | | | | | | x | x | |
| **Ballynacargy** | | x | x | x | x | x | | | x | x | x | |
| **Mullingar** | x | x | x | x | x | x | | | x | x | x | x |
| **Longwood** | | | x | | | | | | x | x | | |
| **Enfield** | | | x | x | x | x | | | x | x | x | |
| **Kilcock** | x | | | | | | | | x | | | |
| **Maynooth** | | | x | | | | | | x | x | x | x |
| **Confey** zwischen Leixlip und Lucan | | | x | | | | | | x | x | x | x |
| **12th Lock** Blanchardstown | | x | x | | | | | | x | x | x | |
| **Dublin City Moorings** Grand Canal | | | x | x | | x | | | x | x | x | x |

**Anmerkungen:** Mit „Restaurant" kann auch ein Pub mit Bar Food gemeint sein.

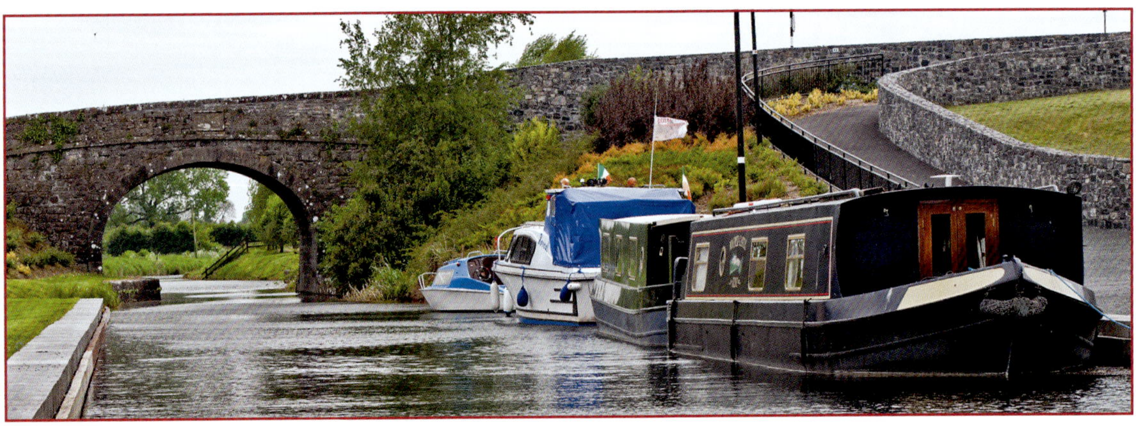

## Royal Canal: Wichtige Anleger und Versorgung

Wo findet man Pump-outs, Sanitäreinrichtungen, Diesel, Pubs/Restaurants, Einkaufsmöglichkeiten? Da am Royal Canal nur vier Pump-Outs vorhanden sind, sollten Sie jede Gelegenheit zum Auspumpen nutzen! Vergewissern Sie sich, dass Sie Pflöcke und Hammer an Bord haben („wildes Anlegen"). Die obige Auflistung erfolgt von Westen nach Osten.

## Die Smart Card

Wie am Link und Shannon gibt es auch hier die Smart Card. Erhältlich bei den Schleusenwärtern, im Richmond Inn (Richmond Harbour) und in Mullingar (Day's Bazar Book Shop).

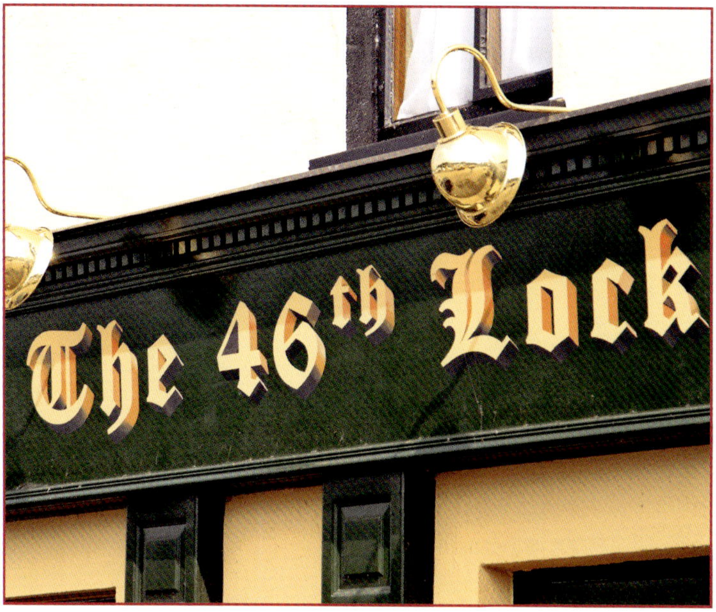


# Die wichtigsten Orte und Sehenswürdigkeiten am Royal Canal

Hier finden Sie die wichtigsten Orte und Sehenswürdigkeiten am Royal Canal zusammengefasst. Ich habe die Aufzählung beim Shannon Richtung Dublin begonnen, weil Sie eher hier ein Boot mieten werden denn in Dublin, und so entspricht die Reihenfolge Ihrer Fahrtrichtung.

Sollte etwas Wesentliches fehlen oder falls ich mich irgendwo geirrt habe, bitte ich um Nachsicht und vor allem um Nachricht – ich werde das dann im online-Update entsprechend korrigieren (siehe Seite 3).

## Richmond Harbour / Clondra

### Das sollten Sie sich nicht entgehen lassen

Idyllisches Dorf an der Einmündung des Royal Canal in den Shannon; mit großem Hafen, Trockendock und einem sehenswerten, privat bewohnten und sehr typischen Schleusenwärterhäuschen. Ein beliebtes Pub ist das von Des Mc Partland und seiner Familie betriebene „The Richmond Inn“, das in einer ehemaligen Flachsmühle untergebracht ist. Auf der anderen Seite der Brücke: Eine ehemalige Destillerie, die 100 Personen Arbeit bot und für großes Frachtaufkommen nach Dublin sorgte. Im Friedhof bei der Kirche sehen Sie die Ruine eines Klosters aus dem 12. Jh.

Die Bord na Mona Lifting Bridge (am Royal Kanal 3 km Richtung Dublin) wird von der Torfeisenbahn benutzt und vom Schleusenwärter für Sie geöffnet. Legen Sie hier einen kurzen Stopp ein und betrachten Sie das riesige Gelände, in dem Torf abgebaut wird.

The Richmond Inn: kein Ruhetag, Lunch und Dinner, 10–23 Uhr, 043 26 126

## Longford

### Ein Hafen, gut versteckt

Am derzeit noch trockenen Zweigkanal gelegen. Schade, dass Longford per Boot nicht erreichbar ist, es ist eine lebendige und attraktive Stadt. Vielleicht haben Sie die Gelegenheit, sie zu besuchen. Die Spuren des Kanals sind bis zu einem Parkplatz zu verfolgen: Dort liegt, völlig intakt, der alte Hafen unter

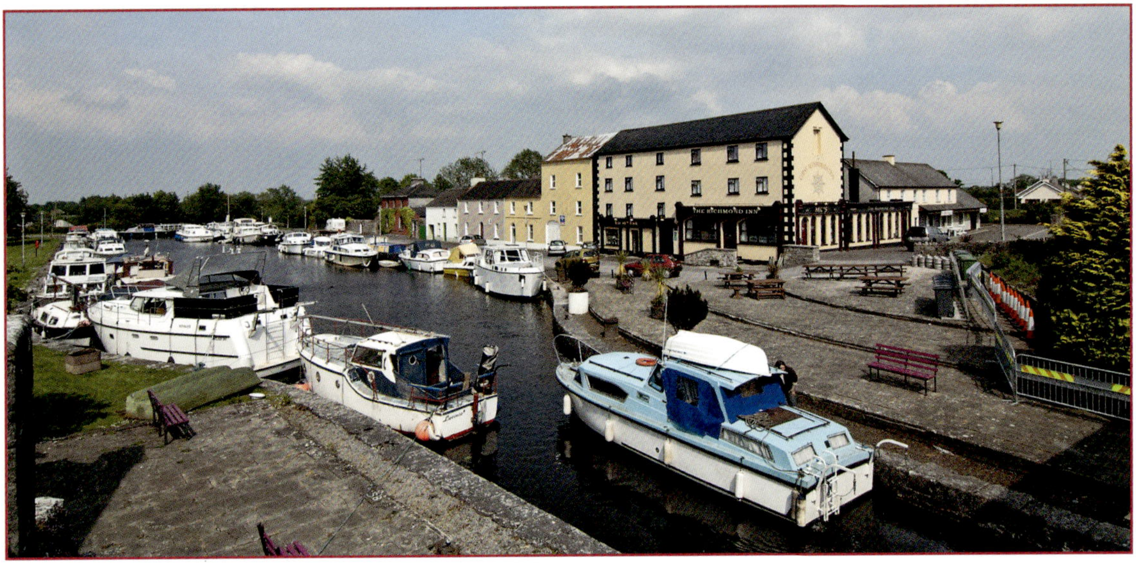

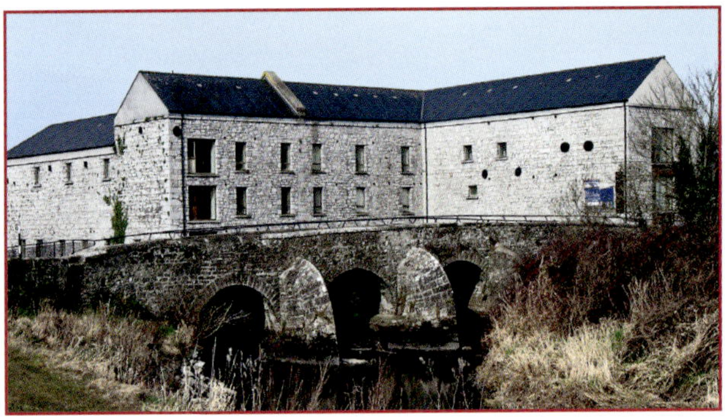

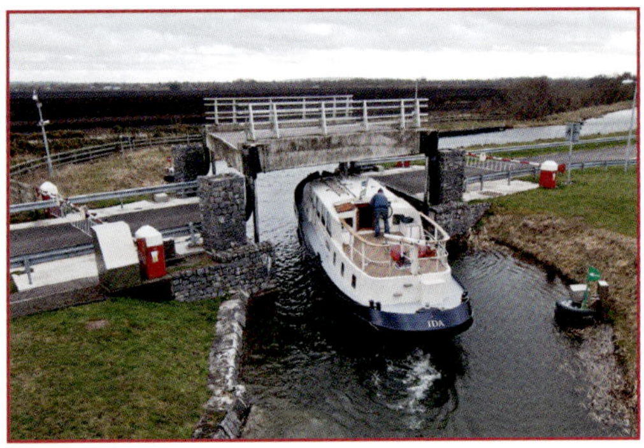

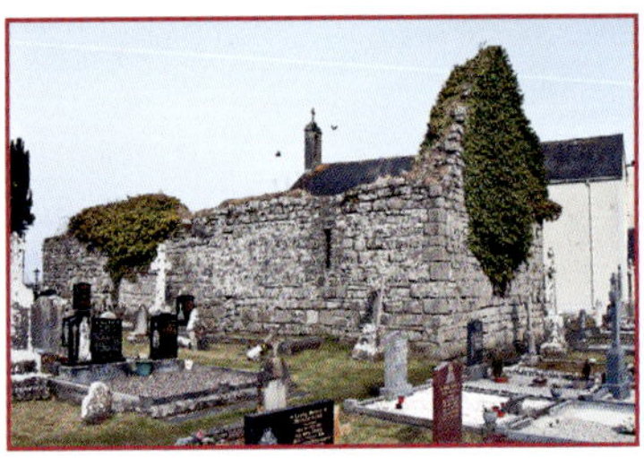

**Richmond Harbour: Hafenbecken, ehemalige Destillerie, Hebebrücke und Kloster-Ruine.**

der Asphaltschicht begraben. Die Brücken der schleusenfreien Strecke sind gut erhalten, lediglich vier niedrige Straßenbrücken versperren den Wasserweg. Ob sie jemals umgebaut werden?

## Keenagh

### Jahrtausende alte Holz-Straße durch das Moor

Das kleine Städtchen hat drei Pubs und die wichtigsten Einkaufsmöglichkeiten zu bieten. Mosstown Harbour (so nennt sich großspurig die Verbreiterung des Kanals, die als Anleger dient) ist etwa 1 km vom Zentrum entfernt. 3 km westlich des Hafens finden Sie das Corlea Trackway Centre, wo eine 5.000 Jahre alte Holz-Straße durch das Moor zu sehen ist. Eine Besichtigung ist unbedingt zu empfehlen, vor allem, da sich meistens mangels anderer Besucher die drei anwesenden Führer ausreichend Zeit für Sie nehmen werden (Achtung: In der Wasserkarte viel zu nahe am Kanal eingezeichnet. Zu Fuß sind Sie gut eine halbe Stunde unterwegs!).

Corlea Trackway Visitor Centre, 043 332 2386

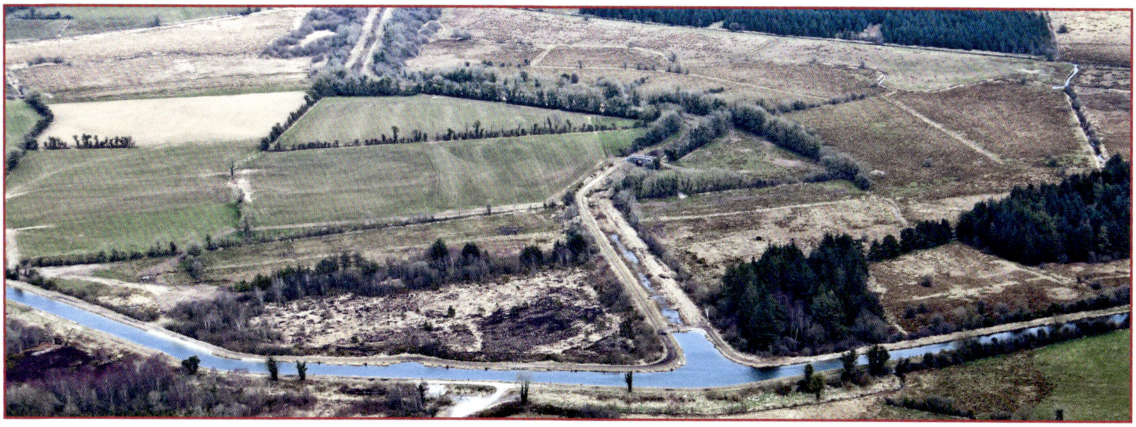

## Ballymahon

### Pubs und eine ehemalige Mühle

Alle Einkaufsmöglichkeiten und eine stattliche Anzahl von Pubs finden Sie in diesem Städtchen, das aber außer einer ehemaligen Mühle am Fluss (heute sind darin Wohnungen untergebracht) nichts Wesentliches zu bieten hat.

## Ballybrannigan Harbour

### Hier begann die Reise

Das kleine Haus am Süd-Ufer ist das sogenannte Ticket Office, in dem man früher die Tickets für die Bootsreise nach Dublin kaufte. Aus weitem Umkreis wurden die Reisenden hier von den Kutschen abgesetzt. Ein Verkehrsknotenpunkt anno dazumal, sozusagen. Heute treffen einander dort die Mitglieder jenes Vereins, die den Abschnitt von Ballymahon renoviert haben, zu regelmäßigen Veranstaltungen. Welche Niveauunterschiede (hier: ein ganzes Stockwerk) der Kanal überbrückt, wird deutlich, wenn man das Ticket Office vom Treidelpfad betritt und in den Keller geht – von dort gelangt

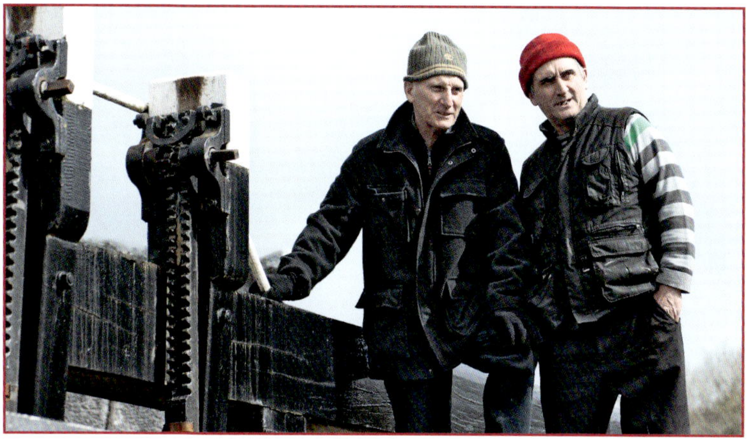

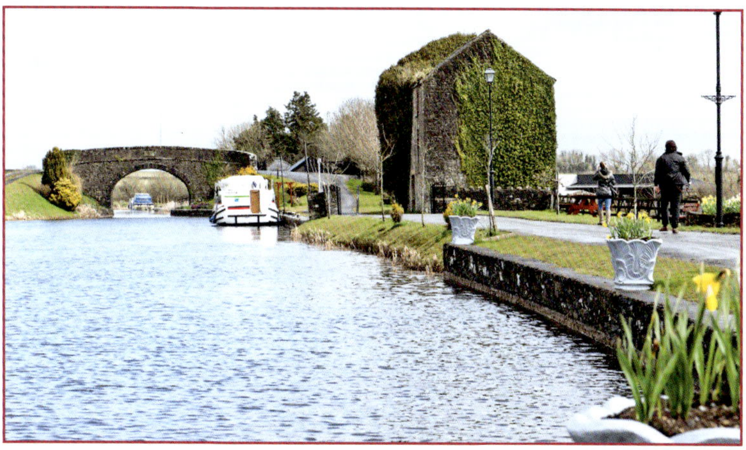

**Ganz oben: Der trocken liegende Abzweiger nach Longford. Das Kanalbett ist komplett erhalten.**

**Mitte: Pat und Michael McLoughlin, Royal Canal Ballymahon Branch.**

**Unten: Ballybrannigan Harbour.**

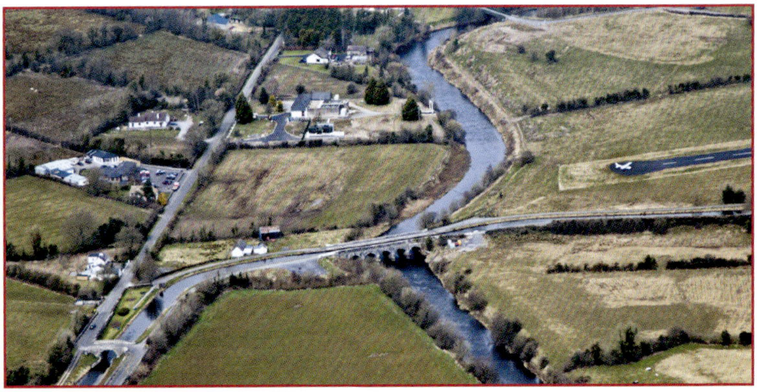

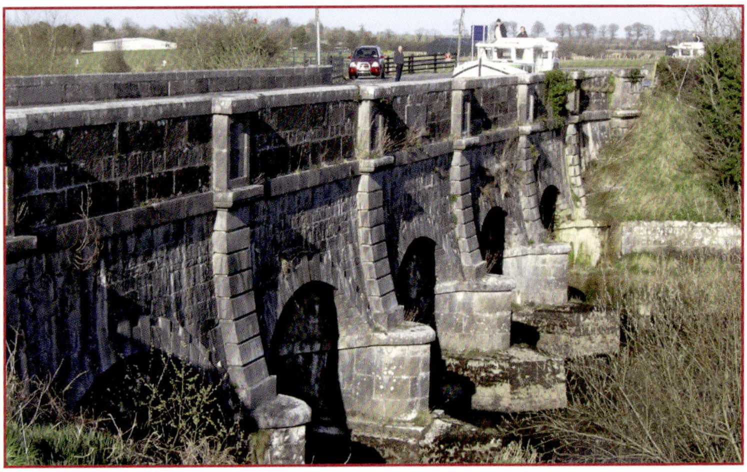

Abbeyshrule: Aquädukt über den River Inny

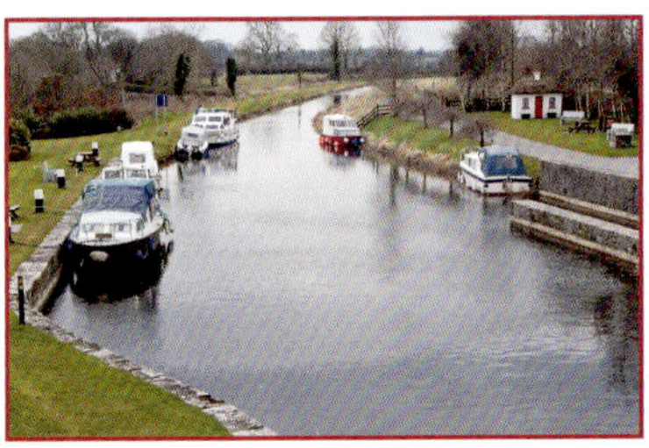

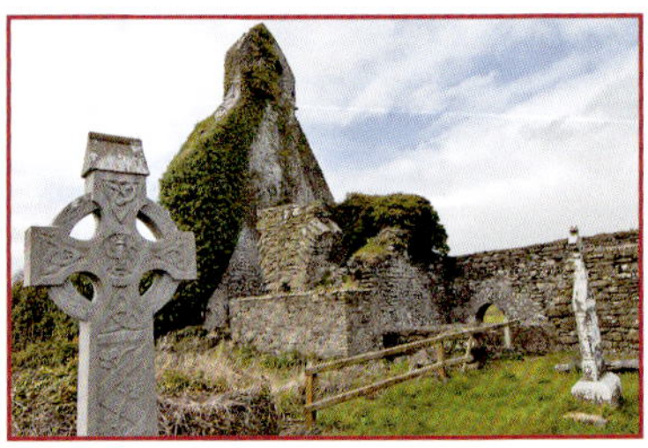

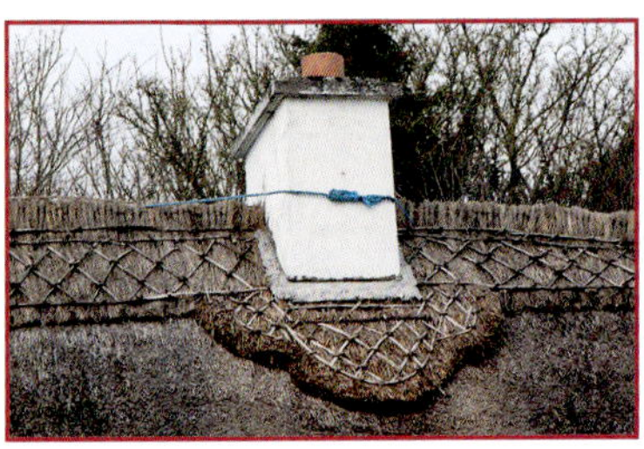

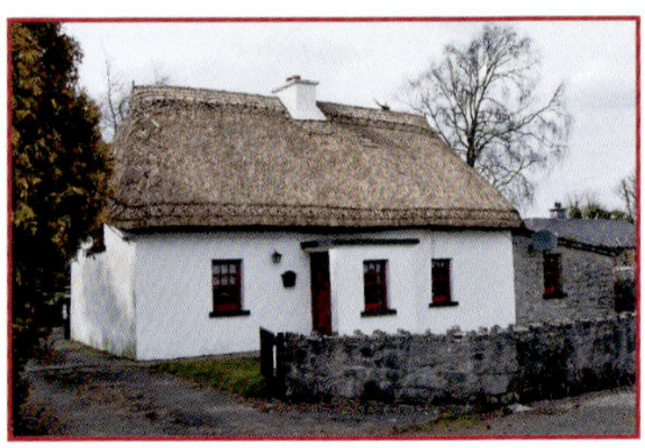

Abbeyshrule: Hafen, Reste der Abtei, schilfgedeckte Häuser

man nämlich ebenerdig ins Freie. So hoch ist der Damm des Kanals!

Das Szenario ist perfekt, mit der fotogenen Chaignau Bridge und mit den Resten der Stallungen, in denen jene Tiere untergebracht waren, die die Boote zogen.

Dazu passt auch, dass zwischen den Schleusen 40 und 39 ein 11 km langer schleusenfreier Abschnitt mit sehenswerten Kurven dem natürlichen Gelände folgt, teils knapp am River Inny – meiner Meinung nach einer der schönsten Abschnitte des RC.

## Abbeyshrule

### Vom Boot ins Pub

Abbeyshrule bietet die seltene Gelegenheit, an einem netten Anleger direkt hinter einem Pub, dem Rustic Inn, festzumachen. Von hier gehen Sie drei Minuten bis zum Friedhof, hinter dem die Reste einer Abtei (etwas aus 1200) zu finden sind. Die erklärenden Tafeln sind recht ausführlich und beschreiben auch einige Grabsteine am Friedhof. Wie der Name schon sagt, verdankt der Ort sein Entstehen und seinen Namen dieser Abtei.

Ein paar hundert Meter weiter fahren Sie über das Aquädukt über den Inny. Hier wird manchmal, wenn der Kanal zu wenig Wasser hat, Nachschub aus dem Inny herauf gepumpt. Die Schläuche sehen Sie am östlichen Ende des Aquädukts – bei Vollbetrieb der Pumpe sorgt das einströmende Wasser für ein kräftiges Versetzen des Bootes.

The Rustic Inn, 044 57 424

## Ballymaglavy Bog

### Anschauungsunterricht in Sachen Raubbau

Wenn man einen Anschauungsunterricht in Sachen Raubbau an wertvollen Ressourcen sucht, hier findet man ihn. Im Ballymaglavy Bog sehen Sie den Torfabbau und seine Auswirkungen in den unterschiedlichsten Stadien, vom noch voll intakten „Ökosystem Hochmoor" über Felder, auf denen der Pflanzenbewuchs entfernt wurde, bis hin zu den verschieden Abbaustufen und -tiefen samt ausgebeutetem Vorkommen im „Endstadium". Diese interessanten Einblicke lenken ein wenig vom sonst eintönig geradeaus verlaufenden Streckenabschnitt ab.

## Ballynacargy

### Überreste einer Kirche und einer Abtei

Eine vergleichsweise junge Ortschaft, die ihre heutige Größe hauptsächlich dem Royal Canal verdankt. Die Einheimischen erzählen Ihnen gerne, welche Gebäude und Geschichten mit dem Wasserweg verbunden sind.

3 km nordöstlich soll es die Überreste einer Kirche (Templecross Church) und einer Abtei (Tristernagh Abbey aus 1192, auch als Kilbixy Abbey bezeichnet) geben. Hier soll sich auch ein Lepra-Heim befunden haben. Nichts davon ist beschildert, vielleicht ist Ihre Suche erfolgreicher als meine . . .

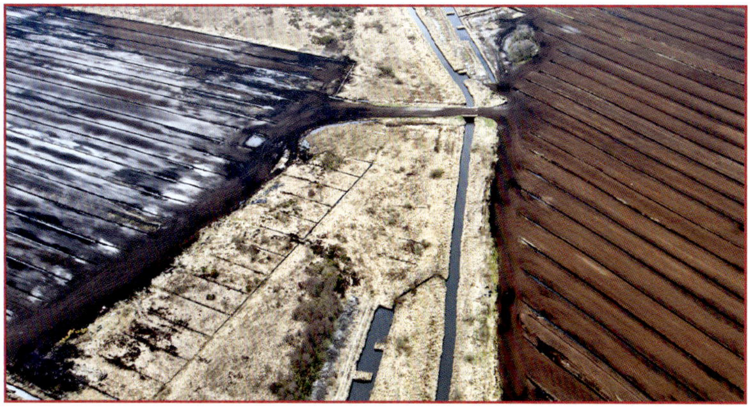

**Ballymaglavy Bog: Im linken Bereich wurde der Torf bereits komplett abgebaut, wie das weiß durchschimmernde Gestein erkennen lässt.**

## Mullingar

### Das lebendige Zentrum

Der Kanal führt in einem Bogen rund um das Zentrum dieses betriebsamen Städtchens. Das bedeutendste Bauwerk ist die katholische Christ the King Cathedral, die 1939 am Tag des Beginns des 2. Weltkrieges eingeweiht wurde. Sie steht inmitten von Grünflächen unweit des Kanals, was in dem an Grünflächen reichen Zentrum trotzdem ungewöhnlich wirkt.

Neben einem Heimatmuseum finden Sie auch ein Museum über die Weltkriege, das sich auch mit der IRA beschäftigt. Alljährlich findet in Mullingar am letzten Wochenende im Juli das „Midlands Music Festival" statt, bei dem es Country Music auf hohem Niveau zu hören gibt. Wer sich für Windhunderennen interessiert: Im Mullingar Greyhound Stadium haben Sie jeden DO und SA ab 20 Uhr Gelegenheit dazu. 3 km weiter südlich stoßen Sie auf den Golfclub.

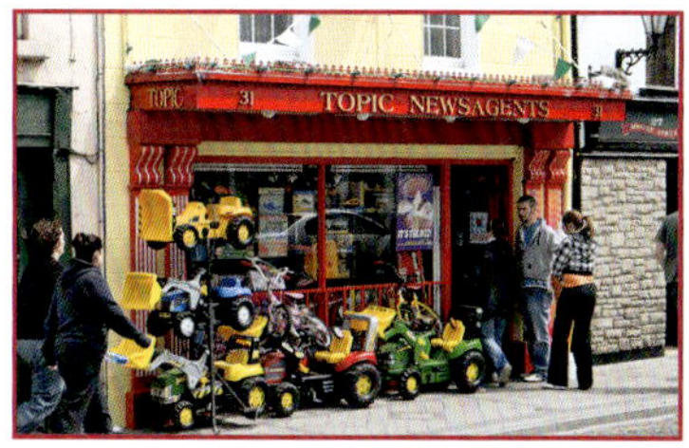


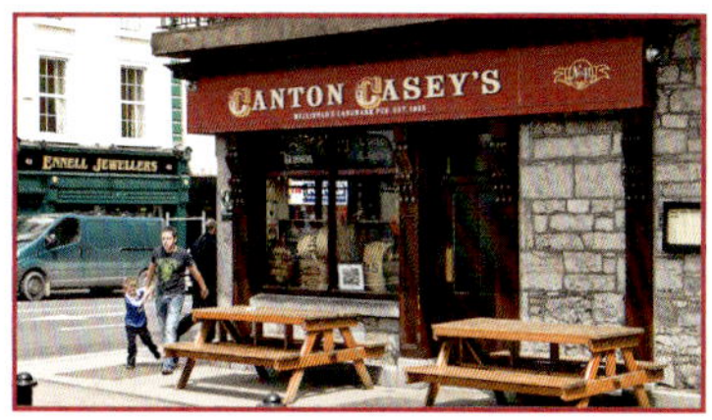


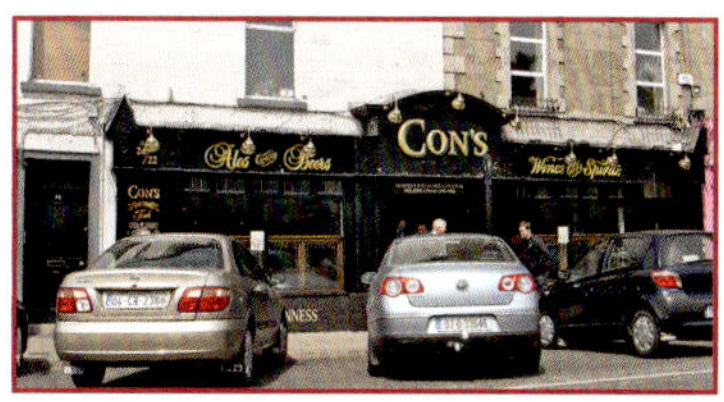


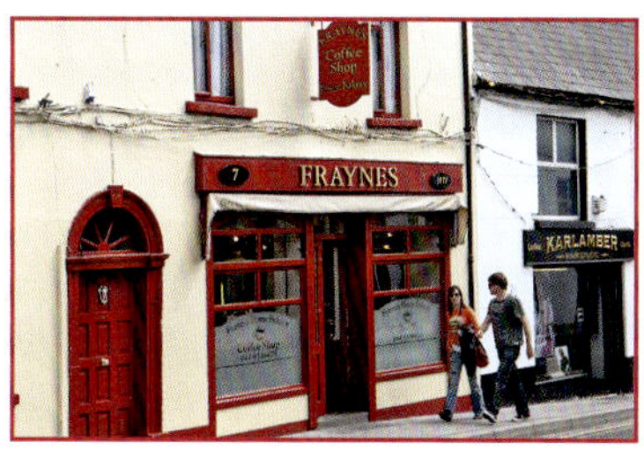


**Mullingar**

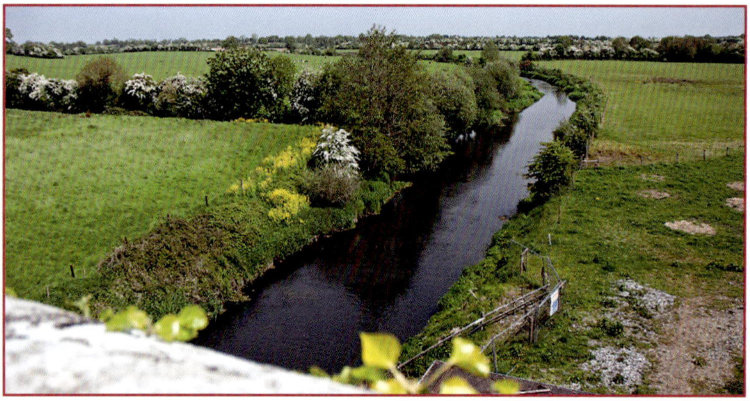

**Ausblick vom Boyne Aqueduct, das aus dem Jahr 1795 stammt.**

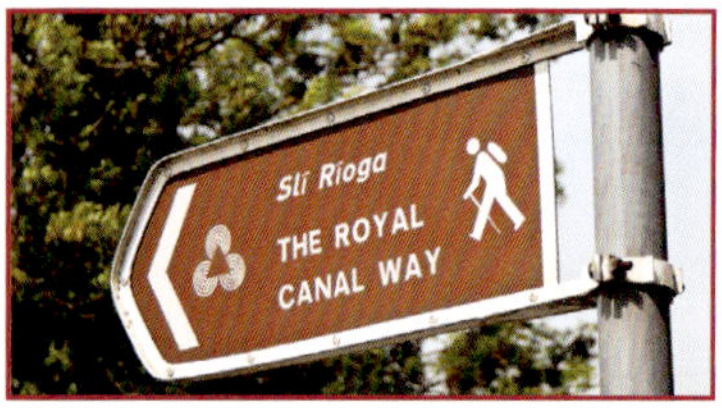


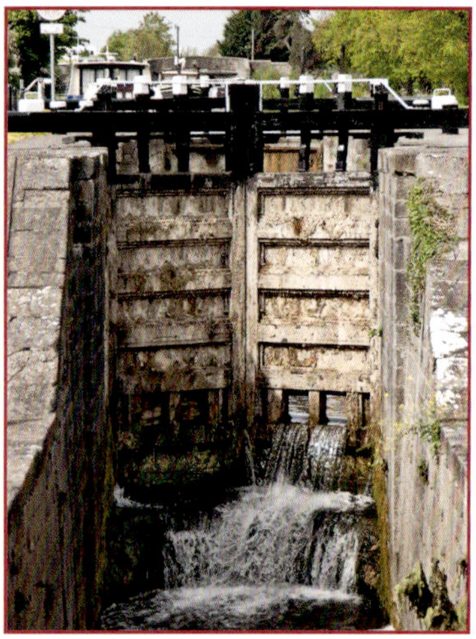

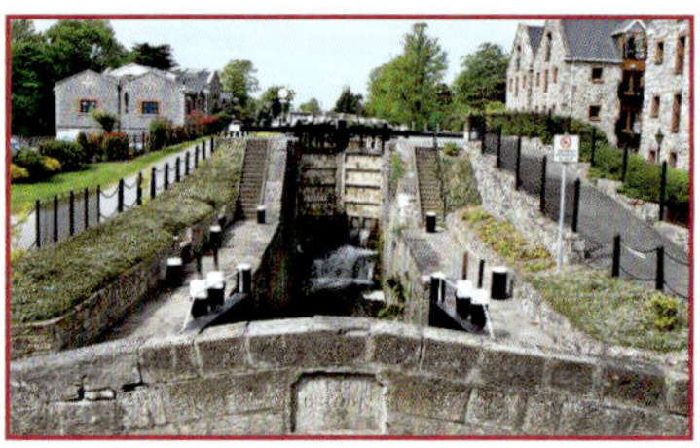

**„12th lock" ist die 12. Schleuse und gleichzeitig offizielle Ortsbezeichnung.**

Ein neues Restaurant hat kürzlich in ungewöhnlichen Räumlichkeiten aufgesperrt: The Church Restaurant ist, wie unschwer zu erraten ist, in einer ehemaligen Kirche untergebracht. Die Speisekarte sieht (bei durchschnittlichen Preisen) interessant aus, auch ein Blick durchs Fenster ist vielversprechend; bitte um Kommentare!

Die Scheitelhaltung des Royal Canal (höchster Punkt), an der Mullingar liegt, ist 24 km lang. Zur Wasserversorgung dieses Abschnittes mündet unweit des Hafens der Lough Owl Feeder, der mit Hausbooten nicht befahrbar ist. Die Brücke, durch die er fließt, stammt aus der Zeit des Kanalbaus und diente den Zugtieren der Frachtkähne als Übergang.

Wenn Sie Lust auf einen Dublin-Ausflug haben: Alle 30 Minuten geht ein Zug (Fahrzeit ca. 70 Minuten)

The Church Restaurant, Castle Street (die Harbour Street, die bei der Brücke über den Hafen beginnt, geht bei Zentrum in die Castle Street über); 044 933 2517.

Mullingar Greyhound Stadium: Lynn Road (vom Zentrum die Mount Road südwärts; diese geht in die Lynn Road über), jenseits der Eisenbahn finden Sie das Stadion rechter Hand.

## Killucan

### Es geht 21 Meter bergab

Die Siedlungshäuser rund um Killucan markieren den Einzugsbereich für die Pendler, die täglich zur Arbeit nach Dublin fahren. Interessanter als dieser Ort ist die Schleusenkette namens Killucan Flight: Über 8 Schleusen geht es 21 m bergab, und das auf nur rund 2 km Länge. Unterhalb von Schleuse 18 wartet ein 32 km langes schleusenfreies Stück auf Sie.

## Boyne Aqueduct

Bevor Sie nach Longwood kommen, fahren Sie über das aus 1795 stammende Boyne Aqueduct. Es quert den River Boyne.

## Blackwater Aqueduct

Knapp 6 km nach dem Boyle Aqueduct kommt mit dem Blackwater Aqueduct abermals eine spektakuläre Fluss-Überquerung.

## Maynooth

### Burg im Zentrum

Ein lebendiges Universitätsstädtchen mit Bars, Restaurants und guten Einkaufsmöglichkeiten. Maynooth Castle stammt aus dem 13. Jh. und kann besichtigt werden. Sie finden es ganz leicht: Beim Slipway in der neuen „Ausbuchtung" des Kanals einfach die Straße hoch gehen und bei der großen Kreuzung links. Die gut konservierten Ruinen stehen in einer parkähnlichen Anlage

Maynooth Castle 01 628 6744

Carton House Golf Club, 01 651 7720

Der Carton House Golfclub liegt zwischen Maynooth und Leixlip, nördlich des Kanals

## Leixlip

### Hier wurde das Guinness erfunden

1755 braute der von hier stammende Arthur Guinness sein erstes Bier, bevor er mit seiner Brauerei vier Jahre später nach Dublin übersiedelte. Die Stadt hat aber, neben zahlreichen geschichtsträchtigen Gebäuden, noch zwei Ungewöhnlichkeiten zu bieten. Zum einen das Aquädukt über den Ryewater River. Es wurde, mangels anderer technischer Möglichkeiten, wie ein großer und breiter Damm mit einem Durchlass für den Fluss angelegt (die Überquerung ist also nicht so spektakulär wie bei anderen Aquädukten). Und zum anderen eine heiße Quelle (24 Grad) namens Leixlip Spa. Sie wurde bei der Errichtung des Kanals entdeckt und in einem Becken gefasst (ganz in der Nähe des Aquädukts, auf der westlichen Seite, bevor Sie den Fluss überqueren).

## Deep Sinking

Tiefer Einschnitt im Gelände, kurz vor 12th Lock. Man sieht nichts von der Umgebung – was auch besser ist, denn rundum befinden sich nur moderne Siedlungshäuser.

## 12th lock

### Das Aquädukt über die Autobahn

Bei der 12. Schleuse sollten Sie Halt machen. Hier gibt es nicht nur ein empfehlenswertes Pub-Restaurant und eine ehemalige Mühle, die zu einer Wohnhausanlage ausgebaut wurde, sondern auch ein Aquädukt über die Autobahn (200 m von der Schleuse). Aber auch ober Ihnen kreisen Autos, und zwar über einen großen Kreisverkehr, von dem aus man auf Kanal und Autobahn hinunter blickt. Dass hier mit der Eisenbahn noch eine vierte Verkehrsebene ins Spiel kommt, sollte man sich in Ruhe anschauen . . .

Wer im (von mir empfohlenen) Hotel-Pub namens 12th lock keinen Platz findet (es werden keine Tischreservierungen angenommen und das Lokal ist bei den Einheimischen sehr beliebt), der geht bei der Brücke über den Kanal die Navan Road Richtung Blanchardstown (5 Minuten zu Fuß), wo es mehrere Restaurants und Pubs gibt.

## Dublin

Hauptstadt Irlands mit zahlreichen Sehenswürdigkeiten, Museen, Pubs und Restaurants. Details in jedem Reiseführer oder vor Ort im Dublin Tourist Office, das recht attraktiv in einer alten Kirche in der Suffolk Street untergebracht ist.

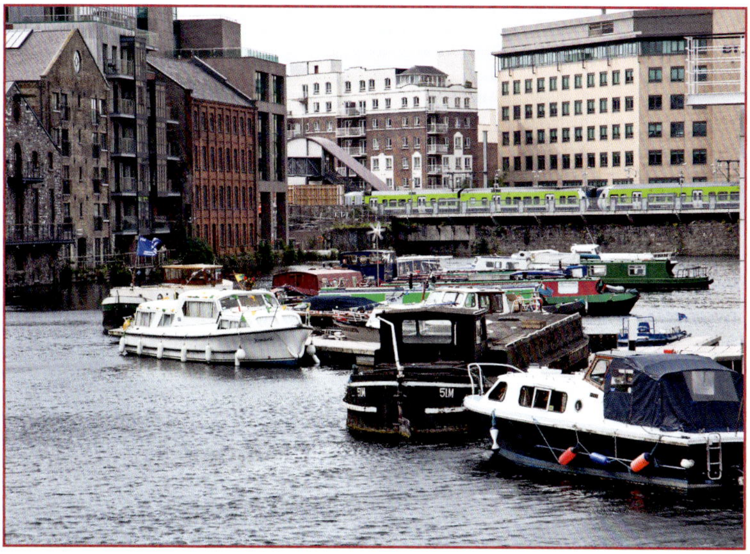

**Dublin (Ringsend Basin, Grand Canal).**

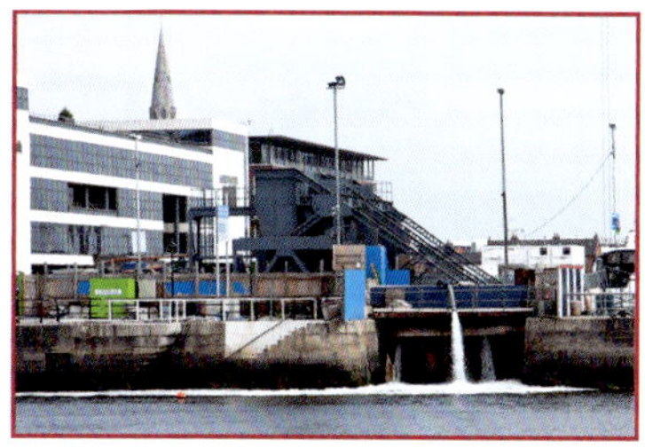

**Spencer Dock, vom gezeitenabhängigen River Liffey aus gesehen.**

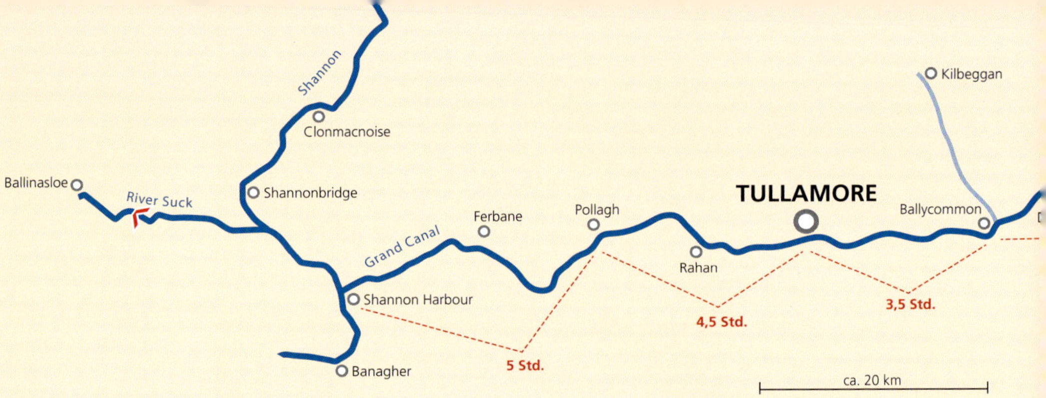


## Grand Canal (Shannon Line, Main Line, Circular Line): Fahrtzeiten

| | Shannon Harbour | Pollagh | Tullamore | Ballycom-mon | Edenderry | Lowtown | Sallins | Hazelhatch | Ballyfermont |
|---|---|---|---|---|---|---|---|---|---|
| **Pollagh** | 5 | | | | | | | | |
| **Tullamore** | 9,5 | 4,5 | | | | | | | |
| **Ballycommon** | 13 | 8 | 3,5 | | | | | | |
| **Edenderry** | 17,5 | 12,5 | 8 | 4,5 | | | | | |
| **Lowtown** | 21,5 | 16,5 | 12 | 8,5 | 4 | | | | |
| **Sallins** | 25,5 | 20,5 | 16 | 12,5 | 8 | 4 | | | |
| **Hazelhatch** | 28,5 | 23,5 | 19 | 15,5 | 11 | 7 | 3 | | |
| **Ballyfermont** | 31,5 | 26,5 | 22 | 18,5 | 14 | 10 | 6 | 3 | |
| **Dublin** | 36 | 31 | 26,5 | 23 | 18,5 | 14,5 | 10,5 | 7,5 | 4,5 |

Bitte beachten Sie, dass es sich nur um Näherungswerte handelt. Die tatsächlichen Fahrzeiten sind abhängig vom Verkehr bei den Schleusen und von der Dauer der Schleusenmanöver.

## Barrow Line, River Barrow: Fahrtzeiten

| | Lowtown | Monasterevan | Athy | Carlow | Bagenalstown | Goresbridge |
|---|---|---|---|---|---|---|
| **Monasterevan** | 5,5 | | | | | |
| **Athy** | 10 | 4,5 | | | | |
| **Carlow** | 15 | 9,5 | 5 | | | |
| **Bagenalstown** | 19 | 13,5 | 9 | 4 | | |
| **Goresbridge** | 21,5 | 16 | 11,5 | 6,5 | 2,5 | |
| **St. Mullins** | 27,5 | 22 | 17,5 | 12,5 | 8,5 | 6 |

Bitte beachten Sie, dass es sich um Näherungswerte handelt. Die tatsächlichen Fahrzeiten sind abhängig vom Verkehr bei den Schleusen und von der Dauer der Schleusenmanöver.

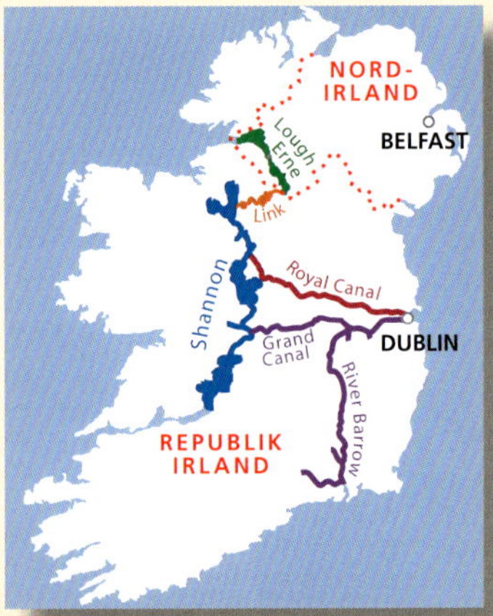

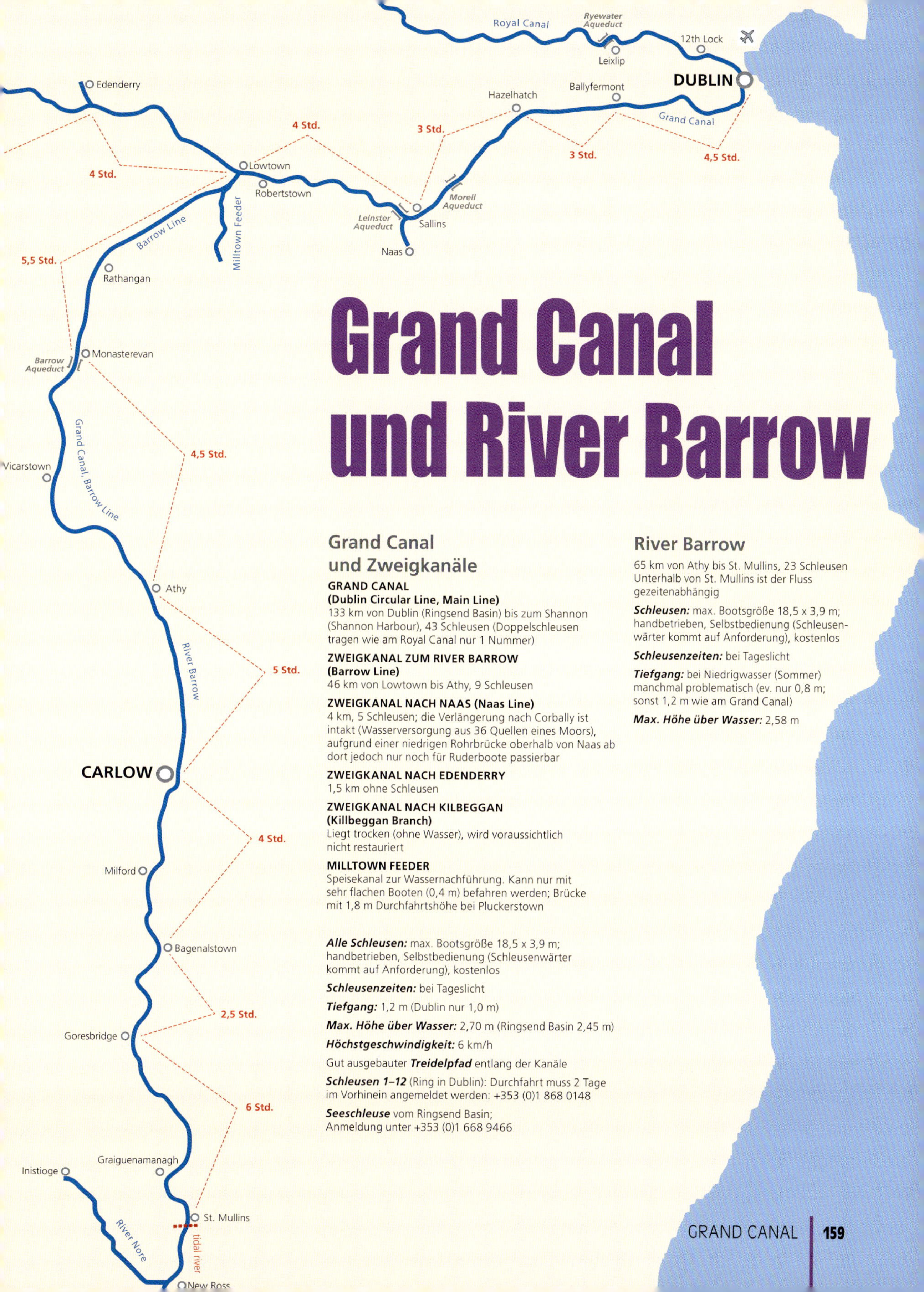


# Grand Canal und River Barrow

## Grand Canal und Zweigkanäle

**GRAND CANAL (Dublin Circular Line, Main Line)**
133 km von Dublin (Ringsend Basin) bis zum Shannon (Shannon Harbour), 43 Schleusen (Doppelschleusen tragen wie am Royal Canal nur 1 Nummer)

**ZWEIGKANAL ZUM RIVER BARROW (Barrow Line)**
46 km von Lowtown bis Athy, 9 Schleusen

**ZWEIGKANAL NACH NAAS (Naas Line)**
4 km, 5 Schleusen; die Verlängerung nach Corbally ist intakt (Wasserversorgung aus 36 Quellen eines Moors), aufgrund einer niedrigen Rohrbrücke oberhalb von Naas ab dort jedoch nur noch für Ruderboote passierbar

**ZWEIGKANAL NACH EDENDERRY**
1,5 km ohne Schleusen

**ZWEIGKANAL NACH KILBEGGAN (Killbeggan Branch)**
Liegt trocken (ohne Wasser), wird voraussichtlich nicht restauriert

**MILLTOWN FEEDER**
Speisekanal zur Wassernachführung. Kann nur mit sehr flachen Booten (0,4 m) befahren werden; Brücke mit 1,8 m Durchfahrtshöhe bei Pluckerstown

***Alle Schleusen:*** max. Bootsgröße 18,5 x 3,9 m; handbetrieben, Selbstbedienung (Schleusenwärter kommt auf Anforderung), kostenlos

***Schleusenzeiten:*** bei Tageslicht

***Tiefgang:*** 1,2 m (Dublin nur 1,0 m)

***Max. Höhe über Wasser:*** 2,70 m (Ringsend Basin 2,45 m)

***Höchstgeschwindigkeit:*** 6 km/h

Gut ausgebauter ***Treidelpfad*** entlang der Kanäle

***Schleusen 1–12*** (Ring in Dublin): Durchfahrt muss 2 Tage im Vorhinein angemeldet werden: +353 (0)1 868 0148

***Seeschleuse*** vom Ringsend Basin; Anmeldung unter +353 (0)1 668 9466

## River Barrow

65 km von Athy bis St. Mullins, 23 Schleusen
Unterhalb von St. Mullins ist der Fluss gezeitenabhängig

***Schleusen:*** max. Bootsgröße 18,5 x 3,9 m; handbetrieben, Selbstbedienung (Schleusenwärter kommt auf Anforderung), kostenlos

***Schleusenzeiten:*** bei Tageslicht

***Tiefgang:*** bei Niedrigwasser (Sommer) manchmal problematisch (ev. nur 0,8 m; sonst 1,2 m wie am Grand Canal)

***Max. Höhe über Wasser:*** 2,58 m

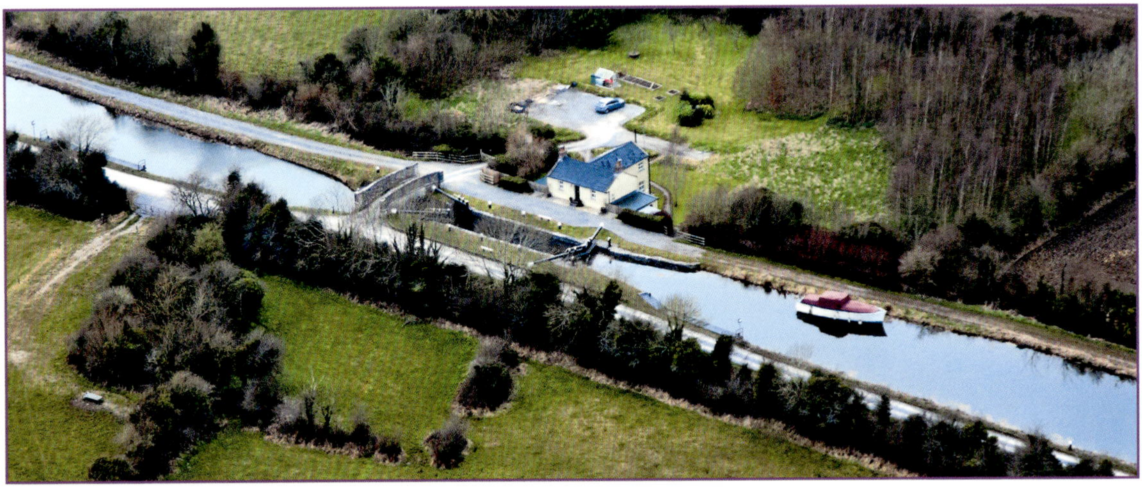

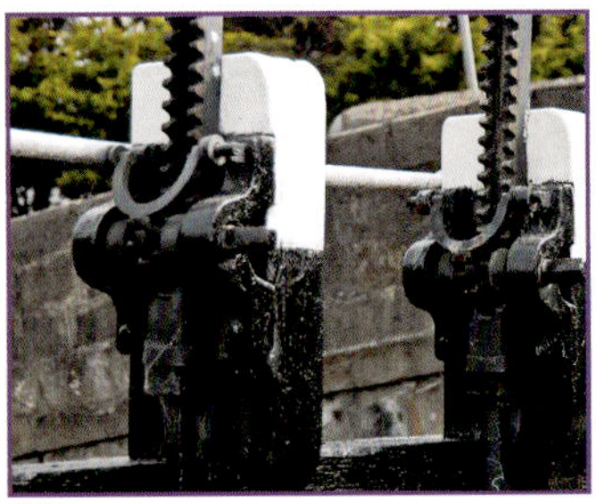

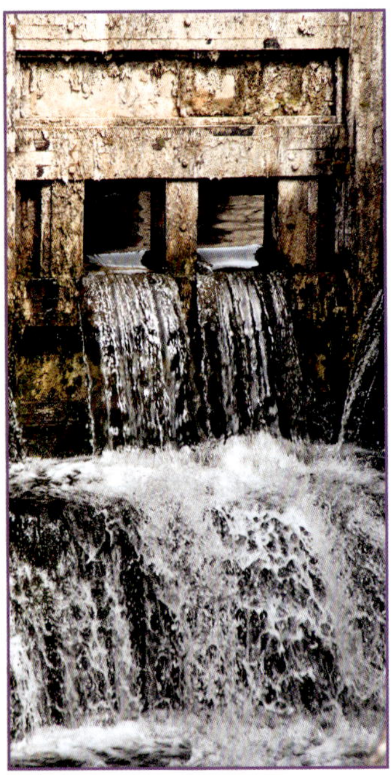

## Schleusen und Dimensionen am Grand Canal

vom River Liffey in Dublin zum Shannon bei Shannon Harbour

**Maximal erlaubte Bootsgröße:**
Länge 18,5 m (61 ft);
Breite 3,9 m (13 ft);
Tiefgang 1,2 m (4 ft) ;
Höhe über Wasser
Ringsend Basin: 2,45 m (8 ft)
sonst: 2,75 m (9 ft)

**Eintauchtiefe im Kanal:**
mehr als 1,05 m (3,5 ft) im Sommer nicht anzuraten.

**Niedrigste Brücke:**
Eisenbahnbrücke über das Ringsend Basin mit 2,45 m

**Zulässige Höchstgeschwindigkeit:** 6 km/h

**Scheitelhaltung** bei Lowtown
85,07 m (279 ft) über Meeresspiegel

**Main & Circular Line:**
von Ringsend nach Lowtown:
47,88 km (29,75 Meilen),
26 Schleusen (davon 4 Doppelschleusen)

**Shannon Line:**
von Lowtown zum Shannon Harbour: 85,30 km (53 Meilen),
17 Schleusen (davon 1 Doppelschleuse)

**Barrow Line:**
von Lowtown nach Athy: 45,87 km (28,5 mls), 9 Schleusen
(davon 2 Doppelschleusen)

### Fahrt ins Zentrum von Dublin (Ringsend Basin)

Für die Fahrt von Schleuse 12 bis 1 (Maine Line) und für die Schleusen der Circular Line müssen Sie sich 2 Tage vorab anmelden: 01 868 0148

### Rundfahrt Grand Canal, Shannon und Royal Canal

**Für Mietboote dzt. kaum durchführbar**

**Dauer**: 3 Wochen. Bitte beachten Sie die Informationen auf S. 149.
Den Dockmaster für die gezeitenabhängige Schleuse in den River Liffey erreichen Sie unter 087 258 4713.
**Niedrigste Brücke:** Eisenbahnbrücke über das Ringsend Basin,2,45 m

## Grand Canal Dublin Circular Line

| Nr. | Hub | Name | Anmerkung | Schleusenwärter |
|---|---|---|---|---|
| | | Ringsend Sea Locks | gezeitenabh. | 087 258 4713 |
| **1** | 1,49 m (4,9 ft) | Marquay | | |
| **2** | 3,63 m (11,9 ft) | Lower Mount St. | | |
| **3** | 1,77 m (5,8 ft) | Upper Mount St. | | Stephen Brierley, 086 380 5657 |
| **4** | 2,65 m (8,7 ft) | Baggot St. | | |
| **5** | 2,41 m (7,9 ft) | Leeson St. | | |
| **6** | 3,32 m (10,9 ft) | Charlemont | | |
| **7** | 2,53 m (8,3 ft) | Portobello | | |

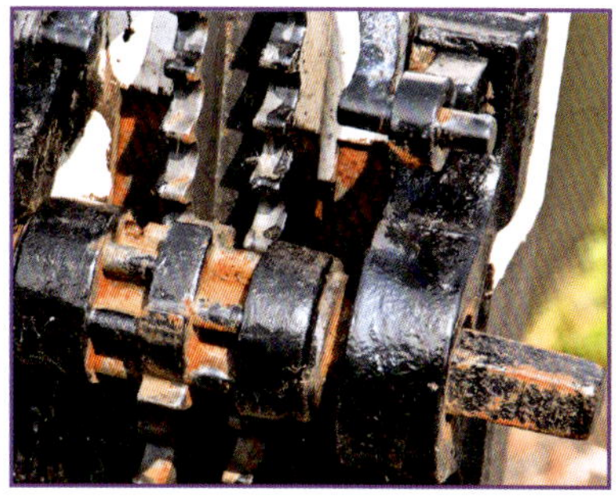

## Grand Canal Main Line und Shannon Line

| Nr. | Hub | Name | Anmerkung | Schleusenwärter |
|---|---|---|---|---|
| **1** | 4,39 m (14,4 ft) | Suir Road | Doppelschl. | |
| **2** | 3,90 m (12.8ft) | | | |
| **3** | 5,82 m (19,1ft) | Inchicore | Doppelschl. | Ray Moore, 086 827 8025 |
| **4** | 3,96 m (13,0ft) | | | |
| **5** | 3,08 m (10,1ft) | | | |
| **6** | 3,32 m (10,9ft) | | | |
| **7** | 3,75 m (12,3ft) | | | |
| **8** | 2,53 m (8,3 ft) | | | |
| **9** | 4,57m (15,0 ft) | Clondalkin | Doppelschl. | John O'Brien, 087 268 3723 |
| **10** | 3,08 m (10,1ft) | | | |
| **11** | 3,20 m (10,5 ft) | | | |
| **12** | 3,78 m (12,4 ft) | Lucan Road | | Ray Moore, 086 827 8025 |
| **13** | 4,91 m (16,1 ft) | | Doppelschl. | |
| **14** | 2,16 m (7,1ft) | | | |
| **15** | 2,62 m (8,6 ft) | | | |
| **16** | 2,71 m (8,9 ft) | | | Martin Fogarty, 087 2895611 |
| **17** | 2,44 m (8,0 ft) | | | |
| **18** | 1,55 m (5,1 ft) | | | |
| **Scheitelhaltung auf 85,07 m (279,1ft) Höhe OD** | | | | |
| **19** | 2,41 m (7,9 ft) | Lowtown | | 087 2456531 |
| **20** | 2,65 m (8,7 ft) | | | 087 245 6537 |
| **21** | 2,68 m (8,8 ft) | | | |
| **22** | 2,65 m (8,7 ft) | Cappyroe bridge | | James Fisher, 087 2456525 |
| **23** | 2,87 m (9,4 ft) | | | |
| **24** | 2,99 m (9,8 ft) | | | Neville Dunne, 087 2456549 |
| **25** | 2,90 m (9,5 ft) | Cappincur | | |
| **26** | 2,93 m (9,6 ft) | | | Leo Monaghan, 087 2456541 |
| **27** | 2,47 m (8,1 ft) | Tullamore | | |
| **28** | 2,65 m (8,7 ft) | | | John Clancy, 087 245 6539 |
| **29** | 2,47 m (8,1 ft ) | Ballycowan | | |
| **30** | 2,80 m (9,2 ft) | | | Alan Lindley, 087 245 6482 |
| **31** | 2,71 m (8,9 ft) | Cornalour | | |
| **32** | 2,93 m (9,6 ft) | Glyn | | |
| **33** | 4,85 m (15,9 ft) | Belmont | Doppelschl. | Alan Wynne, 087 245 6609 |
| **34** | 2,65 m (8,7 ft) | Clononey | | |
| **35** | 1,86 m (6,1 ft) | | | Jason Pender, 087 245 6587 |
| **36** | abh. v. Shannon | Shannon Harbour | | |

## Barrow Line

| Schleuse | Schleusenwärter |
|---|---|
| **20–21** | Michael Murphy, 087 951 0444 |
| **22–23** | P J Donegan, 087 951 0606 |
| **24–25** | Joe Moore, 087 247 3093 |
| **26–28** | Noel Cross, 087 951 0777 |

## River Barrow

| Schleuse | Schleusenwärter |
|---|---|
| Ardreigh Lock | Noel Cross, 087 951 0777 |
| Levitstown Lock | |
| Maganey Lock | William O'Neill, 087 951 1444 |
| Bestfield Lock | |
| Carlow Lock | |
| Clogrennan Lock | |
| Milford Lock | |
| Rathvindon Lock | John O'Neill, 087 951 6333 |
| Rathellin Lock | |
| Bagenalstown Lock | |
| Fenniscourt Lock | |
| Slyguff Lock | |
| Upper Ballyellen L. | Patrick Gill, 087 951 6600 |
| Lower Ballyellen L | |
| Ballytiglea Lock | |
| Borris Lock | |
| Ballingrane Lock | |
| Clashganna Lock | |
| Ballykennan Lock | James Butler, 087 950 8987 |
| Upper Tinnehinch L. | |
| Lower Tinnehinch L. | |
| Carriglead Lock | |
| St. Mullins Lock | |

Info und Tabelle recherchiert und zusammengestellt von Damien Delaney (Quellen: IWAI, Waterways Ireland)

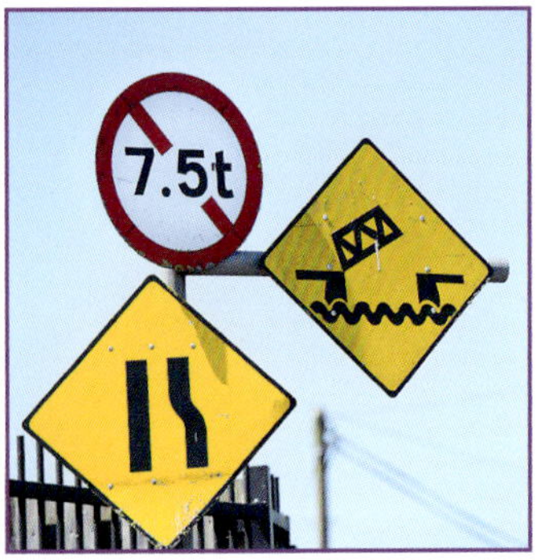


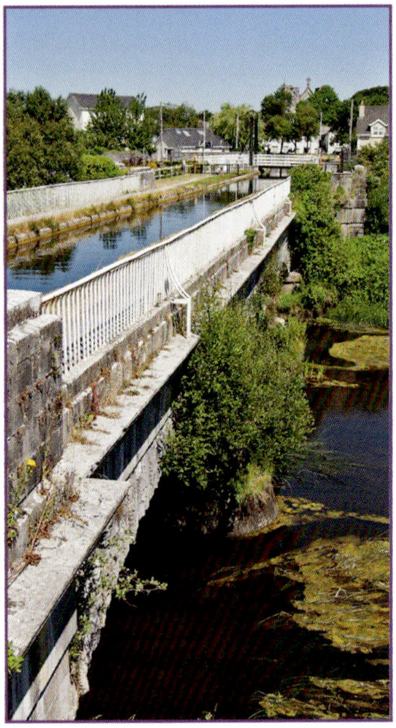

Monasterevan ist mit Aquädukt, Klappbrücke und dem direkt durch das Zentrum führenden Kanal eines der Highlights einer Reise auf diesem Wasserweg.

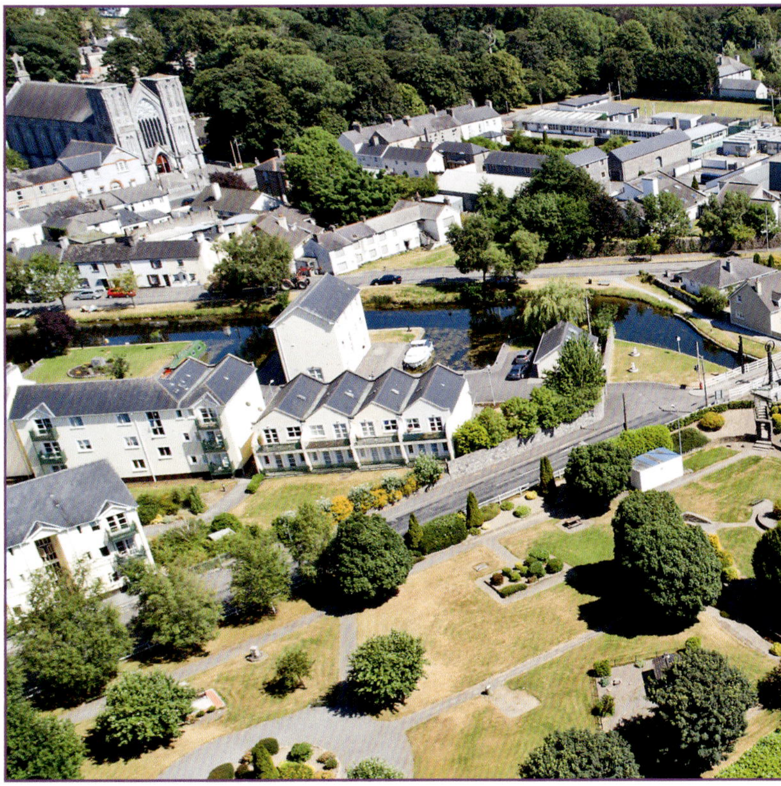

## Irlands einsamste Seite ...

Der Grand Canal verbindet Dublin mit dem Shannon, er verläuft von Ost nach West. Der River Barrow fließt von Norden nach Süden. Er ist über einen Kanalabschnitt namens „Barrow Line" mit dem Grand Canal verbunden. Beide Wasserstraßen bilden ein T in einer Landschaft Irlands, die (wie auch der Royal Canal) vom Tourismus verschont geblieben ist.

Hier kann man, genau wie am Royal Canal, das echte Irland erleben, das einem am Shannon mit seinen einladenden Marinas manchmal verborgen bleibt. Bescheiden tuckert man durch eine ebensolche Landschaft, alles typisch irisch. Hier sind die Pubs nicht fest in deutscher Hand, wie dies im Sommer am Shannon der Fall ist. Es gibt nur ein paar unscheinbare Dörfer und ein paar kleine Städtchen, in denen man Iren kennenlernen kann, die das ganze Jahr über mit Tourismus nichts zu tun haben.

Schleusen und Brücken sind zu eng für die meisten neueren Mietboote, die am Shannon verkehren. Es fahren hier nur noch ein paar kleine ältere Privatboote. Lange Jahre sorgte Heather Thomas mit einer Handvoll blau-weißer Boote unter dem Namen Celtic Canal

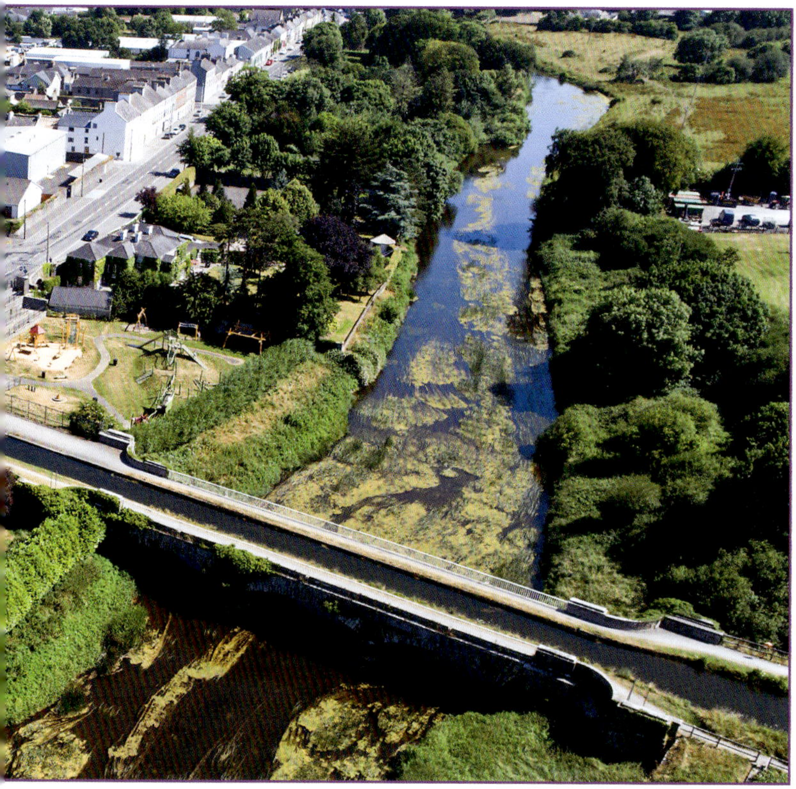

Cruisers für etwas Bewegung am Kanal. Leider lange schon ist sie von uns gegangen, und es wurde noch ruhiger. Es gibt zwar noch immer zwei kleine Vermieter, aber der Verkehr ist insgesamt gegen Null geschrumpft, was der Verkrautung Vorschub leistet.

Wer hier fährt, der will bewusst anderen Bootstouristen ausweichen. Hier sucht und findet man Begegnung mit Einheimischen. Hier ist garantiert, dass man der einzige Fremde in einem Pub ist. Ich habe einmal einen ganzen Tag lang neben einer Schleuse eine Ruhepause eingelegt und beobachtet, wer denn da so des Weges kommt: niemand. Und das ist selbst für irische Verhältnisse ganz schön wenig. Man denkt sofort an den Royal Canal, wo auch kaum Bootsverkehr herrscht.

## Guinness und versunkene Schleusen . . .

1751 wurde bei Dublin mit dem Bau des Grand Canal begonnen, 54 Jahre später, 1805, erreichte man Shannon Harbour. Er galt lange Zeit als der „Guinness-Kanal", weil die berühmte Brauerei über ihn Hopfen und Malz nach Dublin und das fertige Bier wieder zurück bis hin nach Leitrim, ganz oben am Shannon, transportieren ließ.

## Festivals, Events und Konzerte am Grand Canal und Barrow

### Anfang Mai

**Naas**: Im Hafen von Naas findet das Naas Canal Festival mit lokalen Vereinen und Geschäften statt (085 780 54 37)

### Mitte Mai

**Dublin**: Das Waterways Ireland Docklands Summer Festival im Grand Canal Basin vereint Wassersport und Unterhaltung (01 480 0543)

### Ende Juni

**Shannon Harbour**: Seit rund 40 Jahren organisiert der Verein IWAI die Shannon Harbour Boat Ralley, eine Sternfahrt, zu der vor allem Privatboote zusammen kommen, Gäste aber gerne gesehen sind. Man kann dort mit Gleichgesinnten über Boote fachsimpeln oder einfach gemütlich bei einem Drink beisammen sitzen (087 297 1629)

### Mitte Juli

**Bagenalstown**: River Festival mit Ausstellungen, Musik und Unterhaltung (059 972 1918)

### Mitte August (Sonntag)

**Tullamore**: Die Tullamore Show mit Schwerpunkt auf landwirtschaftliche Tierhaltung präsentiert zusätzlich Handwerk, innovative Betriebe und Haustiere

### Mitte August

**Sallins**: Beim Sallins Comunity Festival gibt es Unterhaltung für Jung und Alt

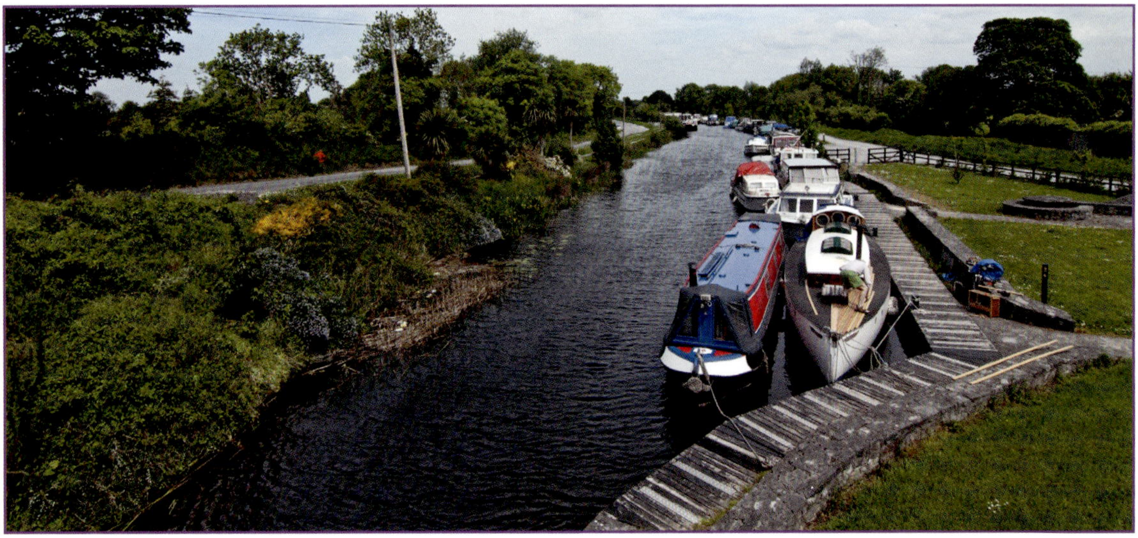

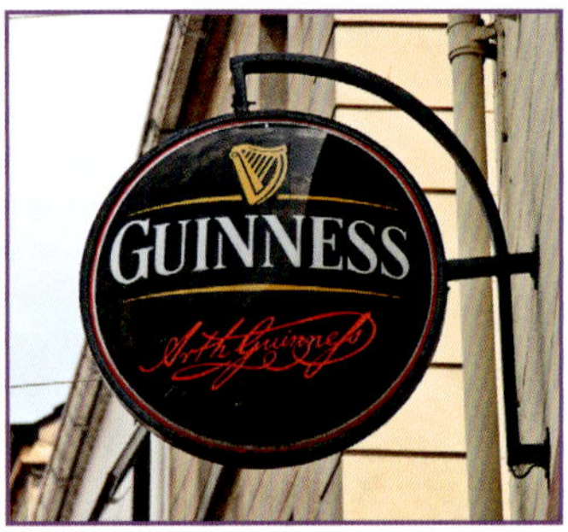


Der „Guinness-Kanal" ist mit seinen engen Schleusen und niedrigen Brücken für Narrowboats bestens geeignet.

Das dunkelbraune Gebräu war mit dem Boot drei bis vier Tage unterwegs und hatte so exakt die notwendige Zeit zum Reifen. Aus Großvaters Zeit stammt daher der Ausspruch „In Leitrim gibt es das beste Guinness".

Hatte der Kanal in seiner Blütezeit 400.000 Tonnen Fracht sowie zahlreiche Passagiere befördert, wurde seine kommerzielle Nutzung 1959 aufgegeben.

Zwischen Dublin und dem Shannon liegen 36 Schleusen (und zusätzlich die 7 der Circular Line, die halbkreisförmig durch Dublin führt). In Dublin wurde zur Belebung des Bootsverkehrs vor einigen Jahren eine Menge unternommen: Das Ringsend Basin wurde restauriert, die gesamten Docklands wurden einer großzügigen Renovierung unterzogen, schicke Neubauten wurden aus dem Boden gestampft – was dem ehemals verrufenen Viertel eine enorme Attraktivität verleiht. Im Ringsend Basin findet man ein interessantes Besucherzentrum mit einer Dokumentation über den Kanal (Waterway Visitors Centre).

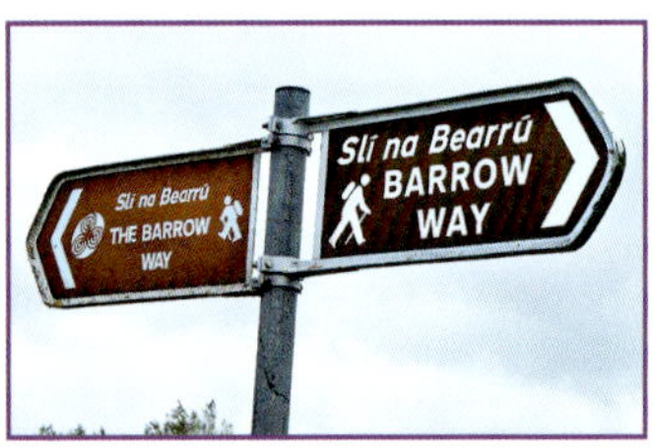


Die meiner Meinung nach attraktivste Strecke des Grand Canal befindet sich zwischen Tullamore und der Abzweigung zur Barrow Line, die Verbindung zum River Barrow. Dieser Abschnitt führt durch ein Moor, das für den Kanalbau besondere Probleme verursachte. Durch den weichen Unterboden versanken Schleusen und Aquädukte regelrecht im Schlamm; anhand einiger scheinbar unmotivierter Richtungsänderungen in S-Form kann man erkennen, wo ein „versinkendes" Kanalstück durch einen neuen Abschnitt „ersetzt" wurde.

## Tullamore: Dem DEW auf der Spur

Das ehemalige Lagerhaus, direkt am Grand Canal und im Herzen von Tullamore, hat eine lange und für den Kanal bedeutende Geschichte: Hier wurde der Tullamore Dew, einer der bekanntesten Whiskeys Irlands, aufs Schiff verladen, um zuerst nach Dublin und dann in alle Welt transportiert zu werden. Heute ist hier eine sehenswerte Ausstellung über die Geschichte des Whiskeys im Allgemeinen und über den Tullamore Dew sowie über den Kanal im Besonderen zu sehen.

Sehr praktisch, dass es direkt vor dem Haus eine Terrasse fürs Pub und gute Anlegemöglichkeiten gibt. Eine Führung lohnt sich (auch auf Deutsch möglich), unter anderem wegen der abschließenden Verkostung. Und weil man dem „Geheimnis" der Buchstaben DEW auf die Schliche kommt: Es sind die Initialen des Gründers der Brennerei, Daniel E. Williams.

☞ Tullamore DEW Visitor Centre, MO–SA 9.30 bis 18.00 Uhr, SO und FT 11.30-17 Uhr; +353 (57) 9325015

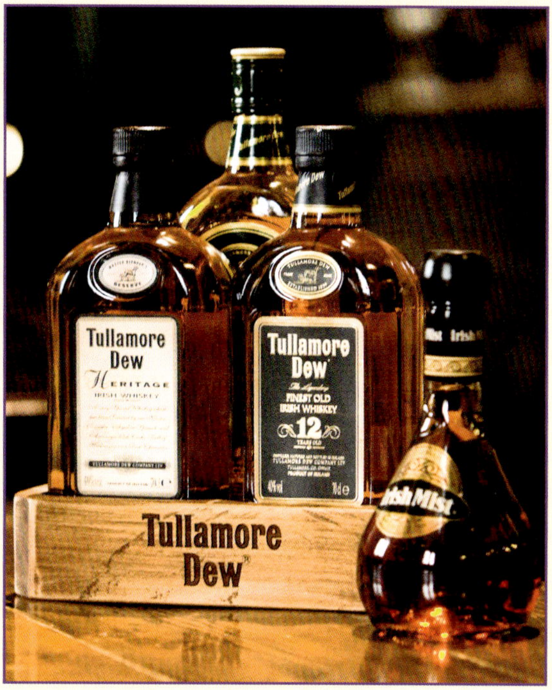


## Ruinen im Doppelpack

Am Grand Canal sind die Reste von Shra Castle (erbaut 1590; bei der Eisenbahnbrücke nahe Charleville) und Ballycowan Castle aus 1626 erwähnenswert. Die beiden Burgen finden Sie etwa 3 km westlich von Tullamore, direkt am Kanal. Wer etwas für Ruinen übrig hat, ist hier (wie im gesamten Irland) gut aufgehoben. Kilcogan Castle und Coole Castle sind zwischen Schleuse 31 und 32 zu sehen, rund dreißig Minuten zu Fuß vom Kanal entfernt.

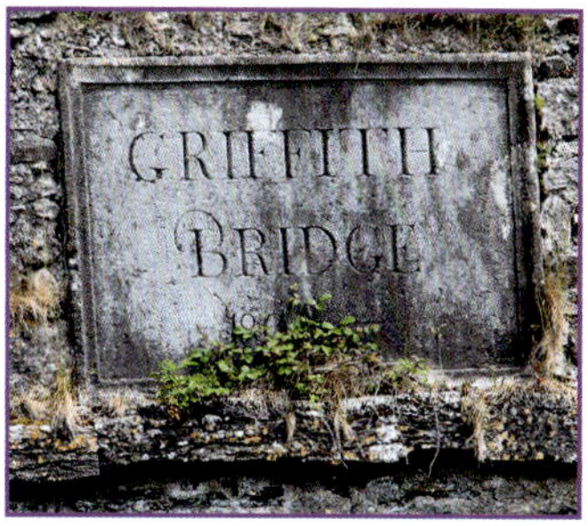


## Die Barrow Line und River Barrow

Bei Lowtown zweigt die „Barrow Line" des Grand Canal zum River Barrow ab. Von hier fährt man 45 km Richtung Süden, um den River Barrow bei Athy zu erreichen. Der River Barrow ist auf weiteren rund 65 km befahrbar, und zwar bis St. Mullins.

Der River Barrow bietet eine reizvolle hügelige Landschaft, die Navigation ist abwechslungsreich. Hufeisenförmige Wehre tauchen auf, wenn man um eine Kurve biegt, und man fährt seitlich ab, um in den Schleusenkanal zu gelangen. Für mich ist der Fluss der attraktivste Teil des gesamten Wasserweges.

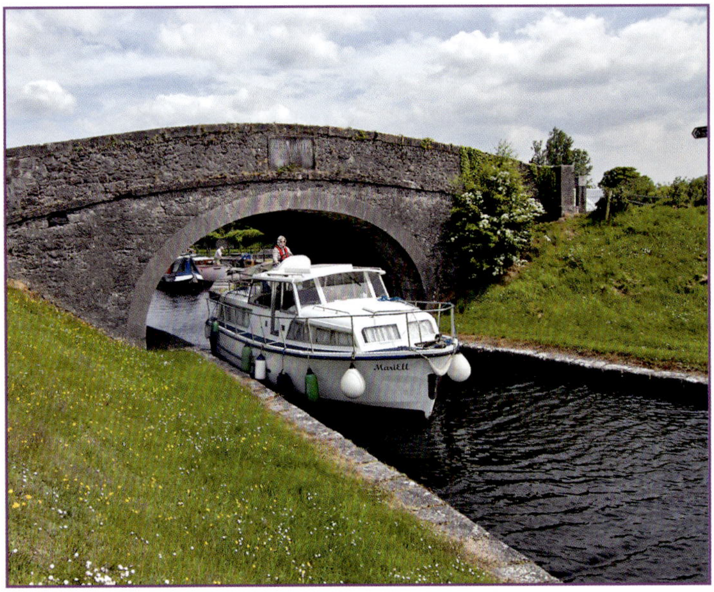

# Die wichtigsten Orte am Grand Canal und River Barrow

Hier habe ich die wichtigsten Orte und Besonderheiten für Sie zusammengestellt – von Westen nach Osten für den Grand Canal (weil Sie aus dieser Richtung den Kanal befahren werden) und von Norden nach Süden für die Barrow Line und den River Barrow.

Sollte etwas Wesentliches fehlen oder ich mich irgendwo geirrt haben, bitte ich um Nachsicht und vor allem um Nachricht – ich werde das dann im online-Update entsprechend korrigieren (siehe Seite 3).

## GRAND CANAL

### Shannon Harbour

Hier mündet der Grand Canal in den Shannon. Durch den Kanal erlebte dieser Ort im 19. Jh. eine Blüte, von der heute fast nichts mehr zu erkennen ist. Imposant und traurig zugleich ist die Ruine des Hotels, das gleichzeitig mit dem Kanal erbaut wurde und ein letzter Zeuge der Bedeutung dieses Wasserweges ist.

Wer Lust auf einen Spaziergang hat: Gehen Sie bei der L'Estrange Bridge (oberhalb von Schleuse 34) ein kurzes Stück Richtung Norden, und Sie stehen vor Clonony Castle. Es stammt aus 1500 und ist heute eine Ruine, wird aber vom Besitzer liebevoll restauriert und gegen weiteren Verfall geschützt.

### Tullamore

Die Stadt war im 18. und 19. Jahrhundert ein Zentrum der Region. Fast jeder kennt den „Tullamore Dew", ein Whiskey, der überall auf der Welt erhältlich ist. Er wurde hier, direkt am Kanal, gebraut.

In einem der ehemaligen Lagerhäuser ist ein Visitor Centre untergebracht, in dem Sie auf anschauliche Weise alles über die Whiskey-Produktion erfahren (Führungen auch auf Deutsch). Und zum Abschluss gibt's eine Verkostung – ich mag Whiskey nicht, aber ich war überrascht, welch unterschiedliche Geschmacksnoten durch die einzelnen Herstellungsmethoden erzielbar sind. Ein neuer Anleger wurde direkt an der Terrasse vor dem Gebäude errichtet.

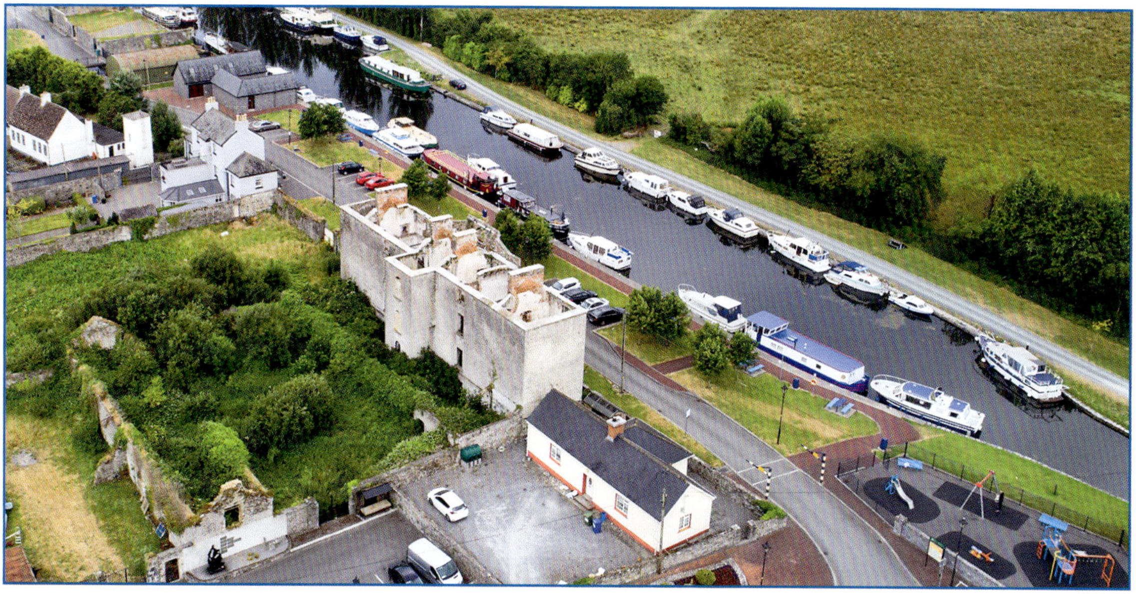

Shannon Harbour und die konservierte Ruine des ehemaligen Kanal-Hotels.

Wenn es um gutes Essen geht, kommen Sie um das Tullamore Bridge House Hotel nicht herum. In dem riesigen Apparat im Stil eines alten englischen Hotels gibt es mehrere Pubs und Restaurants und sogar ein Tanzlokal.

Bridge House Pub and Restaurant,
Tel. 057 932 5600

## Edenderry

Eine belebte Kleinstadt mit einem großen Hafen fast im Zentrum, den Sie über einen kurzen Zweigkanal erreichen. Auf einem Hügel, 200 m südöstlich des Anlegers finden Sie die Ruinen von Blundell Castle.

Das an der Hauptstrecke 1 km weiter östlich gelegene Blundell Aqueduct ist vom Boot aus nicht sonderlich spektakulär – die Straße führt einspurig durch einen Tunnel unter dem Kanal durch (als Fotomotiv von der Straße aus jedoch empfehlenswert, wenn Sie das Boot über dem Tunnel fotografieren).

## Lowtown

In vielen Übersichtskarten für Bootsfahrer findet man Lowtown eingezeichnet, weil hier die Barrow Line vom Grand Canal zum River Barrow abzweigt. Wenn Sie nun in der Realität ein nettes Dorf oder ein kleines Städtchen suchen, werden Sie enttäuscht sein – es handelt sich um eine lose Ansammlung von Siedlungshäusern älteren und neueren Datums, die es nur aufgrund der besonderen Lage an dieser Abzweigung zu einer gewissen Bekanntheit gebracht hat.

## Robertstown

Rund um das ehemalige Kanalhotel hat sich einiges an Leben entwickelt. Das Gebäude, das Jahrzehnte lang leer gestanden war, wurde renoviert und dient nun als Veranstaltungszentrum.

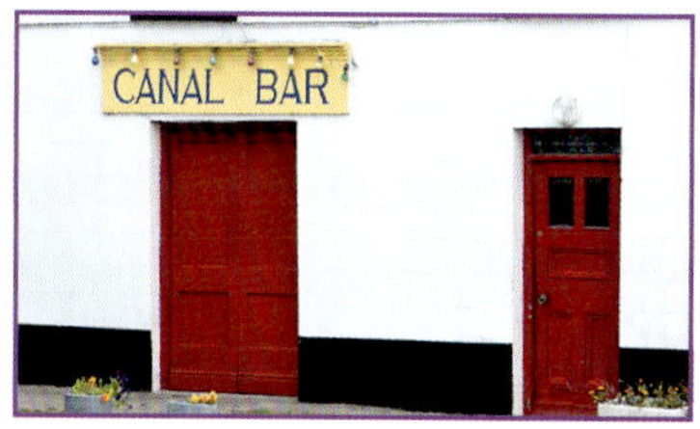


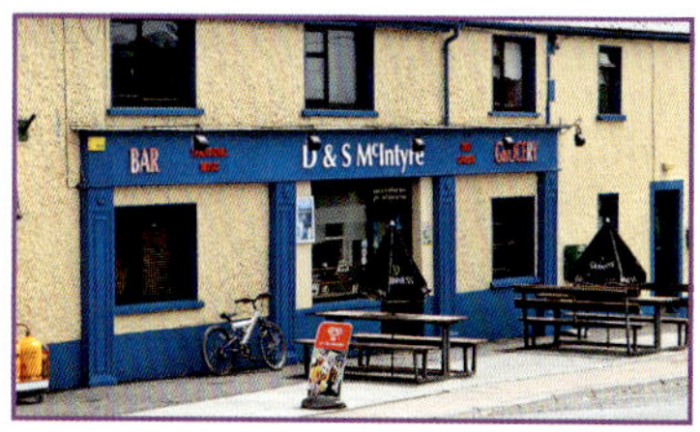


Shannon Harbour

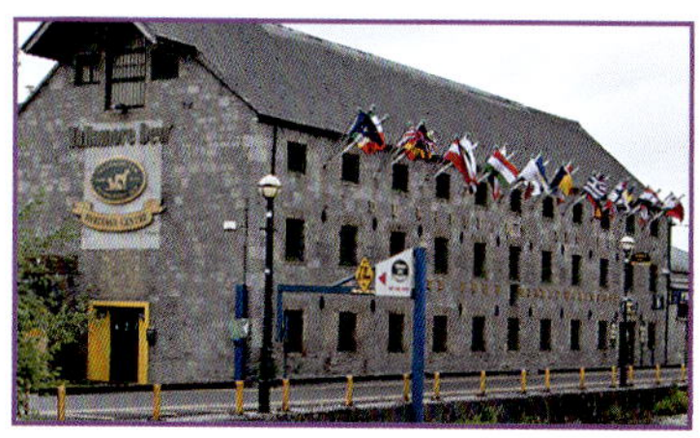

Tullamore

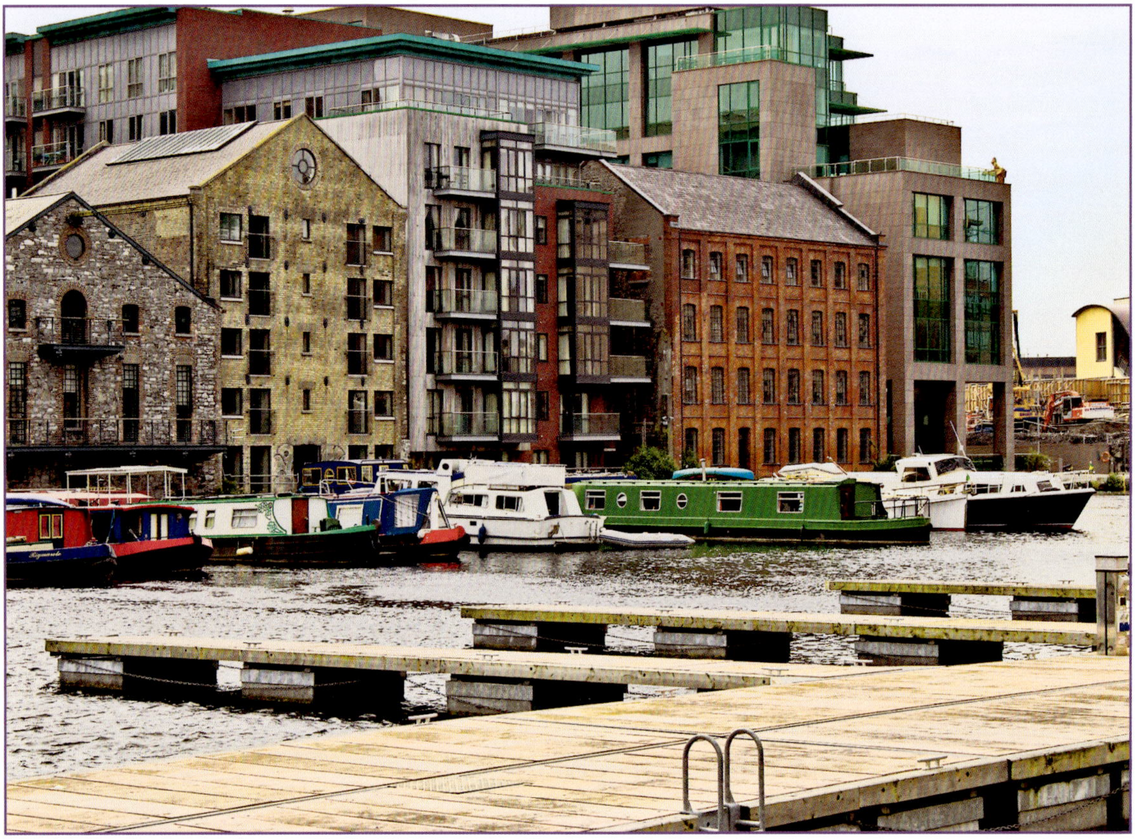

**Das Ringsend Basin in Dublin hat sich von einem Warenumschlagplatz zu einem angenehmen Hafen für Freizeitboote entwickelt. Geblieben sind die Lagerhäuser, die noch den Zweck des riesigen Hafenbeckens verraten.**

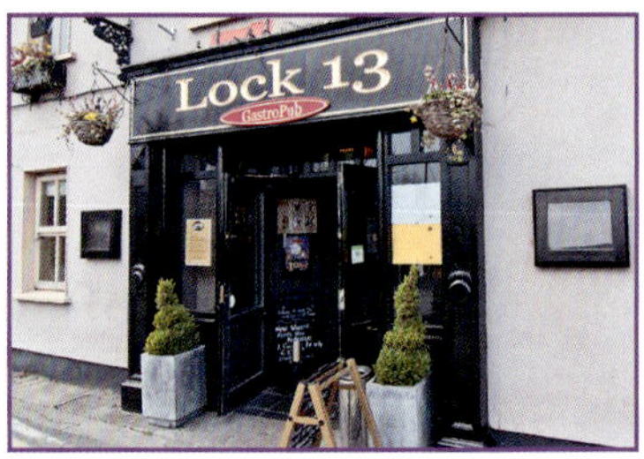


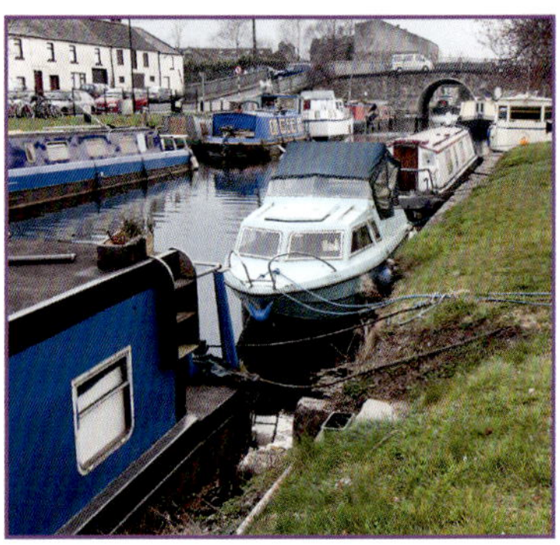

**Sallins, ein gemütliches Dorf in der Nähe von Dublin.**

## Leinster Aqueduct

Beim Übergang über den Fluss Liffey kommt echte Aquädukt-Stimmung auf. Geschätzte 200 Meter werden im Einbahnsystem gefahren (auf Sicht, ohne Ampeln), davon sind etwa 80 m das Aquädukt selbst, eine Steinbrücke über den Fluss. Dass auf beiden Seiten ein Treidelpfad (bzw. die Straße) ist, stört gar nicht weiter, man sieht trotzdem gut hinunter auf den Fluss.

## Sallins

Einer meiner liebsten Orte am Grand Canal, weil sich das alte Dorf um den Hafen schmiegt und dadurch trotz seiner Dublin-Nähe das hek-

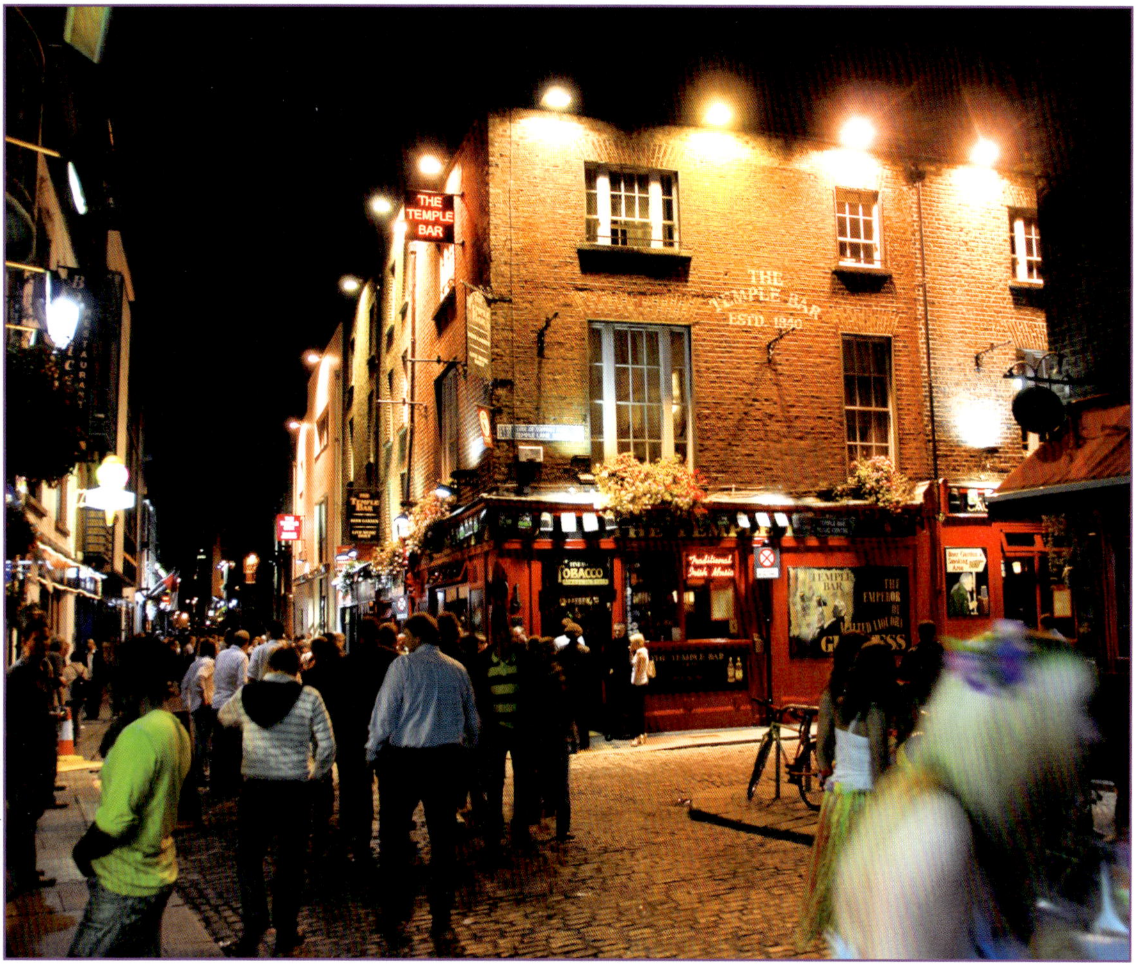


Foto: © H. D. Volz / pixelio.de

tische Rundum ausgeblendet ist. Dieser Meinung sind auch viele Privatboot-Besitzer, die hier ihren Heimathafen gefunden haben.

## Hazelhatch

Hazelhatch ist nur aus einem einzigen Grund erwähnenswert: Von hier haben Sie eine ausgezeichnete Zugverbindung nach Dublin (von der Brücke 300 m die Straße nordwestwärts gehen, und Sie sind am Bahnhof). Ein herkömmliches Dorf werden Sie hier vergeblich suchen, aber das Pub neben dem Kanal finden Sie dafür leicht.

## Dublin

Hauptstadt Irlands mit zahlreichen Sehenswürdigkeiten, Museen, Pubs und Restaurants. Details in jedem Reiseführer oder vor Ort im Dublin Tourist Office, das recht attraktiv in einer alten Kirche in der Suffolk Street untergebracht ist. Das Ringsend Basin bietet perfekte Liegeplätze.

**„Temple Bar" ist seit 1673 der Name eines Ortsteils von Dublin. Das Viertel zwischen River Liffey, Westmoreland Street, Dame Street und Fishamble Street ist voll mit Pubs und Bars – eine von ihnen trägt natürlich den Namen The Temple Bar.**

# BARROW LINE UND RIVER BARROW

## Rathangan

Der nahe gelegene Allen Hill ist die Attraktion des Städtchens: Dort befindet sich ein antikes Grabmal, das einem keltischen Krieger zugeordnet wird.

## Monasterevan

Monasterevan war einst ein Industriezentrum mit einer Schnapsbrennerei, die von 1780 bis 1934 in Betrieb war. Als typische Kanalstadt verfügt sie über eine Hebebrücke; und nur ein paar Meter danach befährt man das beeindruckende Aquädukt über den River Barrow.

## Athy

Hier mündet die „Barrow Line" (Zweigkanal des Grand Canal) in den River Barrow. Die Stadt mit ihren rund 10.000 Einwohnern verfügt über mehrere interessante Gebäude und vor allem über eine sehenswerte Burg, und zwar White's Castle (1506), neben der Brücke Duke Street / Leinster Street, direkt am Barrow. Woodstock Castle (13. Jh.) ist nur noch eine kümmerliche Ruine und befindet sich hinter einer unattraktiven Siedlung nördlich des Zentrums (der Weg lohnt nicht).

(Kleiner Tipp zur Aussprache: Die Einheimischen sagen zu ihrem Ort „ataai").

Monasterevan

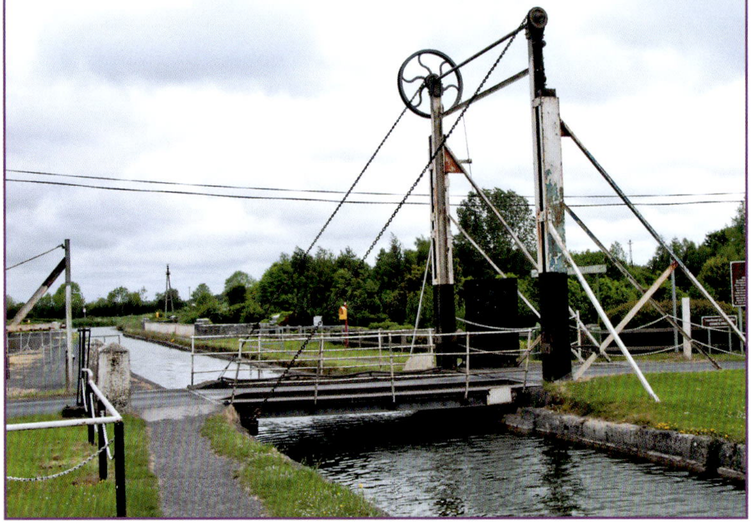

## Carlow

Wussten Sie, dass diese Stadt die erste in ganz Irland mit elektrischer Straßenbeleuchtung war? Die Hauptstadt der Grafschaft besitzt eine Brücke aus dem 16. Jh. Die Ruine einer normannischen Burg (Carlow Castle, leider nur noch eine Wand mit zwei Rundtürmen) finden Sie unweit der Brücke am östlichen Ufer. Ansonsten ist Carlow grau und recht ärmlich.

## Graiguenamanagh

In diesem Ort mit seinem unaussprechlichen Namen (sagen Sie: gragnamanach, dann geht es leichter, und außerdem stimmt's so) befindet sich die Druiske Abbey, die 1207 gegründet wurde. Die renovierte gotische Abteikirche finden Sie in der Hauptstraße, rund 200 m von der Brücke. Dahinter sind gut erhaltene Überreste des Klosters zu sehen. Überreste gibt es auch nördlich des Ortes: einerseits Ruinen der Kirche von Ullard (unweit von Balligrane Lock), andererseits Clohastia Castle (bei Clashganna Lock), das 1760 teilweise abgetragen wurde, um daraus das Wehr für den Fluss zu bauen. Ein wahrlich seltsames Ende für eine Burg, deren Reste man vom Wasser aus nur dann sieht, wenn die Bäume noch nicht grün sind.

## St. Mullins

Hier ist Endstation für Mietboote, da der Fluss unterhalb der Schleuse gezeitenabhängig ist. Das Dorf verdankt seine Existenz einer Klostergründung durch den hl. Moling im 7. Jh. Legen Sie oberhalb der Schleuse an und gehen Sie 500 m dem Fluss entlang, dann (beim grünen Schuppen) links hinauf, wo Sie den Friedhof und Reste der Abtei finden.

# Quellen

Die wichtigsten Quellen für das Zustandekommen dieses Buches waren neben drei Jahrzehnten Erfahrung mit Hausbooten vor allem

- Gespräche mit Einheimischen
- Informationen, die ich von Mitarbeitern der Fremdenverkehrsämtern, Vereinen und Institutionen erhielt
- Hinweistafeln und Erklärungen zu Bauwerken, Denkmälern oder auch Landschaften sowie
- Tipps und Informationen, die unsere Kunden (bei Hausboot Böckl) für uns parat hatten.

## ZUM VERTIEFEN

Weiterführende Literatur, die ich allen empfehle, die sich in das Thema vertiefen wollen:

### Kulturschock Irland/ Nordirland

Ein Insider-Buch, das Land und Leute verstehen hilft. Von Astrid Fiess und Lars Kabel, Reise-Know-How-Verlag, 2008

### Heiliges Irland

Detaillierte Beschreibungen der frühchristlichen und prähistorischen Stätten (nur mehr antiquarisch)

### Dumont: Irland

In gewohnter DuMont-Qualität, mit vielen, vielen Details. Von Susanne Tschirner, 2017

- An Büchern, Karten und Prospekten seien vor allem erwähnt und empfohlen:


Voyages and Visits, Waterways Irleand 2018

Shannon Navigation, Waterways Irleand 2018

Waterways Ireland Angling Guide, Waterways Irleand 2017

Smart Card Sellers, Skriptum WI, Update 2017

Irlands christliches Erbe, Fáilte Ireland 2008

Irlands Gärten und kulturelle Sehenswürdigkeiten; Fáilte Ireland 2008

Bréifne – attractions guide, Cavan 2008

The Essential Touring Guide to Ireland´s Major Visitor Attractions, Heritage Island, Dun Laoghaire, 2008

Houses, Castles and Gardens of Ireland 2008/09, Dublin

Delany, Ruth: Shell Guide to the River Shannon, Dublin, 1993

Delany, Ruth:Ireland´s Royal Canal 1789–1992, Lilliput Press 1992

Meehan, Cary, und Götting, Waltraud: Heiliges Irland: Reiseführer zu den frühchristlichen und prähistorischen Stätten Irlands; Verlag Zweitausendeins, Juli 2006

Fieß, Astrid, ud Kabel, Lars. Kulturschock Irland/Nordirland; Resie KnowHow Verlag, Bielefeld 2008

King, Heather A.: Clonmacnoise Studies; Volume 2; Seminar Papers 1998

Heenan, Edgar: City Cruising Navigating the Kilaloe-Limerick Waterway; Waterways Ireland, 2001

Delany, Ruth, und Bath, Ian: Ireland´s Royal Canal, 1789-2009; The Lilliputpress, Dublin, 2010

The Grand Canal, Inchicore & Kilmainham, OPW 1994


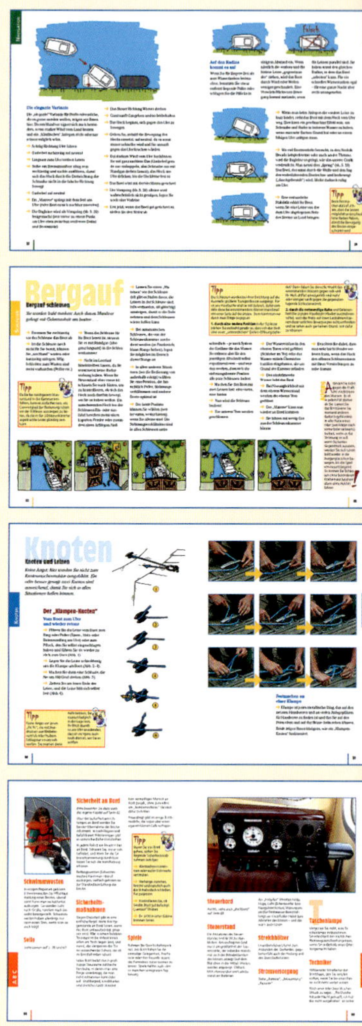

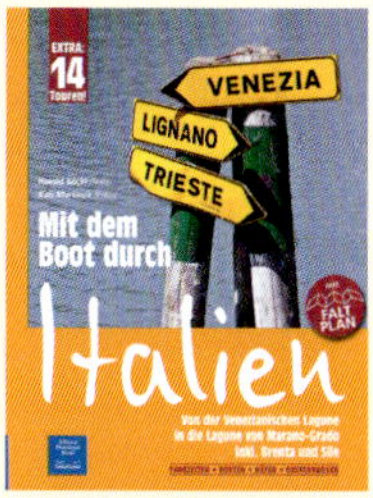

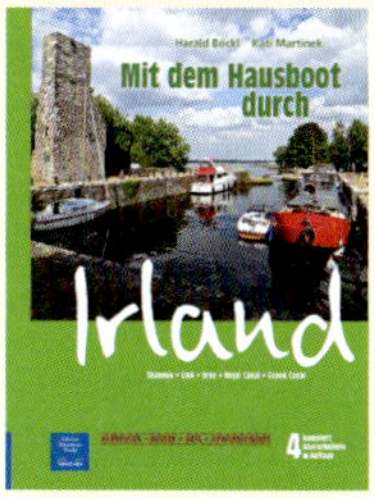

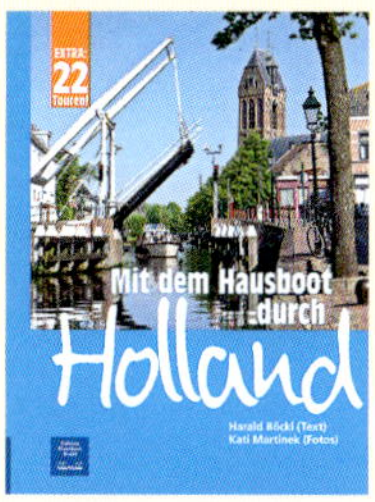

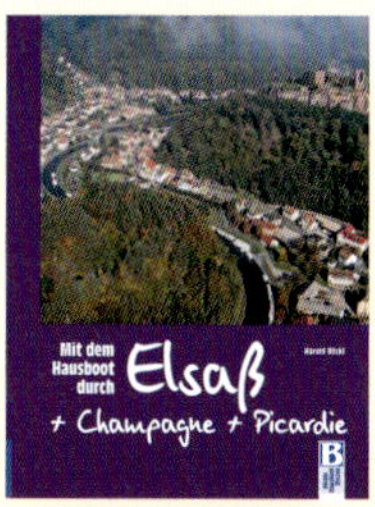

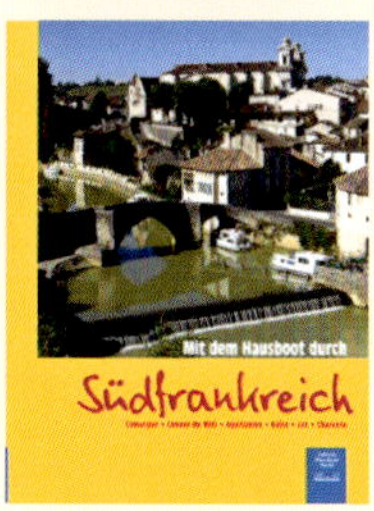


# Zur Auswahl der Reisestrecke

- Italien
- Irland
- Holland
- Elsaß, Champagne, Picardie
- Südfrankreich

*stets aktuell durch Online-Update!*

Fahrzeiten, Häfen und Entfernungen, Tourentipps, Schleusen und Brücken, Restaurants und Sehenswürdigkeiten, navigatorische Hinweise: Dieses Buch hilft bei der Planung UND unterwegs. **Stets aktuell durch ONLINE-UPDATE.**
Von Harald Böckl

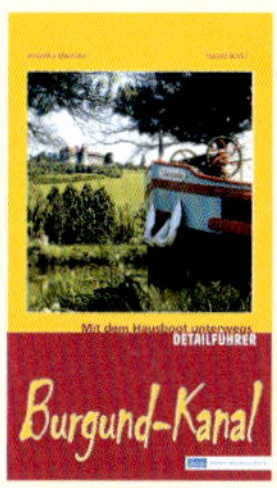

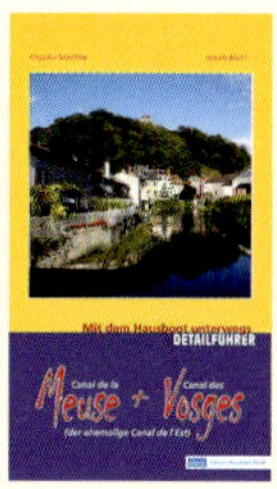

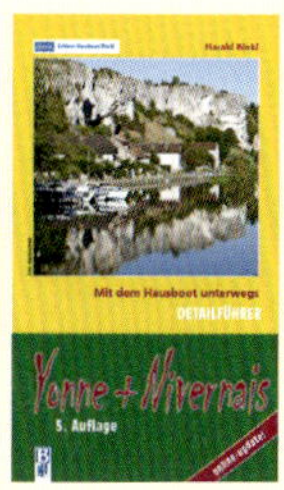

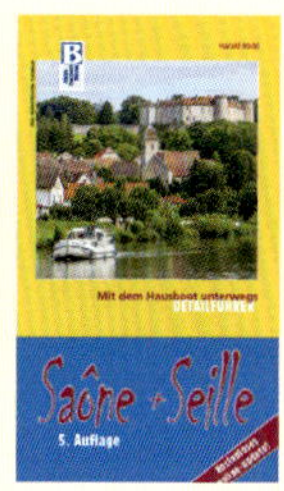

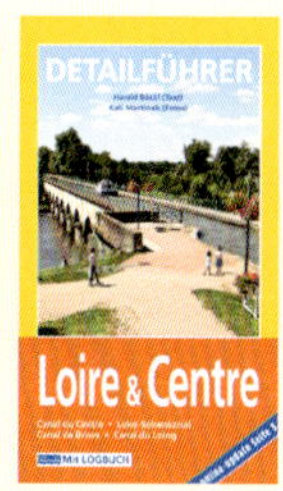


# Detailführer „Unterwegs auf…"

- Burgund-Kanal
- Meuse + Vosges
- Nivernais + Yonne
- Saône + Seille
- Loire + Centre

*stets aktuell durch Online-Update!*

Liegeplätze, Schleusen, Entfernungen, Sehenswürdigkeiten, Restaurants, Einkaufsmöglichkeiten, Kurioses, Unbekanntes, Neues, Tipps, Tricks, Empfehlungen und Kommentare. Im handlichen Format zum Mitnehmen beim Landgang.
**Stets aktuell durch ONLINE-UPDATE**.
Von Harald Böckl

# www.hausboot-boeckl.com > Literatur

# Index

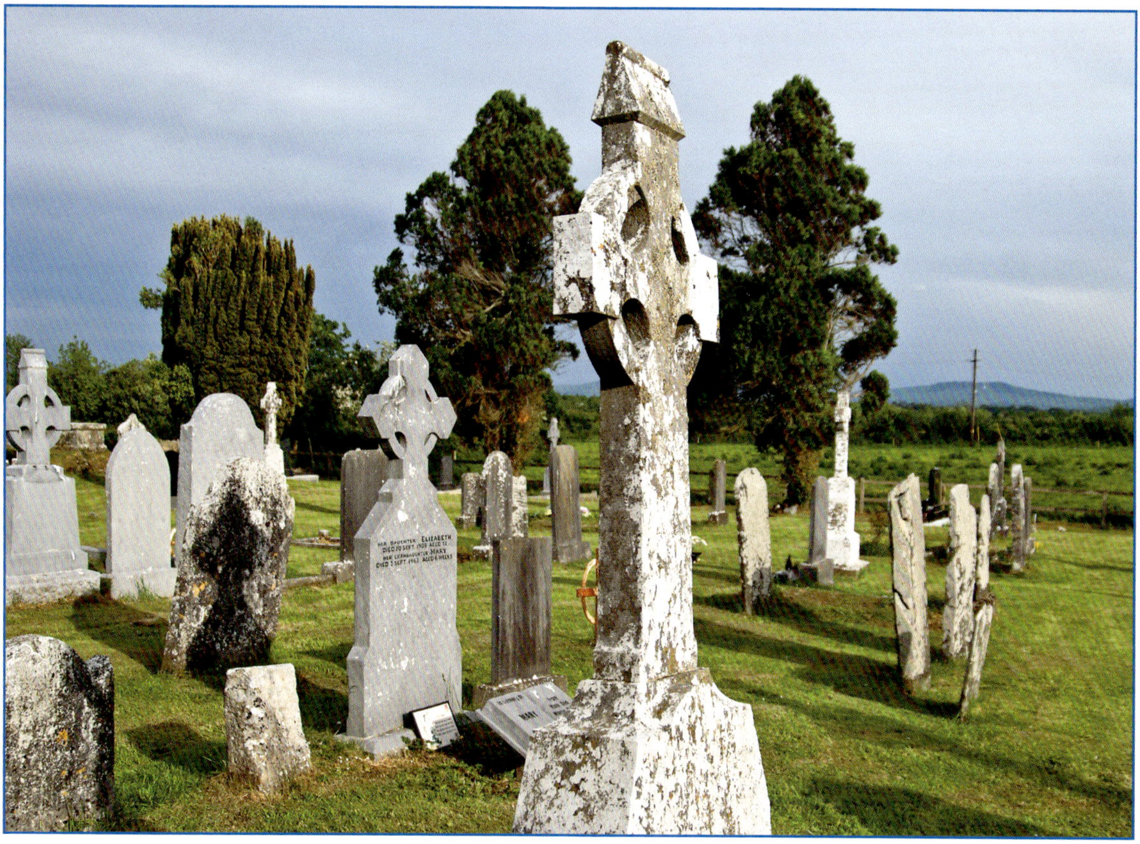



## ABWEICHUNGEN

Bei den Ortsnamen kommt es fallweise zu Abweichungen, da es unterschiedliche (offizielle!) Schreibweisen gibt (Erklärung sh. S. 11).

Auch bei Jahreszahlen und vor allem bei Entfernungsangaben finden sich je nach Quelle unterschiedliche Zahlen. Ich habe nicht immer die häufigste, sondern die für mich plausibelste gewählt. Im Zweifelsfall habe ich mich an jene Angaben gehalten, die auf den Beschreibungen und Hinweistafeln vor Ort zu finden waren.

Harald Böckl

Ich bedanke mich bei
Kati Martinek für ihr
Engagement, ohne das
dieses Buch nicht entstanden
wäre, bei Damien Delaney für
seine Unterstützung in allen
Belangen und bei meiner Mutter
Elfriede Böckl für kritische
Anmerkungen und
Korrekturen.

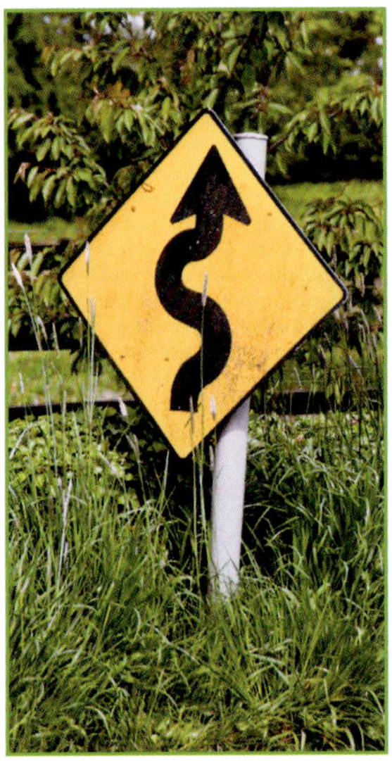

Auch nach dem Pub-Besuch gilt:
Alle Wege führen aufs Boot